高等职业教育创新型系列教材

现代企业管理

主　编　陈　杰
副主编　银　霞　王　燕　祁培丽

北京理工大学出版社
BEIJING INSTITUTE OF TECHNOLOGY PRESS

版权专有 侵权必究

图书在版编目（CIP）数据

现代企业管理／陈杰主编．—北京：北京理工大学出版社，2018.7（2022.6 重印）
ISBN 978-7-5682-5905-7

Ⅰ. ①现… Ⅱ. ①陈… Ⅲ. ①企业管理-高等职业教育-教材 Ⅳ. ①F272

中国版本图书馆 CIP 数据核字（2018）第 160266 号

出版发行／北京理工大学出版社有限责任公司	
社　　址／北京市海淀区中关村南大街5号	
邮　　编／100081	
电　　话／（010）68914775（总编室）	
（010）82562903（教材售后服务热线）	
（010）68944723（其他图书服务热线）	
网　　址／http：//www.bitpress.com.cn	
经　　销／全国各地新华书店	
印　　刷／涿州市新华印刷有限公司	
开　　本／787 毫米×1092 毫米　1/16	
印　　张／18	责任编辑／王晓莉
字　　数／423 千字	文案编辑／王晓莉
版　　次／2018 年 7 月第 1 版　2022 年 6 月第 5 次印刷	责任校对／周瑞红
定　　价／48.00 元	责任印制／李　洋

图书出现印装质量问题，请拨打售后服务热线，本社负责调换

前 言

本书是围绕高职创新创业教育编写的创新型教材。按照教育部关于高职高专人才培养目标的要求，针对高职高专教学的实际需要，按照"工学结合"人才培养模式的要求，采用"基于工作过程导向"的课程设计方法，以工作过程为导向，以项目和工作任务为载体，进行工作过程系统化课程设计。本书将企业管理主要内容分成十一个学习项目和若干个具体的任务，组成完整的企业管理体系，既贯彻先进的高职理念，又注重教材的理论性和完整性，最终使学生具备一定的可持续发展能力，较好地实现了高职教材一直提倡但又难以实现的"理论必需、够用"的要求。本书的特点比较突出：

（1）博采众长，力求创新。在借鉴国内高职高专院校相关教材知识体系和结构的基础上，努力做到体系完整、重点突出，并充分体现现代企业管理理论与实践的最新进展和发展趋势，以形成独具特色的结构体系。

（2）采用项目方式编写。针对高职高专教学实际和财经管理类专业培养目标，结合学生实际情况，以能力培养为主线，构建教材体系。

（3）"教、学、做、评"融合。工作任务贯穿整个项目，学生边学边练、教师边教边指导，师生互评，以任务为主线、学生为主体、教师为主导，让学生主动参与教学过程；展现工作任务后，学生的学习目标很强，带着任务去探索、思考、研究，形成良好的学习氛围；在主动参与中解决问题、获得知识、提高技能。

（4）提供慕课与微课资源。在每个任务开头和结尾都以二维码的形式提供了与课程内容有关的慕课、微课以及众多的公开课，为学生提供了丰富的课程资源，以便保障学习效果。

（5）采用校企合作的形式开发教材。企业兼职教师参与教材的编制，并提供了宝贵建议，使教材的任务非常贴近企业工作实际，具有很强的可操作性。

本书由陈杰任主编，银霞、王燕、祁培丽任副主编。陈杰编写大纲和最终修改定稿。各项项目执笔人分别为：项目一、项目六、项目十由陈杰编写，项目四、项目七、项目九、项目十一由银霞编写，项目三、项目五由王燕编写，项目二、项目八由祁培丽编写。

本书是在校企合作的基础上，联合企业管理人员，切实参与企业管理流程，在充分积累企业管理经验的基础上共同合作开发的。编写过程中得到创维电子内蒙古分公司、京东商城、华润万家等企业的大力支持。企业中的一些专家不仅提出了建设性的意见和建议，还提供了翔实的素材和案例，在此表示衷心感谢。本书在编写过程中，参考了诸多教材、论文，借鉴了国内外专家和学者的研究成果，还使用了大量网络信息、自媒体案例，有些已经在文中或参考文献中注明出处，有些由于多种原因或个人疏忽而没有列出来。在此深表歉意。

由于作者的水平有限，在高职教育课程改革方面的经验不足，书中难免有疏漏和不妥之处，敬请读者批评指正，以便我们下一步进行修改和完善。

目 录

项目一　企业管理认知 …………………………………………………………（1）
【任务引入】……………………………………………………………………（1）
【任务分析】……………………………………………………………………（1）
【任务说明】……………………………………………………………………（1）
【相关知识】……………………………………………………………………（2）
任务一　企业与现代企业制度 ……………………………………………（2）
一、企业的概念与类型 …………………………………………………（2）
二、现代企业制度 ………………………………………………………（5）
任务二　管理的含义与职能 ………………………………………………（8）
一、管理与企业管理的定义 ……………………………………………（8）
二、管理的职能 …………………………………………………………（10）
任务三　管理者与企业管理组织 …………………………………………（12）
一、管理者 ………………………………………………………………（12）
二、企业管理组织 ………………………………………………………（14）
三、企业组织设计的原则和步骤 ………………………………………（15）
【任务实施】……………………………………………………………………（17）
【项目小结】……………………………………………………………………（19）
【课后练习】……………………………………………………………………（19）
【技能训练】……………………………………………………………………（20）

项目二　职能管理 ………………………………………………………………（22）
【任务引入】……………………………………………………………………（22）
【任务分析】……………………………………………………………………（22）
【任务说明】……………………………………………………………………（22）
【相关知识】……………………………………………………………………（23）
任务一　计划 ………………………………………………………………（23）
一、计划的含义和要素 …………………………………………………（23）

二、计划的类型 …………………………………………………………（24）
　　三、计划的原理 …………………………………………………………（25）
　　四、计划的编制 …………………………………………………………（27）
  任务二　组织 ………………………………………………………………（30）
　　一、组织的含义和任务 …………………………………………………（30）
　　二、企业组织结构的形式 ………………………………………………（31）
  任务三　领导 ………………………………………………………………（33）
　　一、领导的含义和作用 …………………………………………………（34）
　　二、领导工作的原理 ……………………………………………………（34）
　　三、领导工作的要求 ……………………………………………………（35）
　　四、领导方式 ……………………………………………………………（36）
  任务四　控制 ………………………………………………………………（37）
　　一、控制的含义和对象 …………………………………………………（37）
　　二、控制的类型 …………………………………………………………（38）
　　三、控制的过程 …………………………………………………………（39）
  【任务实施】 …………………………………………………………………（42）
  【项目小结】 …………………………………………………………………（44）
  【课后练习】 …………………………………………………………………（44）
  【技能训练】 …………………………………………………………………（45）

项目三　企业战略管理 ………………………………………………………（47）

  【任务引入】 …………………………………………………………………（47）
  【任务分析】 …………………………………………………………………（47）
  【任务说明】 …………………………………………………………………（47）
  【相关知识】 …………………………………………………………………（48）
  任务一　企业战略管理认知 ………………………………………………（48）
　　一、战略与企业战略的概念 ……………………………………………（49）
　　二、企业战略的特征 ……………………………………………………（50）
　　三、企业战略管理层次 …………………………………………………（51）
　　四、企业战略管理 ………………………………………………………（52）
  任务二　企业经营战略环境分析 …………………………………………（53）
　　一、确定企业使命与目标阶段 …………………………………………（53）
　　二、企业战略环境分析 …………………………………………………（55）
  任务三　企业战略选择及评价 ……………………………………………（61）
　　一、影响战略选择的领域 ………………………………………………（62）
　　二、企业总体战略 ………………………………………………………（62）
　　三、基本竞争战略 ………………………………………………………（63）
　　四、企业战略评价 ………………………………………………………（63）
  【任务实施】 …………………………………………………………………（65）
  【项目小结】 …………………………………………………………………（66）

【课后练习】…………………………………………………………………………（66）
　【技能训练】…………………………………………………………………………（68）

项目四　企业经营决策管理………………………………………………………（70）
　【任务引入】…………………………………………………………………………（70）
　【任务分析】…………………………………………………………………………（70）
　【任务说明】…………………………………………………………………………（70）
　【相关知识】…………………………………………………………………………（71）
　　任务一　企业经营决策认知 ……………………………………………………（71）
　　　一、决策的概念 ………………………………………………………………（72）
　　　二、经营决策的步骤 …………………………………………………………（72）
　　　三、经营决策的分类 …………………………………………………………（74）
　　任务二　经营决策的方法 ………………………………………………………（75）
　　　一、定性决策方法 ……………………………………………………………（76）
　　　二、定量决策的方法 …………………………………………………………（78）
　【任务实施】…………………………………………………………………………（87）
　【项目小结】…………………………………………………………………………（87）
　【课后练习】…………………………………………………………………………（88）
　【技能训练】…………………………………………………………………………（90）

项目五　企业生产管理………………………………………………………………（92）
　【任务引入】…………………………………………………………………………（92）
　【任务分析】…………………………………………………………………………（92）
　【任务说明】…………………………………………………………………………（93）
　【相关知识】…………………………………………………………………………（93）
　　任务一　生产管理认知 …………………………………………………………（93）
　　　一、生产运作 …………………………………………………………………（94）
　　　二、现代企业生产管理的地位及目标 ………………………………………（95）
　　　三、现代企业生产管理的任务及内容 ………………………………………（96）
　　　四、生产类型 …………………………………………………………………（98）
　　任务二　生产过程组织 …………………………………………………………（102）
　　　一、生产过程的含义 …………………………………………………………（102）
　　　二、合理组织生产过程 ………………………………………………………（104）
　　　三、先进的生产方式 …………………………………………………………（106）
　　任务三　生产计划与控制 ………………………………………………………（109）
　　　一、生产计划 …………………………………………………………………（112）
　　　二、生产作业计划 ……………………………………………………………（113）
　　　三、生产现场管理 ……………………………………………………………（115）
　　任务四　质量管理 ………………………………………………………………（117）
　　　一、质量及质量管理的含义 …………………………………………………（118）

二、全面质量管理 ……………………………………………………………… (119)
　　三、质量管理工具 ………………………………………………………………(121)
【任务实施】…………………………………………………………………………… (128)
【项目小结】…………………………………………………………………………… (129)
【课后练习】…………………………………………………………………………… (129)
【技能训练】…………………………………………………………………………… (130)

项目六　企业营销管理 …………………………………………………………… (132)
【任务引入】…………………………………………………………………………… (132)
【任务分析】…………………………………………………………………………… (132)
【任务说明】…………………………………………………………………………… (132)
【相关知识】…………………………………………………………………………… (133)
　任务一　市场营销认知 …………………………………………………………… (133)
　　一、市场营销管理基础 ………………………………………………………… (133)
　　二、市场与市场营销 …………………………………………………………… (134)
　　三、市场营销理念的改变 ……………………………………………………… (135)
　任务二　市场调研 ………………………………………………………………… (141)
　　一、市场调研的内容 …………………………………………………………… (141)
　　二、市场调研的方法 …………………………………………………………… (142)
　　三、市场调研的步骤 …………………………………………………………… (142)
　任务三　市场营销环境分析 ……………………………………………………… (143)
　　一、市场营销环境的构成 ……………………………………………………… (144)
　　二、市场营销环境分析的方法 ………………………………………………… (147)
　任务四　市场细分、目标市场选择及市场定位 ………………………………… (148)
　　一、市场细分 …………………………………………………………………… (149)
　　二、目标市场选择 ……………………………………………………………… (149)
　　三、市场定位 …………………………………………………………………… (151)
　任务五　市场营销组合策略 ……………………………………………………… (153)
　　一、产品策略 …………………………………………………………………… (153)
　　二、价格形成的市场原理 ……………………………………………………… (156)
　　三、分销渠道 …………………………………………………………………… (157)
　　四、促销策略 …………………………………………………………………… (160)
【任务实施】…………………………………………………………………………… (163)
【项目小结】…………………………………………………………………………… (167)
【课后练习】…………………………………………………………………………… (167)
【技能训练】…………………………………………………………………………… (168)

项目七　现代企业人力资源管理 ………………………………………………… (170)
【任务引入】…………………………………………………………………………… (170)
【任务分析】…………………………………………………………………………… (170)

【任务说明】……………………………………………………………………(170)
【相关知识】……………………………………………………………………(171)
任务一　人力资源管理认知……………………………………………………(171)
　　一、人力资源管理的概念与特点……………………………………………(172)
　　二、人力资源管理的主要内容及目标………………………………………(173)
任务二　人力资源的获取………………………………………………………(174)
　　一、人力资源规划……………………………………………………………(175)
　　二、人员招聘与选拔…………………………………………………………(176)
任务三　人力资源的开发………………………………………………………(179)
　　一、员工培训与开发…………………………………………………………(180)
　　二、职业生涯管理……………………………………………………………(182)
任务四　人力资源的使用………………………………………………………(184)
　　一、激励概述…………………………………………………………………(185)
　　二、绩效考核…………………………………………………………………(188)
　　三、薪酬管理…………………………………………………………………(189)
【任务实施】……………………………………………………………………(191)
【项目小结】……………………………………………………………………(192)
【课后练习】……………………………………………………………………(192)
【技能训练】……………………………………………………………………(194)

项目八　企业文化与 CIS 战略……………………………………………(195)

【任务引入】……………………………………………………………………(195)
【任务分析】……………………………………………………………………(196)
【任务说明】……………………………………………………………………(196)
【相关知识】……………………………………………………………………(197)
任务一　企业文化认知…………………………………………………………(197)
　　一、企业文化…………………………………………………………………(197)
　　二、企业文化的结构…………………………………………………………(198)
　　三、企业文化的功能…………………………………………………………(198)
　　四、企业文化的构建…………………………………………………………(199)
任务二　企业文化的 CIS 系统…………………………………………………(200)
　　一、理念识别系统……………………………………………………………(201)
　　二、视觉识别系统……………………………………………………………(201)
　　三、行为识别系统……………………………………………………………(203)
　　四、听觉识别系统……………………………………………………………(204)
任务三　企业营销文化…………………………………………………………(204)
　　一、营销文化的含义…………………………………………………………(205)
　　二、营销文化的特征…………………………………………………………(205)
　　三、营销文化的内容…………………………………………………………(206)
　　四、企业营销文化的塑造……………………………………………………(208)

【任务实施】 …………………………………………………………………（209）
　【项目小结】 …………………………………………………………………（211）
　【课后练习】 …………………………………………………………………（211）
　【技能训练】 …………………………………………………………………（212）

项目九　企业财务管理 …………………………………………………………（214）
　【任务引入】 …………………………………………………………………（214）
　【任务分析】 …………………………………………………………………（214）
　【任务说明】 …………………………………………………………………（214）
　【相关知识】 …………………………………………………………………（215）
　　任务一　企业财务管理基础认知 ………………………………………（215）
　　　一、企业财务管理的定义 ……………………………………………（216）
　　　二、企业财务管理的内容 ……………………………………………（217）
　　任务二　企业筹资管理 …………………………………………………（218）
　　　一、企业资金筹集的概念 ……………………………………………（219）
　　　二、企业筹资渠道和筹资方式 ………………………………………（219）
　　任务三　企业投资管理 …………………………………………………（221）
　　　一、企业投资行为认知 ………………………………………………（221）
　　　二、企业投资管理的基本原则 ………………………………………（223）
　　　三、企业投资的基本程序 ……………………………………………（223）
　　任务四　企业资产管理 …………………………………………………（225）
　　　一、资产的分类 ………………………………………………………（226）
　　　二、流动资产管理 ……………………………………………………（227）
　　　三、固定资产的管理 …………………………………………………（228）
　　　四、无形资产的管理 …………………………………………………（229）
　　任务五　企业利润管理 …………………………………………………（230）
　　　一、企业利润及其构成 ………………………………………………（232）
　　　二、企业目标利润 ……………………………………………………（233）
　　　三、经营利润分配 ……………………………………………………（234）
　【任务实施】 …………………………………………………………………（234）
　【项目小结】 …………………………………………………………………（235）
　【课后练习】 …………………………………………………………………（235）
　【技能训练】 …………………………………………………………………（236）

项目十　企业物流管理 …………………………………………………………（237）
　【任务引入】 …………………………………………………………………（237）
　【任务分析】 …………………………………………………………………（237）
　【任务说明】 …………………………………………………………………（237）
　【相关知识】 …………………………………………………………………（238）
　　任务一　采购计划管理 …………………………………………………（238）

一、制订采购计划的目的 …………………………………………………… (238)
　　二、编制采购计划时需要考虑的因素 ……………………………………… (238)
　　三、采购预算编制的步骤 …………………………………………………… (239)
　任务二　仓储作业管理 ………………………………………………………… (240)
　　一、仓储管理概述 …………………………………………………………… (240)
　　二、商品入库管理 …………………………………………………………… (241)
　　三、商品出库管理 …………………………………………………………… (243)
　　四、仓储成本管理 …………………………………………………………… (244)
　任务三　配送作业管理 ………………………………………………………… (244)
　　一、配送及其功能 …………………………………………………………… (245)
　　二、配送作业管理 …………………………………………………………… (247)
　【任务实施】 …………………………………………………………………… (248)
　【项目小结】 …………………………………………………………………… (251)
　【课后练习】 …………………………………………………………………… (252)
　【技能训练】 …………………………………………………………………… (253)

项目十一　信息管理 …………………………………………………………… (254)
　【任务引入】 …………………………………………………………………… (254)
　【任务分析】 …………………………………………………………………… (254)
　【任务说明】 …………………………………………………………………… (254)
　【相关知识】 …………………………………………………………………… (255)
　任务一　企业信息认知 ………………………………………………………… (255)
　　一、信息 ……………………………………………………………………… (256)
　　二、企业信息化 ……………………………………………………………… (257)
　任务二　管理信息系统 ………………………………………………………… (258)
　　一、管理信息系统的概念 …………………………………………………… (259)
　　二、管理信息系统的结构 …………………………………………………… (259)
　　三、管理信息系统的发展应用 ……………………………………………… (262)
　【任务实施】 …………………………………………………………………… (267)
　　一、IT基础架构 ……………………………………………………………… (268)
　　二、核心业务系统 …………………………………………………………… (268)
　【项目小结】 …………………………………………………………………… (271)
　【课后练习】 …………………………………………………………………… (272)
　【技能训练】 …………………………………………………………………… (273)

参考文献 ………………………………………………………………………… (275)

项目一 企业管理认知

任务引入

学生走进企业

为了适应职业学院的学习特点,尽快巩固专业学习思想,机电系精挑细选,联系相关单位,安排学生走进企业,听专业人员介绍,看生产线上的设备,感受真实的企业环境,展望良好的发展前景。尽最大努力,让学生早日清楚自己学什么、如何学,以及学成之后干什么,从而让他们学有方向、学有动力,满怀激情地过好职校每一天的学习生活。

任务分析

对一个职业院校来说,它们应该让新生尽快了解企业,感受企业环境,了解企业的经营理念、组织结构、文化制度、管理流程、管理制度,使学生尽快熟悉专业学习内容,理解企业管理是指在企业内,为使生产、采购、物流、营业、劳动力、财务等各种业务,能按经营目的顺利地执行、有效地调整而所进行的系列管理、运营活动。

任务说明

工作任务	知识目标	能力目标	操作流程
任务一 企业与现代企业制度	1. 掌握企业的概念与类型 2. 理解现代企业制度的概念 3. 掌握现代企业制度的组织形式	能够运用现代企业管理的基本原理思考实际管理问题	1. 阅读案例 2. 分组讨论 3. 代表发言 4. 总结案例
任务二 管理的含义与职能	1. 掌握管理与企业管理的概念 2. 理解企业管理的两重性 3. 掌握管理的职能	树立和培养现代企业管理的思维模式	1. 阅读案例 2. 分组讨论 3. 代表发言 4. 总结案例
任务三 管理者与企业管理组织	1. 了解管理者所需的主要技能 2. 掌握企业管理组织的概念及其设计的内容	1. 对学校所在地某企业进行管理者类型与其所需技能分析 2. 实地调研当地某家企业管理组织的构成	1. 阅读案例 2. 分组讨论 3. 代表发言 4. 总结案例

相关知识

任务一　企业与现代企业制度

导入案例

七人分粥

有七个人住在一起，每天共喝一桶粥，显然粥每天都不够喝。一开始，他们通过抓阄来决定谁来分粥，每人轮一天。于是每周下来，他们每人只有一天是饱的，就是自己分粥的那天。后来他们开始推选出一个道德高尚的人出来分粥。然而有强权就会有腐败，大家开始挖空心思去讨好他、贿赂他，搞得整个小团体乌烟瘴气的。然后大家开始建立由三人组成的分粥委员会及私人的评选委员会，不过互相攻击、扯皮之后，粥喝到嘴里全是凉的。最后想出来一个方法：轮流分粥，但分粥的人要等其他人都挑完后才能拿，也就是他只能拿剩下的最后一碗粥。为了不让自己喝到最少的粥，每人都尽量分得平均。就这样大家快快乐乐、和和气气的，日子越过越好。

一、企业的概念与类型

研究现代企业管理，首先必须了解现代企业的概念与特征、现代企业的基本职能及其组织制度，这是现代企业管理的起点。

现代经济社会是由企业、消费者和政府三大组成部分所构成的。其中，企业作为现代经济社会的经济细胞和国民经济的基本单位，对提高社会生活水平起着关键的作用。当一个国家的人口数量一定时，企业所提供的产品和服务的增加，就必然使人均生产总量增多，从而提高整个国家的生活水平，增强国家的综合实力。可见，企业在现代经济社会中具有不可或缺的重要作用。这正是我们研究企业、探索企业管理客观规律的基本动因。

（一）现代企业的含义与特征

企业不是一个永恒的范畴，而是一个历史的概念。研究现代企业的含义与特征，首先就必须弄清企业的一般概念。

1. 企业的一般概念

企业不是从来就有的，也不是一成不变的，它是生产力发展到一定水平的产物。从其产生和发展的历程看，企业是伴随着机器大工业代替工场手工业而产生并逐步发展起来的，而且将伴随着社会生产力的进一步发展而发展变化。这就是说，企业始终处于一个动态的发展变化过程中。但不论企业的发展变化有多么的丰富多彩，就其本质而言，它始终是从事商品生产和经营的经济组织。因此，我们通常认为：企业就是指从事生产、流通和服务等经济活动的，为满足社会需要并获取盈利，进行自主经营、自负盈亏，实行独立核算的经济单位。企业的这一定义充分指出了企业的三大基本特征。

（1）企业首先是一个经济组织。

这一特性，将企业同那些归属于政治组织、行政组织和事业单位的政党、国家机构、军队、学校等社会组织相区别开来。在形形色色的社会组织中，只有那些从事商品生产和经营的经济组织才可能是企业。企业作为特定商品的生产者和经营者，它们生产产品或提供服务，并不是要自己享受这些使用价值，而是为了实现其价值，以获取盈利。这是企业的一大显著特性。

（2）企业必须是自主经营和自负盈亏的经济组织。

企业要获取利润就要保证自己的产品和服务在品牌、质量、成本和供应时间上能随时适应社会和消费者的需要。为此，除了加强内部管理外，企业还必须对市场和社会环境的变动及时主动地做出反应，这就是所谓的经营自主权；而权利与义务是对等的，企业有了经营自主权就必须进行独立核算，承担其行使自主经营权所带来的全部后果，即必须自负盈亏。如果企业只负盈不负亏，就不可能有负责任的经营行为和正确地行使自主权。

并不是所有从事商品生产和经营的经济组织都是企业，只有当该经济组织实行自主经营、自负盈亏、独立核算时，才能算作企业。如果是这样一种情况：它虽然从事商品生产和经营，但并不独立核算、自负盈亏，而是由总厂、公司等上一级组织统一核算、统负盈亏，那么总厂或公司是企业，该经济组织只是企业的一个下属生产单位，不能称为企业。在这里我们还要特别指出，我国经济体制改革中大量涌现出来的企业集团也不是企业，而是一种企业联合体，即由诸多企业所组成的一种联合体。在企业集团中，各成员企业拥有各自独立的经营自主权，是自负盈亏的经济实体。

（3）企业必须是一个法人。

所谓法人，是指具有一定的组织和独立财产，能以自己的名义进行民事活动，享有民事权利和民事义务，依照法定程序成立的组织。依据这一定义，经济组织要成为法人企业，就必须具备以下几个条件：

①依法成立。所谓依法成立，就是指必须经由国家工商行政管理部门审查登记，有自己的独立组织机构、名称、章程和工作场所。

②拥有独立支配的财产。拥有独立支配的财产，是法人的本质特征所在，也是经济单位成为法人的实质性条件。独立支配的财产，是企业从事生产经营活动的物质基础，是企业实行自负盈亏并对其经营的好坏独立地承担经济责任和民事责任，维护市场经济秩序的条件和保证。

③以自己的名义进行生产经营活动并承担法律责任。所谓以自己的名义进行生产经营活动并承担法律责任就是指以自己拥有的财产和名义自主经营，在银行开设账户，对外签订经济合同；其经济活动的后果由自己承担，当发生经济纠纷时，能以自己的名义参加诉讼，独立地享有民事权利和承担民事义务。

（二）企业的类型

按照财产的组织形式和所承担的法律责任的不同，企业通常分为三类。

1. 独资企业（又叫单个业主制企业）

它是由业主个人投资，自己经营，收入归己，风险也由自己承担的企业。企业如果经营不善，出现资不抵债的情况，就要用业主自己全部的家庭财源来抵债。

这类企业的优点是：所有权和经营权归于一体，经营灵活，决策迅速，开业与关闭手续简单，产权可以自由转让。缺点主要有两个方面：一是企业没有独立的生命力，如果业主死亡或在转让情况下放弃经营，企业的生命就终止；二是企业规模小，一般财力都不大，由于受偿债能力的限制，贷款的能力也较低，难以投资规模较大的生产和经营活动，一般适合零售商业、手工业等。

2. 合伙企业（又叫合伙制企业）

它是由两个以上的个人或业主对企业出资，通过签订合伙协议联合经营的组织。经营所得归全体合伙人分享，经营亏损也由全体合伙人共同承担。如果经营失败，合伙企业倒闭破产，资不抵债时，每个合伙人都要以自己的家庭财产首先按照入股比例清偿，若有的合伙人家庭财产不够清偿，其他合伙人要代为清偿，负无限连带责任。

这类企业的优点是：企业资金量较大，能从事一些资产规模较大的生产和经营活动，合伙人对企业的生产经营活动十分关心，企业的信誉也较高。缺点是：合伙企业的生产规模一般达不到社会化大生产的要求，生产经营活动有一定的局限性；企业经营决策需经全体合伙人一致同意，因而决策较慢，协调困难；企业稳定程度有局限性，当合伙人中有一人死亡或者撤出，原来的合伙协议就要进行修改，甚至会影响到合伙企业能否继续存在；合伙企业实行无限连带责任，增加了投资风险。一般适用于生产规模较小，管理不太复杂，不需要设立管理机构的生产经营行业。

3. 公司制企业

公司制企业的财产组织形式不同于前述两种企业类型。公司是法人企业，它以"合资"为特征，特别在负有限责任方面与前两种自然人企业有显著的不同。

广义的公司有无限公司、有限公司、两合公司、股份有限公司等形式。《中华人民共和国公司法》（以下简称《公司法》）将公司分为有限责任公司和股份有限公司，两者的共同特点是负有限责任，但是又有不同的特点，在《公司法》中有不同的规定。

（1）有限责任公司的特点及组建要求如下。

①有限责任公司由50个以下股东出资设立。我国《公司法》规定，有限责任公司由2个以上50个以下的股东共同出资建立，也可成立只有一个自然人股东或者一个法人股东的有限责任公司；其次，根据我国的具体情况，《公司法》还规定，国家授权投资的机构和国家授权的部门可以单独投资设立国有投资有限责任公司，这种情况下投资主体是国家。

②注册资本金数量不多，较容易注册，资本金最低限额为人民币10万元。

③有限责任公司是一种"封闭公司"，不能发行股票，权益证明不上市流通，可以在股东内部转让。如向股东以外的人转让出资，必须经半数以上股东同意。有限责任公司的设立和运作相对较为简单。

④公司只在内部向股东汇报工作，接受股东监督，无须向社会公开内部运作情况，应当依照公司章程规定的期限将财物会计报告送交各股东。

（2）股份有限公司的特点及组建要求如下。

①一般以发行股票方式筹集组成公司，股东人数多。《公司法》规定，设立股份有限公司，应当有2人以上200人以下为发起人，其中需有半数以上的发起人在中国境内有住所。

②股份有限公司的设立，可以采取发起设立或者募集设立的方式。发起设立，是指由发起人认购公司应发行的全部股份而设立公司。募集设立，是指由发起人认购公司应发行股份的一部分，其余股份向社会公开募集或者向特定对象募集而设立公司。

③注册资本金数额较高。按规定，股份有限公司注册资本金的最低限额为人民币500万元。法律、行政法规对股份有限公司注册资本金的最低限额有较高规定的，从其规定。

④公开向社会发行股票。

⑤股份有限公司的财务会计报告应当在召开股东大会年会的20日前置备于本公司,供股东查阅。公开发行股票的股份有限公司必须公开其财务会计报告,按《公司法》规定,上市公司必须依照法律、行政法规的规定,公开其财务状况、经营情况及重大诉讼,在每会计年度内半年公布一次财务会计报告。

需要注意的是,企业财务构成的三种形式(即独资企业、合伙企业、公司制企业)不是互相取代,而是共存的。时至今日,即使在发达的市场经济国家,独资企业和合伙制企业仍然占企业总数的大多数;公司制企业主要是大中型企业,数目只占企业总数的20%~30%,而其销售额则占到销售总额的70%~80%。

从上面分析可见,不同类型的企业,它们最根本的区别是财产组织形式不同。按财产组织形式来划分企业类型是符合市场经济发展要求的。

二、现代企业制度

企业作为一种在现代社会中扮演着重要经济、社会角色的组织,从产生到现在,经历了不断发展的过程。在这个过程中,同时发生着企业制度的演变。在市场经济条件下,企业是社会的基本经济单元和竞争主体。因而,我们在建构社会主义市场经济体制的宏观框架的同时,也必须同时打好市场经济的微观基础,即建立与市场经济体制相适应的现代企业制度。

(一)现代企业及现代企业制度

1. 现代企业

现代企业源于19世纪80年代开始的大规模生产和大规模销售的结合。在企业从事多种经营活动的情况下,技术和管理过程的复杂化导致了企业的经营管理只能交由受过专门职业训练的专业经营人员来负责。于是,企业就从旧时的"企业主企业"演化为现代的"经理人员企业"了。所谓现代企业,是指由一组领取薪金的高中层经理人员所管理的,企业资产所有者和经营者相分离的多单位企业。它具有以下三个方面的主要特征:

(1)所有权与经营权相分离,现代企业拥有明晰的法人财产权,投资者拥有股权,专职经理阶层拥有经营权。

(2)现代企业一般由多个单位组成,拥有以现代技术为标志的先进的生产力。

(3)现代企业由专职经理管理,拥有以现代化管理为核心、以人为本、内外协调、机制灵活的高效益的经营。这些特征都是传统企业所不具备的。

(二)现代企业制度的含义

所谓现代企业制度,是指适应市场经济和现代企业要求的,以现代公司制度为主体的企业制度,它是市场经济体制的微观基础。这一概念包括三个方面的含义:

(1)现代企业制度是市场经济体制的微观基础。市场经济正常运行的重要前提之一就是企业真正成为市场主体。因为只有当企业成为真正的市场主体,它才能在利润目标驱动下,对市场信号做出及时的反应,从而保证由消费者和企业这两个微观主体所构成的市场经济的基本循环过程在市场机制和政府宏观调控的引导下顺利进行。现代企业制度所要解决的问题,就是赋予企业应有的权利,使企业真正成为市场主体。

(2)现代企业制度是与现代企业的生产力水平相吻合的。现代企业具有多方面的生产力特征,这些特征作用的发挥,要靠一定的生产关系做保障。现代企业制度在这一范畴内,即在与现代企业生产力的密切协调中发挥积极的作用。

(3) 现代企业制度以公司制度为主体。现代企业制度的主体就是适应社会化大生产和现代市场经济要求的公司制度。公司制是商品经济发展和社会化大生产发展的产物；是适合企业集中巨额资本扩大生产经营规模的现代企业制度，是一种能保证企业在所有权和经营权分离的条件下真正做到自主经营、自负盈亏的现代企业制度；是现代经济社会中最重要的企业形式，是现代企业组织形式的发展趋势。

(二) 现代企业制度的基本特征

党的十四届三中全会通过的《中共中央关于建立社会主义市场经济体制若干问题的决定》明确指出，我国要建立的是适应市场经济要求，产权明晰、责任明确、政企分开、管理科学的现代企业制度。其中"产权明晰、责任明确、政企分开、管理科学"这十六个字体现了现代企业制度的基本特征。

(1) 产权明晰。即明确企业产权主体和界区。其要求是建立出资者所有权和企业法人财产权相分离的产权制度，形成企业资产的终极所有权归投资者，出资者（包括国家在内）投资形成的全部法人财产权归企业的格局，从而使企业能够真正成为独立享有民事权利、承担民事责任的法人实体。

(2) 责任明确。是指在产权明晰的基础上，明确划分企业法人和投资者两个利益主体应享有的权益和应承担的责任。它包括两个方面，一是企业以其全部法人财产，依法自主经营、自负盈亏、照章纳税，并对出资者承担资产保值、增值的责任；二是出资者按投入企业的资本额享有资产受益、重大决策和选择管理者等权利。当企业破产时，出资者只以投入企业的资本额为限对企业债务负有限责任。

(3) 政企分开。长期以来，国有企业和政府之间是一种上下级的行政隶属关系。政企分开就是要从制度上重新构建企业与政府的关系，使他们依法成为两个完全平等的市场主体。企业法人和出资者之间的关系：一方面，政府作为出资者不得直接干预企业的生产经营活动，而仅以出资额为限对公司债务负有限责任；另一方面，企业也必须摆脱对政府的依赖，完全按照市场要求组织生产经营，并对从事生产经营活动所造成的后果全权负责，如果长期经营不善，资不抵债，则应依法破产。

(4) 管理科学。是指建立科学的领导体制和组织管理制度，调节所有者、经营者和职工之间的关系，形成激励和约束相结合的经营机制。

(三) 现代企业制度的基本内容

现代企业制度是一个内涵丰富、外延广泛的概念。其基本内容包括三个方面：现代企业产权制度、现代企业组织制度和现代企业管理制度。这三大基本制度相辅相成，共同构成了现代企业完整而灵活的经营体制。

1. 现代企业产权制度

现代企业产权制度是现代企业制度的一项核心内容，这种产权制度的构造在企业方面是建立企业法人制度，在出资者方面是形成有限责任制度。它的实质是建立出资者所有权和企业法人财产权相分离的产权配置格局。按照现代企业产权制度的要求，当股东投资形成企业资产后，它就将原来的企业资产分解为企业现实营运中的资产和以股票为主的虚拟资产。其中对企业现实营运中的资产的占有、使用和处置权利交由企业法人掌握，由此形成法人财产权。这种产权分割实际上也就意味着公司资产不论是谁投资的，一旦形成投入营运，其支配权就归属企业法人了,要由企业法人实行统一的经营管理。原来的出资者则与现实资产的营运脱离了关系,他不能随意地抽回投资,也不能以个人的身份直接支配他投入的资本,只保持其作为法人组织的一分子;通过一定的组织程序,间接参与企业财产的最终控制。

上述现代企业产权制度是以企业在法律上具有独立的法人地位为前提的,即它的形成要以完善的企业法人制度为基础。企业只有依法取得法人地位,才能在取得法人资格的同时获得法人财产权,这是企业在市场经营活动中独立从事民事活动,享有民事权利并承担民事责任的前提条件和物质基础。

现代企业产权制度的另一内涵就是实行严格的有限责任制度,它是规范出资者股东与企业法人之间的权益关系、企业法人与企业债权人之间的权益关系的准则。实行有限责任制度使得企业对现代市场经济的发展有了更强的适应力。

2. 现代企业组织制度

现代企业组织制度是在企业法人制度基础上形成的法人治理结构。它是企业在长期的市场经济发展过程中为了满足自身的发展需要而逐步建立起来的一套完整的组织制度。通过该组织结构,企业形成了一种以众多股东个人意志和利益要求为基础的、独立的组织意志,并以这种独立的组织意志来独立地开展经营活动。其中,现代企业法人治理结构包括两个组成部分,一是纵向授权领导体制。它是由股东通过投票选举产生董事会和监事会,其中董事会代表企业法人从事经营活动,董事会再聘任总经理和其他高级经理人员,组成在董事会领导下的执行结构,在董事会授权范围内经营企业;监事会是监督机构,对董事会及其经理人员的活动和公司财务行使监督的职责。二是股东会、董事会和监事会"三会"制衡结构。在法人治理结构中,股东会、董事会和监事会及经理人员各自的权、责、利都有明确的划分和界定,谁也不能违背组织章程越权行事,因此彼此之间也就形成了一种相互制约、相互促进的制衡机制。

3. 现代企业管理制度

企业要在激烈的市场竞争中求得生存和发展,就必须不断提高自身的经营管理水平。因此,科学规范的现代企业管理制度也是现代企业制度不可缺少的重要内容。现代企业管理制度的基本体系是由企业经营目的和理念、企业目标和战略、企业的管理组织以及各业务职能领域活动的规定几个方面组成的。其中企业经营目的和理念是企业管理制度的最高层次。在经营目的和理念的指导下,确定企业的战略目标,形成企业战略方案,并同时建立各种个体业务活动来实现,这些业务活动可分为市场营销、研究开发和生产制造、财务、人事等几大职能领域。企业管理层通过对这几大领域活动的计划、组织、领导和控制,并把它们有机地结合起来,就可以把握日常经营的全局,保证战略的有效实施和经营目标的实现。

企业各职能领域的管理活动,有其特定的内容、原则、程序和方法。将职能领域的管理行为规范化,就形成了关于日常经营的管理制度,这是实现企业目标与战略的保证。

综上所述,随着生产社会化及商品经济的发展,市场经济条件下的企业制度为了适应不同社会生产力发展水平的要求,逐渐形成了个人业主制企业、合伙制企业、公司制企业三种形式并存的状态。其中公司制企业尽管出现较晚,但由于它没有个人业主制企业、合伙制企业的筹资能力有限、规模小、经营不稳、风险较大等严重缺陷,因此,以其对市场经济良好的适应性,很快占据了现代社会经济活动的主导地位,成为当之无愧的当代企业制度的主导形式。

任务二　管理的含义与职能

导入案例　　　　　　　　无招胜有招

金庸的武侠小说《传天屠龙记》第二十四章描述了张三丰临阵传授张无忌太极创法的情况：张三丰左手持剑，右手捏个剑诀，双手成环，缓缓抬起，这起手式一展，跟着三环套月、大魁星、燕子抄水、左拦扫、右拦扫……一招招地演将下来，使到第五十三式"指南针"，双手同时画圆，复成第五十四式"持创归原"。张三丰一路剑法使完，竟无一人喝彩，各人竟皆诧异："这等慢吞吞、软绵绵的剑法，如何能用来对敌过招？"众人不知张三丰传给张无忌的乃是"剑意"，而非"剑相"，要他将所见到的剑招忘得半点不剩，才能得其精髓，临敌时以意取剑，千变万化，无穷无尽。若尚有一两招剑法忘不干净，心有拘囿，剑法便不能纯熟。

学管理是将正确观念印入脑海而成为工作及生活的一部分。不用刻意地运用管理技巧，而能在思考、行动及控制上流畅自如地运用管理理念，不断积累个人经验，不断适应外界改变，且领导组织内部变革，将管理的十八般武艺深入运用于生活中，这样才算真正了解管理。

一、管理与企业管理的定义

（一）管理的一般含义

在现代社会，管理具有非常普遍的意义，是一种普遍的社会现象和实践活动。它广泛地存在于社会生活的各个领域，诸如政治、经济、军事、文化、教育、宗教等。那么，什么是管理呢？古典管理学派认为，管理是对组织的活动进行计划、组织、指挥、控制和协调的过程；行为学派则认为，管理就是协调人与人之间的关系，调动人的积极性和创造性；现代决策理论学派又认为管理就是决策。上述各种关于管理的说法，只是从不同的角度或侧面描绘了管理的面貌，或强调工作和生产方面，或强调人际关系方面，或强调决策的技术和方法等，并没有从根本上揭示管理的全貌。纵观人类社会的管理实践，我们可以给管理下一个比较全面的定义，即管理是指通过一系列的组织措施，为管理对象创造一种环境，使之在这一环境中能充分合理地运用人、财、物、信息与时间等各种资源，以达成预期的目标。这一定义揭示了管理的基本特点。

1. 管理具有明确的目标性

人类社会的一切管理工作都必须具有目标。管理的目标是一切管理活动的基本出发点和归宿点。管理活动的计划、方案依据期望达成的目标而提出，而管理活动的成效也靠管理目标实现的程度来检验。没有目标，管理就失去了方向和评价依据。

2. 管理是指导性工作，而不是替代性工作

管理只能是为被管理的对象创造一种能顺利完成任务的环境与条件，即告知被管理者该做什么，不该做什么，做到什么程度等，而不是管理者替代管理的对象工作。如果管理对象的积极性没有调动起来，作用没有得到发挥，即使管理者再辛苦，换来的只能是管理混乱，无法实现预期的目标。

3. 管理是为达成预期目标的系列活动

管理目标的实现，是通过对诸如人、财、物、信息、时间、技术等资源的组织、协调、控制来达成的。这就揭示了管理的客体是人、财、物、信息、时间、技术等各种资源，管理则是围绕这些客体所进行的一系列管理职能活动。

（二）现代企业管理的概念及其性质

现代企业管理就是指企业管理工作者及企业全体职工按照现代社会化大生产的客观规律，对企业的生产经营活动进行决策、计划、组织、指挥、控制、协调、激励与创新，以达到企业预定目标的科学行为过程。企业管理是一个世界性的和发展的概念，它伴随着人类社会科学技术进步和社会生产力的发展而不断地发生变化。从企业管理的产生与发展过程及其对企业生产经营的实际影响等方面分析，我们发现，企业管理具有以下特殊的性质。

1. 企业管理的两重性

企业管理的两重性是指企业管理既有同生产力、社会化大生产相联系的自然属性，又有同生产关系和社会制度相联系的社会属性。

企业管理的自然属性，决定于生产力的发展水平，为一切社会化大生产所共有，而不取决于生产关系和社会制度的性质。因此，在企业管理中，有关合理组织社会化大生产的某些理论与方法，并不为某种社会制度所特有，而是为所有社会化大生产所通用。另外，企业管理又是服从于生产资料所有者的利益和意志的，是社会生产关系的体现。即它是由生产关系和社会制度所决定的，由此而形成了企业管理的社会属性。

对企业管理两重性的准确把握，是我们认识、学习和借鉴发达国家先进、科学的管理经验与方法的指导思想，是研究、总结和发展我国企业管理经验的理论武器，因而对于建设具有中国特色的企业管理体系有重要的理论意义与实践意义。

2. 企业管理的科学性与艺术性

企业管理的科学性是指企业管理以反映管理客观规律的管理理论与方法为指导，有一套分析问题、解决问题的科学的方法论。企业管理的艺术性是指企业管理具有强烈的实践性，即强调管理活动除了要掌握必要的理论与方法外，还必须具有灵活运用这些知识和方法的技巧和技能。

企业管理的科学性，要求我们要注重管理基本理论的学习和研究，遵循企业管理的一般规律，不断探索与建立企业管理的理论、方法与原则等。然而这些理论、方法与原则又不可能为企业管理者提供解决一切管理问题的标准答案，它要求管理者必须从实际出发，具体情况具体分析，发挥各自的创造力。如果将管理的原理、方法当作教条，死记硬背，其管理的实践注定是失败的。这就要求管理者必须勤于实践，不断提高管理的艺术水平。

（三）现代企业管理的特征

企业管理从18世纪末期产生，伴随着社会生产的发展和科技的进步，跨越了传统管理和科学管理两大阶段，迈入了现代企业管理阶段。现代企业管理与科学管理相比具有鲜明的现代特征。

1. 突出经营决策和经营战略

现代管理认为，在现代市场经济条件下，企业管理的中心是经营，经营的重点是决策，决策的关键是战略决策。企业经营战略决策正确与否，将直接关系到企业的生存和发展。因此,现代企业管理不仅要重视企业内部的管理,也要更加注重企业外部环境和市场的变化及其对企业生产经营的影响,突出经营决策;不仅要着眼于企业的"今天",也要更加重视带有战略性的远景计划;不仅要着眼于国内市场,也要着眼于国际市场,采取积极竞争性的经营策略等。

2. 广泛应用现代科学技术成就

现代科学中的运筹学、数学方法、统计方法和电子计算机技术等,已在企业管理中广泛应用,如用电子计算机进行工资计算、成本核算、存储控制、订货管理、生产计划编制等。此外,还可运用概率论、线性规划、网络技术、预测技术等为管理中的复杂问题编制数学模型,用计算机进行定量分析,作为制定最佳方案的理论依据。

3. 实行以人为中心的管理

现代管理重视人的重要作用,强调从人的本性中去激发动力,在企业管理中创立企业文化,开展民主化管理,以满足职工自我实现的需要,并努力使其与企业的目标统一起来。在现代企业管理中,一切对事或对物的管理归根到底都是对人才的管理与运用,使人性得到最完美的发展,是现代企业管理的核心所在。

4. 实行系统管理

把企业视为一个人造的开放系统,将系统论的观念引入企业管理,是现代企业管理的重要特征。现代企业管理认为,企业是整个社会系统的一部分,受到外部整个社会系统政治经济因素的制约,其内部又可分为若干子系统,因而必须根据系统理论,从企业整个系统的最优化出发,把系统工程、系统分析、系统方法等应用于企业管理之中。

二、管理的职能

所谓管理的职能,是指现代企业管理活动所具有的作用和功能。根据企业管理二重性的原理,现代企业管理具有两个方面的基本功能。一是合理组织生产力的一般职能,即企业管理作为指挥生产的一般要求,执行合理组织生产力的基本职能,表现为劳动管理的一般形态,为一切社会化大生产所共有。二是维护特定生产关系的特殊职能,即企业管理作为维护生产目的的手段,执行维护生产关系的基本职能,表现为劳动的社会结合方式不同,管理的性质也就不同。现代企业的运营过程,正是这两个基本职能共同结合发生作用的过程,是使生产力得以发挥、生产关系得以维护、生产过程得以进行、生产目的得以实现的过程。

以上分析,充分揭示了现代企业生产过程的本质就是生产力和生产关系的统一整体。企业管理的基本职能是通过若干具体管理工作,即管理职能来体现和贯彻的。根据对现代企业管理工作的基本内容和基本过程的分析可以将这些具体的管理职能划分为决策职能、计划职能、组织职能、协调职能、指挥职能、激励职能、控制职能和创新职能八个方面。

(一)决策职能

决策职能是指企业根据外部环境和内部条件,按照企业总的任务,确定决策目标,拟订实现目标的方案,并做出选择和决定。决策是行动的基础,是决定企业生产经营成败的关键。无论管理者在组织中的职位如何,他都要有决策能力,而且职位越高,决策能力越重要。因而,决策职能是企业管理的首要职能。

(二)计划职能

计划职能是指在企业有了正确的决策之后,根据决策方案编制计划、安排实施等一系列的管理活动。也就是对企业未来要做什么、何时做、在何地做、如何做、由谁做等做出具体的安排。企业实施计划职能，进行计划管理的过程，也就是实行目标管理的过程。充分发挥企业管理计划职能的作用，能使企业各个方面、各个单位以至每个职工都明确具体的奋斗目标，使企业各部门、各环节的工作很好地衔接和协调起来，建立良好的生产和工作秩序。

（三）组织职能

组织职能是指企业的管理者使企业的各种有用资源有效地结合或协调起来，保证计划得以彻底、有效的实施，使企业的各项活动正常运转，从而以最佳的效率去实现企业的目标。一个社会组织是否具有自适应机制、自组织机制、自激励机制和自约束机制，在很大程度上取决于该组织的组织结构的状态与水平。所以，组织职能是管理活动的根本职能，是其他一切管理活动的保证和依托。

（四）指挥职能

指挥职能是指为了有效地组织生产经营活动，企业要建立一个有权威的、高效率的生产经营统一指挥系统，上级有权对下级单位和人员的活动实施统一领导和指挥，下级必须服从上级的命令、指挥。实施企业管理的指挥职能，必须坚持集中统一的原则，避免多头领导，政出多门；要强调权威和服从，克服软弱涣散，做到令行禁止；同时还应与广泛发扬民主、加强思想政治工作结合起来。

（五）控制职能

控制职能是指企业在实现经营目标、执行各种计划和进行生产经营过程中，经常地把实际情况同原定的目标、计划、标准和制度等进行对照，以便及时发现偏差，查明原因，采取措施，加以调整，保证原目标、计划等得以实现的一系列管理活动。它包括对生产、库存、质量、成本、财务等各方面的控制。

（六）协调职能

协调职能是协调企业内外部各种关系，使其建立起良好的配合关系，以便更有效地实现企业的任务。其中对内协调，是指在企业内部所进行的协调活动，它可分为纵向协调和横向协调两个方面。纵向协调是指上下级领导人员和职能部门之间活动的协调；横向协调则是指同级各单位、各职能部门之间活动的协调，它是最难的和最重要的协调内容。对外协调，是指企业在生产经营活动中，与外部各单位及用户之间的协调；企业只有同时搞好对内对外两方面的协调，生产经营活动才能顺利进行，企业经营目标才能更好地实现。

（七）激励职能

激励职能是指通过对员工的精神鼓励和物质鼓励等方法激发员工的积极性、主动性和创造性。在现代企业管理中，要始终如一地把精神鼓励和教育手段与必要的物质奖励结合起来，建立合理的奖惩制度，做到有奖有罚，赏罚分明，不断地激发员工为实现企业目标而努力奋斗的精神，培养员工的光荣感和责任感，为员工提供更为广阔的施展才华的空间。

（八）创新职能

创新职能是指在一定的思想指导下，不断地去进行改变或调整系统取得和组合资源的方式、方向和结果的具体实践。由于科学技术迅猛发展，社会经济活动空前活跃，市场需求瞬息万变，社会关系也日益复杂，每个管理者每天都会遇到新情况、新问题。如果因循守旧、墨守成规，就无法应付新形势的挑战，也就无法完成肩负的任务。时代已经步入不创新就无法维持其发展的地步，许多获得事业成功的管理者的诀窍就在于创新。

应该指出，管理这八项基本职能相互联系、相互支撑，又相互交叉渗透，不断地循环往复，把工作推向前进。在这种循环中，决策始终处于首要环节，控制处于结束环节，而创新则是中心轴，起着推动管理循环的原动力的作用。

任务三　管理者与企业管理组织

导入案例

众所周知，一只木桶盛水的多少，并不取决于桶壁上最高的那块木板，而恰恰取决于桶壁上最短的那块木板。人们把这一规律总结成为"木桶定律"或"木桶理论"。根据这一核心内容，"木桶定律"还有三个推论：其一，只有当桶壁上的所有木板都足够高时，木桶才能盛满水；只要这个木桶里有一块不够高，木桶里的水就不可能是满的；其二，比最低木板高的所有木板的高出部分是没有意义的，高得越多，浪费就越多；其三，要想提高木桶的容量，应该设法加高最低木板的高度，这是最有效，也是唯一的途径。与木桶定律相似的还有一个链条定律：一根链条最薄弱的环节和其他环节一样——承受着相同的强度，一个企业要想成为一只结实耐用的"木椅"，首先要想方设法提高所有板子的长度，还要结合"紧密"的内容，让所有的板子都维持"足够高"的高度，这样才能更有效地体现团队精神，最大限度地发挥团队的作用。

一、管理者

（一）管理者的定义

管理者都是在组织中工作的。组织是对完成特定目标的人们的系统性安排，组织有大有小，但都具有以下三个特征：

（1）有一个明确的目的，这个目的一般是以一个或一组目标来表示的。

（2）都由一群人组成。

（3）形成一种系统性的结构，用以规范和限制成员的行为。例如，建立规章制度，以使组织成员知道应当做什么和怎样做。

所谓管理者，就是指那些在组织中指挥他人完成具体任务的人，例如，企业的厂长、车间主任，学校的校长、系主任，机关的局长、处长，公司的经理等。管理者虽然有时也承担一定的具体的事务性工作，但其主要职责是指挥下属工作。有下属向其汇报工作，是管理者区别于操作者的显著特点。

（二）管理者的分类

1. 管理者的层次分类

组织的管理人员可以按其所处的管理层次区分为高层管理者、中层管理者和基层管理者。同时，整个组织层次还包括一层作业人员。

（1）高层管理者：高层管理者是指那些对组织的管理负有全面责任，并侧重负责制定组织的大政方针，沟通组织与外界交往联系的人，如公司的总经理、工厂的厂长、大学的校长等。高层管理者对组织发展战略、行动计划、资源安排拥有充分的权力。他们的决策是否科学、职权利用是否得当等,直接关系着组织的兴衰存亡。

(2) 中层管理者:中层管理者是指那些主要以贯彻高层管理者所制定的大政方针,指挥基层管理者活动为职责的人,如公司的事业部经理、工厂的车间主任、大学的系主任等。他们管理的下属规模差别很大,多则数百人,少则几十人,因此,不可能去做太多的具体工作,而是根据上级的计划和部署,把具体任务分配给各基层单位,同时指导、支持和协同基层管理者的工作。中层管理者在组织中起着承上启下的作用,对上下级之间的信息沟通、政令通行等负有重要的责任。

(3) 基层管理者:基层管理者是指那些直接指挥和监督现场作业人员,去完成上级下达的各项计划和指令的人,即第一线管理人员,如工厂车间的班组长、学校的课程组长、宾馆的前台领班等。他们所管辖的仅仅是作业人员而不涉及其他管理者,主要职责是给下属作业人员分派具体任务,保证各项任务的有效完成。

作为管理者,不论他在组织中的哪一层次上承担管理职责,其工作内容都涉及计划、组织、领导和控制这几个方面,但不同层次管理者履行各项管理职能的程度和重点是有所不同的,如图1-1和图1-2所示。高层管理者用在计划、组织和控制职能上的时间要比基层管理者多,而基层管理者用在领导职能上的时间要比高层管理者多。即便是同一管理职能,不同层次管理者所从事的具体管理工作的内涵也并不完全相同。例如,就计划工作而言,高层管理者关心组织整体的长期战略规划,中层管理者偏重于中期、内部的管理性计划,基层管理者则更侧重于短期的业务和作业计划。

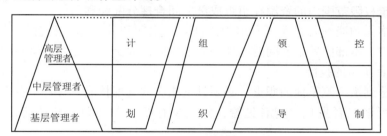

图1-1 不同管理者的管理职能1

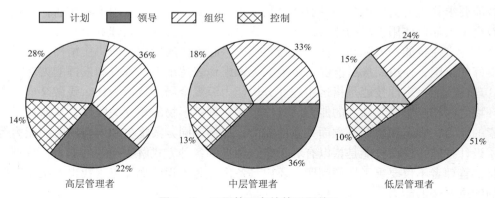

图1-2 不同管理者的管理职能2

2. 管理者的领域分类

(1) 综合管理人员是指负责整个组织或组织中某个事业部全部活动的管理者。小型组织可能只有一个综合管理者,那就是总经理,他要统管该组织包括生产、营销、人事、财务等在内的全部活动。而大型组织可能会按产品类型设立几个产品分部或按地区设立若干个地区分部,此时,该公司的综合管理人员就包括总经理和每个产品或地区分部的经理,每个分部经理都要统管该分部包括生产、营销、人事、财务等在内的全部活动。

(2) 专业管理人员是指负责组织中某一类活动或职能的管理者,如生产部门管理者、营销部门管理者、人事部门管理者、财务部门管理者以及研究开发部门管理者等。现代组织随着其规模的不断扩大和经营环境的日益复杂多变,将需要越来越多的专业管理人员,专业管理人员的地位也变得越来越重要。

3. 管理者的职责和所需技能

(1) 管理者的职责。

①设计和维护一种环境,使身处该环境中的组织成员在组织内协调工作,从而实现组织目标,是所有管理者需承担的基本职责。具体来说,任何层次的管理者都承担着以下一些职责:作为领导者,保证组织活动的顺利进行,包括代表组织内某一部门与外界保持必要的接触;负责本单位、部门成员的任用、训练、评价和指导等。

②作为信息收集和发布者,保证信息的集散和畅通。包括通过人际交流、调查研究等方式了解情况,把握全局;向组织成员下达指令和通报有关信息;向外界和上级介绍本单位、本部门的工作情况。

③作为决策者,保证决策的及时正确。包括目标、战略和制度的确定;不断探索新的途径,进行组织运行的创新;随时对目标和计划的实现情况进行监控,对组织出现的问题进行妥善解决;决定权限范围内的资源在组织成员之间合理分配和利用等。

④作为联络人和谈判者,保证同组织内部成员之间和外部相关利益集团沟通渠道的畅通;代表本单位、本部门就某些问题与外部或组织内部成员进行必要的谈判和磋商等。

(2) 管理者所需的技能。

管理者要尽到组织赋予他的职责,必须具备相应的管理技能。管理学者们对管理者应具备哪些技能,可谓仁者见仁、智者见智,但至少有四个方面的管理技能是管理者不可缺少的。

①专业技能:专业技能是指在涉及方法、工艺和过程等活动中所需要的知识和水平,即专业技能要求管理者会使用各种专业技术和工具。例如,机械工使用工具作业,其主管应当具备教会工人如何使用工具的能力;会计主管也需要具备会计师处理资金核算问题的能力。

②人际交往技能:人际交往技能是指与他人一起工作的能力,即协作精神,也就是善于创造良好的氛围,使组织成员能够自由地、无顾虑地表达个人的观点和发挥能力。

③理性技能:理性技能是指运用理性分析能力综观全局,认清为什么要做某事,洞察企业与环境之间相互影响复杂性的能力。具体包括:理解事物的相互关联性,从而找出关键影响因素的能力;确定和协调各方面关系的能力;权衡不同方案优劣和内在风险的能力等。

④设计技能:设计技能是指以有利于组织利益的各种方式解决问题的能力。特别在组织的高层,管理者不仅要善于发现问题,还应具备像优秀工程师那样善于找出对某一问题切实可行的解决办法的能力。

二、企业管理组织

"组织是两人或两人以上,用人类意识加以协调而成的活动或力量的系统"。这种"协调系统"依据系统原理,使系统中的各种要素相互协调配合,产生"综合效应",保证企业目标的实现。

组织具有综合效应,这种综合效应是组织中的成员共同作用的结果。组织管理就是通过建立组织结构,规定职务或职位,明确责权关系,以使组织中的成员互相协作配合、共同劳动,有效实现组织目标的过程。组织管理是管理的一部分,也称组织工作或组织职能。

企业组织是指为了有效地向社会提供产品或劳务,将企业的各种资源按照一定的形式结合起来的社会系统。

三、企业组织设计的原则和步骤

（一）企业组织设计的原则

1. 统一协调原则

企业的组织设计必须使企业形成一个统一的有机整体。设计形成的组织结构应能保证企业运行时,各个部门和个人协调一致地工作。"下级服从上级,局部服从整体"是统一协调原则的基本要求。

2. 精简原则

所谓精简原则,是指企业的组织结构在满足经营需要,保证企业目标实现的前提下,把组织中的机构和人员的数量减少到最低限度,使组织结构的规模与所承担的任务相适应。如果是机构臃肿、人浮于事,一方面浪费了人力资源,另一方面由于多余环节的存在,增加了交往成本。而且人员一多,还会加大人际关系方面的矛盾。

3. 专业化、系统化原则

专业化、系统化原则就是不能将各机构、各环节的活动定得太死,应当实行大计划小自由,给他们以发挥积极性、随机应变、在应变中实现企业目标的权力。

4. 责权一致性原则

责权一致性原则就是要求组织结构中的各个部门和个人不仅要有明确的工作任务和责任,而且要有相应的权力,即责权相适应。有责无权,不能保证组织机构正常履行工作职能,承担不了应有的责任。权力过大,会造成滥用职权,企业运行混乱。

5. 管理幅度和管理层次合理的原则

层次多,机构庞大,经理与基层人员之间在管理上相距较远,容易出现信息失真的现象;管理人员过多,增加了管理费用,容易使管理缺少灵活性,束缚其能力的发挥,助长惰性和官僚主义。

当然,层次过少也不适应企业经营管理体制的需要,会导致指挥软弱,不利于对整个企业经营活动进行有效的组织、指挥与控制。因此,要合理地设置管理层次,力求提高干部的管理素质,在增加有效管理幅度的基础上减少管理层次。

6. 集权和分权原则

在明确各自职责的基础上,要授予相应的职权,使责权相适应。管理层次的划分实质上是企业权力的分配,也就是企业如何处理集权与分权的问题。

（二）企业组织设计的步骤

1. 工作岗位设计

工作岗位是根据专业化分工原则,按工作职能划分而成的工作职位。工作岗位是构成企业组织结构的基本单位。依据亚当·斯密的分工理论可知，专业化分工有利于提高企业人员的技术水平，缩短作业时间，减少培训费用，有利于提高机械化程度。总之，分工可以降低成本、提高效率和经济效益。但是，如果分工过细，一方面会使工作人员感到工作单调而厌烦，另一方面还会增加内部调节的工作量，使交往成本上升。因此，进行工作岗位设计时，既要进行合理分工，又要适当扩展工作内容，使工作人员感到内容丰富充实，富有挑战性。

流通企业组织结构中的工作岗位，一般有采购、销售、保管、装卸、会计、出纳、统计、合同管理等。不同类型的流通企业，可根据自己经营业务的特点和企业内部的条件，或把岗位分得更细，或设计出具有综合性的工作岗位。但必须强调的是，工作岗位是根据企业组织目标的需要来设计的，不能设计出与目标无关的岗位。

2. 部门划分

部门是指企业组织结构中一个管理人员有权执行所规定的活动的一个明确区分的范围。划分部门就是确定这些范围。这些部门实际是承担某些工作职能的组织机构。所以部门划分也可称为是组织机构的设置。一个部门通常是由若干个工作岗位组成的。

流通企业中的部门归纳起来可分成三大类别，即业务经营部门、职能管理部门和后勤服务部门。

业务经营部门是直接参与经营业务活动的部门，也称为直线部门，如采购部、销售部、储运部等。它们是实现企业目标的操作部门，是企业组织结构的主体。

职能管理部门是对经营业务活动进行计划、指导、监督和调节的管理部门，如计划、财务、统计、劳资、物价等部门。它们不直接参加经营业务活动，但与经营业务活动有着直接的联系，它们与业务经营部门的连接主要是通过信息的传递。职能管理部门是企业组织中各级直线领导者的参谋和咨询机构。

后勤服务部门是间接为经营业务活动服务的部门。这些部门与职能管理部门不同，它与经营业务的关系并不那么直接，不能对经营业务活动发挥监督指导作用，属于这类部门的有人事、保卫、膳食、交通等。

划分业务部门的具体方法，通常有按职能划分、按地域划分、按产品划分、按业务环节划分等。各企业可根据自己的特点选择采用，也可同时采用几种方法。如生产资料流通企业，常常在其总部所在地区按经营的产品和业务性质划分部门，而在外地则按地域设置部门。

3. 管理层次和管理幅度设计

管理层次和管理幅度是决定组织结构的两个重要参数，而且，管理层次和管理幅度是密切相关的。

任何企业的组织结构都应是一种梯形结构，即上级指挥机构少，下级指挥机构多。从上到下，根据管理的需要，通常设有若干指挥和管理层次。这些层次之间是一种隶属关系，从而形成职权上的等级链。管理层次设计就是确定等级链的级数。

管理幅度是指组织中的一个上级直接指挥下级的数量。显然，在组织规模一定的情况下，如果不考虑其他因素，则管理幅度越大，管理层次就越少，否则，管理层次就越多。管理幅度确定之后，就可以组成一个由一定层次构成的组织结构。

4. 领导者职位规定与授权

（1）所谓领导职位，是指组织中各层次上各部门领导者的工作岗位。工作岗位设计只是确定了一般工作人员的工作职位，对领导者的职位，必须是在部门和层次结构设计出来以后才能规定。规定领导职位就是明确领导者在组织中的等级地位，并以一定的职位名称来表示。这些职位或职位名称是一种权力的象征，它们构成一个组织中的等级链。但是，处于这些职位的领导者的真正职权要待授权以后才能获得。企业组织中的领导职位，要根据企业的法律形式、领导制度、规模大小和组织结构的形式来设置，通常的领导职位有董事长、总经理、副总经理、经理、副经理、部长、副部长、主任、副主任等。

（2）所谓授权，是指一个单位的较高一级的领导或组织通过一定的形式或程序把一部分工作的责任和职权交给其下属个人或组织的过程。这里的职权是指在职责范围内承担一定责任所应具有的权力。它与一般所说的权力不一样。权力是一个广泛的概念，是指一个人或组织影响他人行为的能力。对于一个组织中处于某领导职位的领导者来说，职权只是构成领导者权力的一部分。

授权必须责任明确、责权对应。授权时，交给下属的责任应明确具体，不能含糊不清。否则，一方面，下属不能理解责任的性质和具体要求，不能按要求完成任务；另一方面，也容易造成下属互相推诿。责权必须对应，权力是为了使下属承担一定的责任而授予的，是承担责任的保证。因此，权力应与责任相对应。有责无权，使下属没有能力承担责任；有权无责，会出现滥用职权、瞎指挥的现象，造成管理混乱。

授权要适度，避免失控。授权不是目的，只是一种管理手段。授权只能是在对自己管理的范围不失去控制的前提下，把自己的责任和权力的一部分交给下属。一般来说，应保留全局性和战略性的责任和权力，将日常经营的管理和操作性的事务下放给下属。授权要处理好职能职权与直线职权之间的关系。职能职权是上级授予所属职能部门或职能人员的职权，与之相对应地，授予直线部门或直线管理者的职权称为直线职权。

5. 规章制度制定与关系协调

一个组织是由许多部门和个人组成的，它们分布在不同的层次上，承担着不同的工作任务，具有不同的权力和责任。组织运行时，这些部门和个人之间存在着大量的、复杂的相互关系。这些关系中有相互制约的，有相互依存的。由于主客观原因，在组织运行过程中发生这样或那样的矛盾是不可避免的。这些矛盾归根到底是责任和权力的矛盾。解决矛盾的有效办法是通过制定各种规章制度来进行协调。规章制度包括两个方面的内容，一是工作时必须遵循的原则、法则；二是工作的准则，即应该达到的标准。如流通企业建立的规章制度，主要应该有各类经营业务规程、安全规程、设备使用维修规程、定额管理规则、岗位责任制度、考勤制度、奖惩制度、经济核算制度等。

任务实施

任公司总裁后的思考

郭宁最近被一家生产机电产品的公司聘为总裁。在他准备去接任此职位的前一天晚上，他浮想联翩，回忆起自己在该公司工作 20 多年的情况。他在大学时学的是工业管理，大学毕业获得学位后就到该公司工作，最初任液压装配单位的助理监贷。他当时真不知道该如何工作，因为他对液压装配所知甚少，在管理工作上也没有实际经验，几乎每天都是手忙脚乱的。可是他非常认真好学，一方面，仔细查阅该单位所订的工作手册，并努力学习有关的技术书刊；另一方面，监督长也对他主动指点，这使他渐渐摆脱了困境，胜任了工作。经过半年多时间的努力，他已有能力独担液压装配的监督长工作。可是，当时公司没有提升他为监督长，而是直接提升他为装配部经理，负责包括液压装配在内的4个装配单位的领导工作。

在他当助理监督时，他主要关心的是每日的作业管理，技术性很强。而当他担任装配部经理时，他发现自己不能只关心当天的装配工作状况，还得做出此后数周乃至数月的规划，还要完成许多报告和参加许多会议，而没有多少时间去从事自己过去喜欢的技术工作。当上装配部经理不久，他就发现，原有的装配工作手册已基本过时，因为公司已安装了许多新的设备，吸收了一些新的技术，于是他花了整整一年的时间去修订工作手册，使之切合实际。在修订手册过程中，他发现要让装配工作与整个公司的生产作业协调起来是很有讲究的。

他还主动到几个工厂去访问，学到了许多新的工作方法，他也把这些吸收到修订的工作手册中去。由于该公司的生产工艺频繁发生变化，工作手册也不得不经常修订，郭宁对此却完成得很出色。他工作了几年后，不但自己学会了这些工作，还教给了助手如何去做这些工作，这样，他可以腾出更多的时间去规划工作，以及花更多的时间去参加会议、批阅报告和完成给上级的工作汇报。

担任装配部经理6年之后，正好该公司负责规划工作的副总裁辞职了，郭宁便主动申请担任此一职务。在同另外5名竞争者较量之后，郭宁被正式提升为规划工作副总裁。他自信拥有胜任此工作的能力，但由于此高级职务工作的复杂性，他在刚接任时仍碰到了不少麻烦。例如，他感到很难预测1年之后的产品需求情况。可是一个新工厂的开工，乃至一个新产品的投入生产，一般都需要在事前做准备。而且，在新的岗位上他还要不断处理市场营销、财务、人事等部门之间的协调问题，这些他过去都不熟悉。在新岗位上他越来越感到：越是职位上升，越难于仅仅按标准的工作程序去进行工作。但是他还是渐渐适应了，做出了成绩，后来又被提升为负责生产工作的副总裁，而这一职位通常是由该公司资历最深、辈分最高的副总裁担任的。而现在，郭宁又被提升为总裁。他知道一个人当上公司最高主管之时，应该自信，相信自己有处理可能出现的任何情况的才能，但他也明白自己尚未达到这样的水平。因此，他不禁感慨：自己明天就要上任了，今后数月的情况会是怎么样的？他不免为此而担忧。

讨论题：请结合管理者技能理论分析，郭宁被聘为总裁后，担忧的主要因素是什么，郭宁要胜任这一职务还需要从哪些方面做出努力。

中国粮油集团及其发展战略

中粮的历史可以追溯到1949年，它是中国从事农产品和食品进出口贸易历史最悠久、实力最雄厚的企业，几十年来一直是国家小麦、玉米、大米、食糖等大宗农产品贸易的主导者。从粮油食品贸易加工起步，中粮围绕着客户和社会需求以及潜在的发展机遇，建立起相关多元化的发展模式，延伸至生物质能源发展、地产开发、酒店经营和金融服务等业务领域，在发展历程中不断扩大与全球客户在农产品原料、粮油食品、番茄果蔬、饮料、酒业、糖业、饲料乃至地产酒店、金融等领域的广泛合作，持久地为客户提供价值，并以此回报股东和所有权益相关者。作为投资控股企业，中粮有效利用自身遍及世界的业务网络来组织、调配各项经营资源，取得稳健快速的业绩增长，名列美国《财富》杂志全球企业500强，居中国食品工业百强之首。

中粮的前身——华北对外贸易公司在天津成立，内外贸兼营。1949年9月，华北对外贸易公司分设华北粮食公司、华北油脂公司、华北蛋品公司、华北猪鬃公司、华北皮毛公司、华北土产公司等专业公司。

现在的中粮集团下设中粮粮油、中国粮油、中国食品、地产酒店、中国土畜、中粮屯河、中粮包装、中粮发展、金融9大业务板块，拥有中国食品（HK 0506）、中粮控股（HK 0606）、蒙牛乳业（HK2319）、中粮包装（HK 0906）4家香港上市公司，中粮屯河（600737）、中粮地产（000031）和丰原生化（000930）3家内地上市公司。福临门食用油、长城葡萄酒、金帝巧克力、屯河番茄制品、家佳康肉制品、大悦城Shopping Mall、亚龙湾度假区、凯莱酒店、雪莲羊绒、中茶茶叶、中英人寿保险农村金融服务等，诸多品牌的产品与服务组合，为中粮集团赢得了高品质、高品位的市场声誉。同时，中粮集团利用国内外资本市场展开一系列的产业整合和重组并购，引入国际资本市场监管与评价机制，完善资源配置体系、管理架构和运行机制，持续提升着企业竞争力。

目前，中粮旗下的部分品牌有：葡萄酒（长城）、粮油面粉（福临门、香雪）、巧克力（金帝）、方便面（五谷道场）、茶与饮料（中茶、悦活）、乳制品（蒙牛）、罐头食品（梅林）、肉食产品（万威客、家佳康）、电子商务（我买网）、地产（大悦城）等。

讨论题： 通过各种渠道或方式，了解中国粮油集团的形成与发展的历史沿革，并画出截至目前的中国粮油集团组织框架图。

项目小结

本项目由《学生走进企业》引入，讨论了什么是企业、企业的发展历史，什么是现代企业、现代企业与传统企业的关系、现代企业的特征，管理与企业管理的定义、管理的职能、管理者与企业管理组织等内容。

课后练习

一、选择题

1. 员工因公出差，必须先由直接主管签字，再由财务主管签字，才能到财务室报账，这属于（　　）管理职能。
   A. 计划　　　　　　B. 组织　　　　　　C. 领导　　　　　　D. 控制
2. 通过管理提高效益需要一个过程，这表明管理学是一门（　　）。
   A. 软科学　　　　　B. 硬科学　　　　　C. 应用性学科　　　D. 定量化学科
3. "凡事预则立，不预则废。"这反映了管理的（　　）职能。
   A. 计划　　　　　　B. 控制　　　　　　C. 组织　　　　　　D. 领导
4. 对管理系统中各项工作和各种关系有着决定性影响的是（　　）。
   A. 管理手段　　　　B. 管理目标　　　　C. 管理者　　　　　D. 管理对象
5. 下列（　　）不是直线—职能制的优点。

A. 避免多头领导 　　　　　　　　　B. 横向联系好，便于部门直接的协作
C. 责任明确，决策迅速 　　　　　　D. 能发挥专家业务管理作用

6. 下列（　　）组织最适宜采用矩阵式组织结构。
A. 医院　　　　B. 学校　　　　C. 电视剧制作中心　　D. 汽车制造厂

7. 中国古代名相管仲治理齐国时，指令三十户为一邑，每一邑设一司官；十邑为一卒，每卒设一卒师；十卒为一乡，每乡设一乡师；十乡为一县，每县设一县师；十县为一属，每属设一大夫；全国共五属，设五大夫，直接归中央指挥。这种组织结构为何种形式，其管理层次为多少层？（　　）
A. 直线制，管理层次为7　　　　　B. 直线制，管理层次为8
C. 直线—职能制，管理层次为7　　D. 直线—职能制，管理层次为8

8. 股份有限公司，注册资本的最低限额为人民币（　　）万元。
A. 200　　　　B. 300　　　　C. 500　　　　D. 600

二、判断题

1. 管理幅度就是一个领导者所领导的下级人员的数目。
2. 直线制组织结构中只存在直线关系，没有参谋关系。
3. 矩阵制组织结构违背了统一指挥原则。
4. 事业部制组织结构的缺点之一是存在多头领导。
5. 组织最高管理者个人权欲的大小是影响组织集权或分权的主要因素。

三、简答题

1. 现实中计划赶不上变化的情况很多，管理者为什么还要做计划？
2. 组织结构设计应遵循哪些基本原则？
3. 你所在的学校采用的是哪种组织结构类型？为什么要采用这种结构？

技能训练

实训目标。
（1）了解在现代企业中管理者的基本类型和素质要求。
（2）了解成为现代企业管理家应具备的能力和综合素质。

实训内容。
作为现代企业管理人员，应从哪些方面培养和训练自己？

实训地点。
教室或实训室。

实训步骤。
（1）情景模拟一：假设你是公司总经理，公司有一名工作能力非常出色的员工，以他的能力完全可以替代目前的部门经理，但是该部门经理是公司的创业元老，如果将他降职，不仅可能会使其离开公司，还会给其他员工带来不好的印象。请处理此问题。
（2）情景模拟二：假设由于对市场信息把握得不够准确，公司今年的销售业绩不理想，公司出现了前所未有的亏损局面。假设你是公司的总经理，在年终总结大会上，请进行一段鼓舞士气的演讲。
（3）管理者基本素质测试：果断力测试、人际交往能力测试、压力应变能力测试、经

营管理能力测试。

线上资源

1. 请登录：http://www.iqiyi.com/w_19ru86muf5.html（《董明珠：管理是企业一个企业的生命力》）。
2. 请登录：https://ke.qq.com/course/195039（《管理者的工作沟通技巧》）。
3. 请登录：http://www.rs66.net/video/guanlipeixun/qiyeguanli（《企业管理视频讲座》）。
4. 请登录：http://my.tv.sohu.com/us/239146049/77765923.shtml（《企业管理咨询案例分析》）。

线下资源

1. 《企业管理表格精选——福友现代实用企管书系》. 林荣瑞. 厦门大学出版社，2016年。
2. 《世界500强企业管理层最钟爱的管理工具》. 姚根兴. 人民邮电出版社，2017年。
3. 《华为管理法：任正非的企业管理心得》. 黄志伟. 古吴轩出版社，2017年。

项目二

职能管理

任务引入

蒙牛的"五年计划"

2001年9月,蒙牛制订未来的"五年计划",董事长牛根生将2006年的销售目标定为100亿元,此议一出,众皆哗然。因为蒙牛2000年的销售收入不到3亿元,2001年前3季度做到5亿元左右,如此家底5年"放卫星"到100亿元,相当于中国乳业2000年总销售收入的半壁江山,可能吗?正是在这种巨大的压力下,蒙牛集团在董事长牛根生的带领下,依靠"三正氛围"(即追求正确、崇尚正义、充满正气)塑造"三全员工"(即全心、全力、全时),采用目标倒推法的管理模式,使自己的销售收入超过了100亿元。蒙牛的战略时间表是:2003年,中国乳业领导品牌——已经做到了;2010年,世界乳业领先品牌——蒙牛团队正以国际化的眼光、理性的思维及饱满的激情,向着目标阔步前进。

任务分析

企业要想不断发展壮大,就要明确自己的发展目标、制订切实可行的计划。一个好的计划必须得到好的贯彻和执行,才有意义。蒙牛集团的"五年计划"得以实现,与董事长牛根生的组织和领导是分不开的,组织和领导是管理必不可少的主要环节。当然,计划的执行会引发一系列的边沿效应,这些边沿效应反过来又会影响计划的执行。因此,制订计划必须有一个科学的程序和方法,而不能凭一时的灵感或者冲动。

任务说明

工作任务	知识目标	能力目标	操作流程
任务一 计划	1. 掌握计划的含义和要素 2. 明确计划的类型 3. 理解计划的原理 4. 掌握计划编制的方法	1. 会使用编制计划的方法 2. 能够编制适合企业自身发展的计划	1. 阅读案例 2. 分组讨论 3. 代表发言 4. 总结案例

续表

工作任务	知识目标	能力目标	操作流程
任务二　组织	1. 掌握组织的含义和任务 2. 理解企业组织结构设计的原则和步骤 3. 掌握企业组织结构的形式	1. 能合理地设计组织结构 2. 能对先行组织结构提出有效的改进方法	1. 阅读案例 2. 分组讨论 3. 代表发言 4. 总结案例
任务三　领导	1. 掌握领导的含义和作用 2. 明确领导工作的原理和要求 3. 掌握领导方式	1. 能够判断领导者的类型 2. 能够根据员工的类型确定领导方式	1. 阅读案例 2. 分组讨论 3. 代表发言 4. 总结案例
任务四　控制	1. 理解控制的含义和对象 2. 掌握控制的类型 3. 明确控制的过程	1. 能够分析判断各种类型的控制 2. 能够根据控制的过程对管理过程进行简单控制	1. 阅读案例 2. 分组讨论 3. 代表发言 4. 总结案例

相关知识

任务一　计划

导入案例　　　　　**好的计划是成功的开始**

美国的几个心理学家曾做过这样的一个实验：把学生分成3组进行不同方式的投篮技巧训练。第1组学生在20天内每天练习投篮，把第一天和最后一天的成绩记录下来。第2组学生也记录下第一天和最后一天的成绩，但在此期间不做任何练习。第3组学生记录下第一天的成绩，然后每天进行实际练习，并花20分钟做想象中的投篮，如果在想象中投篮不中时，他们便在想象中做出相应的纠正。实验结果表明：第2组没有丝毫长进，第1组进球数增加了24%，第3组进球数增加了26%。由此他们得出结论：行动前进行头脑热身，构想要做之事的每个细节，梳理心路，然后把它深深铭刻在脑海中，当你行动的时候，就会得心应手。

一、计划的含义和要素

凡事预则立，不预则废。任何有组织的集体活动，都需要在一定的计划指引下进行，计划是对组织的未来活动进行预先筹划。管理者通过制订计划，可以帮助组织成员认清所处的环境和形势，指明活动的目标以及实现目标的途径。任何活动在开始之前，首先需要制订出计划，这样才能做到有的放矢。

（一）计划的含义

计划是为了实现组织目标而预先制订的行动安排。计划工作有广义和狭义之分。广义的计划工作是指制订计划、执行计划和检查计划执行情况三个紧密衔接的工作过程。狭义的计划工作则是指制订计划，也就是说，根据实际情况，通过科学的预测，权衡客观的需要和主观的可能，提出在未来一定时期内要达到的目标，以及实现目标的途径，它是组织中各种活动有条不紊地进行的保证。计划工作还是一种需要运用智力和发挥创造力的过程，把决策建立在反复权衡的基础之上。计划正确与否，对企业经营的成败具有决定性作用，从这个意义上来说，计划是企业管理的首要职能。

（二）计划的要素

计划工作的要素可以概括为六个方面，简称为"5W1H"，即做什么（What to do it）、为什么做（Why to do it）、何时做（When to do it）、何地做（Where to do it）、谁去做（Who to do it）、怎么做（How to do it）。

1. 做什么

"做什么"：要明确计划工作的具体任务和要求，明确每个时期的中心任务和工作重点。例如，企业生产计划的任务主要是确定生产哪些产品，生产多少，合理安排产品投入和产出的数量和进度，在保证按期、按质和按量完成订货合同的前提下，使生产能力得到尽可能充分的提高。

2. 为什么做

"为什么做"：要明确计划工作的宗旨、目标和战略，了解得越清楚，认识得越深刻，就越有助于员工在计划工作中发挥主动性和创造性。正如通常所说的"要我做"和"我要做"的结果是大不一样的，其道理就在于此。

3. 何时做

"何时做"：规定计划中各项工作的开始和完成的进度，以便进行有效的控制和对能力及资源进行平衡。

4. 何地做

"何地做"：规定计划的实施地点或场所，了解计划实施的环境和限制条件，以便合理安排计划实施的空间组织和布局。

5. 谁去做

"谁去做"：计划不仅要明确规定目标、任务、地点和进度，还应明确规定由哪个主管部门负责。例如，开发一种新产品，要经过产品设计、样机试制和正式投产几个阶段。在计划中要明确规定每个阶段由哪个部门负主要责任、哪些部门协助；各阶段交接时，由哪些部门和哪些人员参加鉴定和审核等。

6. 怎么做

"怎么做"：制定实现计划的措施，以及相应的政策和规则，对资源进行合理分配和集中使用，对人力、生产能力进行平衡，对各种派生计划进行综合平衡等。

二、计划的类型

计划的种类很多，可以按不同的标志分类。了解计划的分类可以更好地运用计划指导工作。

（一）按计划的期限，可分为长期计划、中期计划和短期计划

（1）长期计划，是企业战略性的计划，期限一般在5年以上，是在总体上对企业未来若干年发展的方向、规模、可能达到的目标和重大的经济技术措施做出的决策和规定。长期计划的重点是明确企业的发展目标和方向。

（2）中期计划，是指计划期为 1 年以上、5 年以内（含 5 年）的计划。中期计划来自长期计划，只是比长期计划更为具体和详细，它主要起协调长期计划和短期计划之间关系的作用。长期计划以问题、目标为中心，中期计划则以时间为中心，具体说明各年应达到的目标和采取的措施。

（3）短期计划，是指计划期为 1 年或 1 年以内的计划。短期计划比中期计划更为具体和详细，主要说明计划内必须达到的目标、具体的工作要求，并且能够直接指导各项活动的开展。企业中的年度生产计划、销售计划和财务计划等都是短期计划的形式。

（二）按计划的范围，可分为战略计划、战术计划和作业计划

（1）战略计划是对组织全部活动所做出的战略安排，通常具有长远性和较大的弹性，需要全盘考虑各种确定性与不确定性的情况，谨慎开展以指导组织为目的的全面活动。

（2）战术计划一般是局部性的、阶段性的计划，多用于指导组织内部某些部门的共同行动，以完成某些具体的任务，实现某些具体的阶段性目标。

（3）作业计划则是给定部门或个人的具体行动计划，通常具有个体性、可重复性和较大的刚性，一般情况下是必须执行的命令性计划。

战略计划、战术计划和作业计划强调的是组织纵向层次的指导和衔接。具体来说，战略计划往往由高层管理人员负责，战术计划和作业计划往往由中、基层管理人员甚至具体工作人员负责。战略计划对战术计划、作业计划具有指导作用，而战术计划和作业计划的实施要确保战略计划的实施。

（三）按计划的综合程度，可分为综合计划、部门计划和项目计划

（1）综合计划，一般是指具有多个目标和多个方面内容的计划，就其所涉及的对象而言，它关系到整个企业或企业中的许多方面。人们习惯把预算年度的计划称为综合计划，在企业中一般是指年度的生产经营计划。

（2）部门计划，是在综合计划的基础上制订的，它的内容比较专一，局限于某一特定的部门或职能，一般是综合计划的子计划，是为了达到企业的分目标而制订的。如企业销售部门的年度销售计划、生产部门的生产计划等，都属于这一类型的计划。

（3）项目计划，是针对企业的特定活动所做的计划，例如企业某项新产品的开发计划。

（四）按计划的内容，可分为利润计划、销售计划、生产计划、产品开发计划、物资供应计划、技术改造计划、筹资计划等

这一部分就不做具体阐述了。

三、计划的原理

（一）限定因素原理

限定因素原理，也称为木桶原理，即木桶能盛多少水，取决于桶壁上最短的那块木板的长度。限定因素原理是指在计划工作中，总是会有一些妨碍目标得以实现的因素存在，越能清晰地了解和找到对达到所要求目标起限制性和决定性作用的因素，则越能有针对性地拟定各种计划和方案，其实质是界定目标实现过程中的主要矛盾。正确运用限定因素原理，管理者既可以省时、省力，避免面面俱到地处理问题，又可以防止把主要精力放在一些非关键因素上，影响主要问题的解决。

（二）承诺原理

承诺原理，指任何一项计划都是对完成某项工作所做出的承诺，承诺越大，实现承诺的时间就越长，计划的期限也就越长。计划的期限与其所要完成的工作成正比。从承诺原理出发，这就要求计划的承诺不能太多，否则计划期限越长，相应计划工作耗费就越大；再者，计划期限越长，未来的不确定性就越大，从而影响计划工作的准确性，在人力、物力和财力上都是不合算的。因此，在计划工作中不仅要选择合理的期限，还应加强短期计划和长期计划之间的协调，即长计划短安排，如果短计划实现了，那么长期计划就能实现，这样，计划工作的期限不至于拉得太长，从而确保计划工作的质量。

（三）灵活性原理

灵活性原理，是指制订计划时要有灵活性，即留有余地。例如，某项工程的施工进度计划应该要求按照计划的时间完成施工任务，但在制订施工进度计划时就要考虑到可能出现雨季不能进行露天作业的情况，因而对完成任务时间的估计要留有余地。在制订计划时，就要尽可能多地预见计划在实施过程中可能出现的问题，并制定出具体的应变措施，一旦发现问题，可以及时解决，从而确保计划能尽可能地顺利实施。计划工作中体现的灵活性越大，则由未来意外事件引起的损失的危险性就越小。

灵活性原理是计划工作中最主要的原理。在任务重、目标期限长的情况下，灵活性便显示出它的作用。当然，灵活性只是在一定程度内是可能的，它受到一些条件的限制：①不能总是以推迟决策的时间来确保计划的灵活性。因为未来的不肯定性是很难完全预料的，如果我们一味等待收集更多的信息，尽量地将未来可能发生的问题考虑周全，当断不断，就会坐失良机，招致失败。②使计划具有灵活性是要付出代价的，甚至由此而得到的好处可能补偿不了它的费用支出，不符合计划的效率性。③有些情况使计划无法具有灵活性。即存在这种情况：某个派生计划的灵活性，可能导致全盘计划的改动甚至有落空的危险。例如，企业销售计划在执行过程中遇到困难，可能实现不了既定的目标。如果允许其灵活处置，则可能危及全年的利润计划，从而影响到新产品开发计划、技术改造计划、供应计划、工资增长计划、财务收支计划等许多方面，以至于企业的主管人员经过反复权衡之后，不得不动员一切力量来确保销售计划的完成。

为了确保计划本身具有灵活性，在制订计划时，应量力而行，不留缺口，但要留有余地，要能以十二分措施来保证十分指标，即预防一部分措施因故未能实现时对计划带来的风险。本身具有灵活性的计划又称为"弹性计划"，即能适应变化的计划。

（四）改变航道原理

计划制订出来后，计划工作者就要管理计划，促使计划的实施，而不能被计划所"管理"，不能被计划框住。必要时可以根据当时的实际情况做必要的检查和修订。因为未来情况随时都可能发生变化，因此制订出来的计划就不能一成不变。尽管我们在制订计划时预见了未来可能发生的情况，并制订出相应的应变措施，但正如前面所提到的，一来不可能面面俱到；二来情况是在不断变化的，计划往往赶不上变化，总有一些问题是不可能预见的，所以要定期检查计划。如果情况已经发生变化，就要调整计划或重新制订计划。就像航海家一样，必须经常核对航线，一旦遇到障碍就要绕道而行。故此原理称为"改变航道原理"。这个原理与灵活性原理不同，灵活性原理是使计划本身具有适应性，而改变航道原理是使计划执行过程具有应变能力，为此，计划工作者就应该经常性地检查计划，重新制订计划，以此达到预期的目标。

四、计划的编制

(一) 计划编制的步骤

任何计划工作都要遵循一定的程序或步骤。虽然小型计划比较简单，大型计划相对复杂，但是，在编制计划时，其工作步骤都是相似的，通常包括以下内容：

1. 估量机会

估量机会先于实际的计划工作。严格来讲，它不是计划的严格组成部分，却是计划工作的一个真正起点。其内容包括：对未来可能出现变化和预示的机会进行初步分析，形成判断；根据自己的长处和短处搞清自己所处的地位；了解自己利用机会的能力；列举主要的不肯定因素，分析其发生的可能性和影响程度；在反复斟酌的基础上下定决心，扬长避短。

2. 确定目标

计划工作的第一步，是在估量机会的基础上，为组织及其所属的下级单位确定计划工作的目标。在这一步的基础上，要说明基本的方针和要达到的目标，说明制定战略、政策、规则、程序、规划和预算的任务，指出工作的重点。

3. 确定前提条件

计划工作的第二步是确定一些关键性的计划前提条件，并使设计人员对此取得共识。所谓计划工作的前提条件就是计划工作的假设条件，换言之，即计划实施时的预期环境。负责计划工作的人员对计划的前提了解得越细、越透彻，并能始终如一地运用它，则计划工作也将做得越协调。

4. 拟订可供选择的方案

计划工作的第三步是调查和设想可供选择的行动方案。通常，最显眼的方案不一定就是最好的方案。这一步工作需要发挥创造性。此外，方案也不是越多越好。即使我们可以采用数学方法和借助电子计算机的手段，还是要对候选方案的数量加以限制，以便把主要精力集中在对少数最有希望的方案的分析方面。

5. 评价各种备选方案

计划工作的第四步是按照前提和目标来权衡各种因素，比较各个方案的利弊，对各个方案进行评价。评价实质上是一种价值判断，它一方面取决于评价者所采用的标准，另一方面取决于评价者对各个标准所赋予的权数。显然，确定目标和确定计划作为前提条件，其工作质量直接影响到方案的评价。在评价方法方面，可以采用运筹学中较为成熟的矩阵评价法、层次分析法以及在条件许可的情况下采用多目标评价方法。

6. 选择方案

计划工作的第五步是选定方案。这是在前四步工作的基础上做出的关键一步，也是决策的实质性阶段——抉择阶段。可能遇到的情况是，有时会发现同时有两个可取的方案。在这种情况下，必须确定出首先采取的一个方案，而将另一个方案也进行细化和完善，并作为后备方案。

7. 制订派生计划

派生计划就是总计划下的分计划。总计划要靠派生计划来保证，派生计划是总计划的基础。

8. 编制预算

计划工作的最后一步是把计划转化为预算，使之数字化。预算实质上是资源的分配计划。预算工作做好了，可以成为汇总和综合平衡各类计划的一种工具，也可以成为衡量计划完成进度的重要标准。

(二) 计划编制的方法

实践中，制订计划的方法有很多种，每一种都有特点和应用背景，下面主要介绍滚动计划法、网络计划技术法和甘特图法。

1. 滚动计划法

滚动计划法（也称滑动计划法）是一种动态编制计划的方法，它不像静态分析那样，等一项计划全部执行完了之后再重新编制下一时期的计划，而是在每次编制或调整计划时，均将计划按时间顺序向前推进一个计划期，即向前滚动一次，按照制订的项目计划进行施工，对保证项目的顺利完成具有十分重要的意义。

滚动计划法将短期计划、中期计划和长期计划有机地结合起来，根据近期计划的执行情况和环境变化情况，定期修订未来计划。由于在计划工作中很难准确地预测未来，计划期限越长，这种不确定性就越大。为提高计划的有效性，可以采用滚动计划法。

具体做法如下：在制订一期的计划时，可以同时制订未来若干期的计划，但在内容的安排上可以采用近细远粗的方法，即把近期的详尽计划和远期的粗略计划结合在一起。在近期计划完成后，根据计划的执行情况和环境变化情况，对原计划进行修订和细化。以后根据同样的原则逐期向前滚动，如图2-1所示。

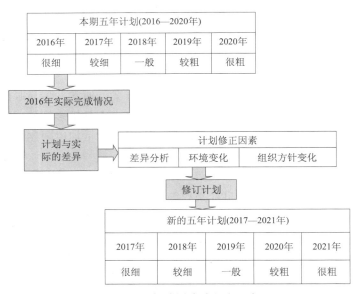

图2-1 五年计划滚动程序示意图

2. 网络计划技术法

网络计划技术法是运筹学的一个重要分支。它是20世纪50年代末发展起来的，其基本原理是将活动项目的计划、组织和管理作为整体系统，运用统筹兼顾的思路，通过带箭头线的网络形式，反映和表达计划的安排，并据此进行方案的优化、组织、协调、控制活动的进度和成本费用，使其达到目标的一种科学管理方法。

网络图又称为箭线图，它以图解形式表示一项工程（任务）或其构成要素之间的逻辑关系，因制作出的图形似网络而得名。

一个具体的工程或任务由许多工序或活动组成，这些工序或活动按其工艺性和组织性的相互关系，依照流程方向，按其先后顺序，从左至右，用箭线和节点相互衔接地排列起来，即成为网络图，如图2-2所示。

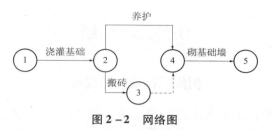

图2-2 网络图

网络计划技术包括以下基本内容：

（1）网络图。

网络图是指网络计划技术的图解模型，反映整个工程任务的分解和合成。分解，是指对工程任务的划分；合成，是指各项工作的协作与配合。绘制网络图是网络计划技术的基础工作。

（2）时间参数。

在实现整个工程任务过程中，会出现人、事、物的一些运动状态。这种运动状态都是通过转化为时间函数来反映的。反映人、事、物运动状态的时间参数包括：各项工作的作业时间、开工与完工的时间、工作之间的衔接时间、完成任务的机动时间及工程范围和总工期等。

（3）关键路线。

通过计算网络图中的时间参数，求出工程工期并找出关键路线。在关键路线上的作业称为关键作业，这些作业完成的快慢直接影响着整个计划的工期。在计划执行过程中，关键作业是管理的重点，在时间和费用方面则要严格控制。

（4）网络优化。

网络优化，是指根据关键路线法，通过利用时差，不断改善网络计划的初始方案，在满足一定的约束条件下，寻求管理目标达到最优化的计划方案。网络优化是网络计划技术的主要内容之一，也是较其他计划方法优越的主要方面。

3. 甘特图法

甘特图法是一种使用条形图编制项目工期计划的方法，又称线条图，是一种常用的日程工作计划进度图表，可以简便地进行工期计划和进度安排。甘特图法形式上是一种线条图，纵轴表示计划项目，横轴表示时间刻度，线条表示计划完成的活动和实际的活动完成情况。甘特图示例如图2-3所示。

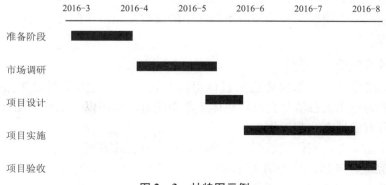

图2-3 甘特图示例

甘特图直观明了、简单易懂，应用比较广泛。它的局限性在于只部分地反映了项目管理的时间、成本和范围，而不能综合地反映项目本身的完成情况。

任务二　组织

案例导入　　　　　　　　**组织结构缺陷酿危机**

M 公司创办于一年前，主要业务是向中小企业提供基于网络的技术解决方案和设备安装服务。经过一年的发展，M 公司人员规模迅速扩大，成功地招募到了营销、技术等领域富有经验和能力的人员来担任重要职位，公司上下一派欣欣向荣的景象。M 公司的组织架构也自然形成了，即依据职能划分为营销部、技术部、采购部、工程部四个部门，另有行政助理和财务人员，四个部门经理直接向总经理汇报工作。但是最近 M 公司的总经理遇到了很多令人头疼的问题：

1. 随着业务和客户增多，自己越来越感到分身乏术；
2. 四个部门之间的业务摩擦和相互抱怨越来越多；
3. 部门之间的工作不协调引起的客户投诉也开始增多；
4. 技术部经理最近被竞争对手挖走，还带走两名技术骨干，技术部一下子被抽空了，而且大量项目的技术资料由于存储在技术部经理和技术骨干的大脑中，因而也一并被带走了。

一、组织的含义和任务

（一）组织的含义

在管理学中，组织具有两方面的含义：

（1）作为实体本身的组织：是人们为了一定目标的实现而进行合理的配置和协调，并具有一定边界的社会团体。一定边界是指其与其他组织是有所区别的，也就是说任何一个人类社会组织，其成员在精神、行为、作风等方面都具有不同于其他组织的个性特征。

（2）作为涉及活动过程的组织：是人们为了实现组织目标对组织的资源进行有效配置的过程。每一个组织为了实现其目标，必须具备一定的资源（人、财、物），并对这些资源进行合理的安排，充分利用，才能有效地达到组织的目标。

组织管理是管理的一部分，也称组织工作或组织职能。组织管理就是通过建立组织结构，规定职务或职位，明确责权关系以使组织中的成员互相协作配合、共同劳动，有效实现组织目标的过程。

（二）组织的任务

组织的目标确定之后，如何使这些目标得以顺利实现，就需要制定并保持一种职务系统，使组织中的每一个人都清楚自己在集体工作中应有的作用以及他们相互之间是怎样的关系，使其能十分有效地在一起工作。

正是在这个意义上，我们把组织工作的任务看作以下几方面。

（1）明确完成任务所需要的活动并加以分类。

（2）对实现目标必要的活动进行分组。

(3) 把各个组分派给有必要权力的管理人员来领导。
(4) 对组织结构中的横向方面以及纵向方面制定关于协调的规定。
(5) 根据企业环境的变化和组织战略的发展对组织结构进行变革。

通过这些工作使人们明确谁去做什么，谁要对什么结果负责，并消除由于分工不清所造成的实施中的障碍，同时提供能反映和支持组织目标的决策信息和沟通网络。所以，组织工作的直接任务就是建立一个有效的组织结构框架。

二、企业组织结构的形式

企业组织结构是指企业内部的机构设置和权力的分配方式，它有以下几种形式：

（一）直线制

直线制组织结构，是一种实行直线领导，不设职能机构的管理组织形式，如图 2-4 所示。

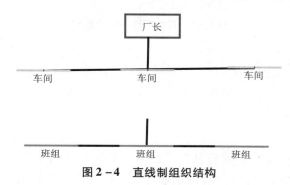

图 2-4 直线制组织结构

这种组织形式中，各层领导机构都是综合性的，由经理实行没有职能机构的集中管理，经理融直线指挥与职能管理于一身。这种组织结构的优点是：结构简单、权力集中、指挥统一、决策迅速。

其缺点是：①由于直线指挥与职能管理不分，对领导者的知识和能力要求较高；②各层领导机构实行综合管理，无专业化分工，不易提高专业管理水平；③在层次较多的情况下，横向信息沟通较困难。

这种组织结构，由于受领导者能力的限制，管理幅度不可能宽，因而企业的规模不可能大，只适用于小型企业。

（二）职能制

职能制又称分职制或分部制，指行政组织同一层级横向划分为若干个部门，每个部门业务性质和基本职能相同，但互不统属、相互分工合作的组织体制。

这种组织结构的优点是管理分工较细，管理深入，能充分发挥职能机构的专业管理作用。但这种组织结构为多头领导，妨碍统一的领导。

职能制最早由美国通用电气公司发展起来，至 1917 年，美国制造业 236 家公司有 80% 采用了这种结构，目前，我国大多数企业及非营利组织还经常采用这种组织形式。

（三）直线职能制

直线职能制是按经营活动的功能划分部门，各部门的独立性小，权力集中于高层领导者手中。这种组织结构能适应现代企业管理工作比较复杂和细致的特点；可以满足现代企业的生产经营活动需要统一指挥和实行严格责任制度的要求。图 2-5 所示为直线职能制组织结构。

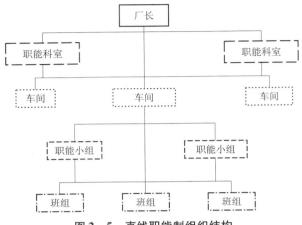

图 2-5　直线职能制组织结构

但这种组织结构易产生矛盾，如果协调得不好，就会影响问题的及时处理和妥善解决，贻误工作；不利于各部门之间的意见沟通；生产经营决策迟缓，工作效率不高。这种组织结构适用于规模较小、产品品种较简单、工艺比较稳定、市场销售情况比较容易掌握的工业企业以及大中型商品流通企业。

（四）事业部制

事业部制是在大型企业中，实行分权式的多分支单位（Multidivisional Structure）的组织结构形式，简称 M 型结构，即在总经理的领导下，按地区、市场或商品设立事业部，各事业部有相对独立的责任和权力。企业战略方针的确定和重大决策集中在总经理层，事业部在总经理的领导下，依据企业的战略方针和决策实行分权化的独立经营。各事业部作为利润中心，实行独立的财务核算，总部一般按事业部的盈利多少决定对事业部的奖惩。但事业部的独立性是相对的，不是独立的法人，只是总部的一个分支机构，即分公司。它的利润是依赖于公司总部的政策计算的，它在人事政策、形象设计、价格管理和投资决策方面一般没有大的自主权。事业部内部通常又是一个 U 型结构。图 2-6 所示为事业部制组织结构。

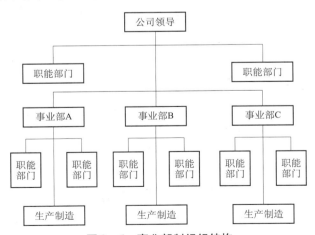

图 2-6　事业部制组织结构

事业部制的优点是：使统一管理和专业化分工更好地结合起来，集中决策和分散经营使高层领导者摆脱了日常经营管理事务，同时又调动了各经营部门的积极性。缺点是：集权与分权的程度有时难以掌握，处理不好会削弱统一性，协调难度大。

（五）矩阵制

上述四种组织结构形式存在横向信息沟通比较困难，缺乏弹性的缺点。为克服这些弊端，在企业中根据产品项目或某些专门任务成立跨部门的专门机构，这些形成的组织结构即为矩阵制。矩阵制中的专门机构有产品市场开发小组、全面质量管理办公室等。专门小组的成员由各部门抽调，小组直属分管的副经理领导。有些专门机构是临时设置的，任务完成后即撤销。

矩阵制的优点是：有弹性、适应性好、横向信息沟通容易、协调配合好。缺点是：缺乏稳定性，双重领导的结构容易产生矛盾。图2-7所示为矩阵制组织结构。

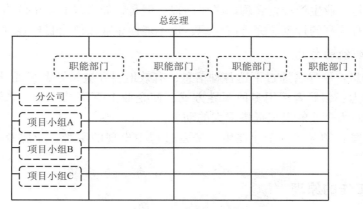

图2-7　矩阵制组织结构

任务三　领导

案例导入　　　　　　　　　　诸葛亮是一个好领导吗？

在三国时期，有个举足轻重的人物，叫诸葛亮，一直以来，他被看作是智慧的化身，用管理学的名词来说，诸葛亮属于事必躬亲的蜜蜂型的领导。凡在决策时，很难看到核心团队成员的决策参与，更多的是诸葛亮个人智慧的显现，即使在身居高位时，工作也都亲力亲为。诸葛亮的事必躬亲造成了两个直接后果。

第一，对于他个人来说，其身心疲惫，连其竞争对手司马懿都说："孔明食少事烦，其能久乎！"果然，不久，诸葛亮就积劳成疾，与世长辞，空落得"鞠躬尽瘁，死而后已"的感叹。

第二，对整个蜀汉政权来讲，因人才断层，造成了"蜀中无大将，廖化做先锋"的被动局面，最终导致"光复汉室"成为一句空话。那么，你认为诸葛亮是不是一个好领导？

一、领导的含义和作用

(一) 领导的含义

领导作为一项管理职能,又称为指挥职能,是管理活动的重要组成部分。关于领导的概念,管理学家们曾有过多种不同的表述方式。从一般意义上看,所谓领导,是指带领和指导组织成员去实现共同目标的各种活动的整个过程。

领导职能有两个要点:一是对组织的各个层次、各类人员的领导、沟通或指导;二是协调组织内部各部门、组织成员和组织同外部各种利害关系集团之间的关系。领导工作的核心和难点是调动组织成员的积极性,这就需要领导者运用科学的激励措施和领导方式。

领导职能同样属于执行性职能,它是实现企业计划和目标的必要条件。因为计划职能为企业经济活动确定了目标和实现目标的途径,组织职能为实现计划目标建立了有机联系的整体结构,这些都是企业生产经营管理的必要前提。但是,如果没有集中的指挥,没有一个统一的意志,即使有周密的计划、完善的组织,也不能使企业按既定目标良性运行。

(二) 领导职能的作用

(1) 传递信息:领导者通过下达各种信息,有效地引导被领导者实现目标计划。

(2) 提供动力:领导者运用多种领导方式,使企业上下团结一致、人际关系和谐、员工心情舒畅,从而为企业的发展提供强大的动力。

(3) 排除故障:领导者对企业在生产经营过程中出现的困难、矛盾及问题予以及时的指导、处理和解决。

二、领导工作的原理

(一) 指明目标原理

指明目标原理,是指领导工作越是能使全体人员明确理解组织的目标,则员工们为实现组织目标所做的贡献就会越大。

尽管指明目标不是仅靠有效的领导工作就能完成的,但是这个原理表明,使员工充分理解组织的目标和任务,是领导管理的重要工作。这一工作越是有效,就越能使组织中的全体员工明白应该怎样完成任务和实现目标。

(二) 目标协调原理

目标协调原理,是指如果个人目标与组织目标能取得协调一致,人们的行为就会趋向统一,从而实现组织目标的效率就会较高,效果就会较好。

从根本上讲,对下属的领导就是要促使他们尽其所能地为组织做贡献。因为如果个人和组织的目标相辅相成,就能够最有效地实现组织目标,所以在领导下属时,主管人员必须注意利用个人的需要动机去实现组织的目标。

(三) 命令一致原理

命令一致原理,是指主管人员在实现目标过程中下达的各种命令越一致,个人在执行命令时发生矛盾的概率越小,领导与被领导双方对最终成果所肩负的责任感也就越大。

命令一致又称统一指挥,强调的是一个员工的直接领导上级越少,在上级之间相互抵触的指示就越少,从而个人对任务的责任感就越强。人们只有在受同一个上级的指导时,才能更好地按照领导的指示办事。

（四）直接管理原理

直接管理原理，是指主管人员同下属的直接接触越多，所掌握的各种情况就会越准确，从而领导工作就会越有效。

尽管一个主管人员有可能使用一些客观的方法来评价和纠正下级的活动，以保证计划的完成，但这不能代替面对面的接触。这不仅因为人们喜欢和愿意亲身体验到上级对他们自身及其工作的关心，而且主管人员若不经过亲身体验则永远不能充分掌握所需的全部情报。通过面对面的接触，主管人员往往能够用更好的方法对下属进行指导，同下级交换意见，特别是能够听取下属的建议，以及了解存在的各种问题，从而更有效地采用适宜的工作方法。

（五）沟通联络原理

沟通联络原理，是指主管人员与下属之间越多有效地、准确地、及时的沟通联络，整个组织就越会成为一个真正的整体。

管理过程中会产生大量的包括组织外的信息与情报，主管人员必须自己或者组织他人进行分析、整理，从而了解组织内外的动态。进行沟通联络，就是为了适应变化和保持组织的稳定，这是领导工作所采用的重要手段。

（六）激励原理

激励原理，是指主管人员越了解下属的需求和愿望，并给予满足，就越能够调动下属的积极性，为实现组织的目标做出的贡献就越大。

三、领导工作的要求

主管人员的任务是设计和维持一种良好环境。要维持这种良好的环境，领导工作是重要且必要的。为此，对领导工作有以下三点要求：

（一）畅通组织内外沟通联络的渠道

信息沟通使组织活动统一起来。一方面，信息沟通可以把组织中的各项管理工作聚合成一个整体；另一方面，主管人员通过信息交流可以了解组织外部环境。信息沟通使组织成为一个开放的系统，并与外部环境相互发生作用。因此，从某种意义上讲，组织就是一个信息沟通网络，主管人员处在这个信息网络的中心，他们对网络的畅通负有责任。

（二）运用适宜的激励措施和方法

领导工作就是指引个体和群体的行为，去实现组织的目标。为把人们的行为引向所要求的方向和目标上来，需要主管人员努力了解什么东西可以使人工作，什么需要可以激励人们去工作。主管人员应当明确，他们只有帮助组织中的成员满足诸如金钱、地位、权力、成就等正当需要，从而使其需求都能得到充分的满足，才能最终实现组织的目标，这样的领导工作才是有效的。这要求主管人员了解并掌握有关的激励理论和方法，并在领导的实际工作中灵活地运用。

（三）不断改进和完善领导作风和领导方法

主管人员良好的领导作风和方法，能够鼓舞员工的士气。而领导作风和方法往往又是和主管人员所采取的激励措施和方法相联系的。好的领导至少具有三方面的能力：对因情况而异的激励措施有较高的理解能力;具有鼓舞士气的能力;具有以某种方式营造一种适宜的环境,以激发激励措施实施效果的能力。

四、领导方式

"人上一百,形形色色",在一个企业中,领导者面对的是各种各样的下属,对于不同类型的下属,领导者应采取不同的领导方式。这里主要介绍针对四种比较典型的下属,即人性假设观点中的经济人、社会人、自我实现人、复杂人,领导者应采取的领导方式与方法有以下几方面。

(一) 经济人假设的领导方式

经济人假设是古典管理理论的一个突出观点。该观点认为:认定所有行为都是追求个人利益的最大化;人天生厌恶劳动,不愿意承担责任。因此,科学管理理论的创始人泰罗等学者主张采用"胡萝卜+大棒"的方式对下级实施领导控制,一方面,通过劳动方法标准化和制定劳动定额等手段严格领导和控制员工,另一方面,通过采用有差别的计件工资制,以满足员工追求物质利益的要求,促使员工产生较高的工作热情和干劲。

与经济人假设相对应的是专制型领导方式。其主要特点是:领导者将权力集中于个人手中,亲自决定工作任务、方针、政策以及方法等,然后布置给下属执行,主要运用行政命令、纪律约束、训斥、奖励与惩罚等手段使下属服从。

(二) 社会人假设的领导方式

社会人假设是由管理学者梅奥通过做"霍桑试验"而提出来的。该观点认为:人不是孤立存在的,而是群居于社会中的。调动员工工作积极性最重要的因素不是对其物质利益的满足,而是对其社会心理方面需要的满足。领导要重视人际关系的改善与协调,充分利用非正式组织的作用。因此梅奥等学者主张领导者不能一味地依靠严厉苛刻的制度对员工实施领导与控制,而应鼓励员工参与管理,通过满足员工的社会心理方面的需要来调动其士气。

与社会人假设相对应的是民主型领导方式。其主要特点是:领导者与下属互相尊重,彼此信任,领导者与下属保持经常性的沟通,了解下属思想,共同商讨对策,注意授权,培养员工的主人翁意识,让员工参与决策。

(三) 自我实现人假设的领导方式

自我实现人假设是行为科学管理理论的一个重要观点,其代表人物麦格雷戈的Y理论认为:人不是天生厌恶劳动,而是愿意承担责任,并为实现组织目标而努力,特别注重自身的社会价值,以自我实现为最高需要。

与自我实现人假设相对应的是放任型领导方式。其主要特点是:领导者只决定目标和任务方向,给予下属自由工作的权利,充分信任下属,释放下属的工作潜能,鼓励员工发展,并在员工需要的时候提供必要的帮助和指导。

(四) 复杂人假设的领导方式

复杂人假设是现代管理理论的一个主流观点,该观点认为:不能简单地把人确定为经济人、社会人或自我实现人中的某一类,任何人都不可能只单纯具有某一方面的属性,人的需要是多方面的,并受到环境等多重因素的影响。

与复杂人假设相对应的是权变型领导方式。其主要特点是:领导者需要综合考虑下属的经济、社会、自我实现等多种需要，因人制宜、因事制宜、因时制宜地采用系统、权变的领导方式。

综上所述，对于经济人、社会人、自我实现人、复杂人四种比较典型的下属，领导者应分别采用专制型、民主型、放任型、权变型的领导方式。

任务四　控制

案例导入　　**有效控制确保产品研发成功**

周二是DL公司产品研发管理会议召开的时间。公司规定，无论发生什么问题，都必须按时召开会议，并要求会议相关人员必须参加。会议不仅对当前开发中的产品进行研发进度跟进，还就所发生的问题做出检讨。为了保证按客户要求的进度开发产品，管理人员、生产人员、生产技术人员和产品设计人员，都将对产品在试生产中的每一个问题进行追踪确认，确保每个问题都将在允许的时间内得到解决。如有超出计划规定时间，一定要找出发生的原因，并制定出切实可行的解决方案，保证产品按期生产。就是通过这种固定的会议，DL公司保证了产品如期研发完成，从而满足了客户的销售需求。

一、控制的含义和对象

（一）控制的含义

所谓控制，是指按既定的计划、标准和方法对工作进行对照检查，发现偏差，分析原因，进行纠正，以确保组织目标实现的过程。

控制职能是管理职能的组成部分，它属于保障性职能。没有计划、组织和领导，也就无从实行控制；没有控制，则无法保障计划、组织和领导职能的实施。一般来说，控制过程中采取的更正措施是使实际工作符合原来的计划目标，但有时也会导致更换目标和计划、改变组织机构、更换人员以及其他重大的变革。

（二）控制的对象

美国管理学家斯芬蒂·罗宾斯（Stephen P. Robbins）将控制的对象归纳为对人员、财务、作业、信息和组织的总体绩效五个方面的控制。

1. 对人员的控制

组织的目标是要由人来实现的，员工应该按照管理者制订的计划去做。为了做到这一点，就必须对人员进行控制。对人员的控制最常用的方法是巡视，发现问题马上进行纠正。另一种有效的方法是对员工进行系统化的评估，通过评估，对绩效好的员工予以奖励，使其维持或加强良好表现；对绩效差的员工则需采取相应的措施，纠正其行为偏差。

2. 对财务的控制

为保证获取利润，维持企业的正常运作，就需要进行财务控制。财务控制主要包括审核各期的财务报表，以保证一定的现金存量，保证债务的负担不致过重，保证各项资产得到有效的利用等。预算是最常用的财务控制衡量标准，因此也是一种有效的控制工具。

3. 对作业的控制

所谓作业，就是指从劳动力、原材料等资源到最终产品和服务的转换活动。组织中的作业质量很大程度上决定了组织提供的产品或服务的质量，而作业控制就是通过对作业过程的控制，来评价并提高作业的效率和效果，从而提高组织提供的产品或服务的质量。组织常见的作业控制有生产控制、质量控制、原材料购买控制和库存控制等。

4. 对信息的控制

信息在组织运行中的地位越来越高，不精确、不完整、不及时的信息会大大降低组织效率。因此，在现代组织中对信息的控制显得尤为重要。对信息的控制就是要建立一个管理信息系统，使它能及时地为管理者提供充分、可靠的信息。

5. 对组织绩效的控制

组织绩效是组织上层管理者的主要控制对象，组织目标的达成与否都从这里反映出来。要有效实施对组织绩效的控制，关键在于科学的评价、衡量组织绩效。一个组织的整体效果很难用一个指标来衡量，如生产率、产量、市场占有率、员工福利、组织的成长性等都可能成为衡量指标，关键是看组织的目标取向，即要根据组织完成任务情况，并按照目标所设置的标准来衡量组织的绩效。

二、控制的类型

（一）按控制点的时间分类

控制活动可以按控制点所处的事物发展进程的阶段，划分为事前控制、事中控制和事后控制三种类型。

1. 事前控制

事前控制，是指一个组织在一项活动正式开始之前所进行的控制活动。事前控制主要是对活动最终产出的确定和对资源投入的控制，其重点是防止组织所使用的资源在质和量上产生偏差。因此事前控制的基本目的是：保证某项活动有明确的绩效目标，保证各种资源要素的合理投放，如各种计划、市场调查、原材料的检查验收、组织招工考试、入学考试等，都属于事前控制。

2. 事中控制

事中控制，又称过程控制、现场控制，是指在某项活动或工作过程中进行的控制，管理者在现场对正在进行的活动给予指导和监督，以保证按规定的政策、程序和方法进行。事中控制的目的是及时发现并纠正工作中出现的偏差。例如生产过程中的进度控制、每日情况统计报表、学生的家庭作业和期中考试等，都属于事中控制。

3. 事后控制

事后控制是在工作结束之后进行的控制。事后控制把注意力主要集中于工作结果上，通过对工作成果进行测量比较和分析，采取措施，进而矫正今后的行动。事后控制是历史最悠久的控制类型，传统的控制方法几乎都属于此类。如企业对生产出来的成品进行质量检查、学校对学生的违纪处理等，都属于事后控制。

（二）按控制信息的性质分类

按控制信息的性质，可以把控制分为反馈控制、即时控制和前馈控制三种类型。

1. 反馈控制

反馈控制就是根据过去的情况来指导现在和将来，即从组织活动进行过程中的信息反馈中发现偏差，通过分析原因，采取相应措施纠正偏差。反馈控制是一个不断提高的过程，它的工作重点是把注意力集中在历史结果上,并将它作为未来行为的基础。如财务报告分析、标准成本分析、质量控制分析与工作人员成绩评定等。

2. 即时控制

反馈控制不是最好的控制,但它目前仍被广泛地使用着,这是因为有许多工作现在还没有有效的预测方法,而且受主客观条件的限制,人们往往会在执行计划过程中出现失误。但如果能够在第一时间考核业绩,那么就可能在第一时间发现偏差。我们把大幅提高业绩考核的及时性的这种反馈控制就称为即时控制。即时控制系统就是基于对即时信息的采集、分析来实施控制的一种管理控制系统,即时信息是指与事件的发生同步产生的信息。

3. 前馈控制

前馈控制系统的工作原理与反馈控制系统的工作原理相似,都是通过纠正业绩上存在的偏差来确保实现组织目标的,只不过反馈控制系统是以"实际产生的偏差"作为控制依据,而前馈控制系统是以"预测的偏差"作为控制依据。例如,我们可以通过对前十个月的销售业绩进行分析和评估,预测出按照现在的趋势可能会无法完成今年的销售指标,此时我们可以提前采取行动,例如通过加大广告的投入力度等,来避免"年底无法完成销售指标"这一偏差的出现。

(三)按控制工作的专业分类

1. 财务控制

这种控制方式覆盖面广,是用途极广的非常重要的控制方式,包括预算控制和比率控制。

2. 生产控制

生产控制即对企业产品品种、数量、质量、成本、交货期及服务等方面的控制,可以分为产前控制、过程控制及产后控制等。

3. 销售规模控制

销售规模太小会影响经济效益,太大会占用较多的资金,也影响经济效益,为此要对销售规模进行控制。

4. 质量控制

质量控制包括对企业工作质量和产品质量的控制。工作质量不仅包括生产工作的质量,还包括领导工作、设计工作、信息工作等一系列非生产工作的质量,因此,质量控制的范围包括生产过程和非生产过程的其他一切控制过程,质量控制是动态的,着眼于事前和未来的质量控制,其难点在于全员质量意识的形成。

5. 成本控制

通过成本控制使各项费用降低到最低水平,达到提高经济效益的目的,成本控制不仅包括对生产、销售、设计、储备等有形费用的控制,而且包括对会议、领导、时间等无形费用的控制。在成本控制中要规定各种费用的开支范围、开支标准并严格执行,要事先进行成本预算等工作。成本控制的难点在于企业中大多数部门和单位是非独立核算的,因此缺乏成本意识。

三、控制的过程

虽然控制的对象各有不同,控制工作的要求也各不一样,但控制工作的过程基本是一样的，大致可分为四个步骤：一是确定标准；二是将工作结果与标准进行衡量；三是分析衡量结果；四是针对问题采取管理活动。

（一）确定标准

所谓标准，就是指判定成效的尺度。控制标准是预定的工作标准和计划标准，它是检查和衡量实际工作的依据。根据标准，管理者无须亲历工作的全过程就可以了解整个工作的进展情况。标准是控制的基础，离开了标准就无法对活动进行评估，控制工作也就无从谈起。

事实上，标准的制定应该是属于计划工作的范畴，但由于计划的详细程度和复杂程度不一，它的标准不一定适合控制工作的要求，而且控制工作需要的不是计划中的全部指标和标准，而是其中的关键点。所以，管理者实施控制的第一个步骤是以计划为基础，制定出控制工作所需要的标准。

标准的类型很多，可以是定量的，也可以是定性的。一般情况下，标准应尽量定量化，以保持控制的准确性。比如世界著名的麦当劳快餐店非常注重及时服务，它制定的控制标准就包括：95%的顾客进店3分钟之内应受到接待；预热的汉堡包在售给顾客前，其烘烤的时间不得超过5分钟；顾客离开后5分钟之内所有的空桌必须清理完毕等。

标准的制定是全部控制工作的第一步，一个周密完善的标准体系是整个控制工作的质量保证。如果没有控制标准，衡量工作便失去了依据，控制工作也就无法进行。

（二）衡量工作

有了完备的标准体系，第二步工作就是衡量工作，即把事先制定的标准与工作的实际情况进行比较。在衡量工作中，衡量什么以及如何去衡量，这是两个核心问题。

事实上，衡量什么的问题在衡量工作之前就已经得到解决，因为管理者在确定标准时，随着标准的制定，计算对象、计算方法以及统计口径等也就相应地被确定下来了，所以简单地说，要衡量的是实际工作中与已制定的标准所对应的要素。

关于如何衡量，这是一个方法问题，在实际工作中有各种方法，常用的有如下几种。

1. 个人观察

个人观察提供了关于实际工作的最直接的第一手资料，这些信息直接反映给管理者，避免了可能的遗漏、忽略和信息的失真。特别是在对基层工作人员工作绩效控制时，个人观察是一种非常有效的，同时也是无法替代的衡量方法。但是，个人观察的方法也有许多局限性：首先，这种方法费时费力，需要耗费管理者大量的劳动；其次，仅凭简单的观察往往难以考察更深层的工作内容；再次，由于观察的时间占工作总时间的比例有限，往往不能全面了解各个方面的工作情况；最后，工作在被观察时和未被观察时往往不一样，管理者有可能得到的只是假象。

2. 统计报告

统计报告就是将在实际工作中采集到的数据以一定的统计方法进行加工处理后得到的报告。特别是计算机应用技术越来越发达的今天，统计报告对衡量工作有着重要的意义。但尽管如此，统计报告的应用价值还是要受到两个因素的制约：一是其真实性，即统计报告所采集到的原始数据是否正确，使用的统计方法是否恰当，管理者往往难以判断；二是其全面性，即统计报告中是否全部包括了涉及工作衡量的重要方面，是否遗漏或掩盖了其中的一些关键点，管理者也难以肯定。

3. 口头报告和书面报告

口头报告的优点是快捷方便，而且能够得到立即反馈。其缺点是不便于存档查找和以后重复使用，而且报告内容也容易受报告人的主观影响。两者相比，书面报告要比口头报告来得更加准确全面，而且也更加易于分类存档和查找，报告的质量也更容易得到控制。

4. 抽象检查

在工作量比较大而工作质量又比较平均的情况下，管理者可以通过抽样调查来衡量工作，即随机抽取一部分工作进行深入细致的调查，以此来推测全部工作的质量。这种方法最典型的应用是产品质量检验。在产品数量极大或者产品检验具有破坏性的情况下，这是唯一可以选择的衡量方法。此外，对一些日常事务性工作的检查来说，这种方法也非常有效。

衡量工作是整个控制过程的重要环节，而获得合乎要求的信息又是整个衡量工作的关键。

（三）分析衡量结果

衡量工作的结果是获得工作实际进行情况的信息。那么，分析衡量结果的工作就是要将标准与实际工作对照的结果进行分析，为进一步采取管理行动做好准备。

比较的结果无非有两种可能：一种是存在偏差；另一种是不存在偏差。实际上并非与标准不符合的结果都被归纳为偏差，往往有一种与标准稍有出入的浮动范围。一般情况下，工作结果只要在这个容限之内就不认为出现了偏差。

一旦工作结果在容限之外，就认为是发生了偏差。这种偏差可能是两种情况：一种是正偏差，即结果比标准完成得还好；另一种是负偏差，即结果没有达到标准。对于正偏差当然是令人高兴的事，但如果是在控制要求比较高的情况下，应对企业进行详细分析：仅仅是因为运气好，还是因为员工努力工作？原来制订的计划有没有问题？如果有问题的话，是哪儿出了问题？这些都有进一步分析的必要。在实际工作中，甚至可能出现结果是好的，但重点控制工作的进程中的一些关键环节实际上要比预期的要糟，而这些环节将会成为影响今后工作成果的决定性因素。在这种情况下，仍应将工作结果作为负偏差来分析。

如果工作结果出现负偏差，那么当然更有进一步分析的必要。正因为工作的结果是由各方面确定的，所以偏差的原因也可能是各种各样的。例如，某公司的季度销售额发生滑坡，原因可能是营销部门工作的放松，也可能是制造部门产品质量的下降，还可能是本季度计划的制订不切合实际。因此，管理者就不能只抓住工作的结果，而应该充分利用局部控制，将工作过程分步骤、分环节地进行研究，分析出偏差出现的真实原因。一般来讲，原因不外乎三种：一是计划或标准本身就存在偏差；二是受组织内部环境因素的影响，如营销工作的组织不力、生产人员工作的懈怠等；三是受组织外部环境的影响，如宏观经济的调整等。事实上虽然各种原因都可以归结为这三点，但要做出具体分析，不仅要求有一个完善的控制系统，还要求管理者具备较强的分析能力和丰富的控制经验。

在最后环节，控制人员是否需要进一步采取管理行动则取决于对结果的分析。如果分析结果表明没有偏差或只存在允许的正偏差，那么控制人员就不必再进行下一步的工作了，控制工作也就可以到此完成了。

（四）采取管理行动

控制系统最后一项就是采取管理行动，纠正偏差。偏差是由标准与实际工作成效的差距产生的，因此，纠正偏差的方法也就有两种：要么改进绩效，要么修订标准。

1. 改进工作绩效

如果分析衡量的结果表明，计划是可行的，标准也是切合实际的，问题出在工作本身，管理者就应该采取纠正行动。这种纠正行动可以是组织中的任何管理行动，如管理方法的调整、组织结构的变动、附加的补救措施、人事方面的调整等。总之，分析衡量结果得出的是哪方面的问题，管理者就应该在这方面有针对性地采取行动。

按照行动效果的不同，可以把改进工作绩效的行动分为两类：立即纠正行动和彻底纠正行动。前者是指发现问题马上采取行动，力求以最快的速度纠正偏差，避免造成更大的损失，行动讲究结果的时效性；后者是指发现问题以后，通过对问题本质的分析，挖掘问题的根源，即搞清楚偏差是如何产生的、为什么会生产，然后再从生产偏差的地方入手，力求永久性地消除偏差。可以说前者重点纠正的是偏差的结果，而后者重点纠正的是偏差的原因。在控制工作中，管理者应灵活地综合运用这两种行动方式，特别注意不应满足于"救火式"的立即纠正行动，而忽视从事物的原因出发，采取彻底的纠正行动，杜绝偏差的再度发生。在实际工作中，有些管理者热衷于"头痛医头，脚痛医脚"的立即纠正行动方式，这种方式有时也能得到一些表面的、一时的成效，但是忽视了分析问题的深层原因，没有从根本上采取纠正行动，这是值得管理者深思的。

2. 修订标准

在某些情况下，偏差还有可能来自不切实际的标准。因为标准定得过高或过低，即使其他因素都发挥正常也难以避免与标准的偏差。这种情况的发生可能是由于当初计划工作的失误，也可能是因为计划的某些重要环节发生了改变等。发现标准不切实际，管理者可以修订标准。但是，管理者在做出修订标准的决定时，一定要非常谨慎，防止修订后的标准被用来为不佳的工作绩效开脱。管理者应从控制的目的出发仔细分析，确认标准的确不符合控制的要求时，才能做出修正的决定。不切实际的标准会给组织带来不利影响，过高的、实现不了的标准会影响员工的士气，而过低的、轻易就能实现的标准又容易导致员工的懈怠情绪。

采取管理行动是控制过程的最终实现环节，也是其他各项管理工作与控制工作的连接点，很大一部分管理工作都是控制工作的结果。

任务实施

案例一　　连锁超市的困惑

李明是一家连锁超市的区域经理，负责华北区分店的经营运作。他在新一年的工作安排上作了如下规定：为了保持公司的竞争力，继续价格优势，各分店的经理要将产品的损耗降到最低；将加班费等费用减少；把商品库存压缩到最低限度；订单尽早发出，以便公司采购员有足够的时间去讨价还价；确保广告费不超支；对采用购物优惠券要格外谨慎。

半年后，李明发现在他管辖的那个地区，利润并非预计的那么高；从上半年经营财务分析报表来看，损耗、加班费、广告开支都超出了公司的平均水平。不过，库存积压减少，投入购物优惠券的费用减少了。在这一年中由于受到日本核泄漏的负面消息的影响，曾出现了抢购食盐和海产品的事情，所以盐和海产品的库存告急。在订单方面，各分店经理的订单要么来得较晚，要么一来就很急，采购部门一再向他抱怨这个问题。

讨论题：
1. 为什么会发生后续的这些问题？
2. 李明怎样做才能扭转现在的局面？
3. 谈谈这件事对你的启示。

案例二　×公司的组织结构设计

公司的总经理已60岁了，由于体力和精力不足，他深感力不从心，公司现行情况如下：

直接对总经理负责的是一位经理助理，40岁，具有丰富的经验和能力，主要负责市场研究工作，对总经理负责的还有财务主任、销售副总经理、采购主任、生产副总经理、总工程师和工厂经理。

财务主任是会计师，直接对他负责的是一位办公室主任，后者不仅负责办公室业务而且兼营财务科工作，工作多，有时难免忙中出乱。

工厂经理年迈退休，常生病。工厂经理手下有：人事主任、维修工长、工具间工长。工厂的工作人员目前直接向工厂助理报告工作，再由其以书面报告的形式向工厂经理汇报工作，向经理助理汇报工作的有机械加工工长、质量控制科长、装配工长、货物收发工长和实验车间主任，实验车间主要负责总工程师指派的科研项目的试制工作。

讨论题：
1. 绘制公司组织结构图。
2. 组织结构主要存在的问题是什么？
3. 试提出变革方案、变革理论和组织结构图。

案例三　他该怎么办

陈涛是某大型商业企业的区域经理，他现在直接管理着10个员工。陈涛认为自己是个讲究人性化的领导，他的下属当中，一些人有能力，而且能积极地完成工作，而另一些人则对工作漠不关心，且难以完成工作，其中最典型的两个员工是李强和张浩。李强已经入职5年，为人可靠，平时关心顾客，工作有效率。陈涛和李强的关系很好，而且他相信李强能主动地完成工作。张浩的情况则完全不同，刚入职还不到一年，他擅长与同事交往，每天都是第一个下班，工作量不足平均工作量的80%。陈涛经常找张浩谈话，明确地告诉他绩效标准是什么，但没有什么效果。

为提高大家的工作效率，陈涛决定更加关心他们的生活、理解他们的感受，尤其是对张浩和其他表现不好的人。因为他认为之前给了他们太多的压力，总要求他们取得更高的绩效并建立有纪律的工作习惯，以后他会适当给其减压，并希望以张浩为代表的一批人会逐渐进入工作状态。

一个月后，张浩的绩效没有提高，反而出现了下滑。陈涛在自己领导方式方面所做的改革显然是不成功的。十一黄金周马上要到来，老板不断向他施加压力，要求取得好的业绩，要求他马上进行改进，陈涛该怎么办？

讨论题：
1. 陈涛属于哪种领导方式？
2. 陈涛应该怎样改变自己的领导方式，才能取得好的业绩？

案例四

扁鹊的医术

魏文王问名医扁鹊："你们家兄弟三人，都精于医术，到底哪一位最好呢？"

扁鹊答说："长兄最好，中兄次之，我最差。"

文王再问："那么为什么你最出名呢？"

扁鹊答说："我长兄治病，是治病于病情发作之前。由于一般人不知道他事先能铲除病因，所以他的名气无法传出去，只有我们家的人才知道。我中兄治病，是治病于病情初起之时。一般人以为他只能治轻微的小病，所以他的名气只及于本乡里。而我扁鹊治病，是治病于病情严重之时。一般人都看到我做过在经脉上穿针管来放血、在皮肤上敷药等大手术，所以以为我医术高明，名气因此响遍全国。"

文王说："你说得好极了。"

讨论题：

你如何理解扁鹊这番话？

项目小结

本项目由《蒙牛的"五年计划"》引入，重点讲述了管理的四个职能：即计划职能、组织职能、领导职能和控制职能，这四个职能是相互联系、相互制约的，其中计划是管理的首要职能，是组织、领导和控制职能的依据；组织、领导和控制职能，是有效管理的重要手段，是计划目标得以实现的保障。

课后练习

一、选择题

1. 古人云："运筹于帷幄之中，决胜于千里之外。"这里的"运筹帷幄"反映了管理的哪一个职能？（   ）

   A. 计划职能　　　　　　　　B. 组织职能
   C. 领导职能　　　　　　　　D. 控制职能

2. "木桶能盛多少水，取决于桶壁上最短的那块木板的长度。"这句话反映了计划的哪个原理？（   ）

   A. 承诺原理　　　　　　　　B. 改变航道原理
   C. 灵活性原理　　　　　　　D. 限定因素原理

3. 组织工作的直接任务是（   ）。

   A. 建立企业组织结构　　　　B. 职务设计
   C. 部门划分　　　　　　　　D. 授权

4. 在企业组织结构的设计上，既有按职能划分的垂直领导系统，又有按产品（项目）划分的横向领导系统，这种组织结构属于（   ）。

A. 直线制组织结构 B. 矩阵制组织结构
C. 事业部制组织结构 D. 直线职能制组织结构

5. 领导者与下属互相尊重，彼此信任，领导者与下属保持经常性的沟通，了解下属的思想，共同商讨对策，注意授权，培养员工的主人翁意识，让员工参与决策。这种领导方式属于哪种领导方式？（　　）

A. 经济人假设 B. 社会人假设
C. 自我实现人假设 D. 复杂人假设

6. 具有亡羊补牢作用的控制类型是（　　）。

A. 事前控制 B. 事中控制
C. 事后控制 D. 以上三种都不是

二、判断题

1. 蒙牛制订的未来"五年计划"，到2006年的销售目标定为100亿元，属于战略计划。（　　）
2. 估量机会先于实际的计划工作。严格来讲，它不是计划的严格组成部分，却是计划工作的一个真正起点。（　　）
3. 在计划编制过程中，拟订可供选择的方案越多越好。（　　）
4. 管理幅度较小，而管理层次较多，则会形成高层结构的组织，反之，则会形成扁平结构的组织。（　　）
5. 对企业产品品种、数量、质量、成本、交货期及服务等方面的控制属于销售规模控制。（　　）

三、简答题

1. 计划的要素有哪些？
2. 简述组织结构设计的原则。
3. 画出直线职能制和事业部制两种组织结构的示意图，并进行比较。
4. 简述领导者对四种典型下属应采用什么领导方式以及原因？
5. 简述领导职能的作用。
6. 阐述控制的含义和对象。

技能训练

实训目标。
（1）了解各种管理职能在企业中的作用。
（2）培养学生在企业管理中对管理职能的运用能力。

实训内容。
调查企业，分析各项管理职能的运用及存在的问题。

实训地点。
教室或实训室。

实训步骤。
（1）选择本地一家中等以上规模、效益较好的企业，通过实地调查并结合网络及报刊搜集其相关资料。

（2）分析该企业在经营管理过程中各项管理职能的运用及存在的问题。
（3）结合调查情况，写出调查报告。

线上资源

1. 请登录：https://cache.tv.qq.com/x/pcsearch? q=%E8%81%8C%E8%83%BD%E7%AE%A1%E7%90%86&（《如何制定岗位说明书》）。

2. 请登录：https://cache.tv.qq.com/x/pcsearch? q=%E8%81%8C%E8%83%BD%E7%AE%A1%E7%90%86&（《一线主管的管理职能》）。

3. 请登录：https://cache.tv.qq.com/x/pcsearch? q=%E8%81%8C%E8%83%BD%E7%AE%A1%E7%90%86&（《酒店经理的管理职能》）。

4. 请登录：https://cache.tv.qq.com/x/pcsearch? q=%E8%81%8C%E8%83%BD%E7%AE%A1%E7%90%86&（《管理职能与企业管理的渗透于创新》）。

线下资源

1.《管理的12个问题》．焦叔斌．中国人民大学出版社，2013年。
2.《经理人员的职能》．［美］巴纳德．机械工业出版社，2013年。
3.《我知道什么——银行及其职能》．［法］布鲁诺·莫谢托．商务印书馆，1998年。

项目三

企业战略管理

任务引入

觅食的狗

一天,一条狗正在峡谷里行走,峡谷的两边都是高耸的山峰,山峰的顶上都建有城堡。当这条狗在峡谷里听到左边山峰的城堡里传来开早饭的钟声时,它就沿着左边山峰的羊肠小道往上跑,希望能赶到那里去吃早饭。当它跑了1/3的路程时,左边山峰城堡的钟声停止,右边山峰城堡的钟声响起,表明左边的早饭已经结束而右边的早饭开始了。于是,这条狗就转身顺着羊肠小道从左边山峰向右边山峰的城堡跑去,希望能到右边山峰的城堡里去找早饭。当它跑了1/3的路程时,右边山峰的钟声也停止了,表明右边的早饭结束了。后来,当这条一无所获的狗又听到左边山峰的城堡的钟声响起时,它知道左边城堡开始吃中餐了,于是又顺着羊肠小道往左边山峰奔去,同样,跑到中途的时候,钟声停止了。此时,右边山峰的城堡又开始敲钟了,右边开始吃中餐了,于是这条狗又折返而去。

最后,这条狗一顿饭也没赶上,又累又饿地死在峡谷里。

任务分析

企业战略是一个长期的规划,目的是要获利,但不是所有获利的目标都要包括在企业规划之内。所以,当面临若干个都可以收取客观效益的目标时,切忌太贪心。战略目标太多了,很容易成为企业发展的负担,最终得不偿失。只要在目标恒定的、正确的战略指引下,集中企业有限的资源、精力,朝着这一战略方向前进,那么获取成功将只是时间长短的问题,而不至于遭遇倾覆的风险!

任务说明

工作任务	知识目标	能力目标	操作流程
任务一 企业战略管理认知	1. 理解战略与企业战略的概念 2. 掌握企业战略的层次 3. 理解企业战略管理的过程	1. 能够针对企业的具体情况确定企业的战略目标 2. 能够依据企业的战略目标制定总体战略	1. 成立模拟公司,组成项目团队 2. 确立企业的战略目标 3. 企业经营环境及行业竞争分析

续表

工作任务	知识目标	能力目标	操作流程
任务二 企业经营战略环境分析	1. 了解企业经营环境的构成 2. 理解并掌握SWOT分析法	1. 能够分析企业所处的环境制定战略方针 2. 能够为企业制定适合的企业开发战略	1. 分析企业的内外环境 2. 分组讨论 3. 构建企业的战略发展框架 4. 模拟公司分析对比企业战略的优劣
任务三 企业战略选择及评价	1. 熟悉战略制定的程序 2. 掌握企业竞争战略 3. 企业总体战略的类型	1. 能够针对企业所处环境选择适合的企业竞争战略 2. 能够针对企业的具体情况选择适当的技术创新战略	1. 对企业的战略进行规划 2. 模拟公司代表发言 3. 教师评价与总结

相关知识

任务一　企业战略管理认知

案例导入

宝洁公司的企业战略

1. 宝洁公司概况

宝洁公司成立于1837年，是目前世界上最大的日用消费品公司之一。2012年，公司实现销售额789亿美元，年度增长4%，其中东亚地区实现了高速增长。公司包括生产工厂在内的下属分支机构遍布全球80多个国家和地区，全球雇员总数超过14万人，旗下300多个产品畅销160多个国家和地区，产品范围涵盖织物及家居护理、美发美容、婴儿及家庭护理、健康护理、食品及饮料等在内的多个日用消费品领域。

2. 宝洁公司的战略选择

宝洁是全球500强企业，在中国日用消费品市场也占据了半壁江山，其营销和品牌的战略都被写入了各种教科书。究其成功之处，主要表现在以下两个方面。

（1）多品牌战略。

多品牌战略是指一个企业发展到一定程度后，利用自己创建起来的一个知名品牌延伸到开发出多个知名品牌的战略计划，并且多个品牌相互独立，但又存在一定的关联，而不是毫不相干、相互脱离的。

宝洁公司的品牌达到300个之多。在这个庞大的品牌体系中，宝洁并没有成为任何一种产品的商标，而是作为出品公司对所有品牌起到品质保证的作用。多品牌战略的实施，使宝洁在顾客心目中树立起实力雄厚的大家族品牌形象。

不同的品牌针对不同的目标市场。飘柔、潘婷、海飞丝的区别就在于：飘柔强调使"头发更飘更柔"；潘婷则突出"拥有健康，当然亮泽"；海飞丝则是"头屑去无踪，秀发更出众"。各品牌的经营具有相对的独立性。在宝洁内部，飘柔、潘婷和海飞丝分属于不同的品牌经理管辖，他们之间相互独立、相互竞争。这样可以为保洁公司的发展带来很多优势。

①可以实现同类商品不同的功能，按功能覆盖更多的人群范围；
②可以细分市场，扩展市场渗透范围，为不同的顾客提供不同的理想产品；
③各个品牌可以进行差异化的竞争，提高顾客购买欲望。

因此，我们从宝洁公司的成功中看到了多品牌策略的多种好处，但并非是坦途一条。俗话说"樱桃好吃树难栽"，要吃到多品牌策略这个馅饼，还需要在经营实践中趋利除弊。

（2）全球化战略。

宝洁有明确的全球战略，有着明确的战略架构与支持体系，并在各个阶段确定不同的重点去实现其全球战略。"从内部推销开始"的文化量身定做组织架构，坚持创新是活力的源泉，是商业模式的心脏，培养激励型领导人，保持领导人才的国别多元化、性别多元化，塑造越来越有胆量和协作精神的文化。

3. 总结

宝洁公司是众多跨国公司中全球化战略比较成功的一家，它的成功来源于对不同市场营销理念的透彻掌握。公司一旦意识到海外市场差异的重要性以及海外业务的重要性，其国际业务导向可能就会转变。

同时，宝洁公司的品牌营销具有极强的针对性。这样，每个品牌都有自己的发展空间，市场就不会重叠。完美的产品线划分，让宝洁最大限度地瓜分了市场。这些都是构成宝洁公司成功的保证！

一、战略与企业战略的概念

（一）战略

战略一词来源于希腊语"Strategos"，其含义是"将军"。它的本义是指基于对战争全局的分析而做出的谋划。战略对于战争的意义在于它可以帮助决策者掌握战争全局的动态，运筹于帷幄之中，决胜于千里之外。能使自己在战争中处于主动，充分利用天时、地利、人和的条件，赢得战争的胜利。军事战争史已经雄辩地证明了战争的胜负首先取决于战略的正确与否。

（二）企业战略

战略一词运用于企业经营管理，是指一个企业为了实现它的长远目标和重要使命而做的长短期计划和策略。企业要在复杂多变的环境中求得生存和发展，必须对自己的经营管理行为进行长期的、通盘的谋划。

在西方国家，从20世纪50年代起，就有了对企业战略的研究。直到20世纪60年代，美国安索夫的《企业战略论》一书出版后，企业战略才作为一个科学性的概念，开始在企业管理学中使用。其中明茨伯格提出了战略是由5种规范的定义阐明的，即计划（Plan）、计策（Ploy）、模式（Pattern）、定位（Position）和观念（Perspective），即5P。

（1）战略是一种计划。作为计划的战略有两种含义：一方面，战略是有意识地开发出来的，是设计出来的、明确的，一般情况下还应该是公开的；另一方面，战略是行动前制定的，供决策者在行动中使用的。

（2）战略是一种计策。作为计策的战略是指在特定的环境下，企业把战略作为威胁和战胜竞争对手的一种手段，一种战略优势。作为计策的战略就是要在行动前充分考虑对手可能的改革，在行动中采取先发制人的战略行动。

（3）战略是一种模式。作为模式的战略是指战略不仅可以是行动前制定的，即是由人们有意识地设计出来的，而且可以是人们行为的结果。明茨伯格提出战略是一种模式的定义，用于说明战略可以体现为从战略的提出直到战略的完成为止的一系列行为。这一观点强调战略是一种动态的过程。

（4）战略是一种定位。作为定位的战略是指战略应当确定企业在环境中的位置，由此确定企业在产品与市场、社会责任与自身利益、内部条件与外部环境中的一系列经营活动和行为，通过正确配置企业资源，形成企业特殊的竞争优势。

（5）战略是一种观念。作为观念的战略是指战略应当体现企业中人们对客观世界固有的认识方式，是人们思维的产物。战略之所以能够成为企业制胜的法宝，就是因为战略体现了决策者对企业改革与发展中的一种与众不同的观念，有了这种能够使企业员工共享的观念，战略才可能得到准确的执行，才能获得成功。

结合理论与实际，可以把企业战略定义为：企业战略是企业面对激烈变化和竞争的情况，根据企业内外环境及可获取的资源情况，为求得企业的生存和长期稳定发展，对企业的发展目标、达成目标的途径和手段而进行的总体性谋划。经营战略是企业经营思想的集中体现，是一系列战略决策的结果，同时又是制订企业规划和计划的基础。

二、企业战略的特征

企业战略是设立远景目标并对实现目标的轨迹进行的总体性、指导性谋划，属宏观管理范畴，具有指导性、全局性、长远性、竞争性、系统性、风险性六大主要特征。

（1）指导性。企业战略界定了企业的经营方向、远景目标，明确了企业的经营方针和行动指南，并筹划了实现目标的发展轨迹及指导性的措施、对策在企业经营管理活动中起着导向的作用。

（2）全局性。企业战略立足于未来，通过对国际、国家的政治、经济、文化及行业等经营环境的深入分析，结合自身资源，站在系统管理高度，对企业的远景发展轨迹进行了全面的规划。

（3）长远性。"今天的努力是为了明天的收获""人无远虑，必有近忧"。企业战略应兼顾短期利益，着眼于长期生存和长远发展的思考，确立远景目标，并谋划实现远景目标的发展轨迹及宏观管理的措施、对策。另外，围绕远景目标，企业战略必须经历一个持续、长远的奋斗过程，除根据市场变化进行必要的调整外，制定的战略通常不能朝令夕改，要具有长效的稳定性。

（4）竞争性。竞争是市场经济不可回避的现实，也正是因为有了竞争才确立了"战略"在经营管理中的主导地位。面对竞争，企业战略需要进行内外环境分析，明确自身的资源优势，通过设计适合的经营模式，形成特色经营，增强企业的对抗性和战斗力，推动企业长远、健康的发展。

（5）系统性。立足长远发展，企业战略确立了远景目标，并需围绕远景目标设立阶段目标及各阶段目标实现的经营策略，以构成一个环环相扣的战略目标体系。同时，根据组织关系，企业战略须由企业总体战略、经营战略、职能部门战略三个层级构成一体。

（6）风险性。企业做出任何一项决策都存在风险，战略决策也不例外。市场研究深入，行业发展趋势预测准确，设立的远景目标客观，各战略阶段人、财、物等资源调配得当，战略形态选择科学，制定的战略就能引导企业健康、快速的发展。反之，仅凭个人主观判断市场，设立目标过于理想或对行业的发展趋势预测偏差，制定的战略就会产生管理误导，甚至给企业带来破产的风险。

三、企业战略管理层次

企业战略不仅要确定企业整体目标以及实现这些目标的方法，而且要确定企业内每一层次、每一类业务以及每个部门的目标及其实现方法。因此，企业战略一般分为三个层次：企业战略、经营战略和职能战略。

（一）企业战略

企业战略是企业总体战略，决定着企业经营方针、投资规模、经营方向和远景目标等战略要素，是战略的核心，是企业最高管理层指导和控制企业一切行为的最高行动纲领。它需要根据企业的目标，选择企业可以经营的领域，合理配置企业经营所必需的资源，使各项经营业务相互支持、相互协调。可以说，从公司的经营发展方向到公司各经营单位自建的协调，从有形资源的充分利用到整个公司价值观念、文化环境的建立，都是企业战略的重要内容。

企业战略的特点是：

（1）从形成的性质看，企业的战略是有关企业全局发展的、整体性的、长期的战略行为。

（2）从参与战略形成的原因看，企业战略的制定与推行的人员主要是企业的高层管理人员。

（3）从对企业发展的影响程度看，企业战略与企业组织形态有着密切的关系。当企业形态简单、经营业务和目标单一时，企业战略就是该项经营业务的战略，即业务战略。当企业的组织形态为了适应环境的需要而趋向复杂化，经营业务和目标也多元化时，企业的公司战略也相应复杂化，如形成多种业务战略。

（二）经营战略

为了加强协同作用，加强战略实施与控制，企业从组织上把具有共同战略因素的若干事业部或其中某些部分组合成一个经营单位，每个经营单位一般都有着自己独立的产品或市场。在企业内，如果各个事业部的产品或市场具有特殊性，也可以视作独立的经营单位。

经营战略主要针对不断变化的外部环境，在各自的经营领域内有效的竞争。为了保证企业的竞争优势，各经营单位要有效地控制资源的分配和使用。同时，经营战略还要协调各职能层的战略，使之成为一个统一的整体。

经营战略与企业战略的区别是：

（1）企业战略是有关企业全局发展的、整体性的、长期的战略计划，对整个企业的长期发展产生深远的影响；而经营战略着眼于企业中有关事业部或子公司的局部性战略问题，影响着某一具体事业部或子公司的具体产品和市场，只能在一定程度上影响企业战略的实现。

（2）企业战略形成的主要参与者是企业的高层管理者，而业务战略形成的参与者主要是具体各事业部或子公司的经理。

（三）职能战略

职能战略是企业内主要职能部门的短期战略计划。职能战略的制定可以使职能部门的管理人员更加清楚地认识到本职能部门在实施公司战略中的责任和要求，有效地运用研究开发、营销、生产、财务、人力资源等方面的经营职能，保证实现企业目标。

职能战略与企业战略的区别：

1. 期限

职能战略用于确定和协调企业短期的经营活动，期限较短，一般在一年左右。企业战略的期限较长，一般是三至五年。

2. 具体性

职能战略比企业战略更为具体，它们为负责完成年度目标的管理人员提供具体的指导，使他们知道如何实现年度目标。同时，具体的职能战略还可以增强职能部门管理人员实施战略的能力。

具体性之所以能使职能战略获得成功，主要有三点原因：第一，具体性在战略中增加了实际内容，明确了企业内部职能部门必须完成的工作。第二，具体的职能战略向企业高层管理人员阐明了各职能部门准备如何实施公司战略，可以增强企业高层管理人员实施与控制企业战略的决心。第三，具体的职能战略可以说明企业中各职能部门相互间的战略关系，以及潜在的矛盾，有利于促进各职能部门的协调。

3. 职权与参与

企业高层管理人员负责制定企业的长期目标和公司战略。职能部门的管理人员在总部的授权下，负责制定年度目标和部门战略。职能部门管理人员参与制定职能战略，可以更自觉地实现本部门的年度目标，执行职能战略所需要进行的工作，增强实施战略的责任心。

企业战略、经营战略及职能战略构成了一个企业的战略层次，它们之间相互作用，紧密联系。企业要获得成功，必须将三者有机地结合起来。对于跨行业多样化经营的大型企业来说，三个战略层次十分清晰，共同构成了企业的战略体系。

四、企业战略管理

企业战略管理是指通过对企业战略的分析与制订、评价与选择以及实施与控制，使企业能够达到其战略目标的动态管理过程。

由上述定义可以看出企业战略管理的要点有三个：

（1）企业战略管理是企业战略的分析与制定、选择与评价、实施与控制，三者形成一个完整的、相互联系的管理过程，如图3-1所示。

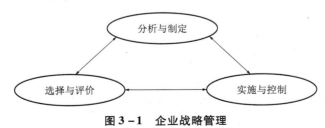

图3-1 企业战略管理

（2）企业战略管理是把企业战略作为一个不可分割的整体来加以管理的，其目的是提高企业整体优化的水平，如何使企业战略管理各个部分有机整合以产生集成效应是战略管理的主要目的。

（3）企业战略管理关心的是企业的长期稳定和高速度发展，它是一个不断循环往复、不断完善、不断创新的过程，是螺旋式上升的过程。

任务二　企业经营战略环境分析

案例导入

　　TCL创办于1981年，在深圳和香港上市。该集团发展的步伐迅速而稳健，是中国增长最快的工业制造企业之一。目前，TCL主要从事彩电、手机、电话机、个人电脑、空调、冰箱、洗衣机、开关、插座、照明灯具等产品的研、产、销和服务业务，其中彩电、手机、电话机、个人电脑等产品在国内市场具有领先地位。

　　TCL从2001年开始实施国际化战略。首先是在东南亚、中东、南非等地区，以推广自有品牌产品为主，逐步形成自己掌控的销售网络，取得了很大成功。其中在2002年TCL成为越南彩电市场最著名的三大彩电品牌之一，市场份额超过12%；到2003年，TCL在越南市场占有率为16%。

　　对于成熟的欧美市场，TCL初期利用制造优势以OEM等方式输出产品和服务，积累了一定竞争力后，通过收购跨国品牌最终成为全球消费电子主流厂商之一。2004年1月，TCL并购法国某彩电业务，共同成立某电子有限公司；2004年4月，TCL又并购了阿尔卡特移动电话业务。通过两次兼并重组，TCL形成了全球规模最大的彩电业务以及全球领先规模的移动电话业务。TCL希望通过这种并购欧美亏损企业的方式，能迅速切入欧美主流市场，并避开其贸易壁垒。在获得了市场份额和销售渠道后，可以在整合中逐渐消化其亏损因素。

　　但是，并购带来的重重困难也超出了TCL的预料。后来，几乎在2004年同时进行并购的两个企业都出现了巨大的亏损。2005年，TCL亏损14.65亿元。2006年8月30日，TCL发布的中期年报显示：集团上半年净亏损扩大至7.38亿元，比上年同期增加6.49%。而通过并购成立的两家公司——多媒体和该集团通信企业更是亏损的主要来源。由此带来了该集团业绩下滑、人员动荡、非议四起，该集团国际化征程处在十字路口。

　　战略管理是对一个企业未来发展方向制定和实施决策的动态管理过程。一个规范的、全面的战略管理过程可以分为四个阶段：确定企业使命与目标阶段、战略分析阶段、战略选择及评价阶段、战略实施及控制阶段。

一、确定企业使命与目标阶段

（一）企业使命的概念与界定

1. 企业使命的概念

　　企业使命是管理者为企业确定的较长时期的生产经营的总方向、总目的、总特征和总的指导思想。它反映企业管理者的价值观和企业力图为自己树立的形象，揭示本企业与同行业其他企业在目标上的差异，界定企业的主要产品和服务范围，以及企业试图满足的顾客的基本需求。例如，SONY 公司指出："我们的使命就是为包括我们的股东、顾客、员工乃至商业伙伴在内的所有人提供创造和实现他们美好梦想的机会。SONY 将继续勇敢地面对未来的挑战，并将永远保持自己求新、创异的企业特色。"

2. 企业使命界定

企业使命界定是在对自身业务清晰界定的基础上进行的。从战略管理角度来讲，企业可以从三个方面界定自己的业务：

（1）消费者的需求，即企业需要满足消费者什么方面的需求。一般来讲，企业产品或服务只有在满足消费者的某种需求和需要的时候，才具有重要的意义，才真正成为企业的一项业务。

（2）消费群，即企业需要满足的对象是谁。企业必须对此做出明确的回答。因为消费群代表的是一个需要提供服务的购买者的类型。

（3）满足消费者需求的方式，即企业采用什么样的技术和活动来满足消费者的需求。这一点的重要性表现在企业如何满足消费者的需求，即企业生产经营活动的重点放在价值链的哪些方面。

这三个方面实际上是要企业回答"什么？""谁？""什么方式？"三个基本性的问题。在实践中，企业能够用一个简单明了的句子，阐述其所服务的目标市场以及所开展活动的方式的确是一个挑战。各个公司所阐述的方式是不一样的，它们所要实现的战略也是不同的。波士顿咨询公司提出："我们的使命是协助客户创造并保持竞争优势，以提高客户的业绩。要达到这个目标并制定成功的策略，我们需要坚持不懈地探讨问题的起因及根源，并对其进行系统化分析，以制定成功的策略。"麦当劳公司在回答"什么？""谁？""什么方式？"时是这样做的：该公司界定自己的使命时，宣称"一张有限的菜谱，质量一致的美味快餐食品，快速到位的服务，超值定价，卓越的顾客服务，便利的定位和选址，全球的市场覆盖"。

（二）企业目标

企业目标是企业所期望达到的成果与变成的状态。目标在本质上反映出一种落差，是一种现实和期望的落差。目标代表期望的状态，现实是企业的现状，落差正是未来战略所弥补的两者差距。企业目标是规划、组织、激励与控制的基础。缺乏目标，企业成员的行为和决策将无所依据。没有目标，也就没有战略。因为缺乏目标，战略的好坏便无法评估。良好的目标为部属提供了具体的行动方针。另外，具有挑战性的目标也是激励部属非常好的一项工具，对战略管理人员而言，制定目标可以厘清战略管理人员的思路，以确定工作的优先级。因此在战略管理人员制定战略之前，必须先制定出目标，缺乏战略目标也就意味着缺乏未来衡量战略绩效好坏的标准，以及失去进行战略控制的基础。

企业目标对企业战略管理有重要的意义，通常企业目标承担以下功能：

1. 目标有助于界定企业在环境中的地位

企业必须肯定其存在的价值，因此通过目标设定，一方面可以使政府、顾客及消费大众肯定其存在的价值；另一方面可吸引认同其目标的人加入企业。所以说，目标界定了企业在环境中的地位。

2. 目标作为评估企业绩效的准绳

目标达成程度的高低是企业用来评估企业绩效高低的标准。若没有目标，则绩效亦缺乏据以评估的准绳。

3. 目标具有激励的功能

适当的目标具有激励士气的功能,企业成员通过比较实际绩效与目标的差距,可以了解自己努力的成果。同时,根据最后实际目标达成的程度,也可以作为部属奖惩的依据,同时也是激励士气的基础。

4. 目标有助于协调决策,减少人员之间的冲突

明确的目标使企业成员清楚地了解企业所期望获得的成果,因此化解了企业成员之间的冲突,同时也减少了决策与决策之间的冲突,以维持决策之间的一致性。

二、企业战略环境分析

企业战略形成之前必须先进行所处环境的分析。环境的发展和变化,给企业的生存和发展提供了机会与威胁。战略环境分析就是对企业的战略环境进行分析。所谓战略环境是指与企业经营有关的企业内部因素和外部因素的总和。其中外部因素包括宏观环境要素和企业所在的行业环境、竞争状况等。内部因素包括企业的资源和能力等。战略环境分析的目的是确定可以使企业受益的有限机会和企业应当回避的威胁。

（一）企业外部环境分析

企业外部环境是指宏观环境和企业所在的行业环境、竞争状况等因素。

1. 宏观环境

宏观环境是指对企业发展具有战略性影响的环境因素。企业的宏观环境因素包括政治和法律环境、经济环境、科技环境、社会文化环境、自然环境。宏观环境一方面具有变动性和不可控性,另一方面也具有一定的规律性。为了制定出正确的战略,必须考虑这些因素。企业能否全面、准确、及时地掌握和分析这些因素,对企业的成败有着巨大的影响。

（1）政治和法律环境。

政治和法律环境指那些制约和影响企业的政治要素和法律体系及其运行状态。如国家的政治制度,国家的权力机构,国家颁布的方针政策,政治团体和政治形势、法律、法规、法令以及国家的执法机构等因素。这些因素对企业的生产经营活动具有控制和调节的作用。它规定了企业可以做什么、不可以做什么,同时也保护了企业的合法权益和合理竞争,促进了公平交易。

（2）经济环境。

经济环境指构成企业生存和发展的社会经济状况及国家的经济政策,包括社会经济结构、经济体制、宏观科技政策等要素。企业是一个经济实体,其经济环境主要由经济体制、经济发展水平、社会经济结构、经济政策、社会购买力、消费者收入水平和支出模式、消费者储蓄和信贷等要素构成。经济运行状况可以通过一系列的指标来反映,如经济增长率、就业水平、物价水平、通货膨胀率、汇率、国际收支情况、利息率等。

（3）科技环境。

科技环境是指与本企业产品有关的科学技术的现有水平、发展趋势和发展速度。现代企业的发展在很大程度上受到科学技术的影响,包括新材料、新设备、新工艺等物质化的硬技术,以及体现新技术、新管理的思想、方式、方法等信息化的软技术。科学技术的发展和应用,对于提高生产效率、降低成本、开发新产品新技术有着十分重要的作用,它能为企业带来新的发展机会和生存空间。那些捷足先登的企业抓住机会，一跃而上，从此成为行业的领袖。那些跟不上现代科技发展速度的企业，将在新一轮的竞争中被淘汰。

科技发展对企业的影响是双重的。正如一位著名外国学者指出的那样："新技术是一种创造性的毁灭力量。"每种新技术都是一种破坏性的创造，新技术的出现总会无情地威胁原有的技术，如晶体管威胁了电子管，电视威胁了电影。如果一个企业固守着原有的技术而不进行革新，它就注定会失败。

目前，科学技术正在以前所未有的速度向前发展，企业要想发展而不被淘汰，就必须及时掌握科学技术发展的新动向，不失时机地使自己跟上时代前进的步伐。

（4）社会文化环境。

社会文化环境指企业所处的社会结构、社会风俗和习惯、信仰和价值观念、行为规范、生活方式、文化传统、人口规模与地理分布等因素的形成和变动。其中，人口因素是一个极为重要的因素，包括人口规模、地理分布、年龄分布、迁移等方面。人口规模制约着个人或家庭消费品的市场规模，如食品工业市场与人口规模就密切相关，人口的地理分布决定消费者的地区分布。消费者地区分布密度越大，消费者的偏好也越多样化，对市场的商品选择性也越大，这就意味着出现多种多样的市场机会。年龄分布决定着以某年龄层为对象的产品的市场规模。各年龄层都使用的产品市场，对商品的选择性大，将带来产品多样化的机会。各年龄构成比例发生变化，市场规模将随之变化，对于以特定年龄层顾客为对象的企业来说将成为市场机会或威胁。

（5）自然环境。

自然环境指企业所处的生态环境和相关自然资源，包括土地、森林、河流、海洋、生物、矿产、能源、水源、环境保护、生态平衡等方面的发展变化。这里，环境保护的要求对企业的生产经营有着极为重要的影响。企业一定要保护好所处地区的环境，完善自己的社会责任。

对企业宏观环境的分析和认识可以使企业识别外部因素中可能发生的重大变化和趋势，识别所面临的机会和威胁。但是仅有对宏观环境的认识是不够的，企业还必须对行业环境进行深入的分析。

2. 行业环境

行业环境是企业生存发展的空间，也是对企业生产经营活动最直接发生影响的外部环境。一个行业的经济特性和竞争环境，以及它们的变化趋势，往往决定了该行业的未来利润的状况。行业的结构及其竞争性决定了行业的竞争原则和企业可能采取的战略。

对于企业所在的行业，可以定义为是由一些公司构成的一个群体，在这个群体中，它们的产品和服务有着众多相同的属性，以至于它们为争取同样的买方群体而展开激烈的竞争。对于企业来讲，行业的关键特性、行业竞争的激烈程度、行业变革的驱动因素、竞争对手的市场地位和战略、行业中取得竞争成功的关键因素、行业未来的利润前景等因素直接决定了该行业是否是一个有吸引力的投资方向。

当然，不同的行业之间在经济特征和结构上会有着很大的差异。如电脑行业与快餐行业在行业的经济特性上就有着本质的区别。

（1）行业中主要的经济特性。

①市场规模，即行业的年销售收入或销售单位。市场状况一般表现在供求形势、需求分

析、需求变动频繁性三个方面。供求形势基本表现为三种类型，即供不应求、供求平衡、供过于求。行业市场的需求分布，从地域看，有地区市场型、全国市场型、国际市场型。一般地，新型行业的产品市场常常会局限于某一地域。需求变动包括所需产品品种的变动和数量的变动。根据变动的频繁性可以划分为平稳型，其变动频率低；渐变性，即逐步向高水平变化；变动频繁型，有些行业的产品，由于相互可替代性较大，顾客的需求常常发生倾向性的选择，变动频率较高。

②竞争地域范围，包括本地市场、区域性市场、全国性市场、国际性市场以及全球性市场。

③市场增长率，即当前行业的增长状况。

④行业目前在寿命周期中所处的阶段是投入期、增长阶段、成熟阶段，还是衰退阶段。

⑤行业内公司的数量及其相对规模，行业内企业的总数量，以及不同规模企业的数量分布。

⑥顾客的数量与特性。

⑦行业进入和退出的难易程度，根据进入成本和退出障碍来确定。

（2）行业竞争结构。

按照波特（M. E. Porter）的观点，一个行业中的竞争存在着五种基本的竞争力量，它们是行业新进入者的威胁、现有竞争者之间的竞争、替代品的威胁、购买商讨价还价的能力、供应商讨价还价的能力（图3-2）。这五种基本竞争力量的状况及其综合强度，决定着行业的竞争激烈程度，从而决定着企业在行业中获利的能力。现将五种竞争力量分述如下。

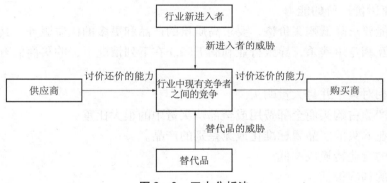

图3-2 五力分析法

1）行业新进入者的威胁。

这种威胁主要是由于新进入者加入该行业，会带来生产能力的扩大，带来对市场占有率的要求，这必然引起与现有企业的激烈竞争，使产品价格下跌；另外，新进入者要获得资源进行生产，从而可能使得行业生产成本上升。这两方面都会导致行业的获利能力下降。

新进入者威胁的状况取决于进入障碍和原有企业的反击程度。如果进入障碍高，原有企业激烈反击，潜在的进入者难以进入该行业，进入者所带来的威胁就小。决定进入障碍大小的主要因素有以下几个方面：

①规模经济。

②产品差异优势。

③资金需求。

④转换成本。
⑤销售渠道。
⑥与规模经济无关的成本优势。

2）现有竞争者之间的竞争。

现有竞争者之间多采用的竞争手段主要有价格战、广告战、引进产品以及增加对消费者的服务等。竞争的产生是由于一个或多个竞争者感受到了竞争的压力或看到了改善其地位的机会。在如下情况下，现有企业之间的竞争会变得很激烈。

①有众多势均力敌的竞争者。
②行业增长缓慢。
③行业具有非常高的固定成本或库存成本。
④行业的产品没有差别或没有行业转换成本。
⑤行业中的总体生产规模和能力大幅度提高。
⑥退出行业的障碍很大。

3）替代品的威胁。

替代产品是指那些与本行业的产品有同样功能的其他产品。替代产品的价格如果比较低，它投入市场就会使本行业产品的价格上限只能处在较低的水平，这就限制了本行业的收益。替代产品的价格越是有吸引力，这种限制作用也就越牢固，对本行业构成的压力也就越大。正因为如此，本行业与生产替代品的其他行业进行的竞争，常常需要本行业所有企业采取共同措施和集体行动。

4）购买商讨价还价的能力。

购买商可能要求降低购买价格，要求高质量的产品和更多的优质服务，其结果是使得行业的竞争者们互相竞争残杀，导致行业利润下降。在下列情况下，购买商们有较强的讨价还价能力。

①购买商相对集中并且大量购买。
②购买的产品占购买商全部费用或全部购买量中的很大比重。
③从该行业购买的产品属标准化或无差别的产品。
④购买商的行业转换成本低。
⑤购买商的利润很低。
⑥购买商有采用后向一体化的倾向。
⑦销售者的产品对购买商的产品质量或服务无关紧要。
⑧购买商掌握供应商的充分信息。

5）供应商讨价还价的能力。

供应商的威胁手段：一是提高供应价格；二是降低供应产品或服务的质量，从而使下游行业利润下降。在下列情况下，供应商有较强的讨价还价能力。

①供应行业由几家公司控制，其集中化程度高于购买商行业的集中程度。
②供应商无须与替代品进行竞争。
③对供应商来说，所供应的行业无关紧要。
④对买主们来说，供应商的产品是很重要的生产投入要素。
⑤供应商的产品是有差别的，并且使购买者建立起很高的转换成本。

⑥供应商对买主行业来说构成前向一体化的很大威胁。

3. 竞争状况

环境中的相关变量都可能对企业的战略地位与未来发展造成影响，但是在众多外部变量中，竞争者被看作对企业具有最大冲击力的一项环境因素。

竞争状况分析可以分为以下几个方面的内涵：

①界定竞争者，谁是我们的主要竞争者？谁是次要的竞争者？

②了解竞争者的目标，竞争者的主要目标是什么？是利润还是市场占有率？是以攻击型目标为主还是以防御型目标为主？

③了解竞争者目前的战略，竞争者目前的主要战略是什么？

④评估竞争者的能力，竞争者有什么重要能力？竞争者有什么重要资源？这些资源能力的相对强弱怎样？

在对竞争者进行分析时，首先面临的是如何界定竞争者的问题。一般而言，在界定目前以及潜在的竞争者方面，应该考虑如下几个重要因素：

①市场的重叠性。与竞争者在界定市场范围上越为相似，则彼此互为竞争者的可能性也就越大。

②利益的相似性。顾客是否认为其他竞争者所提供的利益与我们所提供的利益比较相似？彼此所提供的利益越相似，则彼此的替代性就越大，而互为竞争者的可能性就越大。

③承诺的高低。别的竞争者对此产业的承诺度如何？竞争者对产业的承诺度越高，则所愿意投入的资源也越大，未来可能构成的压力也越大。

（二）企业内部环境分析

企业内部环境是相对于外部环境而言的独立概念，是指企业生存和发展的内部因素。企业的外部环境分析向企业展示了未来发展的机会和威胁，但企业能否成功抓住机会，避开威胁，则取决于企业自身的实力。企业的实力源于其战略资源和能力。深入分析企业资源和企业能力是制定正确战略的基础。

1. 企业资源

企业资源包括三大类：有形资产、无形资产和组织能力。

（1）有形资产。

有形资产是企业运营过程中必要的资源，是最容易判断的，也是唯一可以在企业的资产负债表中清楚体现的资源。它包括房地产、生产设备、原材料等。有些类似的有形资产可以被竞争对手轻易地取得，因此，这些资产便不能成为企业竞争优势的来源。但是具有稀缺性的有形资产可以使公司获得竞争优势。例如，在香港的五星级观光酒店中，半岛酒店因为位于九龙半岛的天星码头旁而占据了有利的地理位置。游客可以遥望对岸香港岛和维多利亚港美不胜收的海景和夜景，这一特色是构成其竞争优势的一个来源。

（2）无形资产。

无形资产包括公司的声誉、品牌、文化、专利和商标以及工作中积累的知识和技术。这些无形资产经常是公司竞争优势的来源。例如，在美国婴儿食品市场上，嘉宝公司已有好几十年的历史。现在为孩子购买嘉宝婴儿食品的父母中，很多人小的时候就是嘉宝食品的使用者。为此，他们对嘉宝食品有很大的忠诚度。这说明嘉宝公司的产品声望、品牌形象、企业文化和专利技术等无形资产深受消费者的认同。这些方面都构成了该公司的竞争优势来源。

（3）组织能力。

组织能力不同于有形资产和无形资产。它是所有资产、人员与组织投入产出过程的一种复杂组合，包含了一组反映效率和效果的能力。例如，在同样要素投入的条件下，一个公司可以比竞争对手获得更高的生产或服务效率以及更好的产品或服务质量的能力就是组织能力。组织能力也是公司获得竞争优势的一个来源。例如，日本汽车公司能够快速开发新的产品，同时生产出具有低价格、高质量特性的汽车产品。这样的组织能力就是日本汽车公司竞争优势的重要来源。

2. 企业能力

企业能力是指运用、转换与整合资源的能耐。这一观念重在"资源间"的整合，通过此种整合，可以更有效地发挥资源的生产力。所以，能力往往包含着各种无形资源与有形资源彼此之间的复杂互动。资源增加只是一种相加作用，不过能力却具有相乘效果。虽然资源的增加，有时会存在着协同效应，因此会造成 $1+1>2$，但能力却可以使资源由 1 变成 I（I 代表增加效用后的 1）。企业的能力由研发能力、生产能力、营销能力、组织能力等组成。

（1）研发能力。

研发已经成为企业持续竞争优势的关键来源，企业投资于研究与开发，能研发出更高级的新产品或服务，能为消费者创造出更大的价值，进而增强企业的竞争优势。新产品研发能力分析应着重从新产品研发设计、研发组织、研发过程和研发效果四个方面进行分析，并将分析结果与主要竞争对手进行比较，进而判断企业此项能力的强弱，为企业战略的选择提供依据。

（2）生产管理能力。

企业中的生产活动是指对所有的投入品如原材料、劳动、资本、机器与设施等进行加工，使之转变为产品和服务，并能够为消费者带来价值和效用的所有活动。罗杰·施罗德（Roger Schroeder）列出了生产管理的五种功能及相应的决策领域：生产过程、生产能力、库存、人力和质量。生产过程往往占用企业大量的人力和资本，是形成企业产品、服务成本优势或差异化的主要来源，其优劣是制定企业战略的重要依据。

（3）营销能力。

企业营销能力的强弱往往体现在其产品竞争能力、销售活动能力和市场决策力上。产品竞争能力是对企业当前销售各种产品的市场地位、收益性、成长性、竞争性和结构性等方面进行分析，分析结果将为改进产品组合和研发新产品指明方向。销售活动能力是在对产品竞争力分析的基础上，以重点发展产品和销路不畅产品为对象，对其销售组织、销售绩效、销售渠道、促销活动等方面进行分析，以判断企业销售活动的能力、存在的问题及问题成因，进而为制定战略提供依据。市场决策能力是以前述产品市场竞争力分析、销售活动能力分析、新产品研发能力分析的结果为依据，对照企业当前实施的经营方针和经营战略，来发现企业在市场决策中的不当之处，评估判断企业领导者的市场决策能力和水平，使企业获得持续成长和发展。

（4）组织效能。

企业的一切活动说到底都是组织的活动，是组织实现目标的工具，是进行有效管理的手段。分析组织效能、发现制约企业长远发展的组织管理问题并加以改进，则为企业战略的正确制定和成功实施奠定了坚实的组织基础。

从整体上来说，资源和能力都是组织核心竞争力的基础。资源可以发展能力，而能力的运用结果也可积累资源。资源和能力之间存在高度的互动性与交互影响性。一般而言，我们可以根据组织对资源和能力的自我评估，而将企业分为四种类型：高资源高能力型企业是最具有竞争力的，未来的发展潜力也大；低资源低能力型企业是处于最弱势竞争地位的，往往需进行内部调整或寻求外援，否则很容易被逐出市场；低资源高能力型企业是资源转换能力很强的，但缺乏足够的资源，无法创造出更大的价值；高资源低能力型企业往往是资源利用效率不高的企业，虽然有雄厚的资源，但创造出的价值不够，资源的转换和整合仍有困难。

任务三　企业战略选择及评价

案例导入　　　　根据地战略——娃哈哈的辉煌传奇

在中国改革开放的大背景下，在外资品牌大举入侵下，众多企业都逃脱不了被收购、兼并、退市的厄运。为什么独有娃哈哈这个民营企业的民族品牌，经过二十年的发展，一跃成为居于世界第四位的饮料厂商？这一切的成就，都源于宗庆后对根据地战略思想的熟练运用和实践。

1. 狼来了

1978 年的改革开放，对垂涎中国市场已久的外资品牌来说，无疑像是一个巨大的原子弹爆炸一样，震动了它的心。所以从中国宣布改革开放，欢迎外资进入中国的那一刻起，以可口可乐为代表的众多外资巨头品牌都迫不及待、争先恐后地来到中国，开始征战中国市场。也是从那一刻起，众多企业都惊呼"狼来了"，一些曾经响当当的品牌、在计划经济时代不可一世的中国企业，都在改革开放的号角中偃旗息鼓。如曾经的八大中国可乐品牌、电器等行业品牌，不是被兼并就是被收购，或者是因经营不善而自动关门。但值得庆幸的是，在这场旷日持久、以弱斗强的企业战争中，同时也诞生了一批拿得出手的过硬的民族工业企业，它们运用卓越的战略思想，在这场竞争中活了下来，强大了起来，娃哈哈就是其中的代表，在中国最先开放的食品饮料行业，娃哈哈打造了自己的饮料帝国，实现了民族品牌复兴的梦想。

2. 不对等的竞争，与狼分食

民族企业在与外资企业的竞争中，特别是民营企业在与外资企业的竞争中，从第一天开始，就是一场不对等的竞争，民营企业既享受不到国有企业的优惠政策和保护，又没有外资企业的强大实力和先进理念，娃哈哈也不例外。所以一开始娃哈哈就剑走偏锋，没有选择与外资企业进行正面竞争，没有去争食，更没有去虎口夺食，而是选择了分食。

娃哈哈一开始选择的策略就是把自己定位在广大的农村和二、三级市场，首先是因为这些市场是外资企业不屑一顾的市场，是它们认为中的鸡肋市场；其次是因为中国地大物博、交通不便等因素，造成外资企业在相当长的时间内不能顾及这些偏远市场；最后是因为在广大农村地区，可以不断地壮大、丰富自己。

可以说娃哈哈遇到的情况，与当初毛主席遇到的情况极为相似，所以宗庆后毫不迟疑地选择了根据地战略指导思想，以广大的农村地区作为自己的主战场，作为自己经营企业的根据地。正是在这种异曲同工的战略思想指导下，娃哈哈这个脆弱品牌，逐渐成长为坚不可摧的民族品牌。

3. 根据地合围,突出重围

城市都是在中心地带,天生就被农村包围着,一旦广大农村的根据地市场经营成熟,自然而然地就对城市形成了一种合围之势。所以当娃哈哈将农村市场经营得风生水起的时候,也就对中心城市形成了一种坚不可摧的合围之势,再踏入中心城市,与外资品牌竞争时,就举重若轻、易如反掌了。从最后娃哈哈成功迈入一线城市,突出一线重围的竞争来看,娃哈哈已经是泰然处之,完全没有当初民族企业面对外资品牌的那种惊恐和慌乱。

一个企业可能会拟订出多种战略方案,这就需要对每种方案进行鉴别和评价,以选出适合企业自身的方案,在这个过程中还需运用一定的战略评价方法来评价选择战略。

一、影响战略选择的领域

企业的生产经营活动可以分成三种类型:社会方面的管理,涉及企业在社会和政治环境方面的合法性和生存能力;经营方面的管理,涉及企业的盈利潜力;竞争方面的管理,涉及把盈利潜力转化为实际盈利。这三方面的管理活动,决定了企业在战略上有三个领域可以选择:

1. 社会领域

该领域包括企业的社会责任以及它在社会中的合法性。企业的环境是由顾客、供应者、股票持有者、管理人员、政府、公众利益团体等各利益群体组成的。其中每一个群体都向企业提出各自合法的要求,并对企业提供不同程度的支持。企业战略的变化会使上述各方的利益受到影响。企业在选择战略时,必须让各个利益群体认为企业的活动有社会的合法性,同时该战略符合他们的要求。各个利益群体对企业应该怎样活动,以及企业在经济上、社会心理等方面应该提供什么样的利益,都抱有各自的期望。如股东期望增加他们的股份和股息;员工希望提高他们的工资和津贴;管理人员希望得到晋升、奖金和实现个人满足感等。因此,企业希望通过适当的战略,认真解决各利益群体之间的矛盾,合理协调他们之间的利益。

2. 经营领域

企业要根据自身的目标,选择适合自身条件的生产经营领域并制定相应的战略,促使自己的产品和市场得到发展。

3. 竞争领域

企业为了获得竞争优势,需要关心产品生命周期、技术变革和发展,以及实际存在的和潜在的竞争者,选择适当的竞争领域,制定出各种防御战略、保护战略和攻击战略。

明确企业这三类管理活动,不仅可以使企业从这三个领域来制定选择战略,还可以使企业正确地确定是否应及时变更自己的战略。

二、企业总体战略

(一) 稳定战略 (Stability Strategy)

稳定战略是指在内外环境的约束下,企业准备在战略规划期使自身的资源分配和经营状况基本保持在目前状态和水平上的战略。例如 WD-40 公司,通过从石油中提炼润滑油这一单一产品获取高额利润。从 20 世纪 50 年代以来一直保持着自己的细分市场,很少有强有力的竞争对手,因此采用稳定战略。

（二）增长战略（Growth Strategy）

增长战略表现为追求增长，如更高的销售额、更多的雇员和更大的市场份额。增长战略体现在不仅应当有绝对市场份额的增加，更应有在市场总容量增长的基础上相对份额的增加。

（三）收缩战略（Retrenchment Strategy）

所谓收缩战略是指企业从目前的战略经营领域和基础水平收缩和撤退，且偏离起点战略较大的一种经营战略。与稳定战略和增长战略相比，收缩战略是一种消极的发展战略。如通用汽车从20世纪80年代开始实行多元化发展战略，涉足卫星通信、数据设备等诸多领域，由于业务结构繁杂，经营利润大幅下降，1997年开始变多元化为专营，以增强竞争实力。

三、基本竞争战略

竞争战略，又称经营单位战略，是企业总体战略（即公司战略）的具体化形式，但又有别于总体战略。美国的战略管理学家波特在1980年出版的《竞争战略》一书中，提出三种基本竞争战略：成本领先战略、差异化战略、集中化战略。

（一）成本领先战略

成本领先战略，又称低成本战略，是指企业通过有效途径降低成本，使企业的全部成本低于竞争对手的成本，甚至成为同行业中最低的成本，从而获取竞争优势的一种战略。

实现途经：①比竞争对手更有效地开展内部价值链管理；②改造企业的价值链，省略或跨越一些高成本的价值链活动。

成本领先战略的类型有：①简化产品型成本领先战略；②改进设计型成本领先战略；③材料节约型成本领先战略；④人工费用降低型成本领先战略；⑤生产创新及自动化型成本领先战略。

（二）差异化战略

差异化战略，是指为使企业的产品与竞争对手的产品有明显的区别，形成与众不同的特点而采取的一种战略。其核心是取得某种对顾客有价值的独特性。实行差异化战略，可以培养顾客对品牌的忠诚，降低其对价格的敏感性；即使价格高于同类产品，顾客也会产生偏爱。因此，差异化战略是使企业获得高于同行业平均利润水平的一种有效战略。

实现的基本途径：产品、服务、人事与形象等差异化。

（三）集中化战略

集中化战略，又称聚焦战略，是指企业或事业部的经营活动集中于某一特定的购买者集团、产品线的某一部分或某一地域市场上的一种战略。其核心是瞄准某个特定的用户群体、某种细分的产品线或某个细分市场。

主要有：①低成本集中；②差异化集中两种形式。

成本领先战略和差异化战略是面向整个行业，适用于大型的企业；集中化战略则是针对特定的细分市场，适用于中小型企业。

四、企业战略评价

战略评价方法常用SWOT分析法、市场增长—市场占有率矩阵等方法。

（一）SWOT分析法

SWOT分析法是由旧金山大学的管理学教授于20世纪80年代初提出来的，是一种能够较客观而准确地分析和研究一个单位现实情况的方法。SWOT 四个英文字母分别代表：优势（Strength）、劣势（Weakness）、机会（Opportunity）、威胁（Threat）。从整体上看，SWOT 可以分为两部分：第一部分为 SW，主要用来分析内部条件；第二部分为 OT，主要用来分析外部条件。利用这种方法可以从中找出对自己有利的、值得发扬的因素，以及对自己不利的、要避开的东西，发现存在的问题，找出解决办法，并明确以后的发展方向。根据这个分析，可以将问题按轻重缓急分类，明确哪些是目前急需解决的问题，哪些是可以稍微拖后一点儿的事情，哪些属于战略目标上的障碍，哪些属于战术上的问题，并将这些研究对象列举出来，依照矩阵形式排列，然后用系统分析的思想，把各种因素相互匹配起来并加以分析，从中得出一系列相应的结论，而结论通常带有一定的决策性，有利于领导者和管理者做出较正确的决策和规划。

SWOT 分析法常常被用于制定集团发展战略和分析竞争对手情况，在战略分析中，它是最常用的方法之一。进行 SWOT 分析时，主要有以下几个方面的内容：

1. 分析环境因素

运用各种调查研究方法，分析出公司所处的各种环境因素，即外部环境因素和内部能力因素。外部环境因素包括机会因素和威胁因素，它们是外部环境对公司的发展直接有影响的有利因素和不利因素，属于客观因素；内部环境因素包括优势因素和劣势因素，它们是公司在其发展中自身存在的积极因素和消极因素，属于主动因素。在调查分析这些因素时，不仅要考虑到历史与现状，而且要考虑到未来的发展问题。

优势，是组织机构的内部因素，具体包括：有利的竞争态势；充足的财政来源；良好的企业形象；技术力量；规模经济；产品质量；市场份额；成本优势；广告攻势等。

劣势，也是组织机构的内部因素，具体包括：设备老化；管理混乱；缺少关键技术；研究开发落后；资金短缺；经营不善；产品积压；竞争力差等。

机会，是组织机构的外部因素，具体包括：新产品；新市场；新需求；外国市场壁垒解除；竞争对手失误等。

威胁，也是组织机构的外部因素，具体包括：新的竞争对手；替代产品增多；市场紧缩；行业政策变化；经济衰退；客户偏好改变；突发事件等。

SWOT 方法的优点在于考虑问题全面，是一种系统思维，而且可以把对问题的"诊断"和"开处方"紧密结合在一起，条理清晰，便于检验。

2. 构造 SWOT 矩阵

将调查得出的各种因素根据轻重缓急或影响程度等排序方式，构造 SWOT 矩阵。在此过程中，将那些对公司发展有直接的、重要的、大量的、迫切的、久远影响的因素优先排列出来，而将那些间接的、次要的、少许的、不急的、短暂的因素排列在后面。

3. 制订行动计划

在完成环境因素分析和 SWOT 矩阵的构造后，便可以制订出相应的行动计划。制订计划的基本思路是：发挥优势因素，克服劣势因素，利用机会因素，化解威胁因素；考虑过去，立足当前，着眼未来。运用系统分析的综合分析方法，将排列与考虑的各种环境因素相互匹配起来，加以组合，得出一系列公司未来发展的可选择对策。

（二）市场增长—市场占有率矩阵

美国波士顿咨询公司（BCG）认为根据市场增长率和企业相对竞争地位这两项标准，可以把企业的经营单位分成四种不同类型。它们认为一个企业所有的经营单位都可以列入任一个象限中，并根据其所处的地位采取不同的战略。市场增长—市场占有率矩阵如图3-3所示。

图3-3 市场增长—市场占有率矩阵

（1）金牛区。指那些有着较低的市场增长率和较高的相对市场占有率的经营单位。意味着有较高的利润和现金，且需要少量的现金投入，所以通常能产生大量的现金。应采取维护现有市场占有率的策略。

（2）瘦狗区。指那些相对市场占有率和市场增长率都较低的经营单位。意味着可以获得少量的利润，而用于维持竞争地位所需的资金往往超过它们的现金收入，因此，此类区域常常成为资金的陷阱。一般采取放弃策略。

（3）问题区。指那些相对市场占有率较低而市场增长率却较高的经营单位。如果扩大投资市场占有率，可以变为明星；当市场占有率降低以后，明星会变为金牛；如果认为不可能转变成明星，就该放弃。

（4）明星区。经营单位的市场增长率和相对市场占有率都较高，因而所需的现金和产生的现金都很大。应对其进行必要的投资，提高企业的竞争地位。

任务实施

春秋航空公司的低成本运营模式

2000年7月15日，一架印着春秋航空"China-SSS"标记的空客320客机飞抵虹桥国际机场，这意味着中国第一家低成本航空公司——春秋航空，有了第一架自己的飞机，首航日开出了烟台、桂林两条航线，最低票价仅199元，春秋航空从此开始了它的低成本运营之旅。

低成本航空公司的"鼻祖"是美国西南航空公司，成立于1971年。来自美国的数据显示，在美国西南航空公司进入市场后，机票价格下降了54.3%。春秋航空是上海第一家民营航空公司，也是中国第一家提出按照"低成本"模式运营的航空公司。

全球的低成本航空公司一般都通过对售票、服务等基础设施做大量精简以降低成本。作为全球低成本航空公司的追随者，春秋航空一直坚持这样的做法：从一点直接飞往另一点，不绕行，用一种型号的飞机（空中客车A320），以减轻维修、保养负担；千方百计地避免高价机场费和尽其所能地缩短起飞和降落的时间；机上的服务能省则省，尽量做到"无花边服务"，不断地降低票价。这些做法必然惹恼老牌的航空公司，它们用"拉制飞行员流动"和"价格战"的狠招来驱逐这位胆大包天的闯入者。

在中国的航空管制环境下，要做低成本航空公司，仿效美国西南航空公司是何等之难。40年前，美国西南航空公司从美国的二类机场做起，在那里它们可以得到很少甚至全免的机场起降费，而在中国一些二类机场，其起降费甚至比北京和上海还要高。

春秋航空公司建立了独立于中航信之外的售票系统，仅此一项就节约了6%~8%的成本，让老牌的航空公司和新兴的民营航空公司惊讶不已。此外，口碑式的广告宣传方式在春秋航空尤被推崇。这也是春秋航空节约成本的一个重要战术。

拿掉头等舱，尽最大的可能安排座位，航班延误不赔偿，机上售卖食品……春秋航空借鉴国外低成本航空公司经验推出的这一系列举措，屡屡引起争议，却未使其客源有所流失。在春秋航空的飞机上，额外赠送的只有一瓶330毫升的矿泉水，航班上没有免费的食品供应、没有壁挂电视或者耳机享用等服务内容，却能为乘客节约几百元的机票费用，凭借这样一笔明细账，春秋航空成为国内大众自费出行的首选，春秋航空航班的客座率也一直保持在95%以上，高出老牌航空公司近2成。

5年前，春秋航空一切从零起步，发展到2010年7月，已拥有20架A320飞机，飞了国内50多条航线，年年盈利，安全、服务、诚信等各项行业指标等均处于行业领先水平。2010年上半年，春秋航空营业收入14.7亿元，比上年同期增长60%，而税前利润更是比上年同期翻了两番，达到1.6亿元，2009年上半年，春秋航空的利润为4 117万元，而2009年一整年，春秋航空的盈利是1.58亿元。从2011年开始，春秋航空平均每个月都要引进一架飞机。

2010年7月28日，春秋航空公司正式开通上海浦东至日本茨城包机航班，成为国内首家飞出国门的民营航空公司。在日本，低成本航空普及水平还很低，首家中国低成本航空公司进入日本，引起日本媒体和社会的极大兴趣与关注。春秋航空还在就开辟日本市场的其他航线进行洽谈，之后还将争取开拓韩国和东南亚市场。

讨论题：

1. 在节约成本方面，你认为春秋航空公司做得最出色的是哪几点？
2. 春秋航空公司的低成本运营模式为什么能获得成功？请结合相关战略管理理论进行全面分析。

项目小结

本项目由管理寓言故事《觅食的狗》引入，讨论了什么是战略、企业战略、企业战略体系及层次，战略指导思想、战略目标、战略方针、战略对策，企业战略的制定、实施和控制，企业的经营战略，以及企业的技术创新策略等内容。

本项目包括三个任务，分别从春秋航空公司着手分析，认识上述企业战略的相关概念、企业战略的构成和制定、企业经营战略，以及技术创新策略的选择和实施。

课后练习

一、选择题

1. 企业战略是企业（　　），决定企业经营方针、投资规模、经营方向和远景目标等战略要素，是战略的核心。

　　A. 职能战略　　　　　　　　　　　　B. 经营战略

C. 总体战略 　　　　　　　　　D. 增长战略
2. （　　）是企业所期望达到的成果与变成的状态。
   A. 企业目标 　　　　　　　　　B. 经营战略
   C. 总体战略 　　　　　　　　　D. 控制目标
3. 按照波特的观点，一个行业中的竞争存在着五种基本的竞争力量，下面哪项不属于五种基本竞争力。（　　）
   A. 新进入者 　　　　　　　　　B. 替代品的威胁
   C. 购买商讨价还价的能力 　　　D. 研发能力
   E. 现有竞争者之间的竞争
4. （　　）核心是瞄准某个特定的用户群体，某种细分的产品线或某个细分市场。
   A. 差异化战略 　　　　　　　　B. 成本领先战略
   C. 集中化战略 　　　　　　　　D. 竞争战略
5. （　　）指较低的市场增长率和较高的相对市场占有率。
   A. 金牛区 　　　　　　　　　　B. 瘦狗区
   C. 问题区 　　　　　　　　　　D. 明星区

二、判断题

1. 战略一词运用于企业经营管理，是指一个企业为了实现它的长远目标和重要使命而做的长短期计划和策略。（　　）
2. 无形资产包括公司的声誉、品牌、文化、专利和商标以及工作中积累的知识和技术。（　　）
3. 成本领先战略，是指企业通过有效途径降低成本，使企业的全部成本高于竞争对手的成本，甚至成为同行业中最低的成本，从而获取竞争优势的一种战略。（　　）
4. SWOT分析法常常被用于制定集团发展战略和分析竞争对手情况。在战略分析中，它是最常用的方法之一。（　　）
5. 成本领先战略可以通过改造企业的价值链，省略或跨越一些低成本的价值链活动实现。（　　）

三、简答题

1. 什么是企业战略？企业战略有哪些特征？
2. 简述企业战略管理控制类型。
3. 企业的三种基本竞争战略各有何利弊？
4. 试述战略管理的层次。
5. 论述企业战略管理分析包含哪些内容。
6. 简述企业战略管理的评价方法。

四、案例分析题

海清啤酒战略分析

海清啤酒成功地在中国西部一个拥有300万人口的C市收购了一家啤酒厂，不仅在该市取得了95%以上市场占有率的绝对垄断，而且在全省的市场占有率也达到了60%以上，成了该省啤酒业界名副其实的龙头老大。

C 市 100 公里①内有一金杯啤酒公司。3 年前它是该省的老大，然而，最近金杯啤酒因经营不善全资卖给了一家境外公司。

金杯啤酒在被收购后，立刻花近亿元的资金搞技改，还请了世界第四大啤酒厂的专家坐镇，狠抓质量。但是新老板清楚得很，金杯啤酒公司最短的那块板就是营销。为一举获得 C 市的市场，金杯不惜代价从外企挖了三个营销精英，高薪招聘 20 多名大学生，花大力气进行培训。

省内啤酒市场的特点是季节性强，旺季主要集中在春末、夏季及初秋的半年多时间内。作为快速消费品，啤酒的分销网络相对稳定，主要被大的一级批发商控制。金杯啤酒没有选择正面强攻，而是主要依靠直销作为市场导入的手段，由销售队伍去遍布 C 市的数以万计的零售终端虎口夺食。

金杯啤酒的攻势在春节前便开始了，并且成功地推出了 1 月 18 日 C 市要下雪的悬念广告，还有礼品附送，覆盖率和重复购买率都大大超出了预期目标。但是，金杯在取得第一轮胜利的同时，也遇到了内部的管理问题。该公司过度强调销售，以致把结算流程、财务制度和监控机制都甩在一边。库房出现了无头账，查无所查，连去哪儿了都不知道。

而作为另一家啤酒公司——海清啤酒，它们却对前景充满了信心。其认为对手在淡季争得的市场份额，如果没有充足的产量做保障，肯定要跌下来；而且海清公司的分销渠道并没有受到冲击，金杯公司强入零售网点不过是地面阵地的穿插。

如今，啤酒销售的旺季，也就是决胜的时候快到了，您认为海清啤酒应该怎样把对手击退，巩固自己的市场领导地位呢？

讨论题：
1. 运用 SWOT 分析法，分析海清啤酒面临的环境。
2. 如何评价金杯啤酒的竞争战略？
3. 海清啤酒应采用什么样的竞争战略？

技能训练

实训目标。
（1）理解并掌握 SWOT 分析法。
（2）训练学生运用 SWOT 分析法对企业进行 SWOT 分析的能力。

实训内容。
对企业进行 SWOT 分析。

实训地点。
教室或实训室。

实训步骤。
（1）将学生分为 5~6 组，成立模拟公司。
（2）要求每家公司成员利用 SWOT 分析法对这一企业进行分析，时间限定为 25 分钟。
（3）请每家公司成员交流自己分析的结果，并阐述得出这些结果的理由。
（4）对有争议的观点，组织学生进行讨论。

---

① 1 公里 = 1 千米。

线上资源

1. 请登录：https://wenku.baidu.com/view/d99d9c98b0717fd5360cdc98.html（《战略管理概念与案例精华版》）。
2. 视频：https://v.qq.com/x/cover/2g94s4n6hixx1k7/r0011ye4igi.html（《企业战略管理》）。
3. 请登录：http://www.xchen.com.cn/gllw/qyzllw/686120.html（《企业战略管理研究》）。
4. 请登录：http://www.5ykj.com/Article/xslwbylw/47078.html（《企业战略管理研究》）。

线下资源

1. 《企业战略管理——理论与案例（第四版）》．杨锡怀．高等教育出版社，2016 年。
2. 《现代企业管理》．王志伟．上海交通大学出版社，2013 年。
3. 《现代企业管理》．王燕．北京理工大学出版社，2012 年。
4. 《企业战略管理》．蓝海林．中国人民大学出版社，2015 年。

项目四

企业经营决策管理

任务引入

小羊吃草

一只小羊外出觅食,发现两堆相距不远的草。东边是一大堆干草,西边是一小堆新鲜的嫩草。小羊很高兴,跑到大堆的干草处刚想要吃,突然想,西边那堆草那么新鲜,肯定好吃,此时不去可能会被别的小羊吃掉,于是它就跑到嫩草堆旁。刚要吃,它又想,这堆草虽然很嫩,可别的小羊把那一大堆干草吃光的话自己就要饿肚子了,还是回去吃干草吧!就这样,一会儿考虑数量,一会儿考虑质量,一会儿分析颜色,一会儿分析新鲜度,犹犹豫豫,来来回回。这只可怜的小羊,最后饿死在草堆旁。

任务分析

决策是从众多的方案中选择最优的方案,但是,事实上在很多情况下是没有最优方案的,于是决策又有一个原则,就是满意原则,也就是说,只要决策的结果使决策者满意就行了。

在企业经营决策中同样需要贯彻这个原则,当我们执着于寻找最优方案的时候,大好的机会就悄悄地溜走了,最终导致一事无成。

任务说明

工作任务	知识目标	能力目标	操作流程
任务一 企业经营决策认知	1. 掌握经营与经营决策概念 2. 理解经营决策的基本步骤 3. 掌握经营决策的类型	1. 能够明确决策及经营决策的作用和基本要素 2. 能够依据经营决策的程序进行企业决策	1. 阅读案例 2. 分组讨论 3. 代表发言 4. 总结案例
任务二 经营决策的方法	1. 掌握定性决策法 2. 掌握定量决策法	1. 能够针对企业的具体情况制订决策方案 2. 能够运用定性决策法和定量决策法进行企业的经营决策	1. 阅读案例 2. 分组讨论 3. 代表发言 4. 总结案例

相关知识

任务一　企业经营决策认知

案例导入　　　　　　　　　　**铱星的悲剧**

2000 年 3 月 18 日，两年前曾耗资 50 多亿美元建造 66 颗低轨卫星系统的美国铱星公司，背负着 40 多亿美元的债务宣告破产。铱星所创造的科技童话及其在移动通信领域的里程碑意义，使我们在惜别铱星的时刻猛然警醒：电信产业的巨额投资往往使某种技术成为赌注，技术的前沿性固然非常重要，但决定赌注胜负的关键却是市场。

铱星的悲剧告诉我们，技术不能代替市场，决策失误导致铱星陨落。铱星代表了未来通信发展的方向，但仅凭技术的优势并不能保证市场的胜利。"它们在错误的时间，错误的市场，投入了错误的产品。"这是业界权威对铱星陨落的评价。

第一，技术选择失误。

铱星系统技术上的先进性在目前的卫星通信系统中处于领先地位。但这一系统风险大，成本过高，维护成本相当高。

第二，市场定位错误。

谁也不能否认铱星的高科技含量，但用 66 颗高技术卫星编织起来的世纪末科技童话在商用之初却把自己的位置定在了"喷族科技"上。铱星手机价格每部高达 3 000 美元，加上高昂的通话费用，使得通信公司运营最基础的前提——用户发展数目远低于它的预想。在开业的前两个季度，铱星在全球只发展了 1 万用户，而根据铱星方面的预计，初期仅在中国市场就要达到 10 万用户，这使得铱星公司前两个季度的亏损即达 10 亿美元。尽管铱星手机后来降低了收费，但仍未能扭转颓势。

第三，决策失误。

有专家认为，铱星系统在 1998 年 11 月份投入商业服务的决定是"毁灭性的"。受投资方及签订的合约所限，在系统本身不完善的情况下，铱星系统迫于时间表的压力而匆匆投入商用，差劲的服务给用户留下的第一印象对于铱星公司来说是灾难性的。因此，到铱星公司宣布破产保护时为止，它的客户还只有 2 万多家，而该公司要实现盈利至少需要 65 万个用户，每年光维护费就要几亿美元。

第四，销售渠道不畅。

铱星系统投入商业运营时未能向零售商们供应铱星电话机；有需求而不能及时得到满足，这也损失了不少用户。

第五，作为一个全球性的个人卫星通信系统，理论上它应该是在全球通信市场开放的情况下，由一个经营者在全球统一负责经营，而事实上这是根本不现实的。

这些原因造成了铱星的债务累累，入不敷出。结合铱星公司破产的案例，谈谈你对企业决策重要性的认识和体会。

一、决策的概念

决策最早是由美国管理学者巴纳德和斯特恩等人提出的,用以说明组织管理中的分权问题。后来,美国著名管理学家西蒙进一步发展了组织理论,强调决策在企业管理中的重要地位,提出来"管理就是决策"的重要思想。在我国,有名言"一子错满盘皆落索"(意即只要有一步棋下错,就会一盘棋全输),《史记高祖本记》中记载"运筹于帷幄之中,决胜于千里之外",《孙子兵法》中有"多算胜,少算不胜,而况于无算乎";美国著名咨询公司兰德公司提出,世界上每100家破产倒闭的企业中,有85%是由企业管理者的决策不慎造成的。这些充分说明了决策的重要性。

对于什么是决策,长期以来理论界众说纷纭。有人说,管理就是决策;也有人说,决策就是做决定;还有人说,决策就是从两个或多个行为备选方案中有意识地选择一个行为方案。尽管这些说法不一,但都从不同的角度对决策进行了说明,反映出决策的不同侧面。

所谓决策,就是决策者为达到预期的目标,对未来多个可能的行动方案进行优化选择并做出决定的过程,是决策者将主观意志见之于客观实践的能力运用的过程。

正确理解决策的概念,应把握以下几层意思:

1. 决策要有明确的目标

做决策是为了解决某一问题,或者为了达到一定的目标。确定目标是决策过程的第一步。决策所要解决的问题必须明确,所要达到的目标必须具体。

2. 决策要有两个以上的备选方案

决策实质上是选择行动方案的过程。因此,在决策时,至少有两个或两个以上的方案,人们才能从中进行比较、选择,最后选择一个满意的方案作为行动方案。

3. 选择后的行动方案必须付诸实施

决策不仅是一个认识的过程,也是一个行动的过程。如果选择后的方案被束之高阁,不付诸行动,决策等于没决策。

二、经营决策的步骤

决策的步骤也称为决策过程。它可以指导决策者如何做出正确、科学的决策。经营决策通常需要经过以下五个步骤:

1. 提出问题

问题是决策的起点。决策者在调查研究、搜集材料的基础上,系统分析历史与现状以及未来的发展趋势,找出需要解决的问题。把决策的问题抓准,这是进行科学决策的前提和基础。如何才能发现和提出问题,需做到以下几点:

首先要分清问题是什么。问题是决策的起点,从决策的观点来说,问题是客观事物发展的实际状态和应有状态之间的差距,是事物发展的矛盾表现。

其次要界定问题。就是对决策问题的含义给予确切的说明。问题界定通常包括四方面的内容:问题是什么,即事件本身所包含的内容;问题发生的地点;问题发生的时间;问题涉及的范围。

最后要分析产生问题的原因。就是分析产生问题的根源。由于问题产生的原因是复杂的,有些是隐蔽的,这就需要我们在调查研究的基础上,正确地运用逻辑思维的方法,探索问题的根源。通常的办法是，把产生问题的各种可能原因都列举出来，通过分析比较，排除可能性很小的原因，挑选其中可能性很大的原因，再进行查证落实。

2. 确定目标

决策目标就是决策要达到的目的和要求，确定决策目标是决策过程的中心环节。任何决策都应确定明确的目标，如果决策目标错误或含混不清，将导致整个决策的混乱与失败。确定的目标，应有以下特征：首先，目标的概念明确，避免含混不清或多义的解释。其次，目标尽可能数量化。最后，目标实现的期限明确。总之，对决策目标应从性质、数量、完成期限等方面加以准确地规定。

3. 制定方案（至少是两个以上的可行性方案）

在制定决策方案前通过企业内外部环境分析，确定决策的价值准则，然后再根据决策目标准则制定决策方案。制定决策方案是决策程序中的重要步骤，要解决任何一个问题，在客观上都存在着多种途径和办法，所以决策时应提出多种方案进行充分比较，以选出最佳方案。为了拟订方案，要围绕目标广泛收集有关信息资料，进行调查研究和预测，并充分发挥参谋机构的作用。

4. 评价与选择方案

选择方案就是按照一定的择优准则，从多种备选方案中选出一个最优方案，这一步又是决策工作中具有决定意义的步骤，必须谨慎行事，不可掉以轻心。如何对多种备选方案进行对比择优呢？

（1）确定评价指标。最优方案应是最能满足技术上的先进性、经济上的合理性、生产上的可能性这三个方面的要求，最终要看经济效益和社会效益的大小，以及能否实现决策目标。依据正确的评价标准，才能衡量方案的利弊、得失。

（2）选择评价方法。对方案进行评价的方法大致有以下三类：①经验判断法。根据以往的经验和资料做出决断。②数学分析法。借助于数学模型找出最优方案，如边际分析、盈亏平衡点分析、线性规划、综合模糊评价等。③试验法。依据试验中取得的数据来做出判断，如试销新产品而做出定价决策。上述各类方法，应按实际情况加以选用，或者结合起来运用。

（3）方案排序。根据评价指标，应用选定的评价方法对各方案进行评定，并排出优劣顺序。

（4）选择方案。决策者根据评价结果选择一个满意的方案。

5. 决策实施与控制

通过对多方案比较，选出最佳的决策方案之后，就进入了实施执行的阶段，也就是决策的最后阶段。决策的目的是付诸实施，如果不能有效地组织决策的实施，整个决策就会失去意义。在决策实施中也要善于发现原有决策不合理的地方，并及时地把这些问题反馈给决策者，从而使决策者做必要的修改和补充，这是决策过程中的反馈。在整个决策实施过程中，反馈应当迅速、全面，以便及时把问题解决在萌芽状态，减少损失和失误。现代决策也常通过一些科学手段和方法，如模拟实验或凭借经验预先发现一些苗头，在问题即将发生前修改决策，以避免损失。

正确地确定决策步骤，严格地按照程序进行决策，是科学决策的重要条件。实践证明，凡按科学程序进行的决策，大部分能够取得成功，而那些不按科学程序进行的决策，则往往造成决策失误。但是，也必须看到，决策程序只提供给决策者进行决策活动所必须遵循的原则性规律，它并不能代替千差万别、千变万化的决策过程。

三、经营决策的分类

决策具有丰富的内容和多种多样的形式，根据管理学的理论，可以把经营决策划分为以下几种类型：

1. 根据决策问题的重要程度，经营决策可分为战略决策、战术决策

（1）战略决策。战略决策是指涉及企业未来发展的前瞻性、重大性、长远性问题的决策。这种决策主要为了确定企业的长远发展方向，提升企业的经营效果，主要包括企业发展战略的制定、企业组织结构的调整、资本结构和来源的改变、国内外市场的开拓与巩固等。这类决策对组织的生存与发展将产生决定性影响，并作用于一个较长的时期。

（2）战术决策。战术决策是指企业在实现战略经营目标、经营方向、经营规划等战略决策过程中，对具体经营问题、管理问题、业务、技术问题的决策，是战略决策的分解和具体化。例如，企业原材料采购数量的确定、产品库存量的控制等，都是战术决策的对象。

2. 根据决策主体构成不同，经营决策可分为个体决策和群体决策

（1）个体决策。个体决策是由决策者凭借个人的智慧、经验及掌握的信息做出决定，也就是说只有一个决策主体采取的决策行为。个体决策的优点在于迅速及时、决策效率较高，只要决策正确，那么取得的经济效益就很显著。而它的缺点是，个体决策具有局限性，因此决策风险较大。

（2）群体决策。群体决策是相对个体决策而言的，也就是群体共同采取决策的行为。在现代管理中团队的作用显得非常重要，尤其是在处理企业管理中的一些复杂关键的问题上。

群体决策比个体决策更准确、更富有创造性，同时，群体决策制订的方案易于被相关人员接受。如果让受到决策影响或负责实施决策的人们参与决策制定，他们可能更容易接受所制定的决策，并鼓励他人接受。

但是群体决策的效率偏低。组织在决定是否采用群体决策方式时，必须考虑其决策质量和可接受性的提高，看其是否足以抵消决策效率方面的损失。

3. 根据决策问题的重复程度，经营决策可分为程序化决策和非程序化决策

（1）程序化决策。程序化决策是指那些经常重复出现的决策，有预定的处理程序和处理规则，如日常生产作业安排、物资调运路线选择、商品采购与销售任务指派等经营管理活动中例行活动的决策。

（2）非程序化决策。非程序化决策是指决策的问题不常出现，没有固定的模式和经验去解决，要靠决策者做出新的判断来解决。如企业开辟新的销售市场、商品流通渠道的调整、新的投资决策等均属于非程序化决策。

在企业经营管理过程中，程序化决策和非程序化决策在不同的管理层中所占的比重不同，企业领导层所进行的程序化决策较少；相反，居于企业组织结构的中底层管理者，日常管理中的程序化决策就较多。

4. 根据决策问题所处的状态，经营决策可分为确定型决策、风险型决策、不确定型决策

（1）确定型决策。确定型决策是指决策过程中，提出各备选方案，在已知的客观条件下，每个方案只有一种结果，比较其结果优劣做出最优选择的决策。确定型决策是一种肯定状态下的决策。决策者对决策问题的条件、性质、后果都有充分了解，各个备选的方案只能有一种结果。这类决策的关键在于选择肯定状态下的最佳方案。

（2）风险型决策。风险型决策又叫随机性决策，它是指在决策过程中提出各个备选方案，每个方案都有几种不同结果可以知道，其发生的概率也可测算，在这样条件下的决策，就是风险型决策。例如某企业为了增加利润，提出两个备选方案：一个方案是扩大老产品的销售；另一个方案是开发新产品。不论哪一种方案都会遇到市场需求高、市场需求一般和市场需求低这几种不同可能性，它们发生的概率都可测算，若遇到市场需求低，企业就要亏损。因而在上述条件下决策，带有一定的风险性，故称为风险型决策。风险型决策之所以存在，是因为影响预测目标的各种市场因素是复杂多变的，因而每个方案的执行结果都带有很大的随机性。决策中，不论选择哪种方案，都存在一定的风险性。

（3）不确定型决策。不确定型决策是指这样一类决策，在决策过程中提出各个备选方案，每个方案有几种不同的结果可以知道，但每一结果发生的概率无法知道。在这种条件下做的决策就是不确定型决策。它与风险型决策的区别在于：风险型决策中，每一方案产生的几种可能结果及其发生概率都知道，不确定型决策中，只知道每一方案产生的几种可能结果，但发生的概率并不知道。

任务二　经营决策的方法

案例导入　　　　　　　　头脑风暴法的运用

有一年，美国北方格外严寒，大雪纷飞，电线上积满冰雪，大跨度的电线常被积雪压断，严重影响通信。

过去，许多人试图解决这一问题，但都未能如愿以偿。后来，电信公司经理应用奥斯本发明的头脑风暴法，尝试解决这一难题。他召集了不同专业的技术人员召开了一个头脑风暴座谈会，要求他们必须遵守以下四项基本原则：

第一，自由思考。即要求与会者尽可能解放思想，无拘无束地思考问题并畅所欲言，不必顾忌自己的想法或说法是否"离经叛道"或"荒唐可笑"。

第二，延迟评判。即要求与会者在会上不要对他人的设想评头论足，不要发表"这主意好极了！""这种想法太离谱了！"之类的"捧杀句"或"扼杀句"。至于对设想的评判，留在会后组织专人考虑。

第三，以量求质。即鼓励与会者尽可能多而广地提出设想，以大量的设想来保证质量较高的设想的存在。

第四，结合改善。即鼓励与会者积极进行智力互补，在增加自己提出设想的同时，注意思考如何把两个或更多的设想结合成另一个更完善的设想。

按照这种会议规则，大家七嘴八舌地议论开来。有人提出设计一种专用的电线清雪机；有人想到用电热来化解冰雪；也有人建议用振荡技术来清除积雪；还有人提出能否带上几把大扫帚，乘坐直升机去扫电线上的积雪。对于这种"坐飞机扫雪"的设想，大家心里尽管觉得滑稽可笑，但在会上也无人提出批评。相反，有一个工程师在百思不得其解时，听到用飞机扫雪的想法后，大脑突然受到冲击，一种简单可行且高效率的清雪方法冒了出来。他想，每当大雪过后，可以出动直升机，让其沿积雪严重的电线飞行，依靠高速旋转的螺旋桨即可将电线上的积雪迅速扇落。他马上提出"用直升机扇雪"的新设想，顿时又引起其他与会者的联想，有关用飞机除雪的主意一下子又多了七八条。不到一小时，与会的10名技术人员共提出90多条新设想。

会后，公司组织专家对设想进行分类论证。专家们认为设计专用清雪机，采用电热或电磁振荡等方法清除电线上的积雪，在技术上虽然可行，但研制费用大，周期长，一时难以见效。那种因"坐飞机扫雪"激发出来的几种设想，倒是一种大胆的新方案，如果可行，将是一种既简单又高效的好办法。经过现场试验，发现用直升机扇雪真能奏效，一个久悬未决的难题终于在头脑风暴会中得到了巧妙的解决。

科学决策的前提是运用科学的决策方法。目前，企业经营决策的方法主要分为两大类：定性决策方法和定量决策方法。

一、定性决策方法

定性决策方法是指依靠决策者的知识、经验、智慧，运用社会学、逻辑学、心理学等方面的理论，做出判断与决策的技术。这种方法主要适用于那些难以定量化的决策问题，同时也可对某些应用定量决策方法做出的决策进行印证。定性决策方法常用的有以下几种：

1. 头脑风暴法（Brain Storming，BS）

头脑风暴法，是由美国创造学家 A·F·奥斯本于1939年首次提出、1953年正式发表的一种激发性思维的方法。这是在制定方案中广为采用的一种方法，它是通过专家间的相互交流，在头脑中进行智力碰撞，产生新的智力火花，使专家的论点不断集中和精化。

头脑风暴法通过一种小型会议的形式进行。参会人员以10～15人为宜，时间一般为20～60分钟。在会议上，与会者围绕决策问题互相启发，让创造性设想产生"连锁反应"，从而引发更多的创造性设想的灵感火花。这种会议有其特殊的原则：

（1）在会议上严格禁止评头论足，不许批评或指责别人的设想，以免阻碍创造性设想的产生。

（2）参与会议的人不分尊卑高下，随意自由想象，想法越奇特、越新鲜越好。

（3）对所有与会者提出的所有设想均进行记录，但在会上不做判断性结论。

（4）可以利用别人的想法来激发自己的灵感，或者综合几个人的想法形成新的思想。

（5）不准私下交谈，每个人的意见必须让全体与会者知道。只能各自发表意见，不能代替别人的设想。

（6）每一次讨论的题目不能太小、太窄或带有过多的限制条件，但在讨论时必须注意针对性或方向，以免无的放矢。

实践经验表明，利用头脑风暴法，通过专家之间的直接交流信息，充分发挥创造性思维，有可能在比较短的时间内得到富有成效的创造性成果。

2. 德尔菲法（Delphi Method）

德尔菲法是由美国兰德公司在20世纪40年代首创和使用，并在20世纪50年代以后在西方发达国家盛行的一种方法，最早应用于预测方面，后来被推广用于决策中来。

德尔菲法也称专家调查法,是这样一种方法:采用通信方式分别将所需解决的问题单独发送到各个专家手中,征询意见,然后汇总全部专家的意见,并整理出综合意见。随后将该综合意见和预测问题再分别反馈给专家,再次征询意见,各专家依据综合意见修改自己原有的意见,然后再汇总。这样多次反复,逐步取得比较一致的预测结果。德尔菲法具有匿名性、多轮次反馈、统计性的特点,能有效地排除专家相互之间的心理干扰,独到地发挥集体智慧,省时省资金,应用较广泛。

德尔菲法的基本程序为:

(1) 确定决策评价的题目。决策评价的题目就是所要研究和解决的问题,是决策的中心和目的。题目要具体明确,大的问题可以分为几大块主题。

(2) 选择专家。要物色一批对问题领域有很深造诣的专家。德尔菲法拟选的专家是指在该领域从事10年以上技术工作的专业人员。在选择专家的过程中,不仅要选精通技术、有一定名望、有学科代表性的专家,还要选择边缘学科、社会学和经济学等方面的专家。专家人数一般以10~15人为宜。对一些重大问题,专家人数可以扩大到100人以上。

> **小案例　黄山风景区索道工程环境影响问题预测应答小组的组成**
>
> 有关部门在进行黄山风景区索道工程环境影响问题预测时,邀请了15名专家组成应答小组。人员组成如下:
>
> (1) 专业方面:5名全国环境评价学术委员会高级专家、5名环境管理专家、1名生态专家、2名风景区规划专家、2名旅游专家。
>
> (2) 学术资历方面:6名教授、9名副教授及高级工程师。
>
> (3) 部门方面:高校6人、管理部门2人、科研单位6人、设计单位1人。
>
> (4) 城市方面:北京7人、上海2人、天津1人、安徽2人。江苏省、江西省和浙江省各1人。
>
> 从该应答小组的人员组成可以看出,该应答小组的成员具有广泛的代表性。

(3) 制定调查答询表。调查答询表中所列的答询项目要紧紧围绕决策评价的题目,应少而精。为了使专家全面了解情况,在调查表之前要用文字对决策的目的、任务和作用进行说明。在制定调查答询表时还应向专家提供背景资料,提出问题时要避免组合事件,用词要确切。

(4) 答询过程。经典的德尔菲法分四轮进行。

第一轮,把调查答询表邮寄给各位专家。第一轮的调查表不带任何框框,只提出问题主题。要求专家围绕主题尽量多地发表看法和意见。例如,调查表中有一个问题是:"你认为在若干年内本专业领域将出现哪些新的重大发明?"要求专家写出各种可能出现的重大发明的名称。

第二轮,组织者把第一轮的调查表进行综合整理,归并同类事件,排除次要事件,提出更为明确的意见,做出第二轮的调查表发给每个专家。专家对第二轮的调查表所列的每个事件做出评价,并阐明意见。例如将上轮中提出的各种创造发明的名称列举出来,要求专家们判断每种创造发明的可能性、可取性、出现的大概时间。

第三轮，把二轮的结果进行统计整理。整理出多种意见，不要具体说明是谁的意见，让专家重新考虑自己的意见并充分陈述理由。有时在第三轮答询时可以仅要求持异端意见的专家充分陈述理由，这是因为他们的依据经常是其他专家忽略的一些外部因素，或未曾研究过的问题。这些依据往往对其他专家重新做出判断产生影响。

第四轮，在第三轮统计的基础上，专家们再进行答询，组织者进行统计资料的整理。

（5）做出结论。在反馈多次、取得了大致一致的意见，或对立的意见已经非常明显以后，就停止提出问题，把资料整理出来，做出决策评价的结论。

管理链接

兰德公司简介

兰德公司是美国最重要的以军事为主的综合性战略研究机构。它先以研究军事尖端科学技术和重大军事战略而著称于世，继而又扩展到内外政策各方面，逐渐发展成为一个研究政治、军事、经济科技、社会等各方面的综合性思想库，被誉为现代智囊的"大脑集中营""超级军事学院"，以及世界智囊团的开创者和代言人。它可以说是当今美国乃至世界最负盛名的决策咨询机构。

3. 名义群体法（Nominal Group Technique，NGT）

名义群体法又称名义小组法。名义群体法是指在决策过程中对群体成员的讨论或人际沟通加以限制，但群体成员是独立思考的。像召开传统会议一样，群体成员都出席会议，但群体成员首先进行个体决策。

管理者先选择一些对要解决的问题有研究或者有经验的人作为小组成员，并向他们提供与决策问题相关的信息。要求小组成员先不要通气，独立思考，尽可能把自己的备选方案和意见写下来。然后让他们再按次序一个接一个地陈述自己的方案和意见。在此基础上，由小组成员对提出的全部备选方案进行投票，根据投票结果，赞成人数最多的备选方案即为所要的方案，当然，管理者最后仍有权决定是接受还是拒绝这一方案。

二、定量决策的方法

定量决策的方法常用于数量化决策，它们主要是应用数学模型和公式来解决一些决策问题，即运用数学工具，建立反映各种因素及其关系的数学模型，并通过对这种数学模型的计算和求解，选择出最佳的决策方案。由于借助了量化分析和精确的计算，因此大大提高了决策的客观性和准确性。它适用于程序性决策。

这种方法主要有确定型决策方法、不确定型决策方法及风险型决策方法三种。

（一）确定型决策的方法

确定型决策方法的特征是：由于决策结果的唯一性，只需根据已知条件，计算出各个方案的损益值，进行比较，从被选的决策方案中选出比较满意的方案即可。常用的方法有盈亏平衡分析法和线性规划决策法等。下面我们介绍一下盈亏平衡分析法。

盈亏平衡分析法（Break-even Analysis）又称保本点分析法或量本利分析法，是通过分析生产成本、销售数量和利润三者之间的关系，掌握盈亏变化的规律，指导企业选择能够以最小的生产成本生产最多产品，并获得最大利润的经营方案。

企业的产品成本都是由两部分组成的，一部分是固定成本，另一部分是变动成本。固定成本包括生产该产品所需要的管理费用、保险费、工人基本工资、设备折旧费等，这些费用在一定时期内是恒定的，即不随产量的变化而变化。变动成本包括材料费、能源费等，这些费用是随产量的变化而变化的。在完全竞争的市场上，产品的价格不能由一个企业控制，只能根据市场价格来销售产品。这样，当产量很少时企业单个产品的成本就很高，这是因为固定成本不随产量变化，产量少则固定成本占总成本的比重就很高。这时的成本就可能高于市场价格，企业发生亏损。只有产量达到一定水平时，才能收支相抵，超过这个水平企业方可盈利。利润、产量和成本的这种关系用平面坐标图来表示就称为盈亏平衡图，如图 4-1 所示。

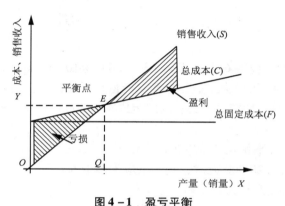

图 4-1　盈亏平衡

由图 4-1 可以分析，总收入曲线 S 与总成本曲线 C 的交点 E，表示企业经营的盈亏平衡点。当销售收入大于总成本时方能盈利，而当销售收入小于总成本时就将亏损。与 E 相对应的产量 Q_E 为临界产量或保本销售量。

根据对量本利之间关系的分析，在盈亏平衡点 E 时，存在以下关系式：

$$销售总收入 = 总成本$$
$$销售总收入 = 产量 \times 单价$$
$$总成本 = 固定费用 + 变动费用 = 固定费用 + 产量 \times 单位变动费用$$

根据盈亏平衡分析，可进行如下计算：

（1）确定盈亏平衡点的销售量（产量）。

用相应的符号表示盈亏平衡时有下式：

$$Q_E \times P = F + Q_E \times C_v$$

整理上式得：

$$Q_E = \frac{F}{P - C_v}$$

这是计算平衡点销售量（产量）的基本公式。

式中，Q_E 为盈亏平衡点销售量（产量）；F 为总固定成本；P 为产品单价；C_v 为单位变动成本。

（2）计算实现目标利润的产量。

当要获得一定的目标利润时，根据公式：

利润 = 总收入 − 总成本 = 产量 × 单价 −（固定费用 + 产量 × 单位变动费用）

即 $B = Q \times P - (F + Q \times C_v)$

整理上式得:

$$Q = \frac{F+B}{P-C_v}$$

式中，B 为预期的目标利润额；Q 为实现目标利润 B 时的销售量或产量。

【例 4-1】 某企业生产某种的总固定成本为 6 万元，单位变动成本为每件 1.8 元，产品单价为 3 元。假设某方案带来的产量为 10 万件，决策该方案是否可取？如可行，其利润是多少？

解：(1) 盈亏平衡点的产量为：

$$Q_E = \frac{F}{P-C_v} = \frac{6}{3-1.8} = 5 \text{（万件）}$$

(2) 利润为：

$$B = Q \times (P-C_V) - F = (3-1.8) \times 10 - 6 = 6 \text{（万元）}$$

(3) 该方案的产量 10 万件大于盈亏平衡点产量 5 万件，可获利润 6 万元，此方案可行。

【例 4-2】 某厂生产一种产品。其总的固定成本为 200 000 元；单位产品变动成本为 10 元，产品销价为 15 元。

求：(1) 该厂的盈亏平衡点产量应为多少？
(2) 如果要实现利润 20 000 元时，其产量应为多少？

解：(1) 盈亏平衡点产量为：

$$Q_E = \frac{F}{P-C_v} = \frac{200\ 000}{15-10} = 40\ 000 \text{（件）}$$

即当生产量为 40 000 件时，处于盈亏平衡点上。

(2) 实现利润 20 000 元时的产量为：

$$Q = \frac{F+B}{P-C_v} = \frac{200\ 000 + 20\ 000}{15-10} = 44\ 000 \text{（件）}$$

即当生产量为 44 000 件时，企业可获利 20 000 元。

但需要注意的是，这种盈亏平衡分析决策也有一定的局限性，它假定各种收入、产量和费用之间存在一种线性关系，而实际上只有产量变动范围较小时此假定才能成立；它假定成本不变，是一个静态模型，因此仅在相对稳定的情况下才有价值。此外，盈亏平衡分析是一种描述性的模型，只能用于指导决策。

(二) **不确定型决策方法**

不确定型决策方法适用于人们对未来的自然状态无法做出明确估计，且各种自然状态发生的概率亦无法明确的情况。在比较不同方案的经济效果时，只能根据主观选择的一些原则来进行。常用的不确定型决策方法有乐观法、悲观法、折中法则和后悔值法等，现举例说明如下。

【例 4-3】 某企业打算生产一种新型微波炉，预计未来市场对微波炉的需求将会出现四种状况：畅销、一般、较差、滞销这四种状态，且其出现的概率不能确定，该企业有 A、B、C、D 四种方案可供选择。试依据表 4-1 中所给出的数据，采用不同的择优法则，找出最优方案。

表 4-1 各方案的收益值

万元

方案 状态	方案 A	方案 B	方案 C	方案 D
畅销	600	800	400	500
一般	500	450	300	350
较差	-200	-400	-150	-200
滞销	-350	-700	-100	-150
各方案中最大值	600	800	400	500
各方案中最小值	-350	-700	-150	-200

1. 乐观法

乐观法又称"大中取大法则"。采取这种方法的决策者乐观进取,富有冒险精神,即使情况不明,仍不会放弃任何一个可能获得最大利益的机会。这种方案以最好的打算来决策,即先从每个方案中选取一个最大收益值,然后将各方案的最大值进行比较,选取最大值的方案为最优方案。

表 4-1 中"各方案中最大值"分别为 600(万元)、800(万元)、400(万元)、500(万元),它们分别表示 A、B、C、D 四个方案遇到畅销时的利润额,按照大中取大法则,应采取 B 方案,这样,当遇到最有利销售状态时,获利最多。

2. 悲观法

悲观法又称"小中取大法则",采用这种方法的决策者对未来状况持悲观态度,从最坏状况出发,力求在最坏状况时收益最大或者损失最小。由此可见,这种决策方法趋于保守。这种方案是按最坏的打算来决策,即先找出各个方案的最小收益值,然后从这些最小的收益中选择一个最大值的方案作为最佳方案。

表 4-1 中"各方案中最小值"分别为 -350(万元)、-700(万元)、-150(万元)、-200(万元),它们分别代表 A、B、C、D 四种方案遇到滞销期时的亏损额,按照小中取大法则,应选用方案 C,这样,遇到不利的销售状态时,经营亏损最小。

3. 折中法则

折中法则又称系数法,它是悲观法则和乐观法则的折中。首先根据经验判断,确定乐观系数 α（$0 < \alpha < 1$）,则悲观系数是 $(1-\alpha)$。然后以 α 乘以每个方案的最大收益值,以 $(1-\alpha)$ 乘以每个方案的最小收益值,两者相加便是折中收益值,最后依据折中收益值决策,选其中收益值最大者为最优方案。

折中收益值的计算公式如下：

$$折中收益值 = 最大收益值 \times 乐观系数 + 最小收益值 \times 悲观系数$$

现以表 4-1 的资料为例,设乐观系数为 0.7,则悲观系数为 0.3,折中收益值的计算如表 4-2 所示。

表 4-2　折中收益值

万元

方案	最大收益值	最小收益值	折中收益值
A	600	-350	600×0.7 + (-350×0.3) = 315
B	800	-700	800×0.7 + (-700×0.3) = 350
C	400	-100	400×0.7 + (-150×0.3) = 235
D	500	-150	500×0.7 + (-200×0.3) = 290

方案 B 的折中收益值最大，故选方案 B 是最优方案。

系数法的两个极端分别是乐观法和悲观法。即当乐观系数为1时，是乐观法；当悲观系数为1时，是悲观法。

4. 后悔值法

后悔值法又称遗憾值法、大中取小法则，它是从后悔值中选择最小值作为最优方案。当某种市场情况出现时，企业必须追求方案的最大收益值，如采用别的方案就会后悔。于是可算出各方案在不同状态下的后悔值，并选出最大后悔值，然后进行比较，选出其中后悔值最小的方案即作为最优方案。决策的具体步骤如下：

(1) 确定表中各状态（即各行）的最大收益值。

(2) 计算后悔值。在各状态下的最大收益值与选择不同方案时的收益值之间有个差值，根据差值做出后悔值表，并选出选择各个方案时的最大后悔值。

(3) 决策。按最大后悔值，选出其中的最小值所对应的方案，即最优方案。

下面仍以上例为例，给出其最优方案，步骤如下：

第一步，确定各个状态时的最大收益值。

第一行（畅销）：max（600，800，400，500）= 800

第二行（一般）：max（500，450，300，350）= 500

第三行（较差）：max（-200，-400，-150，-200）= -150

第四行（滞销）：max（-350，-700，-100，-150）= -100

第二步，确定各个后悔值 T，建立后悔值表，如表 4-3 所示。

表 4-3　各方案的收益值

万元

方案	方案 A	方案 B	方案 C	方案 D
畅销	800 - 600 = 200	800 - 800 = 0	800 - 400 = 400	800 - 500 = 300
一般	500 - 500 = 0	500 - 450 = 50	500 - 300 = 200	500 - 350 = 150
较差	-150 - (-200) = 50	-150 - (-400) = 250	-150 - (-150) = 0	-150 - (-200) = 50
滞销	-100 - (-350) = 250	-100 - (-700) = 600	-100 - (-100) = 0	-100 - (-150) = 50
各方案最大后悔值	250	600	400	300

第三步,决策。由于 min(250,600,400,300)=250 所对应的方案为 A,所以 A 为最优方案。

(三) 风险型决策方法

风险型决策又叫随机性决策,是指备选方案存在两种或两种以上的自然状态,每种自然状态发生的概率可以估计的决策。

风险型决策是在未来事件是否发生不能肯定,但其可能发生概率已知的情况下所做的决策。因对未来事件的状态不完全了解,所以决策有一定风险性。

风险型决策一般需要具备以下五个条件:

第一,有一个明确的决策目标,如最大利润、最低成本、最短投资回收期等;

第二,存在着决策者可以选择的两个以上的行动方案;

第三,存在着决策者无法控制的两种以上的自然状态;

第四,对每种自然状态发生的概率可以估计或计算出来;

第五,不同方案在不同自然状态下的期望值可以计算出来。

风险型决策方法主要有决策表法和决策树法。

1. 决策表法

风险型决策所依据的标准主要是期望值标准。所谓"期望值"就是在不同自然状态下期望得到的值。在经营中有盈利或亏损,所以期望值中也有期望收益和期望亏损两种。

方案期望值 = ∑(某种自然状态出现的概率×该种自然状态下方案的盈亏值)

决策表法是通过决策表计算出各方案的期望值,经比较后择优确定满意方案。

【例 4-4】某厂在下一年拟生产某种产品,需要确定产品批量。根据预测估计,这种产品市场状况的概率是:畅销为 0.3,一般为 0.5,滞销为 0.2。产品生产方案采取大、中、小三种批量,如何决策以使该厂取得最大的经济效益?其有关数据如表 4-4 所示。

表 4-4 决策表相关数据

万元

批量等级 \ 具体情况	市场情况			期望值
	畅销 0.3	一般 0.5	滞销 0.2	
大批量(Ⅰ)	22	14	10	15.6
中批量(Ⅱ)	18	18	12	16.8
小批量(Ⅲ)	14	14	14	14

根据表所列各项资料,可以计算出各种方案的期望值,具体如下:

大批量生产(Ⅰ)期望值 = 22×0.3 + 14×0.5 + 10×0.2 = 15.6(万元)

中批量生产(Ⅱ)期望值 = 18×0.3 + 18×0.5 + 12×0.2 = 16.8(万元)

小批量生产(Ⅱ)期望值 = 14×0.3 + 14×0.5 + 14×0.2 = 14(万元)

经过比较可以看出,中批量生产Ⅱ的效益期望值 16.8 万元最大。所以,应该采取中批量生产Ⅱ这个行动方案。

决策表法科学地利用了统计规律,比主观想象进行决策要合理,决策成功率也较大,所以是一种有效的常用的决策方法。这种决策利用了事件的概率，而概率只能表示事件出现的可能性，并不能确定其必然发生，因而具有一定的风险性。

2. 决策树法

为了求解复杂的风险型决策问题，人们寻找了一种有效的方法，即运用图论中树图的方法，使决策问题的表达方式清晰明了。

（1）决策树构成要素。

①决策结点。它以□表示，用来表示决策的结果。

②方案结点。它以○表示，用来表示各种行动方案，上面的数字表示该方案的期望值。

③方案枝。由决策点引出的若干枝条，每一枝条代表一个方案。

④状态枝。由方案结点引出的若干枝条，每一枝条代表一种自然状态。

⑤状态末端，它以△表示，用来表示不同状态下的期望值（效益值或损失值）。

决策树示意图如图 4-2 所示。

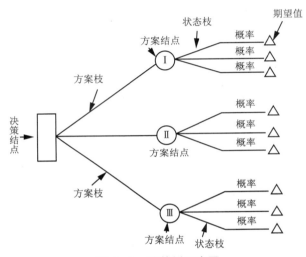

图 4-2　决策树示意图

（2）决策树法进行的步骤。

①画出决策树。从左向右进行建树，首先从左端方框根部出发，按行动方案引出几条方案枝，每条方案枝上注明行动方案的内容。

②计算期望值。从右到左进行，先计算各个方案的期望值，把计算的结果注明在各个方案结点"○"上。

③选择最佳方案。比较各方案的期望值，从中选出最佳方案，并把此最佳方案的期望值写在决策结点方框的上面，以表示选择的结果。同时，在淘汰的方案枝上画上双截线，表示这些方案不用。

【例 4-5】某公司计划未来 3 年生产某种产品，需要确定产品批量。根据预测估计，这种产品的市场状况的概率是畅销为 0.2，一般为 0.5，滞销为 0.3。现提出大、中、小三种批量的生产方案，如表 4-5 所示，求取得最大经济效益的方案。

表4-5 各方案损益值

万元

损益值 概率 方案	畅销（0.2）	一般（0.5）	滞销（0.3）
大批量	40	30	-10
中批量	30	20	8
小批量	20	18	14

①从左向右画出决策树图形。图4-3所示为某公司新产品的决策树。

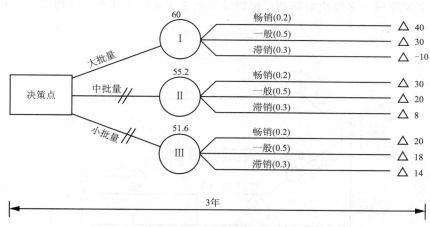

图4-3 某公司新产品的决策树（单位：万元）

②计算各种状态下的期望值。

大批量生产期望值 = [40×0.2 + 30×0.5 + (-10)×0.3] ×3 = 60（万元）
中批量生产期望值 = (30×0.2 + 20×0.5 + 8×0.3) ×3 = 55.2（万元）
小批量生产期望值 = (20×0.2 + 18×0.5 + 14×0.3) ×3 = 51.6（万元）

③选择最佳方案。

此例中，大批量生产期望值最大（60万元），故选该方案。

【例4-6】某厂为了生产某种新产品，考虑了两个方案，一是建设大厂，需投资300万元，建成后如销路好，可得利润100万元。如销路差，要亏损20万元；二是建设小厂，需投资180万元。建成后如销路好，可得利润40万元，如销路差，可得利润30万元，两个工厂的使用期都是10年。根据市场预测，这种产品在今后10年内销路好的概率是0.7，销路差的概率是0.3。应该采取何种方案？

解：①根据上述情况和资料，可运用决策树法进行测算，如图4-4所示。

②计算期望值，扣除投资后的净收益如下：

建大厂（Ⅰ）= [0.7×100 + 0.3×(-20)] ×10 - 300 = 340（万元）
建小厂（Ⅱ）= [0.7×40 + 0.3×30] ×10 - 180 = 190（万元）

③由此可知，采用建大厂Ⅰ的方案较为合理。

如果在上例中，再考虑另一个方案：即先建小厂，试销3年，如销路好再投资100万

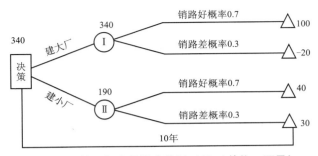

图 4-4 某厂新产品的决策树（1）（单位：万元）

元，加以扩建。扩建后可使用 7 年，后 7 年中每年盈利增至 95 万元。在这种情况下又应如何决策？这个问题属于多级决策问题，可以分为前 3 年和后 7 年两个阶段考虑，相应的决策树法如图 4-5 所示。

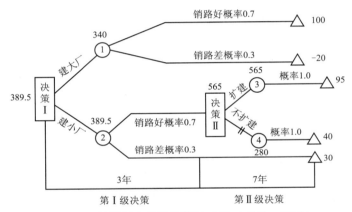

图 4-5 某厂新产品的决策树（2）（单位：万元）

按照图所列资料，可计算各点效益期望值，具体如下：在决策点 Ⅱ 处有两个方案分枝，即③和④，一个是扩建，另一个是不扩建。由于这个决策点 Ⅱ 是从状态点②中的"销路好"概率分枝延伸出来的，所以，不论扩建也好，不扩建也好，它们的前提条件都是"销路好"，故状态点③和④的概率都是 1.0。这时③和④状态点的期望值为：

状态点③：$1.0 \times 95 \times 7 - 100 = 565$（万元）

状态点④：$1.0 \times 40 \times 7 = 280$（万元）

将点③与点④比较，可删去点④，留下点③。即点③代表决策点 Ⅱ 的期望值。

状态点②的期望值：

前 3 年建小厂销路好时的期望值为 $0.7 \times 40 \times 3$（万元），后 7 年扩建后的期望值为 0.7×565（万元），7 年中若不扩建，销路差时的期望值为 $0.3 \times 30 \times 10$（万元）。再考虑到收回建小厂的投资，则状态点②的期望值为：

$$[0.7 \times 40 \times 3 + 0.7 \times 565 + 0.3 \times 30 \times 10] - 180 = 389.5（万元）$$

状态点①的期望值是：

$$[0.7 \times 100 + 0.3 \times (-20)] \times 10 - 300 = 340（万元）$$

对比点①与点②期望值，可以知道，应采取的决策是先建小厂，试销 3 年，如销路好时再扩建。

决策树法的基本原理也是以决策收益为依据，通过计算做出择优决策，所不同的是这是一种图解方式，对分析较为复杂的决策问题非常适用，尤其是当分析那些备选方案较多，或者是多阶段决策时，运用决策树方法更为方便，它能形象地表达出各个阶段的决策与整体决策的前后关联与相互影响。

决策树法是对不能确定的自然状态做出概率估计，所以这类决策存在着一定的"风险"。决策树法主要应用于远期目标的战略决策，或随机因素较多的非程序化决策，如企业投资决策、产品开发决策、技术改造决策等。

任务实施

科宁玻璃公司的经营决策

科宁是美国一家创建最早的公司，主要经营玻璃制品。1880年，科宁公司成功地制造了第一个灯泡。科宁公司一直是由其创始人科宁家族掌管，并一直以制造和加工玻璃为其业务重点。

然而，科宁的这种经营战略也给它带来了许多问题：其骨干部门——灯泡生产在30年前曾占领1/3的美国灯泡市场，而今天却丧失了大部分市场，电视显像管的生产也因面临剧烈的竞争而陷入困境。这两条主要产品线都无法再为公司获取利润。面对这种情况，公司既希望开辟新的市场，但又不愿意放弃其传统的玻璃生产和加工。因而公司高层领导制订了一个新的发展计划，计划包括三个主要方面：第一，决定缩小类似灯泡和电视显像管这样低效的部门；第二，决定减少因市场周期性急剧变化而浮动的产品生产；第三，开辟既有挑战性又具有巨大潜力市场的产品。

第三方面又包括三个新的领域：一是开辟光波导器生产——用于电话和电缆电视方面的光波导器和网络系统以及高级而复杂的医疗设备等，希望这方面的年销售量能达到40亿美元。二是开辟生物工艺技术，这种技术在食品行业方面大有前途。三是利用原来的优势，继续制造医疗用玻璃杯和试管等，并开拓电子医疗诊断设备，希望在这方面能达到全国同行业中第一或第二的地位。

科宁公司还有次一级的目标。例如，目前这个公司正在搞一条较复杂的玻璃用具生产线，并想向不发达国家扩展业务。很明显，科宁在进行着一个雄心勃勃的发展计划。公司希望通过提高技术、提高效率来获得更大的利润。

但是，在进行新的冒险计划中，科宁也碰到了许多问题。例如，如果科宁真要从光波导器和生物控制等方面获得成功的话，就必须扩大其经营领域，另外，还需保持原来给人留下的印象，而不只是为了获得利润。

讨论题：什么是战略决策和战术决策？请指出科宁公司的战略决策和战术决策的主要内容。

项目小结

本项目由《小羊吃草》的寓言故事引入，讨论了决策及经营决策的资本要素、经营决策的基本类型与程序，以及经营决策的方法等内容。

本项目包括两个任务，通过案例，从认识决策和经营决策对企业的影响及经营决策的策略和步骤，到运用相应的经营决策方法，进行企业决策，从而知道企业只有根据市场客观条件，运用经营决策方法，才能更好地实现经营目标。

课后练习

一、简答题
1. 简述经营决策的含义及其分类。
2. 头脑风暴法和德尔菲法的区别是什么？
3. 简述经营决策的步骤。

二、单选题
1. 以下不是决策的特征的内容是（　　）。
   A. 明确而具体的决策目标 B. 有两个以上的备选方案
   C. 以了解和掌握信息为基础 D. 追求的是最优、最好方案
2. 某公司生产某产品的固定成本为100万元，单位产品可变成本为700元，单位产品售价为900元，那么其保本的产量至少是（　　）件。
   A. 5 000 B. 6 000
   C. 4 500 D. 3 000
3. 越是组织的高层管理者，所做出的决策越倾向于（　　）。
   A. 战略的、程序化的、确定型的决策
   B. 战术的、非程序化的、风险型的决策
   C. 战略的、非程序化的、风险型的决策
   D. 战略的、非程序化的、确定型的决策
4. 目的在于创造一种畅所欲言、自由思考的氛围，诱发创造性思维的共振和连锁反应，产生更多的创造性思维的集体决策方法是（　　）。
   A. 头脑风暴法 B. 名义小组技术
   C. 德尔菲技术 D. 政策指导矩阵
5. 在决策过程中，最需要充分发挥创造力和想象力的步骤是（　　）。
   A. 识别目标 B. 拟订备选方案
   C. 评估备选方案 D. 做出决定
6. 有一种说法认为"管理就是决策"，这实际上意味着（　　）。
   A. 对于管理者来说只要善于决策就一定能够获得成功
   B. 管理的复杂性和挑战性都是由于决策的复杂性而导致的
   C. 决策能力对于管理的成功具有特别重要的作用
   D. 管理首先需要的就是面对复杂的环境做出决策
7. 在一次年会上，某公司制定了一系列目标：产品质量要比去年提高；成本要比去年低；人员素质要有较大提高；市场占有率要达到第一；要努力开发出比竞争对手更好的新产

品等。由此可以看出（　　）。

A. 该公司的目标制定得非常明确
B. 该公司的目标太模糊，不容易执行
C. 该公司的做法符合目标管理的基本思想
D. 以上说法都不正确

8. 某公司的固定成本为300万元，单位变动成本为40元，产品单位售价为55元，那么，当该企业的产量达到20万件时，其总成本为（　　）万元。

A. 110　　　　　　　　　　　B. 1 010
C. 1 100　　　　　　　　　　D. 11 000

三、计算分析题

1. 某企业销售摩托车，每辆售价6 000元，每辆摩托车的变动费用为3 500元，固定成本为1 000万元，试求达到盈亏平衡点时的产品是多少台？假设该企业摩托车年产量为10 000辆，全部销售出去，求盈利是多少元？

2. 某企业生产一种产品，销售单价为12万元，单位变动成本为9万元，年固定成本为500万元，预定目标利润为600万元。试计算目标产量。

3. 某企业拟生产一种新产品，设计了两个方案：新建车间，需要投资60万元；对老车间进行改造，需投资20万元。使用期都是10年，在此期间，根据预测，产品销路好的概率为0.7，销路差的概率为0.3，试用决策树进行决策分析。表4-6所示为方案与期望值。

表4-6　方案与期望值

万元

项目	销路好（0.7）	销路差（0.3）
新建车间	40	-16
改造老车间	16	12

4. 某企业在市场状况不确定的情况下，准备对利用老厂、扩建老厂、建立新厂三种方案进行决策。已知各种方案在不同市场前景下，可能得到的利润如表4-7所示，要求按乐观法则、悲观法则、折中法则和后悔值法则进行方案选择（假定乐观系数0.7）。

表4-7　不同市场状况下的利润

万元

项目	市场状态			
	S1（很好）	S2（较好）	S3（一般）	S4（很差）
A1 利用老厂	10	5	4	-2
A2 扩建老厂	17	10	1	-10
A3 建立新厂	24	15	-3	-20

技能训练

训练项目：运用头脑风暴法确定将开办饭店的类型

实训目标。

培养通过头脑风暴法进行决策的能力。

实训内容。

你和你的同学试图在购物中心开设一家饭店。困扰你们的问题是：这个城市有很多饭店，这些饭店能够提供各种价位的不同种类的餐饮服务。你们拥有开设任何一种类型饭店的足够资源。你们所面对的问题是：什么样的饭店是最成功的？

实训地点。

实训室或教室。

实施步骤。

（1）模拟公司的组建。以自愿为原则，10人为一组，组建"××大学生模拟营销策划公司（团队）"，自定公司（团队）名称。

（2）小组集体花5~10分钟的时间，来讨论你们认为的最可能成功的饭店类型。每位小组成员都要尽可能地富有创新性和创造力，对任何提议都不能加以批评。

（3）指定一位小组成员把所提出的各种方案写下来。

（4）再用10~15分钟的时间讨论各个方案的优点与不足。作为集体，确定一个使所有成员意见一致的最可能成功的方案。

（5）在做出你们的决策后，对头脑风暴法的优点与不足进行讨论，确定是否有产生阻碍的现象。

（6）每个模拟公司完成讨论报告的撰写。

线上资源

1. 请登录：http：//v.youku.com/v_show/id_XMzkwNDI3NTIw.html？spm=a2h0k.8191407.0.0&from=s1.8-1-1.2（《企业决策与分析》）。

2. 请登录：http：//v.youku.com/v_show/id_XNTMxOTUzNDQ4.html？spm=a2h0k.8191407.0.0&from=s1.8-1-1.2（《管理人员的决策认知》）。

3. 请登录：http：//v.ifeng.com/video_8700277.shtml（《头脑风暴：市场百态——让跨界营销捕捉时代潮流》）。

4. 请登录：http：//open.163.com/movie/2013/11/E/7/M9DJE62S1_M9F9QUFE7.html（《南京大学公开课：管理思维_管理的决策思维》）。

5. 请登录：http：//v.youku.com/v_show/id_XODkyNzc4MjQ0.html？from=s1.8-1-1.2（《古希腊七大奇观之6——德尔菲神谕》）。

线下资源

1.《斯坦福商业决策课（如何做好一个决策）》．［美］卡尔·斯佩茨勒，等．湖南文艺出版社，2017年。

2.《现代企业决策与仿真》. 宋福根. 科学出版社，2017年。

3.《企业决策管理：制定成功决策的10个关键步骤》.［美］耶茨. 中国劳动社会保障出版社，2004年。

项目五

企业生产管理

任务引入

丰田生产方式与精益生产

缺陷和浪费被及时消灭在每一个岗位,此时的工人不再是机械化操作的机器,用 1/2 的人力资源、1/2 的开发周期、1/2 的制造空间、1/4 的库存条件生产出 3 倍质量的产品。

丰田式生产管理(Toyota Management),或称丰田生产体系(Toyota Production System),由日本丰田汽车公司的副社长大野耐一创建,是丰田公司的一种独具特色的现代化生产方式。它顺应时代的发展和市场的变化,历经 20 多年的探索和完善,逐渐形成和发展成为今天这样的包括经营理念、生产组织、物流控制、质量管理、成本控制、库存管理、现场管理和现场改善等在内的较为完整的生产管理技术与方法体系。

丰田生产方式又称精细生产方式或精益生产方式。

丰田公司前任社长张富士夫认为:停滞就意味着倒退,日本要脱离困境,无论是制造业、服务业,还是政府,唯一的良方就是打破传统产业(部门)藩篱,也就是要改变僵固的思维模式,引进"丰田式生产管理"。通过塑造丰田式生产管理的企业文化,建立全球制造和销售系统。

2013 年,在前期召回门事件、日本"3·11"地震、泰国洪水和日元升值等逆势环境下成功突围,丰田汽车公司以 998 万台的销量占据世界第一的宝座,以 2 657 亿美元的收入荣登世界 500 强企业第 8 位,逆袭成功,摘得全球汽车行业第一、日本第一大公司桂冠。

任务分析

生产管理是企业最重要的管理职能(财务管理、技术、生产运作、市场营销、人力资源管理)之一,企业通过生产把投入转换成产出。因此生产管理在企业经营、竞争过程中有着举足轻重且不可替代的地位。出色的生产管理是企业生存以至取胜的关键要素之一。

随着经济全球化的深化、市场需求的变化以及科学技术的发展,生产管理除了要考虑基于价格、质量、时间的竞争之外,还要考虑基于服务、柔性和环保的竞争。尤其是在以人为本、全面发展、协调发展、可持续发展等问题日益受到关注的今天,这些因素将显得更加重要。而这种竞争战略的调整,将会体现在生产管理的战略理念以及方法的各层面上。

任务说明

工作任务	知识目标	能力目标	操作流程
任务一 生产管理认知	1. 了解生产管理的含义和内容 2. 掌握生产类型及生产系统	1. 能够对企业生产过程进行调研分析 2. 能够进行生产与运作活动过程的分析	1. 阅读案例 2. 分组讨论 3. 代表发言 4. 总结案例
任务二 生产过程组织	1. 熟悉生产过程的组织 2. 掌握生产过程的空间组织和时间组织	1. 能够掌握三种零件移动方式的特征 2. 熟悉流水生产线	1. 阅读案例 2. 分组讨论 3. 代表发言 4. 总结案例
任务三 生产计划与控制	1. 理解并掌握生产计划的内容 2. 熟悉生产计划的主要指标	1. 能够根据企业的生产能力编制生产计划 2. 能够解决在生产过程控制中出现的问题	1. 阅读案例 2. 分组讨论 3. 代表发言 4. 总结案例
任务四 质量管理	1. 理解质量的概念 2. 理解并掌握质量管理的工具 3. 了解质量管理体系的内容及认证	1. 运用全面质量管理方法实施企业管理 2. 运用质量管理工具对产品质量问题进行分析	1. 阅读案例 2. 分组讨论 3. 代表发言 4. 总结案例

相关知识

任务一 生产管理认知

案例导入 丰田公司的生产决策分析

日本丰田公司创立于1937年，汽车是其主要产品，经过70多年的发展，目前，丰田公司年产汽车400万辆左右，销往世界上150多个国家和地区。丰田公司是日本最大的汽车生产企业，公司自2008年开始逐渐取代通用汽车公司成为全世界排行第一位的汽车生产厂商。除了在日本国内拥有10家工厂外，丰田公司还在美国、澳大利亚、巴西等十几个国家设有装配厂。

自20世纪70年代起，汽车企业的市场环境发生了很大的变化。首先，原料价格不断上涨。爆发石油危机以后，与汽车产品相关的各种原材料价格大幅上涨。但是，由于汽油涨价，汽车市场的厂家规模收缩，汽车的售价不能因原料的价格上扬而调高，所以企业的盈利水平降低了。其次，市场向产品种类多、小批量的需求模式转化。更多的消费者愿意追求个人偏好的满足，单品种的汽车生产开始向多品种化发展，为消费者提供更多的选择。同时，销售商为了减少存货，订货批量变小。小批量短期交货订单对汽车企业的生产现场管理提出了更高的要求。最后，随着时代的进步，消费者对产品质量的要求日益提高，安全性、社会性、产品责任等与质量相关的要求日益增多,这使生产中的返修工作量增加。

石油危机引起的一系列变化冲击着丰田公司的大批量生产体制。有的订货合同取消了,不能取消的合同就尽量延后。在这种情况下,丰田公司积极调整生产,推行合理化生产方式,形成了独树一帜的生产管理模式。

以前,丰田公司的工厂内实行专用生产线制度,即"皇冠"有"皇冠"的生产线,"花冠"有"花冠"的生产线,有多少品种就有多少生产线。市场向多品种需求转化后,汽车的品种增加了,而各品种的生产批量却有所不同。为了既满足多品种的需求又满足经济批量的要求,丰田公司实行"生产线多用化",各品种汽车生产线更换使用或者串起来,使各生产线的品种和数量平均化。例如,A、B、C、D、E 5种型号的汽车的月销售量如果为4 800辆、2 400辆、1 200辆、600辆和600辆,每月的生产日为20天,每天的生产时间为480分钟,则每天的生产量分别为240辆、120辆、60辆、30辆、30辆。这5种车型如果分别在专用生产线上装配,则单辆的生产周期为2~16分钟,而如果在调整后的一条平均化综合生产线上装配,单辆的生产周期仅为1分钟。

一、生产运作

生产管理是现代企业管理的重要组成部分,现代企业管理与传统企业管理同异并存。在此,将反映现代企业生产管理的主要特征作一概述。

(一) 生产与现代企业生产管理

1. 生产与生产运作

(1) 生产的含义。生产是指劳动者利用劳动资料改变劳动对象,以适应人们需要的过程。也就是说,生产主要是指物质资料的生产,通过物质资料的生产,使一定的原材料转化为特定的有形产品。

随着社会的进步,顾客的需要也在发生着变化,顾客除了要求提供有形产品以外,还要求提供各种劳务。企业为了最大限度地满足顾客的消费需要,既要制造有形产品又要提供必要的劳务,从而使生产的概念拓展为生产运作的概念,使传统的生产上升为现代化的生产。

(2) 生产运作的含义。生产运作是指一切社会组织将它的输入转化为输出的过程。如工业企业投入原材料,加工制造工业产品;储运企业为客户提供运输服务;高校输入高中毕业生,经过教育转化过程,再输出高级专门人才。

2. 现代企业生产管理

现代企业生产管理是对企业日常生产活动的计划、组织、领导、控制和创新。

(二) 现代企业生产管理的特征

1. 现代企业生产管理内容的丰富化

从制造业拓展到服务业——生产范围在不断拓展。传统的生产管理,就是产品基本制造过程的管理。而且,这种产品的制造过程又主要是指生产有形产品的过程。从生产是创造社会财富的现代观点上看,生产作为一种社会功能,既应该包括有形产品的生产,又应该包括劳务的提供。这样,生产既包括制造业的生产,又包括服务业的生产,进而统称为生产运作,也即现代企业生产。

从生产计划与控制向前后延伸——生产内容在不断丰富。传统的生产管理,主要是指生产过程的组织、生产计划、生产作业计划、生产控制等内容。而现代企业生产作业管理,则对上述产品生产过程向前后延伸,既包括市场需求预测、生产战略决策、生产运作系统的选择与设计,又包括售后服务和为适应市场变化而对生产运作系统的调查与柔性化,使得生产管理的内容更加丰富。

从注重作业管理发展到注重战略管理——管理层次在不断提高。传统的生产管理,关注的重点是生产现场的作业管理,焦点是如何提高劳动效率。而现代生产作业管理,关注的是整个生产运作系统的管理,焦点是如何制定出更好地满足市场需要、保证企业长期发展的生产战略决策,从而使生产管理从作业层次提高到战略层次。

2. 生产运作的信息化

计算机技术被广泛应用于生产运作的所有领域。在生产运作系统中,从市场需求预测、生产战略决策到生产运作系统的设计、产品设计与开发、生产操作与运行管理,信息技术大显神威。

互联网的应用使生产运作系统发生了根本性的变革。互联网使生产运作系统内部以及整个社会关联系统之间建立了更加有效的协作网络,从而,全面更新了生产运作的运行与管理模式,显著地提高了其运行效率与效益。

信息化企业、电子商务、管理信息系统、决策支持系统、电子数据通信、制造资源计划等现代信息化生产技术与管理手段应运而生。

3. 生产运作的柔性化

生产运作柔性化的含义。生产运作的柔性化是指企业以更加灵活的生产组织形式、先进生产技术和灵敏的监控系统,来适应多品种中小批量的生产要求,以更好地满足顾客个性化需求。

生产运作系统的基本矛盾。随着市场需求的多样化与变化速度的加快,企业的生产管理模式发生了重大的变化。大工业生产初期的靠劳动分工出效率的生产管理模式已被动摇,正在出现从单一品种的大批量生产向多品种少批量生产的管理模式转变。这就使企业的生产运作系统形成了市场效率不高与市场需求不断变化的矛盾。为解决这一矛盾,柔性生产运作系统应运而生。

这就是高效快速反应的柔性制造模式,即敏捷制造模式。它是集柔性生产技术、高技能劳动力与灵活的生产管理方式于一体,对迅速变化的市场需求和时机能够做出快速响应的生产管理体系。其主要特点为:根据生产任务的需要,建立柔性化的重新配置组合;迅速抓住市场机遇,使企业各部门形成一个平行的工作网络;注重员工的素质,发挥人的创造性;以充分自治的、分布式的协同结构代替金字塔式的多层管理结构;变企业之间你死我活的竞争关系为动态的战略联盟关系。

4. 生产运作的集成化

生产运作的集成化的含义。生产运作的集成化是指运用电子计算机集成系统,把企业的生产运作、市场营销和财务管理等活动紧密联系起来,实现生产经营一体化,以发挥企业的整体效能。

创立多种先进的生产技术与模式。主要包括准时生产(JIT)、物料需求计划(MRP)、制造资源计划(MRPⅡ)、企业资源计划(ERP)、计算机集成制造系统(CIMS)和供应链管理等。

二、现代企业生产管理的地位及目标

(一)现代企业生产管理的地位

现代企业是一个有机的整体,现代企业生产管理就是一个完整的大系统。它是由许多子系统有序构成的,生产管理在现代企业管理系统中处于十分重要的地位,如图5-1所示。

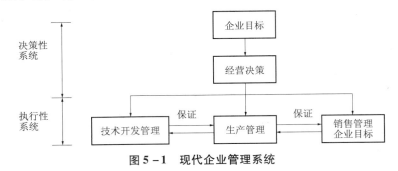

图 5-1 现代企业管理系统

从图5-1可以看出生产管理和其他子系统的关系及生产管理与经营决策的关系。

1. 生产管理是现代企业管理的重要组成部分

现代生产企业要根据企业经营决策所确定的一定时期内的经营意图,即经营方针、经营目标、经营战略、经营计划的要求以及下达的具体生产任务,组织生产活动并保证实现。

2. 生产管理对经营决策起保证作用

从企业管理系统分层看,经营决策处于企业的上层,即领导层;生产管理处于企业的中层,即管理层。所以它们之间是决策和执行的关系。

(二) 现代企业生产管理的目标

现代企业生产管理所追逐的目标可以用一句话来概括:高效、低耗、灵活、准时地生产合格产品和(或)提供满意服务。

高效是对时间而言的,指能够迅速地满足用户的需要。在当前激烈的市场竞争条件下,谁的订货提前期短,谁就能争取到用户。低耗是指生产同样数量和质量的产品,人力、物力和财力的消耗很低。低耗才能低成本,低成本才有低价格,低价格才能争取用户。灵活是指能很快地适应市场变化,生产不同的品种和开发新品种或提供不同的服务和开发新服务。准时是在用户需要的时间,按用户需要的数量,提供所需的产品和服务。合格产品和满意服务,是指质量。

当前,激烈的市场竞争对企业的要求包括四个方面:时间、质量、成本和服务。时间指满足顾客对产品和服务在时间方面的要求,即交货期要短而准;质量指满足顾客对产品和服务在质量方面的要求;成本指满足顾客对产品和服务在价格和使用成本方面的要求,即不仅产品在形成过程中的成本要低,而且在使用过程中的成本也要低;服务指除提供产品之外为满足顾客需求而提供的相关服务,如产品的售前服务及售后服务等。

三、现代企业生产管理的任务及内容

(一) 现代企业生产管理的任务

现代企业生产管理作为企业管理系统的一个子系统,有它自身的运动规律。其运动规律如图5-2所示。

从图5-2中可以看出,现代企业生产管理系统的运动规律为:输入生产要素—生产过程—输出产品或劳务—信息反馈。以上四个部分构成了生产管理系统,它们之间是互相影响、互相制约的。从整个系统的运行规律来看,现代企业生产管理的任务包括:运用计划、

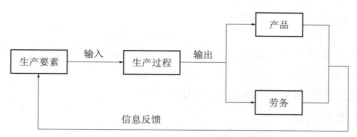

图 5-2 生产管理系统的运动规律

组织、控制的职能，把投入生产过程的各种生产要素有效地结合起来，形成有机的体系，按照最经济的方式，生产出满足社会需要的产品（或劳务）。

(二) 生产管理的内容

现代企业生产管理要实现自己的任务，就需要做许多工作。

1. 生产准备和组织，即生产的物质技术准备工作和组织工作

其主要包括：工艺路线和工艺方法制定；工厂布置；生产过程组织；方法研究；工时测定；劳动组织；物资管理和发放；设备和工艺装备管理；文明生产。不同的输出产品或劳务决定了它们的准备工作和组织工作的不同。如服装加工业不同于汽车制造业，也不同于运输业、餐饮业，更不同于医院、学校。

2. 生产计划，即对产品生产的计划工作和计划任务的分配

其主要包括：编制生产计划；编制生产作业计划等。

(1) 生产计划的含义。生产计划是生产企业根据实际情况，通过科学的预测，权衡客观和主观的可能，提出在未来一定时期内所达到的目标，以及实现目标的途径。生产计划分为长期生产计划、中期生产计划、短期生产计划。

(2) 生产作业计划的含义。生产作业计划是生产计划的具体实施计划，它是把生产计划规定的任务具体分配到每个生产单位以至每个操作工人，规定他们在月、周、日以至每一班中的具体任务，即规定生产什么，在哪里生产，生产多少和在什么时候生产。

生产作业计划工作的主要内容包括以下几个方面：一是编制厂级的生产作业计划和车间级的作业计划；二是编制生产准备计划；三是进行设备负荷核算及平衡；四是进行日常生产派工；五是制定或修改期量标准。

3. 生产控制，即围绕完成计划任务所进行的管理工作

其主要包括：进度控制；库存控制；质量控制；成本控制。这里主要介绍进度控制。

进度控制是指对原材料投入到成品入库，从时间和数量上对作业进度进行控制。进度控制是生产作业控制的最重要内容。进度控制包括以下内容：

(1) 投入进度控制。指按作业计划要求，控制产品开始投入日期、各种原材料（零部件）的投入提前期和投入量。

(2) 出产进度控制。指按作业计划要求，控制产品（零部件）的出产日期、出产提前期、出产量、出产均衡性和成套性。目的在于保证生产各环节之间的衔接与均衡生产，按时按量完成生产任务。

(3) 工序进度控制。指按作业计划要求，控制产品（零部件）在生产过程中经过的每一道加工工序。具体方法有按工票和加工路线单进行控制。

四、生产类型

生产类型就是企业根据产品结构、生产方法、设备条件、专业化程度等方面的情况,按照一定的标志所进行的分类。不同类型的企业对工艺、生产组织、计划与控制工作等方面有不同的要求,划分生产类型的目的就是实现分类指导。

(一) 生产类型的划分

1. 按产品或服务的专业化程度划分

产品或服务的专业化程度可以通过产品或服务的品种数多少、同一品种的产量大小和生产的重复程度来衡量。显然,产品或服务的品种数越多,每一品种的产量越少,生产的重复性越低,则产品或服务的专业化程度就越低;反之,产品或服务的专业化程度则越高。按产品或服务专业化程度的高低,可以将生产划分为大量生产、单件生产和成批生产三种生产类型。

(1) 大量生产。

大量生产品种单一,产量大,生产重复程度高。美国福特汽车公司曾长达 19 年始终坚持生产 T 型车一个车种,这是大量生产的典型例子。

(2) 单件生产。

单件生产与大量生产相对立,是另一个极端。单件生产品种繁多,每种仅生产一台,生产的重复程度低。我国某汽车公司冲模厂制造汽车冲模是典型的单件生产。

(3) 成批生产。

成批生产介于大量生产与单件生产之间,即品种不单一,每种都有一定的批量,生产有一定的重复性。在当今世界上,单纯的大量生产和单纯的单件生产都比较少,一般都是成批生产。由于成批生产的范围很广,通常将它划分成"大批生产""中批生产"和"小批生产"三种。

由于大批生产与大量生产的特点相近,所以,习惯上合称"大量大批生产"。同样,小批生产的特点与单件生产相近,习惯上合称"单件小批生产"。有的企业,生产的产品品种繁多,批量大小的差别也很大,习惯上称为"多品种中小批量生产"。大量大批生产、单件小批生产和多品种中小批量生产的说法比较符合企业的实际情况。各种生产类型的划分如图 5-3 所示。

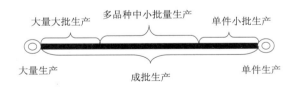

图 5-3 各种生产类型的划分

对于服务性生产,也可以划分成与制造性生产类似的生产类型。医生看病,可以看作是单件小批生产,因为每一个病人的病情不同,处置方法也不同;而同学体检,每个学生的体检内容都一致,可以看作是大量大批生产。中、小学教育,可以看作是大量大批生产,因课程、课本相同,教学大纲也相同。大学本科生的教育可看作中批生产,因专业不同、课程设置不同,但每个专业都有一定批量。硕士研究生的教育只能是小批生产,而博士研究生的教育则是单件生产。

制造业和服务业的不同生产类型举例如表 5-1 所示。

表 5-1 制造业和服务业的不同生产类型举例

生产类型	制造性产品	服务
单件小批生产	模具、电站锅炉、大型船舶、长江大桥、三峡工程	研究项目、计算机软件、博士生、咨询报告、包机服务、保健、理发、出租车服务
大量大批生产	汽车、轴承、电视机、洗衣机、电冰箱、灯泡	公共交通、快餐服务、体检、普通邮件、批发

2. 按生产的工艺特征划分

生产类型按生产的工艺特征进行划分，可分为流程型生产和加工装配型生产两种。

（1）流程型生产。

流程型生产的工艺过程是连续进行的，且工艺过程的顺序是固定不变的，其原材料按照固定的工艺流程连续不断地通过一系列装置设备加工处理成产品。这种生产类型的管理重点是要保证连续供料和确保每一个环节的正常运行。化工、炼油、造纸、制糖、水泥等是流程型生产的典型。

（2）加工装配型生产。

加工装配型生产的产品是由许多零部件构成的，各零部件的加工过程彼此独立，所以整个产品的生产工艺是离散的，制成的零件通过部件装配和总装配最后成为产品。这种生产类型的管理重点是控制零部件的生产进度，保证生产的配套性。机械制造、电子设备制造的生产过程都属于这一类型。

（二）生产类型的特征

不同生产类型对设计、工艺、生产组织和生产管理的影响是不同的，因而导致生产效率上的巨大差别。

1. 大量大批生产类型的特征

大量大批生产的品种数少、产量大，生产的重复程度高。这一基本特点使它具有以下几个方面的优势：

（1）设计方面。由于可以采用经过多次制造和使用检验的标准图纸生产，不仅大大减少了设计工作量（重复生产时，图纸只需作小的修改），节省了设计阶段所需的时间，而且保证了设计质量，也节省了设计人员。

（2）工艺方面。由于设计图纸变化小，产品结构相对稳定，可以编制标准制造工艺，标准工艺经过反复生产验证，其质量可以不断提高。由于减少以至消除了重复编制工艺的工作，所以大大减少了工艺编制的工作量，缩短了工艺准备周期，而且节省了工艺人员。由于大量生产，生产重复程度高，可设计专用、高效的工艺装备，便于且宜于精确制定材料消耗定额，减少原材料消耗。

（3）生产组织方面。可进行精细分工，工作的专业化程度高，工人操作简化，可推行标准操作方法，提高工作效率。宜于购置专用高效设备，采用流水线、自动线等高效的组织生产的形式。

（4）生产管理方面。便于且宜于制定准确的工时定额。由于产品品种及产量稳定，原材料变化小，易与供应厂家和协作厂家建立长期稳定的协作关系，质量与交货期容易得到保证。例行管理多，例外管理少，计划、调度工作简单，生产管理人员易熟悉产品和工艺，易掌握生产进度。

由于大量大批生产具有上述优势，它可以给企业带来很多好处：

从设计到产出的整个生产周期短，因此加快了资金周转速度；用人少，机械化、自动化水平高，产出率高，劳动生产率高；人力、物力消耗少，成本低；产品质量高而稳定。

大量大批生产是基于美国福特汽车公司的创始人亨利·福特的"单一产品原理"。按"单一产品原理"，从产品、机器设备到工人操作都实行标准化，建立起固定的节拍流水生产线，实现高效率与低成本，使汽车进入平民家庭。大量生产改变了美国人的生活方式，福特因此而成为"汽车大王"。

2. 单件小批生产类型的特征

单件小批生产类型具有完全不同的特点。单件小批产品品种繁多，每一品种生产的数量甚少，生产的重复程度低，这一基本特征带来了一系列的问题：

（1）设计方面。每生产一种新产品都必须重新设计，绘制新图，或做较大修改。因此，设计工作量大，设计周期长，需要的设计人员多。因图纸得不到制造过程和使用过程的检验，设计质量也不易提高。

（2）工艺方面。必须为每种新设计的产品编制工艺，需设计、制造新的工艺装备，编制工艺的周期长。由于生产的重复程度低，材料消耗定额也不易或不宜准确制定。工艺质量不易提高，需要的工艺人员多。

（3）生产组织方面。只能进行粗略的分工，工作的专业化程度不高。工人需完成多种较复杂的操作，需较长时间的培训。多品种生产只适于使用通用设备，效率低，工作转换时间长。一般只能采用按功能布置，零件运输路线长。

（4）生产管理方面。只能粗略制定工时定额，原材料种类变化大，不易建立长期稳定的协作关系，质量与交货期不易保证。计划、调度工作复杂，例行管理少，例外管理多，需要管理人员多。

由于以上问题，单件小批生产具有很多缺点：

产品制造周期长，资金周转慢，用户订货提前期长；用人多，生产效率低，劳动生产率低；成本高；产品质量不易保证。

3. 多品种中小批量生产

多品种中小批量生产类型的特点介于大量大批生产与单件小批生产之间。

由于大量大批生产具有很大优势，而单件小批生产具有很大的劣势，从企业内部组织生产的角度看，单一品种大量生产最有效。然而，"单一产品原理"的应用有一个前提条件，所选定的单一产品必须是市场上在较长时间内大量需要的产品。离开市场需要谈效率，只能得到相反的效果。效率越高，生产越多，销售不出去则浪费越大。标准件是长期大量需要的产品，应该采用大量大批生产方式，若采用单件小批生产方式生产，不仅价高质劣，而且满足不了市场需要。因此，如果看准了市场需求，就没有必要搞低效率的多品种生产。然而，如果不是市场长期大量需要的产品，而采用了大量生产方式，将会冒很大的风险。福特汽车公司曾因生产T型车一个车种而兴旺，但也正因为它长达19年生产T型车而陷入困境。因为居民消费水平的提高，使曾经畅销一时的朴素、坚固、价廉的 T 型车逐渐不受欢迎了。可见大量大批生产的致命弱点是难以适应市场的变化。相反，单件小批生产类型却有"以不变应万变"的优点。然而，它的低效率又是其根本缺陷，如何提高单件小批生产类型的效率已成为当今生产管理理论界和实业界所关注的问题。

（三）提高多品种中小批量生产类型效率的途径

随着科学技术的飞速发展和居民消费水平的提高，当今社会已进入多样化时代。过去的标准化产品，现在也做不到标准化了。现在品种繁多得让人难以置信。以日本汽车工业为例，按发动机功率、外观颜色以及音响设备等区分，小汽车的变形产品已达数千种之多；美国电报电话公司的电话已达 1 500 种之多。

产品多样化给制造与管理带来了一系列的问题，它将导致零件种类和装配工作复杂性的迅速增加，并引起设计工作、工艺工作、工装设计与制作、设备种类、毛坯和原材料种类、协作任务、库存量、采购活动、管理工作以及人员的大量增加。其结果是固定成本、变动成本上升，质量和生产率下降，利润减少，甚至企业亏损。因此，谁能提高多品种小批量生产类型的效率，谁就会在竞争中占优势。

提高多品种中小批量生产类型效率的途径有两条：减少零件变化与提高生产系统的柔性。

（1）减少零件变化。

要减少零件变化，可以通过三种途径：推行三化（产品系列化、零部件标准化、通用化），推行成组技术和推行变化减少方法。

①推行三化。

推行产品系列化可以减少产品的品种数，用户的多种要求可以通过产品系列化得到满足。例如，人的脚的尺寸是一个连续的量，但生产厂家却不能制造无限多不同尺码的鞋，只能生产一个尺码系列的鞋。顾客选用接近其脚大小的鞋，便可满足使用要求。产品系列化导致品种数减少，从而导致零件数减少。

零部件标准化、通用化可以直接减少零件的变化。标准化、通用化的零件可供不同的设计者选用。大家选用的结果是使零件变化减少，标准化、通用化的零件大量增加，从而可以组织大量生产，降低成本，提高质量。

②推行成组技术。

成组技术是一种利用零件相似性来组织多品种小批量生产的方法。只要将相似零件合并成零件族，就可以采用相同或相似的方法处理，从而减少重复工作，节省时间，提高效率，改进工作质量和产品质量。可见，成组技术并不是用来减少零件变化的，而是从现有零件出发，发掘其相似性，进而减少设计工作量，促进设计的标准化。

③推行变化减少方法。

推行变化减少方法是一种崭新的面向市场多样化需求的制造工程思想和方法。它从分析产生产品"变化性"的根源入手，本着"以不变应万变"的思想，变产品的多品种为零件、工艺的少品种。

（2）提高生产系统的柔性。

生产系统的柔性是指生产系统处理外界变化的能力。生产系统的柔性包括两方面的含义：一是指能适应不同的产品或零件的加工要求。从这个意义上讲，能加工的产品或零件种类越多,则柔性越好。二是指转换时间。加工不同产品或零件之间的转换时间越短,则柔性越好。

任务二 生产过程组织

案例导入

福特的生产流水线

在 20 世纪初的美国是"大王"频出的时代。铁路大王斯坦福、银行大王摩根、石油大王洛克菲勒、钢铁大王卡耐基,当然,还有汽车大王福特。

在纪录片《大国崛起》中有这样一段解说:"1913 年 8 月一个炎热的早晨,当工人们第一次把零件安装在缓缓移动的汽车车身上时,标准化、流水线和科学管理融为一体的现代大规模生产就此开始了。犹如第一次工业革命时期诞生了现代意义的工厂,福特的这一创造成为人类生产方式变革进程中的又一个里程碑。每一天,都有大量的煤、铁、砂子和橡胶从流水线的一头运进去,有 2 500 辆 T 型车从另一头运出来。在这座大工厂里,有多达 8 万人在这里工作。1924 年,第 1 000 万辆 T 型汽车正式下线,售价从最初的 800 美元降到了 290 美元。汽车开始进入美国的千家万户。"

流水线彻底改变了汽车的生产方式,同时也成为现代工业的基本生产方式。时间过去了近 100 年,流水线仍然是小到儿童玩具大到重型卡车的基本生产方式。

福特让汽车真正进入了美国家庭,比这个贡献更伟大的是流水线所带来的工业生产方式和管理方式的真正革命。

一、生产过程的含义

(一)生产过程的概念

生产过程是指从准备生产开始,经过一系列的加工,到产品生产出来为止的全部过程。主要内容是人的劳动过程,即劳动者使用劳动手段,直接或间接作用于劳动对象,使之按人们的预定目的变成工业产品的过程。但有些产品的生产过程的进行需要借助自然力的作用,如锻件的自然冷却、木材的自然干燥、酿酒业的自然发酵等。在这种情况下,工业产品的生产过程就是一系列相互联系的劳动过程和自然过程相结合的全部过程。

(二)生产过程的构成

根据生产过程各个阶段对产品所起的不同作用,可将生产过程分为以下四个部分:

1. 生产技术准备过程

生产技术准备过程是指产品在投入生产前所进行的各种准备工作的过程,如产品设计、工艺设计、工装设计与制造、材料定额与工时定额的修订、劳动组织的调整、新产品的试制与鉴定等。

2. 基本生产过程

基本生产过程是指直接把劳动对象变为企业基本产品的生产过程,如机械制造业中的铸造、锻造、切割加工、热处理与表面处理和装配等过程;纺织业中的纺纱、织布和印染等过程。基本生产过程是企业的主要生产过程。

3. 辅助生产过程

辅助生产过程是指为保证基本生产过程的正常运行，为基本生产提供辅助产品和劳务的生产过程。所谓辅助产品是企业为实现基本产品的生产所必需制造的日用产品，它们不构成基本产品的实体。辅助产品包括工具、量具、模具以及蒸汽、电力、压缩空气等动力；劳务是指为基本生产服务的工业性劳务，如设备维修等。

4. 生产服务过程

生产服务过程是指为基本生产和辅助生产顺利进行而提供的各种服务性活动，如原材料、半成品和工具的供应工作、保管工作、运输工作以及技术检验等。

上述四个部分彼此结合在一起，构成企业的整个生产过程。其中，基本生产过程是主导部分，其余各部分都是围绕着基本生产过程进行的。

（三）合理组织生产过程的基本要求

生产过程最终的目标就是要使产品在生产过程中行程最短、时间最省、耗费最少，并能按市场的需要生产出适销对路的合格产品。

合理组织生产过程的基本要求如下：

1. 连续性

生产过程的连续性是指物料处于不停的运动之中，且流程尽可能短，它包括空间上的连续性和时间上的连续性。空间上的连续性是要求生产过程的各个环节在空间布置上合理紧凑，使物料所经历的生产流程路线尽可能短，没有迂回往返的现象。时间上的连续性是指物料在加工过程各工序的安排上紧密衔接，消除生产中断和不应有的停顿、等待现象。

2. 平行性

生产过程的平行性是指物料在生产过程中实行平行、交叉作业。平行作业是指相同的零件同时在数台相同的机床上加工；交叉作业是指一批零件在上道工序还未加工完成时，将已完成的部分零件转到下道工序加工。平行、交叉作业可以大大缩短产品的生产周期。

3. 比例性

生产过程的比例性是指生产过程各环节的生产能力要保持适合产品制造的比例关系。比例性是生产顺利进行的重要条件，如果比例性遭到破坏，则生产过程必将出现瓶颈，从而制约整个生产系统的产出，造成非瓶颈资源的能力浪费和物料阻塞，也破坏了生产过程的连续性。

4. 均衡性

生产过程的均衡性是指产品从投料到完工能按计划均衡地进行，在相等的时间间隔内完成大体相等的工作量。生产不均衡会造成忙闲不均，既浪费资源，又不能保证质量，还容易引起设备、人身事故。保持生产过程的均衡性，主要靠加强组织管理。

5. 准时性

生产过程的准时性是指生产过程的各阶段、各工序都按后续阶段和工序的需要生产。即在需要的时候，按需要的数量，生产所需要的零部件。准时性将企业与用户紧密联系起来。企业所做的一切都是为了让用户满意，用户需要什么样的产品，企业就生产什么样的产品；需要多少，就生产多少；何时需要，就何时提供。要做到让用户满意，企业的生产过程必须做到准时。只有各道工序都准时生产，才能准时地向用户提供所需数量的产品。

准时性是市场经济对生产过程提出的要求。从市场角度来审视连续性、平行性、比例性与均衡性，可以看出它们都有一定的局限性。不与市场需求挂钩，追求连续性、平行性与均衡性是毫无意义的。在市场多变的情况下，比例性也只是一种永远达不到的理想状态，瓶颈出现永远是正常现象。

二、合理组织生产过程

企业产品的生产是在一定的空间、一定的时间，按一定的组织形式进行的。因此，生产过程的组织形式包括空间组织和时间组织两种形式。

（一）生产过程的空间组织

生产过程的空间组织就是企业生产系统的布置，是指应用科学的方法和手段对组成企业的各个部分、各种物质要素（设施、设备等）进行合理的配置和空间及平面布置，使之形成有机的系统，以最经济的方式和较高的效率为企业的生产经营服务。生产系统的布置通常有两种：工艺专业化与对象专业化。

1. 工艺专业化

按照工艺特征建立生产单位，称作工艺专业化原则。按工艺专业化原则，将完成相同工艺的设备和工人放到一个厂房或一个区域内，这样构成诸如铸造厂、锻造厂、热处理厂、铸造车间、机械加工车间、热处理车间、车工工段、铣刨工段等生产单位。

按工艺专业化原则建立生产单位的优点是：

对产品品种变化的适应能力强；生产系统的可靠性较高；工艺及设备管理较方便。

缺点是：

工件在加工过程中运输次数多，运输路线长；协作关系复杂，协调任务重；只能使用通用机床、通用工艺装备，生产效率低；在制品量大，生产周期长。

2. 对象专业化

按照产品（或零件、部件）建立生产单位，称作对象专业化原则。按对象专业化原则，将加工某种产品（零部件）所需的设备、工艺装备和工人放到一个厂房或一个区域内，这样构成诸如汽车制造厂、发动机分厂（车间）、电机车间、齿轮工段、曲轴工段等生产单位。

按对象专业化原则建立生产单位的优点是：

可减少运输次数，缩短运输路线；协作关系简单，简化了生产管理；可使用专用高效设备和工艺设备；在制品少，市场周期短。

缺点是：

对品种变化适应性差；生产系统的可靠性差；工艺及设备管理较复杂。

在实际生产过程中，一般综合运用以上两个原则，以取两者的优点。

（二）生产过程的时间组织

产品从原材料投入生产到制成成品、验收入库为止整个生产过程所经历的时间，叫作生产周期。生产过程在时间上组织得好坏，表现为生产周期的长短。所以说，生产过程的时间组织，也就是生产周期的合理安排。主要解决一批零件在各工序间采用何种方式移动的问题。一般有三种移动方式：顺序移动方式、平行移动方式和平行顺序移动方式（图5-4）。

1. 顺序移动方式

顺序移动方式是指一批工件在投入每一道工序加工时，都是要等上道工序全部工件加工完毕后才整批地转移到下道工序继续加工的移动方式。采用顺序移动方式加工一批工件的周期为 T。

$$T = n \sum_{i=1}^{m} t_i$$

式中，n——工件的加工批量；

t_i——第 i 工序的单件工时，$i = 1, 2, 3 \cdots, m$；

m——加工的工序数。

整批工件按工艺过程的顺序进行加工，由于工件在工序间是整批移动，所以每一工件的加工是不连续的，每一工件在每道工序上的成批等待时间是 $(n-1) \times t_i$。

例 1：如图 4-4 所示，已知 $n=3$，$t_1=2$ 小时，$t_2=1$ 小时，$t_3=3$ 小时，求：这批工件的顺序移动加工周期。

解：$T = 3 \times (2+1+3) = 18$（小时）

2. 平行移动方式

平行移动方式是指一批工件投入生产后，工件在各工序间单件转移、连续进行加工，整批工件在各工序上进行平行作业。采用平行移动方式加工的一批工件的周期为 T。

$$T = \sum_{i=1}^{m} t_i + (n-1) t_{\max}$$

式中，$t_{\max}$——最长的单件工序时间。

例 2：已知 $n=3$，$t_1=2$ 小时，$t_2=1$ 小时，$t_3=3$ 小时，求：这批工件的平行移动加工周期。

解：$T = (2+1+3) + (3-1) \times 3 = 12$（小时）

使用平行移动方式时，工件在各工序间按件转移、连续进行加工，不产生成批等待时间，所以它的加工周期在三种移动方式中最短。但是当各工序的生产率不等时，设备就会经常出现等待或开关机状态，影响其最佳使用效果。

3. 平行顺序移动方式

平行顺序移动方式是指综合平行移动和顺序移动方式的优点的一种结合方式。它要求一批工件在每一道工序的设备上加工时要连续进行，各工序的设备中间不发生停歇等待。平行顺序移动方式的具体做法是：

当 $t_i < t_{i+1}$ 时，当该批的第一个工件在 i 工序加工完之后立即向下一道工序 $(i+1)$ 传送，以便使 $(i+1)$ 工序及早开工，提高前后工序的平行性。

当 $t_i \geq t_{i+1}$ 时，为了保证 $(i+1)$ 工序生产的连续性，以该批工件的最后一件由 i 工序转到 $(i+1)$ 工序加工的时刻为基准，往前推 $(n-1) \times t_{i+1}$ 小时，作为该批工件在 $(i+1)$ 工序开始加工的时间。

采用平行顺序移动方式一批工件的加工周期为 T。

$$T = n \sum_{i=1}^{m} t_i - (n-1) \sum_{i=1}^{m-1} t_{较短}$$

式中，$t_{较短}$——前后相邻两工序中取工件时较小者。

图 5-4 所示为三种移动方式示意图。

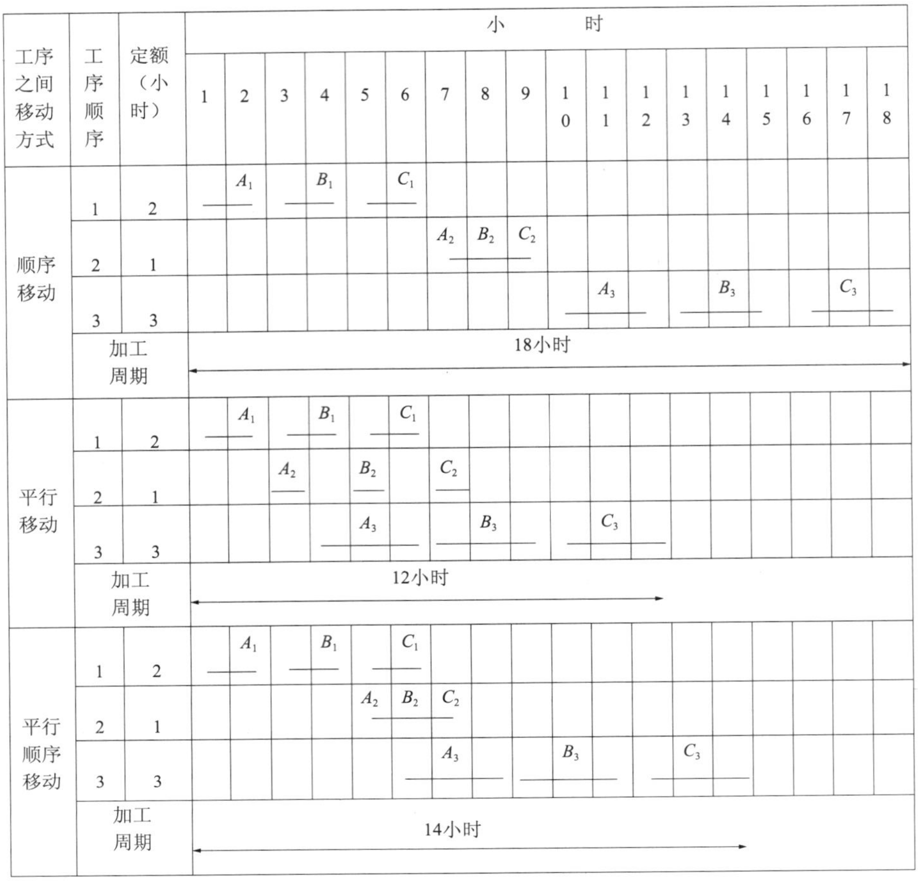

工序之间移动方式	工序顺序	定额(小时)	小时 1 2 3 4 5 6 7 8 9 10 11 12 13 14 15 16 17 18
顺序移动	1	2	A_1 — B_1 — C_1 —
	2	1	A_2 B_2 C_2
	3	3	A_3 — B_3 — C_3 —
	加工周期		18小时
平行移动	1	2	A_1 — B_1 — C_1 —
	2	1	A_2 B_2 C_2
	3	3	A_3 — B_3 — C_3 —
	加工周期		12小时
平行顺序移动	1	2	A_1 — B_1 — C_1 —
	2	1	A_2 B_2 C_2
	3	3	A_3 — B_3 — C_3 —
	加工周期		14小时

图 5-4 三种移动方式示意图

例 3 已知 $n=3$, $t_1=2$ 小时,$t_2=1$ 小时,$t_3=3$ 小时,求这批工件的平行顺序移动加工周期 T。

解: $T = 3 \times (2+1+3) - (3-1) \times (1+1) = 14$（小时）

采用平行顺序移动方式不仅可以获得较短的加工周期,又可以使各工序的设备有较高的利用率。

在实际生产中,这三种移动方式都在应用。它们各自有自己的适用条件,选用时一般要考虑以下因素:

① 工件的大小。大工件在工序间不可能成批传送,而小工件不值得单件传送。
② 相邻工序工作地之间的空间距离及其间的运输装置。
③ 尽可能使生产过程的各工序生产率相同,亦称工序同期化。此时按平行移动方式组织生产,不仅可以使生产周期缩短,而且可以使整批工件在各工序上连续加工,不出现设备短暂停歇现象。

三、先进的生产方式

当今企业之间的竞争集中体现在能否快捷、低价、及时、高质量地为用户提供满意的产品（或服务）。企业如不能提供具有竞争力的合格产品（或服务）,将会被市场无情地淘汰,这就是市场法则。为了取得有效的竞争地位，企业需要不断改善生产方法，降低成本，提高产品质量，使本企业立于不败之地。下面介绍几种先进的生产方式。

（一）准时化生产方式（Just in Time，JIT）

1. 准时化生产方式的概念

准时化生产方式，又称无库存生产方式、零库存生产方式、超级市场生产方式等。它是指企业按照用户的订货要求，以必要的原材料，在必要的时间和地点，生产一定数量和完美质量的产品和零部件，以杜绝超量生产，消除无效劳动和浪费的一种效益化生产方式。

2. 准时化生产方式的要求

由于准时化生产以消除库存成本为基本目标之一，并按用户订单定生产，所以这种生产方式面临的风险是因为不能准时提供合格产品而带来市场损失。为了防止风险，必须实现生产过程的"零缺陷"，否则准时化生产无法实现。为了实现准时化生产，对涉及生产制造的各方面要求如下：

（1）可靠的原材料供应。

可靠的原材料供应指原材料供应商可以按照企业生产作业计划的要求，按时、按质、按量地提供生产所用的原材料，生产企业可以节约甚至免除原料进厂检验费及原料库存费。

（2）良好的产品设计。

准时化生产方式认为产品质量是设计制造出来的，而不是检查出来的。满足"准时"的零缺陷生产过程，要求简化加工工序和减少有产品缺陷的产品设计。

（3）提高工作技能，增强生产柔性。

准时化生产方式强调在用户需要时生产，因而生产设备要有一定的通用性，操作者应具备良好且多面的工作技能，以便于提高生产系统的柔性和适应性，满足用户的要求。此外，准时化生产方式要求每一位操作者都具备识别和改正工作及产品缺陷的能力，杜绝将缺陷制品转入下道工序，将工作及产品缺陷减小到最小。

（4）良好的设备状态。

保证设备处于良好的状态是确保准时化生产的关键。因为设备维修将造成生产停滞，"准时"失效，所以设备性能的稳定可靠是实现准时化生产的重要因素。准时化生产方式要求对设备状态的控制按预防性维修模式来保证，操作者有对设备进行日常保养和常规维修的知识和能力。

3. 准时化生产方式的现场控制技术——看板管理

看板管理的含义。看板就是一些记载着前道工序应生产的零部件号、名称、数量、运送时间、地点等事项的卡片，或其他信息载体，用以指挥生产，控制加工的数量和流向。看板管理是指以流水线作业为基础，将生产过程中传统的送料制改为取料制，以看板作为取货、运输和生产指令，进行现场控制的一种管理方法与技术。看板管理是一种反顺序管理，它不是传统方式的由前道工序向后道工序送货的程序，而是由后道工序依据总装配需要向前道工序取货，以严格控制零部件的生产和储备的程序。

看板管理的主要工作规则。使用看板的规则很简单，但执行时必须严格。

（1）看板必须附在装有零件的容器上。

（2）必须由需方到供方工作地凭传送看板提取零件或由需方向供方发出信号，供方凭传送看板传送零件。总之，要按需方的要求传送零件，没有传送看板不得传送零件。

（3）要使用标准容器，不许使用非标准容器或者虽使用标准容器但不按标准数量放入。这样可以减少搬运与点数的时间，并可防止损伤零件。

（4）当从生产看板盒中取出一个生产看板时，只生产一个标准容器所容纳数量的零件。当标准容器装满时，一定要将生产看板附在标准容器上，放置到出口存放处。且按照看板出现的先后顺序进行生产。

（5）次品不交给下道工序。出现次品本来就是浪费，如果把次品交给下道工序，不仅会造成新的浪费，而且会影响整个生产线的工作。所以，在严格控制次品发生的同时，还必须严禁次品进入下道工序。

按照这些规则，就会形成一个十分简单的牵引式系统。每道工序都为下道工序准时提供所需的零件，每个工作地都可以在需要的时候从其上道工序得到所需的零件。使物料从原材料到最终装配同步进行。做到这一点就可以消除人们的紧张心理，避免零件囤积造成的浪费。

（二）计算机集成制造系统（Computer Integrated Manufacturing System，CIMS）

计算机集成制造（CIM）是一种组织、管理与运行企业的哲理。它借助计算机软件、硬件，综合运用现代管理技术、制造技术、信息技术、系统工程技术，将企业生产过程中有关人、技术、经营管理三要素集成起来，并将其信息流与物资流有机地集成并优化运行，以实现产品质量高、入市快、成本低、服务好，从而使企业占有竞争优势，赢得市场。计算机集成制造可以从以下几方面进行理解：

（1）计算机集成制造是一种组织、管理与运行企业生产的哲理，其宗旨在于实现产品进入市场的速度快、质量高、成本低、服务好，使企业赢得竞争优势。

（2）企业生产的各个环节是不可分割的有机整体，要从系统的观点进行协调，实现全局优化。

（3）企业生产的诸要素中，要重视发挥人在现代生产中的主导作用。

（4）企业生产活动中包括物资流与信息流两大部分，在现代企业生产中尤其要重视信息流的管理（采集、传递、加工处理）、运行及信息流与物资流的有机集成。

（5）计算机集成制造技术是基于现代管理技术、制造技术、信息技术、自动化技术、系统工程技术的一门综合技术。

计算机集成制造系统是计算机集成制造哲理的具体体现。计算机集成制造系统可以定义为通过计算机软、硬件，综合运用现代管理技术、制造技术、信息技术、自动化技术、系统工程技术，将企业生产全过程中有关人、技术、经营管理三要素及信息流、物资流有机集成并优化运行的复杂系统。从计算机集成制造系统的定义，可以得出关于计算机集成制造系统的两个结论：①在功能上，计算机集成制造系统包括了工厂生产经营的全过程，不同于传统的工厂自动化，是一个复杂的大系统；②计算机集成制造系统涉及的自动化不是工厂各环节的自动化或计算机化（自动化孤岛）的简单叠加，而是有机集成。这里的集成不仅是设备、物资的集成，更主要的是体现以信息集成为特征的技术集成，以至人的集成。

（三）精益生产（Lean Production，LP）

精益生产，又称精细生产，它既是一种原理，又是一种新的生产方式。它是继大量生产方式之后，对人类社会和人们的生活方式影响最大的一种生产方式，是新时代工业化的象征。

精益生产是由资源稀缺引起的，其思想早就有了。我国浙江一带，人口稠密，土地资源紧张。只有实行"精耕细作"，充分利用每一寸土地，才能生产足够的粮食，供众多人口消费。"精耕细作"就是农业上的精益生产。精益生产的基本原理是：

1. 不断改进

改进，就是永远不满足于现状，不断地发现问题，寻找原因，提出改进措施，改变工作方法，使工作质量不断提高。

2. 消除浪费

对资源的占用和利用只能做出相对比较。对于库存和质量可以给出一个绝对标准：零库存和零缺陷。零是一种极限，可以无限接近它，但永远不可能达到。工作上没有缺陷，则没有改进的余地。双零使得改进永无止境。只有达到双零，才能说在质量与库存方面完全消除了浪费。

3. 协力工作

协力工作是将职业、专长不同的人组织到一起，以小组的形式完成特定任务的工作方式。它是对传统的分工方式的革命。大量生产将分工推向极端，致使每个人只能从事极其简单而专门的工作，极大地妨碍了人的创造力的发挥，使最重要的资源只能发挥简单机械设备所发挥的功能，是对人力资源的一个极大的浪费。

现代社会的一个趋势是走向综合。分工虽然使效率空前提高，但过细的分工也使协调空前复杂。协调的复杂将导致工作效率下降。协力工作将使协调简单化。协力工作还可使不同职业和专长的人的意见集中起来，从而提高工作质量和工作效率，使改进不断进行。操作工人、维修工人、工程师、管理人员协力工作，才能使生产现场出现的问题迅速解决；设计人员、工艺人员、销售人员和管理人员协力工作，才能使并行工程得以实现，才能使新产品开发周期大大缩短。要对市场做出快速响应，不仅企业内部要协力工作，而且企业还要与供应厂家、顾客协力工作。

4. 沟通

人员之间、部门之间、本企业与顾客、供应商之间都需要沟通，都需要及时传递消息，以便相互了解。没有沟通，就谈不上协力工作。为此，小组的每个成员都必须了解其他成员的专业和工作内容。这样，才能有共同语言，才能将自己的工作放到全局中去考虑，才能避免片面性。沟通可以面对面进行，也可以通过各种通信手段来实现。

任务三 生产计划与控制

案例导入　　　　　　**某光学仪器制造厂的生产会**

上海某光学仪器制造厂是一家新型的综合性的光学仪器制造企业，属多品种、小批量生产类型。全厂现有职工300人，技术力量雄厚、设备齐全，能够生产多种机电结合的大型精密光学仪器。其主要产品有光学计量仪器、显微镜仪器、物理光学仪器等6大类80多个品种。建厂30余年来，该厂走过的是一条蓬勃发展的道路，共生产各种光学仪器24万多台，创造利税数千万元，并多次获得部级和市级的表彰和奖励，成为同行业中的佼佼者。

然而，最近两天杨厂长在确定明年生产计划方案上，却有些举棋不定了。体制改革前国家统购统销时，企业制订生产计划比较容易。计划科只要按上级下达的指令性计划安排生产即可，不需要考虑销售问题。体制改革以来，企业由生产型转向生产经营型，制订计划要考虑的因素大大增加了。多年来，该企业一直沿用一套长期以来形成的、以产品为导向的制订计划的方法，已经越来越不适应现实需要，必须加以改革。近两年来，这个厂产值呈低幅度上升，利润却下降了。2007年工业总产值2 584万元，利润778.2万元；2008年总产值2 600万元，利润630.7万元。利润下降，固然有原材料涨价、生产成本提高等多方面因素的影响，但计划制订得正确与否却是个关键问题。怎样使明年的生产计划更趋于科学、合理，这正是杨厂长所思索的问题。

前天下午，厂部召开了明年生产计划方案讨论会。这次会议和以往不同。除了充分准备外，还扩大了与会人员的范围，因为此次年度计划的制订难度较大，内外条件复杂，不定因素多，平衡难。而计划制订得正确与否直接关系到企业明年的经济效益，关系到企业能否稳定地向前发展，因此，必须认真对待和严密论证。

计划科朱科长说："从外部形势看，目前销售市场变化迅速，出口创汇难度大，行业竞争加剧，企业负担加重；从内部看，生产能力跟不上，新产品开发难，批量试制周期长。鉴于这些因素，根据市场销售情况和厂里现有的生产能力，同时考虑到各车间的生产周期性、各工种负荷均衡性、原材料供应的保证程度和技术准备等，在进行综合平衡的基础上，我们编了A、B、C三个明年生产计划方案供大家讨论。"朱科长说着，向与会人员提供了一些资料。在展示了这些资料之后，朱科长继续说道："我们制定出三个计划方案主要是为了便于大家就此展开讨论、集思广益，以便最终确定出适合企业情况的最佳生产方案。三个方案的侧重点各不相同：C方案侧重于效益；B方案侧重于销售；A方案介于二者之间，是个折中方案。至于我们计划科的观点，下面由本科计划员王明来讲一下。"

计划员小王说道："我们计划科认为采用C方案作为明年的生产计划比较合适。大家从A、B、C三个方案项目列表中可以看到，C方案虽然产量、产值都不是最高，但所耗工时最少，效益最好。企业生产的中心任务是提高经济效益，只有通过不断地提高经济效益，才能增加积累，发展生产，才能谈到改善职工的生活条件，才能为社会创造更多的物质财富。所以经济效益是第一位，我们在安排各种具体产品时，充分考虑了这一点。例如，销售科建议生产计量仪器中的非接触式球径仪（3C）30台，但我们在A、C两方案中均没做安排。其原因主要是考虑到效益问题。这种产品已经几年不生产了，技术资料不全，设备工装也不配套，重新上马，许多技术问题一时难以解决。而且生产这种产品准备工时很长，是生产工时的2~3倍。工作量大、工艺复杂，效益相对其他品种而言较低，每台售价8 000元，利润却只有25%左右。如果安排这种产品，势必影响整体计划完成，耽误交货期。考虑到弊大于利，所以没做安排。"

"再比如，万能工具显微镜19JA的安排也是这样。销售科建议生产100台，但在方案中均安排60台。而19JE产品，销售科建议生产10台，但A、C方案分别多安排20台和30台。为什么这样安排？其原因在于19JE是在19JA的基础上改型换代的，属于新开发产品。多安排19JE目的在于向用户推广新产品，让新产品逐渐占领市场，老产品逐渐退出来。不断进行产品的更新换代，是企业长期占领市场、获取长期高效益的关键！因此，推广新产品关系到企业的市场竞争能力和企业今后的长期发展。基于这种考虑，我们在安排计划时做了有意的调整，降低了19JA的产量，提高了19JE的产量。"

"总之，对于一些产值高、利润大的产品和一些有利于提高企业长期经济效益的产品，我们尽量多做了安排。其他一些和销售科提出的建议数有出入的品种，我们也都是从这一基点出发进行安排的。当然，我们在具体安排时，在考虑利润的同时，也考虑了销售的可能性，并且和企业的生产能力进行了平衡。多安排的品种数量是建立在市场销售还有很大潜力可挖的基础上的；少安排或不安排的品种数量则是因其生产成本高，消耗工时多，利润少。我们认为，通过加强销售工作，采取适当的促销手段，配备得力的推销人员，开辟潜在市场，按 C 方案生产，销售不成问题。"

销售科科长老肖紧接着阐述了销售科的意见，他说："三个方案各有利弊，如单纯从效益和工时着眼，C 方案显然可取。但是我们认为决定企业年度生产计划，不能把着眼点仅仅放在效益上，应该首先考虑销售的可能性。当今市场竞争激烈，变化多端，产品的销售状况很难预测。由于新产品不断涌现，所以今天畅销的产品，明天也许就变成滞销品。用户的需求多样化、复杂化，因此，制订生产计划时不仅仅要考虑到企业能否获利、获利多大，还需考虑销售是否有保证。如果没有销售做保证，利润就是一句空话！以销定产，满足用户需要，为社会提供适销对路的产品，是我们企业进行生产的主要目的。我们是社会主义企业，不能唯利是图。制订计划不能仅仅局限于一个企业小范围上获利最大，还要考虑到全社会的效益。于国、于民有用的产品就应该生产，这才是根本！而且 C 方案也缺乏严密性。例如，新产品 19JE，从推广新产品角度看，多安排当然有理，但必须有销售的可能性。目前，用户对 19JE 这种新产品还不够了解，习惯于使用 19JA。据市场调查，明年 19JA 的需求将更大。所以应以 19JA 为主，至于向用户推广新产品，以适应将来的发展，这需要一个介绍和引导的过程，不能一下子就增加 30 台 19JE。因为其单价为 3 万元，30 台则为 90 万元。这意味着要冒 90 万元的风险。万一这种新产品推销不出去，必然造成积压，从而浪费大量资金。考虑到企业的经济效益，这笔账不能不算！所以 C 方案不足取，我们认为应该采取 B 方案，把它作为明年的生产计划比较合适。这样可以保证产销平衡，企业不至于冒太大的风险。"

产品开发部张主任接着发言讲道："我认为 B、C 方案都有其道理，但也都存在着不足。C 方案单纯讲效益，对销售考虑不足，计划自身带有冒险性；B 方案单纯强调销售的保证程度，有些保守，缺乏开拓市场、争取用户的进取精神。所以我认为 A 方案比较合适。A 方案产量低，产值、利润、品种、工时都居中，根据我厂面临的内、外部形势，明年将是我厂生产情况最严峻的一年，因此，我们制订计划一定要慎重、稳妥。近两年产值增长幅度很小，平均只有 5.9%，利润则呈明显下降趋势，就目前掌握的情况分析，明年如不采取强有力的措施，利润将进一步下降。目前从企业内部看，生产能力同产值的增长越来越不能同步。由于近几年来在设计、工艺、加工手段等方面所采取的技术措施跟不上生产发展的步伐，所以生产能力不足的问题日益严重。现在产值一上升，能力缺口就增大，实际生产能力不仅得不到补充，甚至还有下降的趋势，所以为稳定生产，谋求长期发展，我们必须从明年开始深入挖掘企业内部潜力，在对现有生产能力填平补齐的基础上，力争使生产能力再提高一步。在恢复、发展生产能力的同时，大搞开源节流，推行现代管理方法，降低成本，提高利润，尽量使产值和利润的增长趋于同步。A 方案产值、利润居中，而产量和工时都比较低，便于我们进行生产能力的填平补齐和其他各项工作。因此，我认为明年生产计划采用 A 方案比较妥当。"

杨厂长听了三位同志的发言，陷入了深深的思考。三个方案各有千秋，到底采取哪个方案，他一时举棋不定，看着难以在会上取得一致的意见，便宣布休会了，因为他需要独自冷静地想一想……

一、生产计划

生产计划是企业经营计划的重要组成部分，是企业对生产任务做出的统筹安排，是企业组织生产活动的依据。编制生产计划是生产管理的一项基本任务，应该这样做：根据市场的需求和企业的技术、设备、人力、物资、动力等综合能力，合理地安排计划期内应当生产的产品品种、产量和出产进度，充分地满足社会和用户的需要。

（一）生产计划的体系

生产计划可以按其在企业生产经营中所处的地位和影响的时间长度，划分为长期、中期、短期三个层次。这三个层次的生产计划相互联系、相互配合，构成了一个完整的生产计划体系。

1. 长期生产计划

长期生产计划是整个企业的生产指导计划，其计划一般为3～5年，或更长的时间。它是企业就生产、技术、财务等方面重大问题的规划，提出了企业的长远发展目标以及为实现目标所制订的战略计划。长期生产计划的主要任务是进行产品决策、生产能力决策以及确立何种竞争优势的决策。

2. 中期生产计划

中期生产计划，又称为综合生产计划或生产计划大纲，其计划期一般为1年。因此，很多企业又称之为年度生产计划。中期生产计划的任务是在正确预测市场需求的基础上，充分利用现有资源和生产能力，尽可能均衡地组织生产活动和合理地控制库存水平，以及尽可能满足市场需求和获得利润。中期生产计划是企业为了生产出符合市场需要或顾客要求的产品，所确定的在什么时候生产、在哪个车间生产以及如何生产的总体计划。该计划是对企业总体生产任务的确定与进度安排。企业的中期生产计划是根据销售计划制订的，它又是企业制订物资供应计划、生产任务平衡、设备管理计划和生产作业计划的主要依据。

3. 短期生产计划

短期生产计划，又称为生产作业计划，它的计划期在半年以内，一般为月或跨月计划。它包括物料需求计划、生产能力需求计划等。短期生产计划的任务是直接根据顾客订单，合理地安排生产活动的每个细节，使它们紧密衔接，以确保按顾客要求的质量、数量和交货期交货。

（二）生产计划的主要指标

生产计划是企业经营管理计划的组成部分，是企业在经营计划期内完成生产目标的行动纲领，是企业生产管理的依据，也是企业编制物资供应、财务、劳动等其他计划的主要依据。

生产计划的主要指标包括产品品种、质量、产量与产值等。它们各有不同的经济内容，从不同的侧面反映企业计划期内生产活动的要求。

1. 品种指标

产品品种指标是企业在计划期内应该生产的产品名称和品种数量。例如，钢铁企业有各种不同型号的钢材；机械制造厂有各种不同型号的机器；纺织企业有不同支数的棉纱和不同花色规格的布匹等。产品品种指标表明企业在花色品种方面满足社会需求的程度，反映企业的专业化协作水平、技术水平及管理水平。品种指标应根据市场需求来确定。

2. 质量指标

产品质量指标是企业在计划期内各种产品应达到的质量标准。产品质量指标一般有产品的使用寿命、产品效能、产品平均技术性能或有效成分的含量、产品的等级率等。产品质量是衡量产品使用价值的重要指标，也综合地反映了企业的技术水平和管理水平。

3. 产量指标

产品产量指标是企业在计划期内应该生产可供销售的工业产品的实物数量和工业性劳务的数量。它反映企业在一定时期内可向社会提供的产品数量，规定了企业在计划期内产品的构成和主要产品方向。产量指标是表示企业生产成果的重要指标，是企业进行供产销平衡和编制生产作业计划、组成日常生产的重要依据。

4. 产值指标

产值指标是用货币表示的产量指标，能综合反映企业生产经营活动成果，以便于不同行业进行比较。根据具体内容与作用不同，产值指标分为商品产值、总产值和净产值三种。

（1）商品产值。商品产值是企业在计划期内应当生产的可供销售的产品和工业性劳务的价值，它表明了企业在计划期内向社会提供的商品总量，一般按现行价格计算。

（2）总产值。总产值是用货币表现的企业生产在计划期内应该完成的工作总量，它一般按不变价格计算。总产值指标反映了一定时期内企业生产总的规模和水平，是计算企业生产发展速度及劳动生产率指标的重要依据。但是，总产值由于受原材料转移价值的影响，往往不能正确反映企业的生产成果。

（3）净产值。净产值是企业在计划期内新创造的价值，它一般按现行价格计算。净产值从工业总产值中扣除转移价值，因此，它不受原材料等转移价值的影响，能正确反映企业的生产劳动成果。

上述各项生产计划指标的关系十分密切。既定的产品品种、质量和产量指标，是计算各项产值指标的基础，而各项产值指标又是企业生产成果的综合反映。企业在编制生产计划时，应首先落实产品的品种、质量与产量指标，然后据以计算产值指标。

二、生产作业计划

生产作业计划是生产计划的具体执行计划，属于生产计划体系中的短期生产计划，它把生产计划中规定的月度生产任务具体地分配到各车间、工段、班组以至每个工作地和个人，规定他们在月、旬、周、日以至轮班和小时内的具体生产任务，并按日历顺序安排生产进度，从而保证按品种、质量、数量、期限和成本完成企业的生产任务。生产作业计划是建立企业正常生产秩序和管理秩序的主要手段，是企业计划管理的重要环节。

（一）作业计划标准

作业计划标准又称期量标准，是指为制造对象（产品、部件、零件等）在生产期限和生产数量方面所规定的标准数据。期量标准是编制生产作业计划的重要依据和组织均衡生产的有力工具。企业的生产类型不同，生产过程组织也就不同，因而形成了不同的期量标准。

1. 批量和生产间隔期

批量是指一次投入（出产）相同制品的数量。生产间隔期是指相邻两批同种制品投入

（出产）的时间间隔。其相互间的关系可用下式表示：

$$批量 = 生产间隔期 \times 平均日量$$
$$生产间隔期 = 批量/平均产量$$

2. 生产周期

生产周期是指产品或零件从原材料投入生产起一直到成品出产为止所经历的全部日历时间。它是确定产品在各个工艺阶段的投入期和出产期的主要依据。产品的生产周期由各个工艺阶段的生产周期组成。

3. 在制品定额

在制品定额是指在一定技术组织条件下，为了保证生产连续而均衡地进行所必需的最低限度的在制品数量。一定数量的在制品是保证生产正常进行的客观需要，但在制品过多，就会增加生产面积和资金占用，影响经济效益。如果在制品过少，往往导致生产脱节，设备停歇。因此，必须把在制品定额确定在适当的水平上。在制品、半成品定额计算公式如下：

$$车间在制品定额 = 平均每日出产量 \times 车间生产周期 + 保险储备量$$
$$库存半成品定额 = 车间平均每日需用量 \times 库存定额天数 + 保险储备量$$

（二）生产作业计划的编制

编制生产作业计划包括编制车间的作业计划及分工段或分小组的作业计划。这两步工作的方法原理是相同的，区别是计划编制的详细程度和责任单位有所不同。分车间的作业计划由厂部编制，它解决车间与车间生产数量及时间衔接等的平衡问题。对于对象专业化车间，因各个车间平行地完成不同产品的生产任务，所以应按照产品分工、生产能力和各种具体条件直接分配任务给各车间。对于工艺专业化车间，因各个车间之间依次提供半成品，所以应根据生产类型和其他情况采用下述三种方法。

1. 在制品定额法

在制品定额法适用于大量大批生产类型。这类企业生产产品品种比较少，产量比较大，工艺和各车间之间的分工协作关系密切稳定，只要把在制品控制在定额水平上，就可以保证生产过程正常地进行。采用在制品定额法，就是运用预先制定的在制品定额，按照产品的反工艺顺序，从生产成品的最后车间开始，连续地计算各车间的出产量和投入量。其计算公式为：

$$某车间出产量 = 本车间投入量 + 本车间半成品外售量 +$$
$$(库存半成品定额 - 期初库存半成品预计结存量)$$
$$某车间投入量 = 车间出产量 + 本车间计划废品量 +$$
$$(车间在制品定额期初车间在制品预计结存量)$$

2. 生产周期法

生产周期法适用于单件小批生产类型。这类企业生产任务多数是根据订货合同来确定的，生产的品种、数量和时间很不确定，产品是一次性或定期重复生产。因此，各车间的生产在数量上比较容易衔接，但关键是要合理搭配订货，调整处理诸如品种多变与保持车间均衡负荷这样的矛盾。

采用生产周期法规定车间生产任务，就是根据订货合同规定的交货期限，为每一批订货编制出产品生产周期进度图，然后根据各种产品的生产周期进度表，确定各车间在计划月份应该投入和生产的订货项目，以及各项订货在各车间投入和生产的时间。通过编制产品投入和生产进度表，就可以保证各车间的衔接，协调各种产品的生产和平衡车间的生产能力。

三、生产现场管理

现场这个概念，有广义和狭义两种。

广义上，凡是企业用来从事生产经营的场所都称为现场，如厂区、车间、仓库、运输线路、办公室以及营销场所等。

狭义上，现场是指企业内部直接从事基本或辅助生产过程组织的场所，是生产系统布置的具体体现，是企业实现生产经营目标的基本要素之一。

狭义上的现场也就是一般大家所默认的现场。现场管理也就是对广义的和狭义的现场管理的总称。

现场管理就是指用科学的标准和方法对生产现场各生产要素，包括人（工人和管理人员）、机（设备、工具、工位器具）、料（原材料）、法（加工、检测方法）、环（环境）、信（信息）等进行合理有效的计划、组织、协调、控制和检测，使其处于良好的结合状态，达到优质、高效、低耗、均衡、安全、文明生产的目的。

现场管理是生产第一线的综合管理，是生产管理的重要内容，也是生产系统合理布置的补充和深入。

所谓现场，就是指企业为顾客设计、生产、销售产品和服务以及与顾客交流的地方，现场为企业创造出附加值，是企业活动最活跃的地方。例如制造业，开发部门设计产品，生产部门制造产品，销售部门将产品销售给顾客，企业的每一个部门都与顾客的需求有着密切的联系。从产品设计到生产及销售的整个过程都是现场，也就都有现场管理，这里我们所探讨的侧重点是现场管理的中心环节——生产部门的制造现场，但现场管理的原则对其他部门的现场管理也都是适用的。

（一）现场管理的重要性

企业管理活动中，无论资金、人员、设备哪一个方面出现问题，都会给生产带来困难。

在开始时也许还不是那么严重，但是随着生产的推进，问题就会变得越来越突出，甚至生产出现停顿，从而使整个企业的生产经营活动陷于瘫痪。所以，要维持企业的正常运作，就必须使所有的资源处于良好的、平衡的状态，加强现场管理，以有限的资源获得最佳的经济效益。无论我们走进企业的哪个现场，都能够比较清楚地知道该企业的管理水平，从而知道企业的经营状况，这是因为现场是企业管理活动的缩影，企业的主要活动都是在现场完成的，以下几个方面就体现其重要性。

（1）现场能提供大量的信息。俗话说"百闻不如一见"，间接的信息不一定都是真实的，要想获得准确的第一手材料，只有到现场去做深入细致的调查了解。

（2）现场是问题萌芽产生的场所。现场是企业活动的第一线，无论什么问题，都是直接来自现场，出现问题时如不及时采取对应的措施，放任自流而任其发展，向着好的方面发展的概率要比向坏的方向发展的概率小得多。

（3）现场最能反映出员工的思想动态。人是有感情、有思维的，一个人所做的不一定是他认为最理想、最顺心的工作，如果他感到不称心，心里就可能别扭，于是意气用事。这会有意识或无意识地反映到他的工作上，直接或间接地影响了生产效率。

总之，到了现场才能清楚地了解现场的实际情况，一个企业管理水平的高低，就看其现场管理是否完成总的经济目的而设定了各项阶级性和细化了的具体目标,是否很好地引导广大员工有组织、有计划地开展工作,经济合理地完成任务。现场是企业所有活动的出发点和终结点,不重视现场管理的企业终究是要衰败的。

(二) 现场管理六要素 (5M1E 分析法)

现场管理的六要素即人、机、料、法、环、测,也就是以下要介绍的 5M1E 分析法。首先我们来了解一下什么是 5M1E。

(1) 人 (Man): 操作者对质量的认识、技术熟练程度、身体状况等。

(2) 机器 (Machine): 机器设备、测量仪器的精度和维护保养状况等。

(3) 材料 (Material): 材料的成分、物理性能和化学性能等。

(4) 方法 (Method): 包括生产工艺、设备选择、操作规程等。

(5) 环境 (Environment): 工作地的温度、湿度、照明和清洁条件等。

(6) 测量 (Measurement): 主要是指测量时采取的方法是否标准、正确。

由于这六个要素的英文名称的第一个字母是 M 和 E,所以常简称为 5M1E。

我们知道工序是产品形成的基本环节,工序质量是保障产品质量的基础,工序质量对产品质量、生产成本、生产效率有着重要影响。工序标准化作业对工序质量的保证起着关键作用,工序标准化在工序质量改进中具有突出地位。工序质量受 5M1E,即人、机、料、法、环、测六方面因素的影响,工序标准化就是要寻求 5M1E 的标准化。

工序标准化对 5M1E 提出了明确要求,我们应将工序标准化工作纳入工序质量改进的整体计划之中。在制定相关标准化要求的基础上,通过工序质量的调查与分析,发现工序标准化各具体要求的执行偏差,进而采取改进措施。通过工序质量改进的持续循环,促进工序标准化的真正实现和持续改进,从而实现工序质量的持续改进。

(三) 企业现场管理常见的工具

对于制造业来说,现场就是指生产车间,针对目前生产车间现场出现的瞎忙(表面上看每个人都很忙,其实尽在做多余的事情,或者所做的是无用功)、盲目(由于太忙,人们总是机械地做事,没有工作方向,效率不高)、迷茫(长期盲目的工作导致人们思想麻木,意识迷茫,整天不知自己在干什么,干什么都糊里糊涂)这三种现场"三忙"现象,我们可以利用现场管理方法进行合理有效的计划、组织、协调等。使现场管理处于良好的发展状态,达到优势、高效、低耗、均衡、安全、文明生产的目的。

1. 标准化

所谓标准化,是指将企业里各种各样的规范,如规程、规定、规则、标准、要领等,这些规范形成文字化的东西统称为标准(或称标准书)。制定标准,而后依标准付诸行动则称为标准化。那些认为编制或改定了标准即已完成标准化的观点是错误的,只有经过指导、训练才是实施了标准化。

创新改善与标准化是企业提升管理水平的两大轮子。改善创新是使企业管理水平不断提升的驱动力,而标准化则是防止企业管理水平下滑的制动力。没有标准化,企业不可能维持在较高的管理水平上。

2. 目视管理

目视管理是利用形象直观而又色彩适宜的各种视觉感知信息来组织现场生产活动,达到提高劳动生产率的一种管理手段,也是一种利用视觉来进行管理的科学方法。

目视管理是一种以公开化和视觉显示为特征的管理方式,是综合运用管理学、生理学、心理学、社会学等多学科的研究成果。

3. 看板管理

看板管理是指发现问题、解决问题的非常有效且直观的手段,是优秀的现场管理必不可少的工具之一。管理看板是管理可视化的一种表现形式,是对管理项目,特别是情报进行的透明化管理活动。它通过各种形式,如标语、现况板、图表、电子屏等把文件上、脑子里或现场等隐藏的情报揭示出来,以便任何人都可以及时掌握管理现状和必要的情报,从而能够快速制定并实施应对措施。

4. 定置管理

定置管理是指对物的特定的管理,是其他各项专业管理在生产现场的综合运用和补充企业在生产活动中研究人、物、场所三者关系的一门科学。它是通过整理,把生产过程中不需要的东西清除掉,不断改善生产现场条件,科学地利用场所,向空间要效益;通过整顿,促进人与物的有效结合,使生产中需要的东西随手可得,向时间要效益,从而实现生产现场管理的规范化与科学化。

任务四　质量管理

案例导入　　　　　　　**海尔集团的全面质量管理**

关于过去几十年中日本经济奇迹,我们已经了解了很多。日本在"二战"前所生产的产品是"廉价货"的代名词,人们对其不屑一顾。而在战后通过对产品飞跃式地改进,其质量普遍提高,日本所制造并畅销的产品有钢材、轮船、轿车、电子产品、医疗设备等,他们衡量产品缺陷的比例是"百万分之几",而非我们通常所说的"百分之几"。实施全面质量管理不仅使日本产品质量普遍有所提高,也使经济带来了飞速发展。因此,在21世纪这个信息、交通发达以及对产品要求越来越高的时代,全面质量管理更是一个企业甚至是一个国家发展、成功的最主要的因素。

我国的海尔集团是较早应用全面质量管理方式的企业。

1985年,海尔用铁锤砸烂了76台不合格冰箱,这不仅是公司创业的壮举,更是中国一代名牌的起点。海尔始终靠高质量推销产品,而不是以价格取胜。"高质量"的内涵不仅仅是符合工厂或是国家规定的标准,更意味着不断向顾客提供超出期望的满足。

从起步开始,海尔就实施了一种全面质量管理的驱动战略。简而言之,它的目标是要成为一个高质量的组织,干出高质量的工作,生产高质量的产品。以"零缺陷"为目标使质量百分之百合格。多数人认为这是荒诞的,但实际上,并不能这么轻易下判断。从统计学的观点来看,"零缺陷"是没有道理的,在大公司里,根据大数定律,总会有残次品的出现。但是从另一个角度来看,如果不为百分之百而奋斗,那就是容忍错误,而错误也真的会发生。因此,海尔集团对全体员工进行了全面质量管理重要性的教育,使全面质量管理深入人心,增强了每个员工的责任感。

海尔的做法是把质量的认同扩大到企业,即所谓"产品质量就是企业生命"。因此,海尔对上至企业管理层、下至工厂里的生产线都进行了全面质量管理。首先提高对生产线的改进，使内部缺陷成本降到最低；并努力做好售后服务。其次是协调各部门的组织协作能力，全面质量管理重在"全面"，各部门协调就显得非常重要了。消费者对海尔人 20 多年来艰苦树立起来的海尔质量品牌具有深刻的形象认识，对其质量产生一致的认同，并以企业树立的良好质量形象作为购买依据，从而给海尔带来了综合效益。如今，"海尔"已经成为纯正的"中国造"精品的代名词，并以"产品零缺陷、使用零抱怨、服务零烦恼"的特色向全球展示自己的风采。

一、质量及质量管理的含义

（一）质量的含义

1. 质量有广义和狭义之分

广义的质量是指"产品、体系或过程的一组固有特性满足规定要求的程度"。根据这一含义，质量可以分为产品质量、工序质量和工作质量。"产品质量"是指产品适合于规定的用途以及在使用期间满足顾客的需求。这里的"产品"包括有形的实物产品和无形的服务。"工序质量"是指工序能够稳定地生产合格产品的能力。"工作质量"是指企业管理、技术和组织工作对达到质量标准和提高产品质量的保证程度。狭义的产品质量是指实物产品的质量，包括实物产品内在质量的特性，如产品的性能、精度、纯度、成分等；以及外部质量特性，如产品的外观、形状、色泽、手感、气味、光洁度等。

实物产品质量特性一般可概括为产品性能、寿命、可靠性、安全性、经济性五个方面。

2. 质量管理的意义

企业质量管理是指导、控制企业的与质量有关的相互协调的管理活动。质量管理作为企业经营管理的一部分，其范畴包括企业最高管理层对质量方针（即宗旨和方向）和质量目标的确定，以及为实现方针和目标所做的质量策划、质量控制、质量保证和质量改进的一系列管理工作。

质量管理的最终目标是能够用最经济最有效的手段进行设计、生产和服务，生产出让用户满意的产品。质量管理工作的步骤，一般是根据实践和试验，发现产品质量上的薄弱环节和问题，从科学技术原理、工艺上研究产生的原因；采取有针对性的措施，并组织稳定的生产工艺路线，切实加以改进，将改进的结果同原来的情况对比，看是否达到预期的效果；在主要质量问题得到解决时，次要问题又上升为主要问题，这时再重复上述过程，以解决新产生的质量问题。

（二）质量管理的演变

随着社会生产力的发展，质量的含义和质量管理的内涵在不断丰富和扩展。历史地考察质量管理的形成与发展，大致经历了以下三个阶段：质量检验阶段、统计质量控制阶段、全面质量管理阶段。质量管理发展的三大阶段，其中后一阶段并不是对前一阶段质量职能的否定和取消，而是在前一阶段基础上的带有突破性的发展。

1. 质量检验阶段

20 世纪 30 年代初属于这个阶段。在这一阶段，人们对质量管理的理解还只限于对有形产品的质量检验，即通过严格检验来控制和保证产品质量。在生产制造过程中，运用各种各样的检测设备和仪器仪表进行百分之百的检验来保证进入下一道工序的零部件质量。20 世纪初，美国出现以泰罗为代表的"科学管理运动"，在工厂中设立了专职检验的职能工长。

随着许多公司的生产规模和生产批量的不断扩大，这一职能又由工长转移给检验部门的专职检验人员，负责企业各生产单位的产品检验工作。

这种靠检验把关的质量职能，实质上只是从生产的产品中挑出废品。实践表明，专职检验促进了专业分工，可以保证最终产品的质量，对当时企业的生产发展有极大的积极推动作用。但也有其固有的弱点：首先是预防作用弱，这样的"事后检验"完全是一种被动的质量管理方式，不能控制和预防不合格品的发生。其次是适宜性差，要求对成品百分之百的检验，检验费用增多，有时在经济上不合理。对于某些生产类型的产品不能全检（如破坏性试验），而有些产品不必要进行全检。

2. 统计质量控制阶段

第二次世界大战期间，美国军火生产迅猛发展，战争对军需品的特殊需要，强烈地刺激了统计质量控制方法的应用。1924 年，美国数理统计专家休哈特提出了控制与预防缺陷的概念。在 1929 年出版的《工业产品质量的经济控制》一书中，休哈特提出了用数理统计中正态分布的原理来预防废品，设计出质量工序控制图，并把预防缺陷的这种方法应用到工厂生产现场。

到了 20 世纪 50 年代初，数理统计方法在质量管理中的应用迅速普及达到高峰。在联合国的赞助下，通过国际统计学会等组织的努力，美国、日本、墨西哥、印度、西欧等国家，都积极推广统计质量控制的活动，并取得显著成效。50 年代中期，我国机械、纺织等行业，也试点过统计质量控制方法的应用，效果十分明显。

统计质量控制阶段的特点是：利用数理统计原理在生产流程的工序之间进行质量控制，使生产过程处于受控状态，从而预防不合格品的大量产生。同时在产品检验和验收检查中采用了统计抽样方案。

应当看到，当时在统计质量控制阶段由于过分强调质量控制的统计方法，忽视了质量管理的各种组织管理工作，所以人们误认为"质量管理就是统计方法"。同时数理统计理论和方法比较复杂，这在一定程度上也影响了质量管理的进一步推广。

3. 全面质量管理阶段

进入 20 世纪 60 年代以后，质量管理产生了质的变化，不再以质量技术为主线，而是以质量经营为主线。随着社会生产力的迅速发展、科学技术的日新月异、产品更新换代的加速、市场竞争的加剧，人们对产品质量和质量管理方面提出了更高的要求。人们认为必须重视产品质量的经济性和质量成本。人们还认为产品质量有个产生、形成和实现的过程，产品质量是在市场研究、设计、生产、检验、销售服务的全过程中形成的，同时，又在这个周而复始的全过程中不断改进和提高。所以不能单纯应用质量控制统计方法控制生产过程，还需要一系列的组织管理工作，需要全方位综合性的质量管理理论和方法。

二、全面质量管理

（一）全面质量管理的特征

全面质量管理是质量管理发展的最新阶段，它起源于美国，后来其他一些工业发达国家也开展了全面质量管理的活动，并在实践中各有所长。特别是日本，20 世纪 60 年代以后开展全面质量管理取得了丰硕的成果，引起世界各国瞩目。

全面质量管理就是以质量为中心，全体员工和有关部门积极参与，综合运用管理技术、专业技术和科学方法，建立起产品的研究、设计、生产、服务等全过程的质量管理体系，从而有效地利用各种资源，以最经济的手段生产出顾客满意的产品的管理活动。

全面质量管理的特征可以概括为"三全一多"。

1. 全员的质量管理

它要求企业各部门、各环节的全体员工都参加质量管理。因为产品质量是企业各方面、各部门、各环节全部工作的综合反映。企业中任何一个环节、任何一个人的工作质量都不同程度上会直接或间接地影响产品质量。因为只有人人关心质量，全体参加质量管理活动，企业的质量管理才能搞好，生产优质产品才有保证。

2. 全过程的质量管理

它要求对产品质量形成全过程的各个环节各因素实行控制，包括从市场调查、产品设计开发、生产、销售直到服务的全过程的质量管理。除了基本生产过程以外，还要重视辅助生产过程的质量管理。要求做到以预防为主，防检结合，全面提高产品质量。同时，要求做到全过程中各个环节的配合和信息的及时反馈，树立"下道工序就是用户""努力为下道工序服务"的思想，这是提高产品质量，促进产品质量良性循环不可缺少的条件。

3. 全企业的质量管理

从组织的角度来看，企业可划分成上层、中层、基层，"全企业的质量管理"就是要求企业各个管理层都有明确的、不同侧重点的质量管理活动内容。上层管理侧重制定企业的质量方针、目标，并协调企业各部门、各环节、各类人员的质量管理活动；中层管理侧重贯彻落实上层管理的质量决策，执行各自的质量职能和具体的管理基层工作；基层管理则要求每个职工要严格地按标准、按规程进行生产，相互间进行分工合作，并结合本职工作，开展合理化建议和质量管理小组活动，不断进行作业改善。

为了有效地进行全面质量管理，就必须加强各部门的组织协调。从组织上、制度上保证企业长期稳定地生产出符合规定要求、满足顾客需要的产品，企业应该建立和健全质量体系，使企业的各种质量活动构成一个有效的整体。可见，全企业的质量管理就是要"以质量为中心，领导重视，组织落实，体系完善"。

4. 多方法的质量管理

要系统地控制一系列影响产品质量的复杂因素，就必须广泛、灵活地运用多种多样的现代管理方法来解决质量问题，尤其要特别注重运用统计方法。在运用这些方法时，首先应尊重客观事实，用真实的数据定量地描述客观事实，更好地分析问题和解决问题。应该广泛地运用科学技术的最新成果，如专业技术、检测手段、电子计算机和系统工程、价值工程、网络计划等先进的科学管理方法，不断提高企业质量管理的水平。

（二）全面质量管理的内容

1. 设计和开发过程的质量管理

质量是设计、制造出来的，不是检验出来的。产品的设计开发决定了产品质量的先天性，制造使设计的质量要求得到实现。因此，设计开发过程的质量管理是十分关键的。在设计开发过程的策划、设计和试制阶段，要做好下列质量管理工作：

（1）研究、掌握顾客对产品的适用性要求，做好技术经济分析，确保产品具有竞争力。

（2）认真按照产品质量计划所规定的内容和要求开展工作，对其各个环节实行有效控制。

（3）运用预警手段，加强早期管理，防患于未然，确保设计质量。
（4）组织好与保证设计质量有关的其他活动。

2. 生产和制造过程的质量管理

生产制造过程的质量管理是实现设计意图、形成产品质量的重要环节。生产制造过程的质量管理工作有：

（1）严格贯彻执行制造质量控制计划，按质量控制计划建立各级责任制，对影响工序质量的因素进行有效控制。

（2）用先进的控制手段，找出造成质量问题的原因，采取纠正措施，保证质量处于控制状态。

（3）有效控制生产节拍，及时处理质量问题，确保均衡生产。

具体质量管理活动包括：明确质量责任；合理组织生产；加强岗位培训；保证设备运行；提供计量保障；确保物资供应；严肃工艺纪律；控制关键工序；加强在制品管理；加强质量信息管理；组织文明生产；完善技术文件与资料管理；严格工艺更改控制；加强检查考核。

3. 使用过程的质量管理

产品的质量特性是根据使用要求设计的。产品实际质量的好坏，只有在使用过程中才能做出充分的评价，因此，企业的质量管理工作必须从生产制造过程延伸到使用过程，使用过程是考验产品实际质量的过程，是质量管理的"归宿点"，又是下一轮质量管理的起点。产品使用过程的质量管理，应抓好以下工作：积极开展技术服务，包括编写产品使用说明书，帮助用户培训操作维修人员，指导用户安装和调试，建立维修服务网点，提供用户所需备品配件等；进行使用效果使用要求的调查；完善售后服务，实行"三包"等。

三、质量管理工具

（一）PDCA 循环工作方法

PDCA 循环工作方法是 1950 年美国质量管理专家戴明提出来的管理思想，后来被称为戴明循环。PDCA 由英文的计划（Plan）、执行（Do）、检查（Check）、处理（Action）几个词的第一个字母组成，它反映了质量管理必须遵循的四个阶段。

第一阶段为 P 阶段。就是要适应顾客要求，并以取得经济效果为目标，通过调查、设计、试制，制定技术经济指标、质量目标，以及达到这些目标的具体措施和方法。这就是计划阶段。

第二阶段为 D 阶段。就是要按照所制订的计划和措施去实施。这是执行阶段。

第三阶段为 C 阶段。就是对照计划，检查执行的情况和效果，及时发现和总结计划实施过程中的经验和问题。这是检查阶段。

第四阶段为 A 阶段。就是根据检查的结果采取措施，巩固成绩，吸取教训，以利于再干。这是总结处理阶段。

质量管理的 PDCA 循环，可以具体分为以下八个步骤：

第一步，调查研究，分析现状，找出存在的质量问题。

第二步，根据存在问题，分析产生质量问题的各种影响因素，并对逐个因素加以分析。

第三步，找出影响质量的主要因素，并从主要影响因素中着手解决质量问题。

第四步，针对影响质量的主要因素，制订计划和活动措施。计划和措施应尽量做到明确具体。

以上四个步骤就是 P 阶段的具体化。

第五步，按照既定计划执行。即 D 阶段。

第六步，根据计划的要求，检查实际执行结果。即 C 阶段。

第七步，根据检查结果进行总结，把成功的经验和失败的教训总结出来，对原有的制度、标准进行修正，巩固已取得的成绩，同时防止重蹈覆辙。

第八步，提出这一次循环尚未解决的遗留问题，并将其转到下一次 P、D、C、A 循环中去。

以上第七步、第八步是 A 阶段的具体化。

PDCA 循环有以下三个特点：

1. 大环套小环，互相促进

PDCA 循环不仅适用于整个企业，而且也适用于各个车间、科室和班组以至个人。根据企业总的方针目标，各级各部门都要有自己的目标和自己的 PDCA 循环。这样就形成了大环套小环，小环里边又套有更小的环的情况。整个企业就是一个大的 PDCA 循环，各部门又都有各自的 PDCA 循环，依次又有更小的 PDCA 循环，具体落实到每一个人。上一级的 PDCA 循环是下一级 PDCA 循环的依据，下一级 PDCA 循环又是上一级 PDCA 循环的贯彻落实和具体化。通过循环把企业各项工作有机地联系起来，彼此协同，互相促进，如图 5-5 所示。

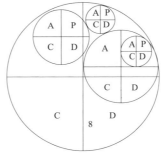

图 5-5　PDCA 循环特点——环环相套

2. 不断循环上升

四个阶段要周而复始地循环，而每一次循环都有新的内容和目标，因而就会前进一步，解决一批问题，质量水平就会有新的提高。就如上楼梯一样，每经过一次循环，就上一级新台阶，这样一步一步地不断上升提高，如图 5-6 所示。

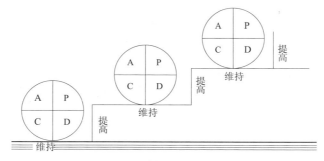

图 5-6　PDCA 循环特点——不断提高

3. 推动 PDCA 循环关键在于 A 阶段

所谓总结,就是总结经验,肯定成绩,纠正错误,提出新的问题,以利再干。这是 PDCA 循环之所以能上升、前进的关键。如果只有前三个阶段,没有将成功经验和失败教训纳入有关标准、制度和规定中,就不能巩固成绩、吸取教训,也就不能防止同类问题再度发生。因此,推动 PDCA 循环,一定要始终抓好总结这个阶段。

(二) 质量管理常用的统计分析方法

质量管理的统计方法,就是利用一般的统计方法或数理统计方法,对产品质量数据进行科学的加工、整理,找出质量变化的规律性,进而采取措施,保证和提高产品质量。常用的统计方法有:

1. 分层法

分层法就是一种分组方法,将数据依照使用目的,按其性质、来源、影响因素等进行分类,把性质相同、在同一生产条件下收集到的质量特性数据归并在一起的方法。

对质量数据分类的标志主要有:时间、操作者、使用的设备、原材料、操作方法、测量人员或仪器、取样方法等。例如,某车间三个班组共加工某种零件 400 件,其中不合格品 50 件,按班组分类,如表 5-2 所示。

表 5-2 不合格品按班组分组

班组	甲	乙	丙
不合格品/件	12	30	8

从表 5-2 中可以看出,乙班组出现不合格品数最多,应在乙班组中查找原因。

2. 排列图法

排列图是为寻找主要问题或影响质量的主要因素所使用的图。它是由两个纵坐标、一个横坐标、几个按高低顺序依次排列的长方形和一条累计百分比曲线所组成的图。

排列图的作图步骤:

(1) 将用于排列图所记录的数据进行分层。分层的方法如分层法所述。

(2) 确定数据记录的时间。汇总成排列图的日期,没有必要规定期限,只要能够汇总成做排列图所必需的足够的数据即可。

(3) 按分类项目进行统计。统计按确定数据记录的时间来做,汇总成表,以全部项目为 100% 来计算各个项目的百分比,得出频率。

(4) 计算累计频率。

(5) 准备坐标纸,画出纵横坐标。注意纵横坐标要均衡匀称。

(6) 按频数大小顺序做直方图。

(7) 按累计比率做排列曲线。

(8) 记载排列图标题及数据简历。

填写标题后还应在空白处写清产品名称、工作项目、工序号、统计期间、各种数据的来源、生产数量、记录者及制图者等项。

例:某厂车间生产某一电子产品,质量不良项目有插头焊接缺陷、网线外露、内毛边、成型不足、绝缘缺陷、其他等项。记录一周内某班所生产的产品不良情况数据,并分别将不良项目归结为表 5-3 的②、③项。

表 5-3 不良项目统计表

① 编号	② 缺陷项目	③ 频数/个	④ 频率 %	⑤ 累计频率 %
A	插头焊接缺陷	48	50.53	50.53
B	网线外露	28	29.47	80.00
C	内毛边	10	10.53	90.53
D	成型不足	4	4.21	94.74
E	绝缘缺陷	3	3.16	97.90
F	其他	2	2.1	100
合计		95	100	—

计算频率和累计频率见表 5-3 的④、⑤项。

做排列图，如图 5-7 所示。

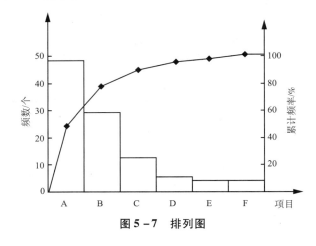

图 5-7 排列图

排列图分析：

绘制排列图的目的在于从诸多的问题中寻找主要问题并以图形的方法直观地表示出来。通常把问题分成三类。A 类问题属于主要或关键问题，在累计百分比的前 80%；B 类问题属于次要问题，在累计百分比的 80%~95%；C 类问题更是次要，在累计百分比的 95%~100%，但在实际应用中切不可机械地按 80% 来确定主要问题，它只是根据"关键的少数、次要的多数"的原则，给以一定的划分范围而言。ABC 三类应结合具体情况来选定，排列图把影响产品质量的主要问题直观地表现出来，使我们明确应该从哪里着手来改进产品质量。集中力量解决主要问题收效显著。上例中主要问题是插头焊接缺陷和网线外露，若将插头焊接缺陷问题解决了，就解决了问题的一半；再将第二项网线外露的问题解决，那么，80% 的问题都得到了解决。排列图法不仅可以解决产品质量问题，其他工作中出现的问题，如节约能源、减少消耗、安全生产等都可以用排列图法来解决。

3. 因果图法

在实际设计、生产和各项工作中，常常出现质量问题，为了解决这些问题，就需要查找原因,考虑对策,采取措施,解决问题。然而影响产品质量的因素是多种多样的。若能真正找到出现质量问题的主要原因,便可针对这种原因采取措施,使质量问题得到迅速解决,因果图法就是用来分析影响产品质量各种原因的一种有效方法,对影响产品质量的一些较为重要的因素加以分析和分类,并在同一张图上把它们的关系用箭头表示出来,以对因果做明确系统的整理。因果图又称鱼刺图或特性要因图。

应用因果图法的步骤如下:

(1) 简明扼要地规定结果,即规定需要解决的质量问题。如烟支空松、复印机复印效果不好、青霉素瓶消毒后胶塞水分高等。

(2) 规定可能发生的原因的主要类别。这时可以考虑把下列因素作为因素的主要类别:数据和信息系统、人员、机器设备、材料、方法、测量和环境等。

(3) 开始画图。把"结果"画在右边的矩形框中,然后把各类主要原因放在它的左边,作为"结果"框的输入,如图5-8所示。

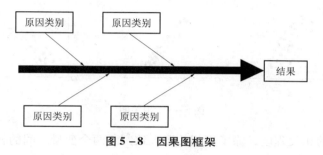

图 5-8 因果图框架

(4) 寻找所有下一个层次的主原因并画在相应的主(因)枝上;继续一层层地展开下去。一张完整的因果图展开的层次至少应有两层,许多情况下还可以有三层、四层或更多层。

(5) 从最高层次(即最末一层)的原因(末端因素)中选取和识别少量(一般为3~5个)看起来对结果有最大影响的原因(一般称重要因素,简称要因),并对它们做进一步的研究,如收集资料、论证、试验、采取措施、控制等。

注意事项:

(1) 原因类别可以参考人员、机器、材料、操作方法、环境等方面来分类。此外,可以依据具体情况确定,比如还包括动力、管理、计算机软件等因素。

(2) 绘制因果图时,要发扬民主,集思广益,畅所欲言,结合别人的见解改进自己的想法。

(3) 主要原因可以用排列图、专家意见、试验验证等方法确定,然后加以标记。

(4) 最后细分出来的原因应该是具体的,即可以直接采取措施的原因。

4. 相关图法

客观事物之间常常是相互联系的,在质量控制中,众多的质量特性数据之间也有其内部联系、制约和转化关系。这种变量之间的关系称为相关关系。

相关图又称散布图,是进行相关分析的图形,它可以直观地表示出变量之间的相关程度。观察相关图主要是看点的分布状态,判断自变量 x 与因变量 y 有无相关性。常见的相关图形态有以下几种(见图5-9):

a. 表示自变量和因变量之间有强的正相关关系;

b. 表示自变量和因变量之间有弱的相关关系；
c. 表示自变量和因变量之间没有相关关系；
d. 表示自变量和因变量之间有弱的负相关关系；
e. 表示自变量和因变量之间有强的负相关关系；
f. 表示自变量和因变量之间有曲线相关关系。

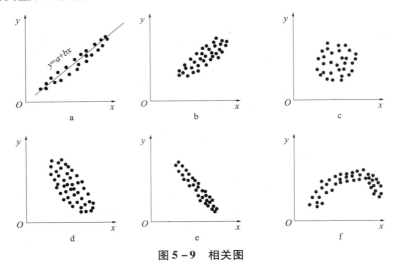

图 5-9　相关图

检查变量之间的相关程度，除了用相关图大致判断两个变量之间的相关性外，还要用数理统计的方法进行相关分析。

5. 直方图法

直方图又称质量分布图，它将产品质量的分布情况用一系列直方形表示。根据直方形的分布形状及与公差界限的距离来分析整个生产过程是否正常、工序能力是否强。

直方图形状分析：

直方矩形的分布情况一般有以下几种情况，如图 5-10 所示。

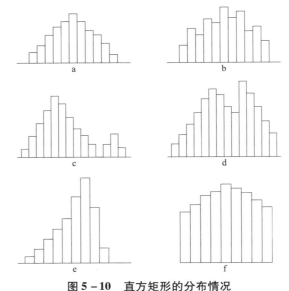

图 5-10　直方矩形的分布情况

a. 正常形。直方以中间为峰，左右两边大体是对称地分散开来，说明生产情况正常。

b. 锯齿形。大都是测量方法或测量读数有问题，也可能是数据分组过细造成的。

c. 孤岛形。远离分布中心的一方另有一小部分直方，说明生产中有某种异常情况或是测量错误。

d. 双峰形。往往是由于将不同的加工者、不同机床、不同操作方法、不同批材料等加工的产品混在一起造成的。

e. 偏峰形。直方的高峰偏向一端，有时是由于加工习惯造成的，有时是由于超差的产品进行返修造成的。

f. 直方的峰不是中间高、两边低，而是形成一个宽平的峰。这种情况往往是由于生产中有某种缓慢的倾向在起作用所造成的，如工具的磨损、操作者的疲劳等。

6. 控制图法

控制图法是工序质量控制的主要手段，应用控制图法可分析工序是否稳定，控制工艺过程的质量状况。

在控制图中，横坐标表示取样时间或样品的序号，纵坐标则表示测得的质量特性数据值或其统计量。例如，平均值、标准差、不合格样品的数量等。按照工艺过程取样，随时将数据填写在图上，然后将各个数据点按填写的先后顺序连线，即得到质量波动折线。

控制图由中心线（CL）、上控制线（UCL）和下控制线（LCL）组成。其基本形式如图 5-11 所示。

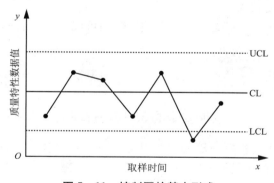

图 5-11 控制图的基本形式

用控制图可识别生产过程的状态，根据样本数据形成的样本点位置以及变化趋势进行分析和判断，判断生产过程是处于受控状态还是失控状态。

（1）受控状态。

如图 5-12 所示，如果控制图上所有的点都在控制界限以内，而且排列正常，就说明生产过程处于统计控制状态。在控制图上的正常表现为：

a. 所有样本点都在控制界限之内；

b. 样本点均匀分布，位于中心线两侧的样本点约各占 1/2；

c. 靠近中心线的样本点约占 2/3；

d. 靠近控制界限的样本点极少。

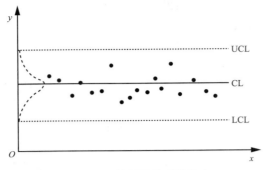

图 5-12 控制图的受控状态

（2）失控状态。

生产过程处于失控状态的明显特征是有一部分样本点超出控制界限，除此之外，如果没有样本点出界，但样本点排列和分布异常，也说明生产过程状态失控。典型的失控状态有以下几种情况：

  a. 线一侧连续 7 点或 7 点以上出现在中心；
  b. 连续 7 点上升或下降；
  c. 样本点的周期性变化；
  d. 样本点分布的水平突变；
  e. 样本点的离散程度较大。

如果工序处于稳定状态，则受控状态下的控制图可以用于以后的工序控制，失控状态则要查明原因，采取措施。

任务实施

文明安全的 5S 现场管理法

  5S 是指整理（Seiri）、整顿（Seiton）、清扫（Seiso）、清洁（Seiketsu）和素养（Shitsuke）5 个项目，因日语的罗马拼音均以"S"开头，英语也是以"S"开头，所以简称 5S（注：日语分别为せいり、せいとん、せいそう、せいけつ、しつけ）。

  5S 起源于日本，是指在生产现场中对人员、机器、材料、方法等生产要素进行有效的管理，这是日本企业独特的一种管理办法。1955 年，日本的 5S 的宣传口号为"安全始于整理，终于整理整顿"。当时只推行了前两个 S，其目的仅是确保作业空间和安全。到了 1986 年，日本关于 5S 的著作逐渐问世，从而对整个现场管理模式起到了冲击作用，并由此掀起了 5S 的热潮。

  日本企业将 5S 运动作为管理工作的基础，推行各种品质的管理手法，第二次世界大战后，产品品质得以迅速提升，奠定了经济大国的地位，而在丰田公司的倡导推行下，5S 在塑造企业的形象、降低成本、准时交货、安全生产、高度的标准化、创造令人心旷神怡的工作场所、现场改善等方面发挥了巨大作用，逐渐被各国的管理界认识。随着世界经济的发展，5S 已经成为工厂管理的一股新潮流。5S 广泛应用于制造业、服务业等改善现场环境的质量和员工的思维方法，使企业能有效地迈向全面质量管理，主要是针对制造业在生产现场，对材料、设备、人员等生产要素开展相应活动。根据企业进一步发展的需要，有的企业在 5S 的基础上增加了安全（Safety），形成了"6S"；但是万变不离其宗，都是从"5S"里衍生出来的，例如在整理中要求清除无用的东西或物品，这在某些意义上来说，就涉及了节约和安全，如横在安全通道中无用的垃圾，这就是安全应该关注的内容。

讨论题： 讨论如何在"高校宿舍"和"行政办公室"等场所推进现场 5S 管理。

项目小结

本项目由《丰田生产方式与精益生产》引入，讲述了生产与运作管理的活动、概念、分类、战略竞争优势及企业现场管理等内容。

本项目以课程理论为基础，对问题难点进行分析，导入现场管理、生产与运作管理，最后简介 JIT 等精益生产相关理论，培养学生在实际的生产运作过程中注重成本、效率、问题意识的树立。根据自身产能状况和外部市场的需求编制企业内、外部各种资源的计划，通过理论讲授和实际动手模拟操练，让学生掌握如何在资源稀缺有限的情况下，合理高质量、低成本、高效率地进行生产与运作管理的能力。使学生熟悉企业的运营流程，对企业供产销全方位接触，学会多学科知识的综合运用，力求在今后的实际工作中具有发现问题、分析问题并解决问题的能力，并将课程演练的感受和期间所学理论知识转化为今后工作中解决实际问题的能力。

课后练习

一、选择题

1. 按生产的专业化程度进行分类，制造类型不包括（　　）。
   A. 大量生产　　　B. 定制生产　　　C. 成批生产　　　D. 单件生产
2. 生产过程的空间组织形式包括工艺专业化和（　　）。
   A. 对象专业化　　B. 设备专业化　　C. 流水线化　　　D. 自动化
3. 每批零件只有在前道工序全部加工完之后，才整批地转送到下道工序进行加工的方式是指（　　）。
   A. 平行移动生产方式　　　　　　　B. 顺序移动生产方式
   C. 平行顺序移动方式　　　　　　　D. 车间生产方式
4. 按（　　）将生产划分为流程型生产和加工装配型生产。
   A. 管理　　　　　　　　　　　　　B. 工艺特征
   C. 生产特点　　　　　　　　　　　D. 专业化程度
   E. 经营承包
5. 质量管理的发展经历了质量检验阶段、统计质量控制阶段、（　　）三个阶段。
   A. 样本检验阶段　　　　　　　　　B. 质量控制阶段
   C. 全面质量管理阶段　　　　　　　D. 抽样检验阶段
6. （　　）是指企业的生产系统，按照用户的订货要求，以必要的原材料，在必要的时间和地点，生产必要的数量和完美质量的产品和零部件。

    A. 准时化生产方式　　　　　　B. 精益生产

    C. 计算机集成制造　　　　　　D. 自动化生产

二、判断题

1. 排列图是为寻找主要问题或影响生产的主要因素所使用的图。（　　）
2. 生产管理是企业管理这一有机系统的一个十分重要的子系统。（　　）
3. 精益生产既是一种原理，又是一种新的生产方式。（　　）
4. 仿制不是新产品开发的方式，它不可能使企业产生相应的竞争力。（　　）
5. 当零件重量大，批量也大且任务很紧时，宜采用平行移动方式。（　　）
6. 可以把制造性生产按企业生产组织的特点，分为备货型生产、订货型和经营型生产。（　　）

三、简答题

1. 什么是生产与运作管理？
2. 简述 5S 管理思想。
3. 简述质量管理的 7 种工具。
4. 简述 PDCA 循环的内容及 8 个步骤，并绘制圆形循环图。

四、计算题

有一批零件，需经 4 道工序加工，各工序单件加工时间分别为：$T_1 = 15$ 分钟，$T_2 = 10$ 分钟，$T_3 = 15$ 分钟，$T_4 = 10$ 分钟，设批量为 5 件，试计算顺序移动方式下的加工周期。

技能训练

实训 1：

实训目标。

（1）增强对生产过程的感性认识；

（2）培养组织生产过程的初步能力。

实训内容。

某某公司生产过程的调研。

实训地点。

教室或实训室。

实训步骤。

（1）教师准备一些生产加工企业生产过程的视频，结合 PPT 课件在课堂上展示给学生。

（2）要求学生了解并分析企业生产流程。

（3）全体学生分成五组，各组以模拟公司为单位，深入一家生产加工企业进行参观调研，了解企业生产的有关情况。

（4）各组回到课堂就调研体会进行交流，并派代表发言，其他组认为需要补充的，可以对该组的发言进行补充。

（5）实施要求：活动前制定好规则，全班同学以模拟公司为单位分组集中一起进行讨论。

实训 2：

实训目标。

培养学生对公司生产现场管理的能力。

实训内容。

某某公司生产现场管理。

实训地点。

教室或实训室。

实训步骤。

（1）到某服务企业，如银行、保险、餐饮、车站等，与有关人员座谈与交流，了解该服务企业的现场管理做法，使用了哪些可视化工具与定置管理方法，并现场采访有关客户，了解客户对该服务企业的现场管理满意程度。

（2）课堂上将参观结果展示交流，要求学生根据某某服务公司开展现场管理的情况，总结参观结果，找出存在的问题，提出相应的解决方案和改进措施。

（3）全体学生分成 5 组，经过 5 分钟左右的简短讨论后，由 5 个小组分别对参观结果进行汇报，其他组认为需要补充的，可以对该组的发言进行补充。

（4）实施要求：活动前制定好规则，全班同学以模拟公司为单位集中在一起进行讨论并发言。

线上资源

1. 请登录：http：//www.chinatpm.com/tpm/gllt_491_3648.html（《国内制造型企业生产管理过程中的问题及弊端》）。

2. 请登录：https：//baike.so.com/doc/484643-513224.html（《现场管理》）。

3. 请登录：http：//www.gztaiyou.com/html/201282011812.html（《企业如何开展全面质量管理 TQM？》）。

4. 视频：http：//v.youku.com/v_show/id_XMjI4NjE4OTI0.html（《企业质量管理》）。

线下资源

1.《企业生产管理》．张娴，辛曼玉．电子工业出版社，2015 年。

2.《企业生产管理》．孙成志．东北财经大学出版社有限责任公司，2016 年。

3.《铸造企业质量管理概述》．房贵如，陈琦．机械工业出版社，2012 年。

项目六

企业营销管理

任务引入

秀才赶考

从前,有个秀才去京城应试。途中,在一小店投宿,将马套在门口的木桩上,天亮准备上路时,马却不知去向。从此,秀才开始四处找马。

他找了一整天,没见到马的踪影;第二天,他远远地看见前面好像有一匹马,但走近一看,却是一头驴,他失望地摇了摇头,继续往前走。

第三天,他又见到前面有匹马,心中暗喜:这回该是我的那匹马了吧,但走近一看,还是一头驴,于是便走了。就这样他每天踏在找马的路上,但总是看到一些驴,而他也始终没有去理睬这些驴。考试的时间一天天临近,这位秀才终因精疲力竭而死在找马的路上。

任务分析

寻找客户是每个营销者每天所做的首要工作,但是每天我们在做这项工作的时候,首先应思考这个问题:顾客可以为我们带来什么?我们需要的是什么顾客?怎样找到顾客?因循守旧、缺乏权变思维的营销者是不会找到自己的顾客的。

任务说明

工作任务	知识目标	能力目标	操作流程
任务一 市场营销认知	1. 了解市场含义; 2. 理解市场营销的概念; 3. 理解市场营销理念的演进与现代营销思想的发展新趋势	树立营销观念,并能够把营销观念运用到学习、生活和工作中去	1. 阅读案例 2. 分组讨论 3. 代表发言 4. 总结案例
任务二 市场调研	1. 了解市场调研的内容 2. 了解市场调研的步骤与方法	能根据调研的目标要求设计调研方案	1. 阅读案例 2. 分组讨论 3. 代表发言 4. 总结案例

续表

工作任务	知识目标	能力目标	操作流程
任务三 市场营销环境分析	1. 掌握宏观环境与微观环境的内容 2. 掌握消费者市场购买行为分析 3. 掌握组织市场购买行为分析	1. 能够对某个校企合作企业进行SWOT分析 2. 能够对购买者的购买心理和行为进行分析	1. 阅读案例 2. 分组讨论 3. 代表发言 4. 总结案例
任务四 市场细分、目标市场选择及市场定位	1. 掌握市场细分化的标准与方法 2. 理解目标市场策略与市场定位	1. 能对特定的市场进行有效细分 2. 能准确选择目标市场	1. 阅读案例 2. 分组讨论 3. 代表发言 4. 总结案例
任务五 市场营销组合策略	1. 了解产品整体概念 2. 理解产品组合策略 3. 掌握定价策略 4. 理解分销渠道策略 5. 掌握促销组合策略	实地调研当地某家企业的市场营销组合策略	1. 阅读案例 2. 分组讨论 3. 代表发言 4. 总结案例

相关知识

任务一 市场营销认知

导入案例 先有鸡还是先有蛋？

有一个饭店生意非常好，老板年纪大了，想要退休，需要从饭店的三位副经理中选择一位接班人。可这三位副经理平时对各自的工作都很负责，对饭店的贡献也不相上下，选谁做接班人呢？老板一直拿不定主意。

老板将三人叫来，问了这样的问题："先有鸡还是先有蛋？"

第一位副经理想了想，答道："先有鸡。"

第二位副经理胸有成竹地答道："先有蛋。"

第三位经理镇定地看着老板说："客人先点鸡就先有鸡；客人先点蛋就先有蛋。"

老板笑了，于是就将第三位副经理提升为总经理。

点评：

这个世界有很多问题争论了几千年都没有结果，然而在现实生活中，那些深奥的问题往往可以找到简单的答案。这在于我们换个角度看问题，或者说，改变观念，就可以改变命运。营销也是，企业的营销观念决定了企业的营销策略，也决定了企业的经营结果。

一、市场营销管理基础

市场营销理论于20世纪初诞生在美国，至今已有近百年的发展历史。市场营销学的研究对象是以满足消费者需求为中心的企业市场营销活动过程及其规律性，即在特定的市场营销环境中，企业以市场营销研究为基础，为满足消费者现实和潜在的需要，所实施的以产品（Product）、定价（Price）、促销（Promotion）、地点（Place）为主要内容的市场营销活动过程及其客观规律性。

二、市场与市场营销

（一）市场

市场是商品经济发展的产物，市场的概念也是随着商品经济的发展而发展的。最初的市场，主要是指商品交换的场所。

在人类社会初期，生产力水平很低，能进入交换的产品极少，交换关系也十分简单，生产者的产品有剩余时，就需要寻找一个适当的地点来进行交换，这样就逐渐形成了市场。随着生产和社会分工的发展，商品交换日益频繁，人们对交换的依赖程度也日益加深，从而"使它们各自的产品互相成为商品，互相成为等价物，使它们互相成为市场。在这里，交换关系复杂化了，市场成为不同生产者通过买卖方式实现产品相互转让的商品交换关系的总和"。

因此，市场这一概念明显包括双重含义：其一是商品交换的场所，这是进行商品交换的必要条件，没有一定的场所，交换就无法进行；其二是一切商品交换关系的总和，即从事商品生产和交换的生产者、经营者以及商品的消费者之间错综复杂的交换关系的总体。

市场包含三个主要因素，即有某种需要的人，为满足这种需要的购买力和购买欲望，用公式来表示就是：市场＝人口＋购买力＋购买欲望。

市场的这三个因素是相互制约、缺一不可的，只有三者结合起来才能构成现实的市场，才能决定市场的规模和容量。例如，一个国家或地区人口众多，但收入很低，购买力有限，则不能构成容量很大的市场；又如，购买力虽然很大，但人口很少，也不能成为很大的市场。只有人口既多，购买力又强，才能成为一个有潜力的大市场。但是，如果产品不能满足市场需求，不能引起人们的购买欲望，那么对销售者来说，它仍然不能成为现实的市场。

所以，市场是上述三个因素的统一。市场是指具有特定需要和欲望，愿意并能够通过交换来满足这种需要或欲望的全部潜在顾客。因此，市场的大小，取决于那些有某种需要，并拥有使别人感兴趣的资源，同时愿意以这种资源来换取其需要的东西的人数。

（二）市场营销

现代营销学大师、美国西北大学教授菲利普·科特勒认为，市场营销是个人和集体通过创造、提供、出售，并同别人交换产品和价值，以获得其所需所欲之物的一种社会和管理过程。在这个定义中，指出了营销的主体可以是组织，也可以是个人；营销的对象是产品和价值；营销的核心是交换；营销的目的是各取所需；营销的特点是系统或过程。

所谓市场营销就是企业在不断变化的市场环境中，为了满足并引导消费者的需求，所进行的市场选择、产品开发、产品定价、分销、促销和提供服务等一系列的企业活动，其目的是完成交换并实现企业的目标。

市场营销工作的内容在不断丰富和扩大，主要包括以下七个方面：市场调研、目标市场选择、产品开发策略、产品定价策略、分销渠道策略、产品促销策略、市场营销策划。

三、市场营销理念的改变

市场营销理念是开展市场营销的指导思想，是进行市场营销运作的经营哲学。纵观市场营销的发展历程，主要有以下市场营销理念：

（一）卖方导向理念——传统营销理念

在市场营销发展过程的中早期，统治市场营销的是一种卖方导向的理念，即传统的营销理念。由于生产力还不够发达，物资短缺，产品供不应求；市场经济还不够成熟，市场意识不强，市场机制还不完善，这样在市场上起主导作用的只能是企业，于是形成了卖方导向的理念。卖方导向的理念在演变中可划分为以下三个观念：

1. 生产观念

生产观念是指企业在经营中，只重视生产，而轻视市场的观念。生产观念认为，"皇帝的女儿不愁嫁"，只要生产好的产品，顾客就一定购买。因此，企业要集中精力生产好的产品，提高生产率，扩大生产，降低成本，而市场与顾客的需求则被明显地忽视。在资本主义工业化的初期和以后的很长一段时间，以及我国计划经济时期，企业的经营基本上是由生产观念支配的。

2. 产品观念

随着生产力与市场经济的发展，消费者的需求受到重视，于是企业注重生产受顾客欢迎的产品。

因此，企业将关注的重点放在如何开发与生产容易销售的产品上，但是，仍然不注重对顾客需求的研究与满足。这种产品观念比生产观念有所进步，开始关注顾客的"需求物"了，但仍忽视对顾客本身需求与整个市场的研究，仍属于卖方主导的理念。

3. 推销观念

随着生产力与市场经济的进一步发展，产品市场开始由卖方市场向买方市场转化。在中国这种转化大致发生在 20 世纪 40 年代。由于产品开始出现供过于求，企业把关注点投向市场，将强化推销作为经营的重点。推销观念认为，顾客一般存在购买惰性与抗衡心理，企业只有大力推销，刺激顾客大量购买，才能取得经营的成功。推销观念的进步在于重视了市场，以及对顾客的能动作用；但是它仍然忽视顾客本身的需求与主导地位，因此，仍属于卖方导向。

（二）买方导向理念——市场营销理念

1. 市场营销理念的含义

市场营销理念是指企业在经营的过程中，高度关注顾客的需求，以满足顾客的需求为核心和目标组织营销活动。市场营销理念属于买方导向。市场营销理念认为：

（1）营销是企业经营的关键环节，直接决定企业的绩效与经营的成败。

（2）有效的营销是市场营销，即必须按市场机制运作企业的营销。

（3）市场营销必须以满足顾客的需求为核心与目标。"顾客至上""顾客第一"，企业的市场营销，包括一切的经营活动都是为顾客创造价值，这是市场营销理念的灵魂。

（4）决定企业经营的最终力量是顾客的需求。

2. 市场营销理念与传统营销理念的比较

市场营销理念与传统营销理念相比，主要有以下三点区别：

（1）市场营销理念是以买主的需求为出发点的，目标是满足顾客的需求；而传统营销理念是以卖方的需求为出发点的，目标是获得最大的利润。

（2）市场营销理念对营销过程关注的重点是如何实现顾客价值的最大化；而传统营销理念对营销过程关注的重点则是营销的最大化，即如何把产品卖出去，换成尽可能多的现金。

（3）市场营销理念属买方导向；而传统营销理念则属于卖方导向。可见市场营销理念是对传统营销理念的巨大改进。

（三）社会导向理念——社会市场营销理念

1. 社会市场营销理念含义

社会市场营销理念是指企业经营要兼顾企业、顾客和社会三者的利益，按照追求企业利润，满足顾客需要的目标，按照有利于社会环保与福利相统一的原则运筹与组织市场营销。社会市场营销理念认为：

（1）市场营销首先是一种社会行为，应与社会整体利益相一致，而不能仅仅局限于消费者的自身需求。

（2）追求企业利润是企业经营的直接目标，并且是企业生存发展的先决条件；重视顾客需要，满足顾客需求永远是企业经营的核心职能；实行绿色营销，使企业的营销有利于环境保护、有利于全社会的整体利益，是现代营销的本质特征，必须实现三者的统一与协调。

（3）社会市场营销是一种以社会利益为核心、兼顾各种利益、协调统一的现代大营销理念，属于社会导向的营销理念。

2. 社会市场营销理念是对市场营销理念的修改与补充

"顾客总是对的"，这既反映了市场营销理念以满足顾客的需求为核心的思想，又暴露了这一理念的缺陷。而社会市场营销对市场营销理念的科学内涵与合理部分做了保留，对过分强调顾客的需求，而忽视社会利益的缺陷做了修改与补充，使市场营销的理念更加科学与完善。

（四）当代企业营销理念的新发展

21世纪是顾客主导的时代，企业面临着前所未有的激烈竞争，新的时代，新的竞争格局，必然促使企业营销观念进一步深化和发展。因而产生了一些新的营销理念，下面介绍几种当代有代表性的营销理念：

1. 绿色营销

伴随着现代工业的大规模发展，人类以空前的规模和速度正在毁坏着赖以生存的环境，给自己的生存和发展造成严重威胁。大自然的报复促使人类猛醒，绿色需求便逐步由潜在转化为现实，消费需求的满足转向物质、精神、生态等多方面并重。有支付能力的绿色需求是绿色营销赖以形成的推动力，也决定了绿色市场的规模与发展。

绿色营销理念认为，企业在营销活动中，要顺应时代可持续发展战略的要求，注重地球生态环境保护，促进经济与生态环境协调发展，以实现企业利益、消费者利益、社会利益及生态环境利益的协调统一。以此为中心，对产品进行构思、设计和销售。从这些界定中可知，绿色营销是以满足消费者和经营者的共同利益为目的的社会绿色需求管理，以保护生态环境为宗旨的绿色市场营销模式，它将企业自身利益、消费者利益和环境保护利益三者统一起来，形成以"绿色需求—绿色研发—绿色生产—绿色产品—绿色价格—绿色市场开发—绿色消费"为主线的设计、制造和消费链条。其主要内容包括树立绿色营销理念、设计绿色产品、制定绿色产品的价格、制定绿色营销的集道策略和搞好绿色营销的促销活动五个方面。

> **小案例** 　　　　　　　**饭店实施绿色营销的对策**
>
> 某饭店为了实施绿色营销，特制定了以下几点对策：
> （1）开辟"绿色客房"，使客房的物品应尽量包含"绿色"因素，另外客房应摆上一两盆植物，使客房有生气、有春意。同时引导消费者成为资源的节约者、环境的保护者。
> （2）创办"绿色餐厅"。这里指的是两个方面：一是使用"绿色蔬菜"；二是不食用珍稀野生动植物及益鸟、益兽。传统菜肴中因珍稀动植物而扬名的，应研究出它的替代品。
> （3）提供绿色服务，即提供以保护自然资源、提高人类生态环境和健康为宗旨，并能满足绿色消费者要求的服务，同时，加强环境管理，防止污染。
> （4）提供绿色食品，引导消费者进行绿色消费，培养人们的绿色意识，优化人们的生存环境。
>
> 绿色营销理念强调产品的构思、设计、制造到销售的每一个环节都要重视企业、消费者和社会的利益。饭店是为消费者提供吃住服务的场所，关系到消费者的身心健康和生态环境的保护。因此，饭店应秉持绿色营销观念，兼顾企业、消费者和社会三者的利益。

2. 文化营销

文化营销是指企业营销人员及其他相关人员在企业核心价值观念的影响下所形成的营销观念和所塑造的营销形象，以及在具体的市场运作过程中所形成的一种营销模式。

在竞争异常激烈的当今，为什么会有那么多我们耳熟能详的商家、商品，会有那么多百年老店流传至今？麦当劳卖的仅仅是面包夹火腿吗？不是，它卖的是一种时尚、快捷。个性化的饮食文化，南方黑芝麻糊卖的仅仅是芝麻糊吗？不是，它秉承了多少人对那"一股浓香，一缕温情"的美好记忆。通过这两个例子可以看到，在产品的深处包含着一种隐性的东西——文化。企业向消费者推销的不仅仅是单一的产品，产品在满足消费者物质需求的同时还满足其精神上的需求，给消费者以文化上的享受，以满足他们高品位的消费需求。这要求企业转变营销方式，进行文化营销。

文化营销是把商品作为文化的载体，通过市场交换进入消费者的意识，它在一定程度上反映了消费者对物质和精神追求的各种文化要素。文化营销既包括层次的构思、设计、造型、装潢、包装、商标、广告、款式，又包含对营销活动的价值评判、审美评价和道德评价。

文化营销包括三层含义：一是企业须借助或适应不同特色的环境文化开展营销活动，二是文化因素须渗透到市场营销组合中，综合运用文化因素，制定出有文化特色的市场营销组合；三是企业应充分利用企业识别战略全面构筑企业文化。

> **小案例** 　　　　　　　**索菲亚衣柜的文化营销**
>
> 在衣柜行业，索菲亚算得上较早提出订制业务的企业，在营销上也走了一次文化借势的道路。2014年贺岁档，在华谊兄弟的大片《私人订制》火热之时，索菲亚衣柜开始了文化搭台、营销唱戏的行动。索菲亚衣柜先和华谊兄弟签约，在《私人订制》的电影片头广告

中出现，随后，又展开了一系列跟电影相关的文化营销活动，如进入索菲亚"私人订制"活动专题页面，观赏浪漫微电影《为爱订制》、回答问题即可赢取《私人订制》电影票等。当然，借此文化营销行动，索菲亚衣柜的订制名声再上台阶。

点评：
索菲亚衣柜从消费者的角度讲述选择宅配、喜欢宅配的故事。在每个故事中，都留下了主角订购与安装宅配产品的照片，显得真实生动。这种从消费者角度讲品牌故事的文化营销，看似常见、常规，但最有感染力。

2. 关系营销

在传统的市场营销理论中，企业内部资源是可控因素。而企业外部环境则被视为"不可控因素"，其暗含的假设是，当企业在市场营销中面临各种壁垒或舆论障碍时，就只得听天由命了，无法控制和改变。因为此时传统的营销组合策略已不足以打开市场。要打开市场，企业除了需要运用产品、价格、分销及促销四大营销策略外，还必须有效运用政治权力和公共关系这两种营销工具。这种策略思想就是菲利普·科特勒提出的"大市场营销"。关系营销便是从中衍生、发展来的。

关系营销以系统论为基本思想，将企业置身于社会经济大环境中来考察企业的市场营销活动，认为企业营销乃是一个与消费者、竞争者、供应者、分销商、政府机构和社会组织发生互动作用的过程，从而形成了企业内部关系、企业与竞争者关系、企业与消费者关系、企业与供销商关系和企业与影响者关系等。关系营销将建立与发展同所有利益相关者之间的关系作为企业营销的关键变量，把正确处理这些关系作为企业营销的核心。

小案例　　　　海底捞火锅的关系营销

"人类无法阻止海底捞"的段子将海底捞的服务推向了史无前例的高度。有人吃过海底捞火锅之后说，海底捞火锅的味道不怎么样，但是其服务确实很好。这就是其营销的主题，在其营销中，所有的亮点都在于体现海底捞的服务，而没有强调海底捞火锅的味道有多么好，很多人去海底捞就是为了体验其服务。从头到尾，营销的重心相当明确。海底捞最大的成功不在于事件营销的一炮走红，而在于它后面化险为夷的公关手法，人们都知道微博是一把双刃剑，顾客可以是上帝也可以是魔鬼。在海底捞被爆骨头汤"勾兑门"事件后，这无疑使其与"人类无法阻止海底捞"形成强烈的反差，一场危机，一触即发，但海底捞成功地将其化解。"勾兑门"事件后，海底捞没有做任何推诿狡辩的举动，反而第一时间在微博上发表声明，并配合媒体及有关部门的调查，同时公司老板在其个人微博上真诚道歉，并称愿意接受公众的检查监督。海底捞官方的坦诚、公开、透明、敢于负责任的态度，从一开始就争取了消费者、媒体的宽容谅解，对于一个知错能改、态度诚恳的企业，公众也会给予最大的包容，很快这个事件就被平息了。在微博上，坏事往往比好事传得更快，危机来临时，消费者是魔鬼还是上帝，取决于企业的态度。

点评：
企业要想取得长远的发展，就离不开相关利益者的支持。海底捞充分认识到这一点，当"勾兑门"事件发生后，它从一开始就争取消费者、媒体的宽容谅解，赢得了相关利益者的认同和支持，为其度过危机奠定了良好的基础。

3. 网络营销

20世纪90年代初,网络的飞速发展在全球范围内掀起了互联网应用热潮,其强大的连接、传输、互动、存取各类形式信息的功能,使互联网具备了商业交易与互动沟通的能力。随着消费者观念的不断改变,消费者个性消费、主动消费、对购物方便性与乐趣性等方面的意识增强,他们普遍接受网络营销意识。激烈的市场竞争,使得世界许多大公司纷纷利用互联网提供信息服务并拓展公司的业务范围,降低经营管理成本,并且按照互联网的特点积极改组企业内部结构和探索新的营销管理方法,从而使网络营销得以形成和发展。

网络营销是指企业以现代营销理论为基础,利用互联网(包括企业内部网和外部网)的技术和功能,最大限度地满足消费者需求,达到以开拓市场、增加盈利为目标的经营过程,它是直销营销的最新形式。由互联网替代了传统媒介,其实质是利用互联网对产品的售前、售中和售后各环节进行跟踪服务,它自始至终贯穿在企业经营的全过程,包括市场调查、客户分析、产品开发、销售策略、反馈信息等方面。简单地说,网络营销就是以互联网作为传播手段,通过对市场的循环营销传播,满足消费者需求和商家需求的过程。网络营销对商品的销售、营销决策的理性化、网上电子商场的兴旺发达、网络广告的发展都有着积极作用。智能手机的普及和移动互联网技术的发展促使互联网冲破个人计算机的枷锁,转向不断变动的人本身。移动营销正是在这种环境下产生的。

(1) 移动营销(Mobile Marketing)。移动营销是指面向移动终端手机或平板电脑的用户,在移动终端上直接向公众目标受众定向和精确地传递个性化的即时信息,通过与消费者的信息互动达到市场营销目标的行为。早期移动营销被称作手机互动营销或无线营销。移动营销在强大的云端服务支持下,利用移动终端获取云端营销内容,实现把个性化即时信息精确有效地传递给消费者个人,达到一对一的互动营销的目的。移动营销是互联网营销的一部分,它融合了现代网络经济中的网络营销和数据库营销理论。为各种营销方法中最具潜力的部分,但其理论体系才刚开始建立。移动营销基于定量的市场调研,深入地研究目标消费者,制定全面的营销战略,运用和整合多种营销手段实现企业产品的营销目标。移动营销包括微信、短信回执、短信网址、彩铃、彩信、声讯、流媒体等多种形式。

企业通过移动营销可收集消费者资料以建立强大的数据库,并增大消费者参加活动或者拜访店面的机会,提高消费者的信任度,增加企业的收入,提高品牌的知名度。

(2) 微营销(Micro-marketing)。随着互联网络技术和通信技术的深度发展,以消费者为中心的营销理念成为当下经济时代的主旋律,对产品或服务的精细化和多样化需求是网络环境下消费者需求的重要特征,消费者市场深度细分日渐明显。同时,在高度发展的互联网络技术和通信技术的刺激下,整体网络市场的发展变化也在日益加快。这些不断变化的营销环境促使企业灵活运用管理思维,不断优化企业的组织结构、产品及相关服务,轻装上阵,以娴熟地应对瞬时即变的市场竞争与市场需求。由于科技的日新月异,特别是电子科技和互联网经济的高度融合,手机等移动通信设备的网上购物变得更加普遍,再加上微博、微信、微店和SNS(社交网络服务)网站等的兴盛,现代市场营销不断纵向发展,并逐步进入了微营销时代。在微营销时代,以互联网络为传播平台的电商行业如同雨后春笋般迅速发展壮大起来,消费者可通过互联网络直接与制造商联系,提出其个性化需求,企业可根据每位消费者的差异性需求为其量身定做,使制造商针对不同消费者的个性化营销活动得以实现。这种根据消费者碎片化需求进行的营销活动就是微营销。

微营销是传统营销与现代网络营销的结合体，是通过预测消费者的需求，引导可以满足其需求的商品和服务，从生产商流向消费者以实现组织目标的活动。微营销强调更多的是用户参与和分享，能让市场参与者有效地定位用户的行为，从而进行更精确的营销活动。微营销包括微博、微信、微信公众平台、微网站、APP等形式。微营销的核心特征是"微"，即营销的内容是"微内容"，如一句话、一张图片等。营销体验是"微动作"，即简单的鼠标点击就能完成选择、评价、投票等功能。营销渠道是"微介质"，如手机等。营销对象是"受众"，即小众传播。微营销的结果是去中心化和碎片化。当今，3G、4G网络及相应的技术已经融入手机应用中，各类移动便携的终端体积缩小，各种物品智能化，兼具传播功能，同时，信息接收终端的种类也在不断增加。这些小微捷的信息接收终端使人类的营销活动的范围大大拓展，也进一步突破了时空的限制。在这种情况下，原有的营销方式已经不合时宜，微营销因其传播速度之快、信息更新之快、信息发布之便捷而备受青睐。不仅如此，信息接收或发送设备的体积将在一定程度上重新塑造受众的时空观。移动终端使人类的营销方式更加流动，也使人们的营销时间分割得更加琐碎，人们可以选择零散的时间进行营销活动和信息接收。此外，移动的信息终端也在无形中改变着人们活动的心态，人们更青睐一种快餐式的文化消费内容，没有耐心和精力接受冗长沉重的内容。同时，数字技术使营销者与接收者位置互换、重叠，并且逐渐变得模糊，信息传播交互每一个节点都可能是一个传送或接收的中心，营销活动早已不再是自上而下的单向式发布，而是现在交流活动的双向结构、网状结构，每一个手持移动终端的个体都是一个节点，人们进行营销活动更加便捷高效、平民化。微营销使得人们在对话中实现决策参与成为营销活动的主体，营销效果更加明显。

小案例　　　　　　　奔驰smart的电商营销

为推广面向中国市场推出的"smart 珍珠灰"限量版并实现其销售目标，奔驰须用300辆限量款创造远大于其本身的品牌价值和销售价值，对于传统的线下销售渠道来说这是一个不小的挑战。为了取得最好的营销效果，奔驰大胆尝试网上销售渠道，这对于整个营销传播链条都是一次颠覆性的挑战。奔驰通过研究目前网络人群的消费习惯，打造"smart"限量版，只在京东销售，利用内容营销、产品植入和话题炒作，得到ROI（投资回报率）极高的广告效应。

奔驰选择占据中国电电子商务市场近半份额的京东作为smart限量版网上销售的阵地。2012年2月10日至19日，首先在电视、户外、网络进行预热，结合微博为活动造势。之后，smart在5个重要的销售城市的影院展出，同一时期smart在中国当红的娱乐节目《非诚勿扰》中展出。2012年2月20日，当300辆smart在京东销售时，奔驰采取了每推迟一小时购买价格增长36元、在预售阶段购买会额外奖励1 000元京东抵用券的营销策略，300辆smart在89分钟内销售一空！相当于每半分钟销售一台smart，这个数据甚至超起了2010年smart经典的淘宝团购案例的数据，销售速度高达其2倍！除此之外，几千个销售线索在活动中被搜集并返给经销商。这个活动打破以往广告活动的ROI纪录，ROI高达1∶89。

案例提示：

电子商务能给传统的汽车厂商带来什么？不仅使 300 辆 smart 在 89 分钟内销售一空，而且几千个销售线索在活动中被搜集并返给经销商。奔驰的尝试让人们看到了借助电商颠覆传统汽车营销的可能。

任务二　市场调研

导入案例

New 制鞋公司

位于英国中部的 New 制鞋公司，正经历着一个利润下降的痛苦时期。公司是根据其所投入资金获得的税前利润来估算公司利润的。

销售主管说利润率下降反映了市场目前的萧条状态。市场总需求量远低于 12 个月以前的水平，在竞争加剧的情况下，公司一直在努力维持其以前的市场占有率。来自欧洲厂商的竞争已经因为欧盟贸易政策的改变而加剧了，尤其是西班牙的厂商，利用他们比较低的成本结构侵入了英国市场。但 New 制鞋公司却无法在欧洲市场上充分利用机会。它的市场策略还未发育成熟，难以获得竞争优势。销售主管把公司的竞争力欠缺归咎于研发团队的糟糕表现和制造部门对制造成本缺乏监控。

技术主管宣称，公司的产品不亚于全世界的任何一种产品。的确，在他看来，该公司的产品到目前为止是性价比最好的产品。他指出，公司去年的市场营销力度不够，公司必须一直保持在公众中的知名度，尤其是在竞争加剧时。同时，他认为营销活动需要资金支持，而这正是此前所欠缺的。

生产主管指出，公司原本可以通过在制造程序中引进新技术，来大幅度地降低制造成本，然而，公司的会计报表歪曲了事实真相。在他看来，利润率是增长了，却没有在公司的经营账目中得到真实反映。

财务主管感觉到，利润率的下降应归咎于公司最近的收购行为。对零售业的投资并不像当初所设想的那样有利可图。在目前经济不景气的情况下，这种做法在某种程度上反映出了公司选择的收购时机是不成功的。

总经理指出，公司明显地存在问题，为了解决这个问题，每个人都应该对竞争者的动向和公司如何从营销的观点做出回应给予特别的关注。

点评：

在 New 制鞋公司这个信息不充分的案例中，公司中的各个部门都对企业利润的下滑有着自己的见解，销售、技术、生产、财务的主管都主观地将企业利润下滑的原因归咎于其他方面。其实，企业真正存在的问题是当市场在不断变化，市场竞争在不断加剧时它没有及时地进行市场调研，没有清楚掌握市场的动态及消费者心理的变化，这使得企业以其陈旧的营销策略应对新型的市场，利润下降在所难免。

企业若想持续获得利润，那么它就必须了解市场环境与竞争者的动向，而营销调研则是企业解决问题和实现目标的最有效途径。

一、市场调研的内容

市场调研的内容包括：

(1)宏观环境发展状况。
(2)市场需求状况。
(3)产品销售状况。
(4)竞争状况。

二、市场调研的方法

市场调研的方法可分第一手资料调查和第二手资料调查。第一手资料调查,是指研究人员针对当前的调查问题而直接从目标顾客那里收集的信息。搜集第一手资料又称为现场调查,具体方法有询问法、观察法、实验法、问卷调查法。

第二手资料则是指他人出于其他目的早先收集的资料。其来源包括企业内部资料和外部资料,搜集的方法包括检索、直接查阅、索取、交换、购买、咨询该领域的专家,以及通过情报网搜集和复制等。

三、市场调研的步骤

1. 市场调查准备阶段

这一阶段包括:①初步情况分析。②确定调查主题。

2. 正式调查阶段

这一阶段包括:①制订调查计划。②实地调查搜集数据。

3. 结果处理阶段

这一阶段包括整理分析资料和提出调研报告。

四、市场分析的内容

市场分析的内容主要包括宏观环境分析和微观环境分析。

1. 宏观环境

宏观环境主要包括人口、经济、政治、法律、社会文化、自然、科技等要素。它们是企业的不可控因素,企业只能因势利导,能动地适应。

2. 微观环境

微观环境主要是指对企业营销活动发生直接影响的组织和力量。构成微观环境的因素有:企业本身、企业的供应商、营销中介、顾客、竞争对手及社会公众。

五、市场细分

1. 市场细分的含义

所谓市场细分,就是营销者通过市场调研,依据消费者(包括生活消费者、生产消费者)的需要与欲望、购买行为和购买习惯等方面的明显差异性,把某一产品的市场整体划分为若干个消费者群的市场分类过程。市场细分的客观基础是同一产品消费需求的多样性。

2. 市场细分的作用

实践证明,科学合理地细分市场,对于企业通向经营成功之路具有重要作用。

(1)市场细分有利于企业发现新的市场机会,制定市场营销战略,提高市场占有率。

(2)市场细分可以使企业用较少的经营费用取得较大的经营效益。

（3）市场细分能取得良好的社会效益，有利于满足千差万别的、不断变化的社会各群体的需要。

3. 市场细分的有效条件

进行市场细分时要注意市场细分后的实用性和有效性。一般来讲，有效的市场细分应遵循下列基本原则：

（1）可衡量性。细分后的市场必须是可以识别及衡量的。

（2）可进入性。细分后的市场应该是企业营销活动能够通达的市场。

（3）可获利性。细分后的市场必须大到足以使企业实现它的利润目标。当然，成功的市场细分还应当注意，一个子市场对某些因素变化较敏感，而其他市场对这些因素的变化则不敏感，即作为细分依据的因素变量对于不同的子市场，其相关程度也不同。只有这样，细分市场才有实际意义。

4. 细分消费者市场的依据

在消费者市场，由于受年龄、性别、收入、地理分布等因素的影响，不同消费者通常有不同的欲望和需要。企业可以据此把整个市场细分为若干不同的子市场。细分消费者市场的依据变量很多，主要的细分变量可以概括为四大类：即地理变量、人口变量、心理变量和行为变量。

5. 细分产业市场的依据

产业市场具有不同于消费者市场的若干特点。产业市场细分的变量主要有：用户要求、用户规模、用户地点等。

任务三　市场营销环境分析

导入案例　企业市场营销环境实例分析之——MINISO（名创优品）品牌分析

名创优品以"国际著名百货品牌"的身份进入中国市场，相继在我国各地城市开设一百多家门店，所售商品大部分单价仅十元，并且宣称"100%日本品质"。

事实上，名创优品的资金来自于哎呀呀饰品连锁股份有限公司（以下简称哎呀呀），而哎呀呀董事长叶国富坚称名创优品为日本品牌，并说日本媒体的报道使他们在日本变得很有名。

名创优品是国际著名的休闲百货品牌，总部位于日本东京，在全球拥有3 000多家店铺，每年有超过1亿人次到店消费。其创始人是日本著名设计师"自然使者"三宅顺也。2013年，该品牌由中国广州财团引进，门店所售商品大部分为"十元一件"，商品数量超过1万种。名创优品从广州"中国一号店"起步，如今已抵至内蒙古、吉林等地，拥有店铺一百多家。

市场营销环境可以从市场营销的微观环境和宏观环境进行分析。

微观环境

目前名创优品在华的知名度高达73.5%，同比上一季度的63%，提升了10.5%。其知名度的快速提升得益于名创优品（中国）有限公司精确把握中国消费者行为的能力——通过整合营销资源和自媒体"内容共建"的综合规划，不断推出重磅"新闻事件"，引来各类媒体自发地争相报道和转载，这成功引爆了名创优品在华的知名度。据名创优品的商标申请者叶国富所言，其商品90%是在中国进行生产。

在品牌知晓渠道中，38.7%的消费者通过家人、朋友、同事等人知道；30.3%的消费者通过名创优品的实体店知道；25.2%的消费者通过阅读微信、微博等新媒体发布转载的相关信息知道；仅有5.8%的受访者通过传统媒体渠道知道。由此看来，名创优品制定的用高端大气的店铺形象吸引顾客，用"优质、创意、低价"的产品来打动消费者的品牌推广策略取得初步成效且成绩斐然。

在对品牌理念的认同上，名创优品主张的"优质、创意、低价"理念所获认同度最高，占72.6%，高度契合了当今世界流行的"精明"消费的潮流，市场前景利好。

宏观环境

党的十八届五中全会指出要全面发展经济，促进经济有活力地发展，并鼓励青年努力创业。由消费者影响消费者的互联网思维品牌营销策略，势必带来较低的市场营销成本。市场营销成本节约必将利好于"优质、创意、低价"的产品良性营销体系，而终将获益的是消费者，因此名创优品在华市场发展势头迅猛，成绩斐然，前景广阔。

名创优品在华市场品牌知名度同比上一季度明显提升10.5%，高达73.5%。超高知名度得益于在"尊重消费者"的品牌精神指导下的品牌、产品、卖场、消费者的立体整合策略。高知名度和高美誉度相互协同和促进很好地成就了名创优品的口碑效应，同时伴随着实体店的增多和新媒体内容的打造，形成了极具名创优品特色的链式传播，使品牌知名度和美誉度呈指数级增长。同时上述数据综合分析表明，名创优品来华一年，知名度和美誉度取得了很好成绩，得到广大消费者的拥护和支持，应继续坚持和优化口碑传播策略。名创优品在华市场历经一年的运营后受访者偏向购买的品类取得了均衡发展。73.3%的受访者表示因名创优品"优质、创意、低价"所以愿意购买计划外产品，这在某种程度上确保了名创优品的客单价，即使其奉行"微利多销"的商业策略也能保证较好地体现规模盈利。上述数据综合分析表明，消费者愿意和乐意购买名创优品的产品，市场前景利好。

一、市场营销环境的构成

（一）市场营销环境分析

市场营销环境就是影响公司的市场和营销活动的不可控制的参与者和影响力，是由公司营销管理职能外部的因素和力量组成的，这些因素和力量影响管理者成功地保持和发展同其目标市场顾客交换的能力。分析环境的目的就在于寻求营销机会和避免环境威胁。营销机会就是有利于实现企业经营目标的机遇；而环境威胁就是营销环境中对企业不利的趋势。

1. 企业的宏观环境

（1）人口统计环境。人口统计是指根据人口的规模、密度、地理位置、年龄、性别、种族、职业、家庭和其他一些统计量所进行的研究。

（2）经济环境。购买力和消费方式构成了经济环境的主要因素，这两个因素直接与市场消费有关。此外，产业结构、经济增长率、货币供应量、银行利率、政府支出等也是经济环境的构成因素。

（3）自然环境。自然环境涉及的是自然资源，这些资源，或者是营销者所需要的输入，或者受营销活动的影响。在自然环境方面，营销者需要注意四种趋势：原材料短缺、能源成本增加、污染增加、政府对自然资源的管理。营销者不应反对环境保护规则，而应寻找方法来解决世界面临的材料和能源问题。

(4) 技术环境。现有科学技术的特征及科学技术的基本发展趋势是影响企业营销活动的主要因素。技术发展的趋势有：技术变化的步伐、高开发与研究预算、强调小改小革、法规的增加。技术环境也许是左右我们命运的最戏剧性的力量。

(5) 政治与法律环境。政治与法律环境直接与一个国家的体制、宏观政策联系起来，它规定了整个国家的发展方向及其欲采取的措施。政治与法律环境包括法律、政府部门和压力群体，在一个确定的社会中，他们影响和制约着各类组织和个人。

(6) 文化环境。文化环境因素决定了独特的生活学习方式，规定了人们的行为准则及道德规范，这些都会直接影响到消费者的购买行为。文化环境由机构和其他力量所构成，它们影响到社会的基本价值观、理解、偏好和行为。

2. 企业的微观环境

(1) 企业的内部环境。企业的内部环境主要包括企业文化、治理机制和物质基础三方面。企业文化是企业的性格，具体表现为价值标准、企业精神、管理制度、行为规范等。治理机制是企业职能部门权力隶属关系的一种体现，企业的整体运作要求各部门相互联系、有效配合。对企业而言，物质基础除了"物"以外，最重要的就是"人"，只有"人"才能实现企业资源效能整体优化。

(2) 供应商。供应商在整个用户"价值传送系统"中起着重要的纽带作用。供应商对营销活动的影响主要表现在：供货的稳定性与及时性、供货的价格变动、供货的质量水平。他们为制造公司提供资源，以便制造产品或向客户提供服务。

(3) 营销中间商。营销中间商是指协助企业促销、销售以及把产品送到企业卖方的机构，包括中间商、营销服务代理、实体分配公司、金融中间商。

(4) 市场。企业开展各类的营销活动，就是为了更好地向目标市场提供商品和劳务。目标市场有：消费者市场、生产者市场、经销商市场、政府市场和国际市场。

(5) 竞争者。竞争者的营销战略及营销活动的变化会直接影响到企业的营销，从与企业销售关系的密切程度看，有四个层次的竞争者，包括品牌竞争者、形式竞争者、同类竞争者和愿主竞争者。市场营销观念指出，一个公司想成功，就必须为顾客提供比其他竞争者更大的价值和更高的满意度。

(6) 公众。公众是指对组织完成其目标的能力有着实际或潜在影响的群体。公众可能有助于增强企业实现其目标，也可能阻碍企业实现其目标。因此企业应处理好与公众的关系。

3. 营销环境变化的对策

企业要在动态环境中求得生存发展，应做到以下原则：

(1) 应该增强市场营销计划的适应性，重视后备资源建设，提高控制水平，并在组织方面保证企业快速应变。

(2) 为了提高企业对环境的应变能力，必须在组织体制上强调统一指挥、个人负责的指挥系统，完善企业内部的信息沟通机制。成功的企业对他们的业务采用从外向内的观念。

4. 企业应付环境威胁的三种策略：

(1) 对抗策略，就是试图限制或扭转不利因素的发展。

(2) 减轻策略，就是通过改变营销策略，以减轻威胁的程度。
(3) 转移策略，就是转移到其他市场，或将投资转移到其他更有利的产业，实行多元化经营。

（二）顾客购买行为分析

促销目的是激发顾客的购买欲望。因此，企业通过购买行为研究，就可以采取相应的促销对策。顾客的购买行为包括消费者购买行为和集团购买行为两种类型。

1. 消费者购买行为分析

消费者购买行为，其过程分为下述六个阶段：

(1) 需求激发：各种内外因素都能够对消费者的需求起到积极的激发作用。

(2) 动机产生：在一般需求的基础上，消费者对某种产品的购买动机会因为各种经济的、社会的或心理的原因而产生。

(3) 收集信息：在动机的支配下，消费者在购买前都要或多或少地收集有关信息，以便为购买决策创造条件。

(4) 评价和决策：消费者根据以往的购买经验，以及各种来源得到的信息，比较不同产品的优劣，并据此做出购买决策。

(5) 购买：在做出购买决策之后，消费者会很快进入实际购买阶段，直至购买行为的完成。

(6) 购买感受：消费者在购买和使用产品之后，就会产生一定的感受，这种感受的性质和强弱决定了重复购买率的高低，并且会对他人的购买行为产生影响。

2. 集团购买行为分析

根据自己的专门需要和业务经验，对产品的性能、质量、价格、交货期等进行详细评价，然后选择最佳的采购方案。其基本因素可划分成环境因素、组织因素、人事因素和个人因素。

(1) 环境因素：需求水平、供给条件、积累条件、信贷条件、税收制度、政策法律、国家投资重点。

(2) 组织因素：企业的采购目标、程序、制度等。

(3) 人事因素：企业内部有关人员的职位、应吸纳的管理、权责等。

(4) 个人因素：决策，经办，采购人员个人的习惯、感情、偏好、人际关系等。

各种因素的共同作用促使了集团购买行为的形成和实现。

3. 促销信息对购买行为的影响

在集团购买行为产生的过程中，促销信息对于购买行为的影响较为显著，因此生产企业必须主动地提供信息，做好联系工作，影响他们的购买行为。

(1) 促销信息对于潜在顾客的影响。潜在需要可能因三种情况而产生，即在一定时期中顾客不需要购买、不准备购买或无能力购买。但从长远的观点看，企业可以通过促销加深他们的印象，争取未来的购买力。

(2) 促销信息对于购买决策的影响。企业必须尽可能全面地向顾客提供各种信息，激起顾客的兴趣和动机，并帮助他们做出正确的购买决策。

(3) 促销信息对于购买阶段的影响。在决定之后，顾客就会着手安排购买活动，并进一步选择购买的时间、地点、人员和条件。

（4）促销信息对于购买后阶段的影响。在购买和使用之后，顾客就会用各种标准对产品做出评价，评价的结果决定了产品甚至企业在市场上的命运。所以企业应从各方面做好工作，使消费者购买后感到满意，或者把他们的心理紧张程度降到最低限度。

（5）促销信息对于公众行为的影响。促销的作用之一是提高声誉。因此，企业就应当不断地和社会交流信息，加深公众的印象，提高知名度，进而推动企业经营的发展。

二、市场营销环境分析的方法

分析市场营销环境常用的方法是 SWOT 法，即 Strength（优势）、Weaknesses（劣势）、Opportunities（机会）、Threats（威胁）的综合分析。

（一）优势和劣势（内部环境）

企业优势和劣势分析，实质上就是企业内部经营条件分析，或称企业实力分析。

1. 优势

优势是指企业和对于竞争对手而言所具有的优势人力资源、技术、产品以及其他特殊实力。

充足的资金来源、高超的经营技巧、良好的企业形象、完整的服务体系、先进的工艺设备、与买方和供应商长期稳定的合作关系、融洽的雇员关系、成本优势等，都可以形成企业优势。

2. 劣势

劣势是指影响企业经营效率和效果的不利因素与特征，它们使企业在竞争中处于劣势地位。一个企业潜在的劣势主要表现在：缺乏明确的战略导向、设备陈旧、盈利较少甚至亏损、缺乏管理、缺少某些关键的技能、内部管理混乱、研究和开发工作落后、企业形象较差、销售渠道不畅、营销工作不得力、产品质量不高、成本过高等。

（二）环境机会与环境威胁（外部环境）

环境机会的实质是市场上存在着"未满足的需求"。它既可能来源于宏观环境，也可能来源于微观环境。随着消费者需求的不断变化和产品生命周期的缩短，市场上出现了许多新的机会。

环境机会对不同企业是不相等的，同一个机会环境可能成为一些企业有利的机会，也可能成为另一些企业的威胁。环境机会能否成为企业的机会，要看此环境机会是否与企业目标、资源及任务相一致，企业利用此环境机会能否比其竞争者带来更大的利益。

环境威胁是指对企业营销活动不利或限制企业营销活动发展的因素。这种环境威胁主要来自两个方面：一方面，环境因素直接威胁着企业的营销活动，如国家颁布《环境保护法》，对造成环境污染的企业来说，就构成了巨大的威胁。另一方面，企业的目标、任务及资源同环境机会相矛盾。如人们对自行车的需求转化对摩托车的需求，使自行车厂的目标与资源同这一环境机会产生矛盾——自行车厂要将"环境机会"变成"企业机会"，需要淘汰原来的产品，更换全部设备，培训、学习新的生产技术，这对自行车厂无疑是一种威胁；摩托车的需求量增加，自行车的销售量减少，给自行车厂又增加了一份威胁。

（三）市场营销环境分析——SWOT 分析

在对企业环境因素进行评价时，一个有意义的分析方法便是企业优势、劣势和环境机会、环境威胁的结合分析,这种分析方法就是 SWOT 分析,也称为企业内外情况对照分析。企业 SWOT 分析如图 6-1 所示。

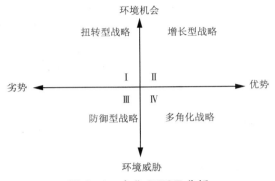

图 6-1 企业 SWOT 分析

任务四 市场细分、目标市场选择及市场定位

华为荣耀为何力推畅玩品牌

2014 年 10 月 13 日,华为荣耀再度出牌,正式推出新的品牌——畅玩,同时发布两款畅玩新品。即畅玩 4 移动/联通版和畅玩手环。其中,畅玩 4 移动/联通版定价 699 元/799 元,2014 年 10 月 16 日上市;畅玩手环定价 399 元,2014 年 10 月 21 日上市。运营不到一年的华为荣耀,为什么会发布全新品牌?

从内部来说,华为荣耀品牌需要实现用户细分,进一步拓展用户群体。当初,华为推出荣耀品牌是为了适应互联网和电商的发展。当时的电商意味着高性价比,所以荣耀的发展也是为了获得高性价比,荣耀 3C 就是其中的佼佼者。而荣耀 6 的推出,则预示着荣耀向中高端方向拓展。荣耀 6 至尊版 2 999 元的定价,更让其向上拓展的意图突显无疑。全球首款八核手机、支持载波聚合、采用大空复合材质等参数,都显示荣耀 6 定位在中高端。但是荣耀注重高性价比的品牌定位,使很多人提到它首先想到的是千元机。这无疑影响了荣耀 6 这一中高端手机的销售。尽管荣耀 6 上市 3 个月实现了销量突破 200 万的战绩,但如果没有千元机的品牌联想,其销量必然更加惊人。从外部来说,无论是电商还是互联网都将目标消费者从尝鲜人群拓展到主流人群。以前的电商是低价的代名词,人们上网购物,都是注重其低价。各大电商也是大打价格战,只要用低价就能吸引消费者的关注。但是,随着互联网的日益普及,网上购物成为人们的主流生活方式,为互联网而生的荣耀品牌也需要向主流人群拓展。未来,1 500 元以下的产品主推畅玩品牌,1 500 元以上的产品主推荣耀品牌,华为荣耀将形成追求高性价比、追求快科技的畅玩品牌,以及追求极致科技、注重体验和品质的荣耀品牌,从而可以在华为手机产品上进行有效区隔与定位。

点评:

互联网思维的本质是以用户为中心,华为荣耀成立畅玩品牌,得以更有针对性地面向用户的需求进行定制,无论是定制合适的产品,还是定制合适的玩法都是如此。华为荣耀发布全新畅玩品牌,一方面,为华为荣耀打开了向上(中高端人群)和向下(大众人群)的市场空间。另一方面，荣耀在深耕手机市场的同时，也在向手环等周边领域进行拓展，这些周边产品同样可以覆盖不同定位、更大的人群，市场十分巨大。

一、市场细分

（一）市场细分的标准

1. 按地理因素细分市场

按地理因素细分市场是将市场划分为不同的地理单位，如南方和北方、城市和农村等。企业可以选择一个或几个地理区域开展业务，也可以选择所有地区，但要注意各地区在需求和偏好方面的差异。

2. 按人口因素细分市场

按人口因素细分市场是按人口统计变量，如年龄、性别、家庭生命周期（家庭生命周期指的是一个家庭诞生、发展直至死亡的运动过程，它反映了家庭从形成到解体呈循环运动的变化规律。家庭随着家庭组织者的年龄增长，而表现出明显的阶段性，并随着家庭组织者的去世而消亡）、收入、职业、教育、宗教等因素划分不同群体，从而对市场进行细分。

3. 按心理因素细分市场

常见的心理因素包括社会阶层、生活方式、人格特征和对促销因素的灵敏度。例如，不同社会阶层的消费者常常具有不同的个人偏好，这一因素往往是许多企业经常运用的细分标准：高收入阶层的消费者比较偏爱名贵而且稀有的名牌产品，中下收入阶层的消费者则更看好经济实惠、品质相宜的产品；社会阶层的不同也导致了消费者个人偏好的差异，从而造成消费者在产品使用、店铺挑选、媒体接触以及广告信息的接受等方面也极为不同。

4. 按消费者行为因素细分市场

按消费者行为因素细分市场是指根据消费者不同的购买行为，如追求的利益、购买时机、使用频率和品牌忠诚程度等细分变量进行细分市场。

（二）市场细分的程序

（1）选择并确定产品进入市场的范围。

（2）列出企业所选定的市场范围内消费者的潜在需求或产品的所有效用。

（3）评议各种需求，确定几种最迫切的需求作为细分市场的重要因素。

（4）除去共同的需求特征，保留各差异特征作为细分的主要标准。

（5）根据不同消费者的不同需求划分相应的市场群，并对每个市场群予以命名。

（6）分析每一个细分市场的不同要求、购买行为的特点及产生的原因，找出各细分市场的新变数。

（7）分析各市场的规模及市场中消费者的潜在购买力，结合本企业的资源情况选择目标市场，进行市场定位。

二、目标市场选择

（一）选择目标市场的条件

目标市场是指企业决定要进入或占领的市场。细分出来的子市场作为企业的目标市场，应具备下列四个基本条件：

（1）必须有一定的需求或市场容量。
（2）有一定的购买力。
（3）竞争者未完全控制目标市场。
（4）企业有能力经营。

（二）目标市场营销策略

1. 无差异市场营销策略

企业经过细分后，权衡利弊得失，不考虑各细分市场的共性推出一种产品，采用一种市场营销组合策略，试图在市场上满足尽可能多的消费者需求，集中力量为之服务的策略，就是无差异市场营销策略。

无差异营销一般用于细分后的市场消费群体，这些消费群体虽有差别，但共性明显是根本性的。企业的基本营销策略可以求同存异，兼顾不同的细分市场。

该策略的优点是：产品可以大量生产、大量运输与储存，成本大大降低；企业深入了解细分市场的需求特点，能采用有针对性的产品、价格、促销和渠道策略，从而获得强有力的市场地位和良好的信誉。

该策略的缺点是：由于现实消费需求与欲望的多种多样，消费者的某些特殊需要得不到满足；当行业竞争十分激烈时，企业难以获得较大的利润；容易导致竞争激烈和市场饱和。采用这种策略受到一些客观条件的限制，以下几种情况可以采用无差异性营销策略：第一，挑选性不大、需求弹性小的基本生活资料和主要工业原料，如棉花、粮食、煤炭等；第二，经营的企业不多、竞争性不强的产品，如石油等。

2. 差异性市场营销策略

选择若干个细分市场作为目标市场，以不同的营销策略适应不同的目标市场，这是差异性营销的战略思路。

该策略的优点是：会使产品的适销性较强。目标市场越多，消费者的需求越大，销量也就越大，利润也就越大。

该策略的缺点是：企业生产的产品多，就会增加设备、工人、研究费用等，生产成本相应增加；经营的产品多，企业的销售费用、广告费用、储存费用等都会大幅增加。而销售成本增加了，产品的总成本自然会提高，这时消费者能否接受是企业应当慎重考虑的。

3. 集中性市场营销策略

在细分市场的基础上，选择一个或有限的几个细分市场作为目标市场，集中企业资源，以相对统一的营销策略开拓市场，这种战略思路称作集中性市场营销。

该策略的优点是：可以照顾个别市场的特殊性，在个别市场占有优势地位，提高企业的市场占有率和知名度；由于采用针对性强的营销组合，节约了成本和营销费用，因此，中小企业较适合运用集中性市场营销策略，大企业在拓展某一区域或国别市场的初期，也可借鉴这种战略思路。

该策略的缺点是：企业的目标市场比较狭小，产品过于专业化，一旦经营市场发生变化，就会有风险。

（三）目标市场营销策略的选择

1. 企业的实力

企业的实力主要包括企业的人力、物力、财力及生产力、技术研发力与营销力量。如果企业资源和营销实力强大，可采用无差异性或差异性市场策略。选择不同的目标市场，宜采取不同的市场营销策略。

2. 产品的特性

根据产品特性的不同，应该采用不同的市场策略，选择不同的目标市场。例如，对于米、面、盐、白糖等日常生活消费品，虽然原材料和加工工艺不同，使产品质量上存在着差别，但是这种差别不是十分明显，消费者一般都很熟悉，不需要特殊的宣传介绍，只要价格相当，消费者一般没有特别的选择和要求，因此，可以采用无差别市场策略；但是对家用电器、家具等高档耐用消费品，因品质差异较大，消费者选购时十分注意产品的特性、功能、价格等因素，常常要反复评价、选择，对售后服务要求很高，这类产品就该采用差异性市场策略或集中性市场策略。

3. 产品所处生命周期阶段

处于导入期的产品，可采用无差异性市场营销策略，探测市场的现实需求和潜在需求，以便及时采取有效措施，不断开拓市场，扩大销售；在成长期和成熟期的产品，则应采取差异性市场营销策略，以开拓新市场；进入衰退期的产品，应采用集中性市场营销策略，以维持和延长产品的生命周期，避免或减少企业的损失。

4. 市场竞争状况

如果竞争对手实力强大，并且实行无差异性市场营销策略，那么无论本企业本身实力大于还是小于对手，采用差异性市场营销策略或集中性市场营销策略，都是有利可图，有优势可占，能取得良好的营销效果的；如果竞争对手采用了差异性市场营销策略，而本企业采用了无差异市场营销策略，就无法有效地投入竞争，很难占有一个有利的地位，因此，必须以集中性市场营销策略应对。

5. 消费者行为

如果消费者的需求和偏好大致相近，购买方式大致相同，可采用无差异市场营销策略；反之，可采用差异性市场营销策略或集中性市场营销策略。

三、市场定位

市场定位是指树立企业及其产品在消费者心目中特定的形象和地位。

（一）市场定位的步骤

市场定位的关键是企业要设法在自己的产品上找出比竞争者更具有优势的特性。竞争优势一般有两种基本类型：一是价格竞争优势，就是在同样的条件下比竞争者定出更低的价格。这要求企业尽一切努力降低产品的单位成本。二是偏好竞争优势，即能提供确定的特色来满足顾客的特定偏好，这要求企业尽一切努力在产品特色上下功夫。因此，企业市场定位的全过程可以通过以下3个步骤来完成。

1. 分析目标市场的现状，确认本企业潜在的竞争优势

这一步骤的中心任务是要回答以下3个问题：竞争对手产品定位如何？目标市场上顾客欲望满足程度如何？确定顾客还需要什么？要回答这3个问题，企业市场营销人员必须通过一切调研手段，系统地设计、搜索、分析并报告有关上述问题的资料和研究结果。通过回答上述3个问题，企业就可以从中把握和确定自己的潜在竞争优势在哪里。

2. 准确选择竞争优势，对目标市场初步定位

竞争优势表明企业拥有胜过竞争对手的能力，这种能力既可以是现有的，也可以是潜在的。选择竞争优势实际上就是一个企业与竞争者各方面实力上相比较的过程。比较的指标应该是一个完整的体系，只有这样，才能准确地选择相对竞争优势。通常的方法是：分析、比较企业与竞争者在经营管理、技术开发、采购、生产、市场营销、财务和产品7个方面究竟哪些是强项，哪些是弱项。在此基础上选出最合适本企业的优秀项目，以初步确定企业在目标市场上所处的位置。

3. 显示独特的竞争优势和重新定位

这一步骤的主要任务是：企业要通过一系列的宣传促销活动，将其独特的竞争优势准确地传播给潜在的消费者，并在消费者心目中留下深刻的印象。为此，企业首先应使目标消费者了解、认同和偏爱本企业的市场定位，在消费者心目中建立与该定位一致的形象。其次，企业通过各种努力强化目标消费者形象，保持目标消费者形象，保持了解目标消费者、稳定目标消费者的态度和加深目标消费者的感情来巩固与市场定位一致的形象。最后，企业应注意目标消费者对其市场定位理解出现的偏差或由于企业市场定位宣传的失误而造成的目标消费者对其定位产生模糊、混乱和误会。

企业的产品在市场上定位即使很恰当，但在下列情况下，还应考虑重新定位。

（1）竞争者推出的新产品定位于本企业产品附近，占领了本企业产品的部分市场，使本企业产品的市场占有率下降。

（2）消费者的需求或偏好发生了变化，使本企业产品销售量骤减。

（二）市场定位的方法

1. 产品差异定位

（1）产品质量。质量越高的产品就越能赢得消费者的青睐，虽然高质量往往伴随着高成本，但高成本却可以通过降低退货率、减少残次产品的更换和维修以及提高顾客满意度来抵消。

（2）产品价格。价格是消费者选购产品时一个总要的参考因素。一方面，价格反映企业的成本水平；另一方面，价格又关系到消费者的切身利益，影响消费者的购买力。

（3）产品的用途。

①为老产品打新用途。例如，小苏打曾经被广泛用作家庭的除臭剂，后来因出现了替代品而减少了产品市场容量，国外有的厂商就开始将它们作为阴沟和垃圾污物的防臭剂以及冰箱的除臭剂。

②增加产品的新功能、新用途。例如，随着人们生活及需求的多样化发展，许多电信公司在产品开发时不再只考虑电话语言交流的功能，而是力求功能多样化，如发短消息、炒股、上网、图像多样化和立体化等。

（4）产品的特色。即企业给予它的产品独特的造型、独特的包装和独特的使用方式。例如，美国的苹果（Apple）计算机公司将自己的产品定位于适应于个人使用的微型计算机（PC），结果迅速占领市场并获得巨大利润。

（5）使用者类型。

①不同产品不同定位，即产品定位和特定社会、收入阶层或特定年龄结构的群体相联系。如无线移动电话（俗称大哥大）在引进的初期主要是针对具有较高收入水平的消费群体。

②同一产品不同定位，即对不同的群体突出产品的不同特征。如中国的无锡大饭店，对

欧美旅客的广告是"古有大运河,今有大饭店";对日本旅客的广告是"唯一的日本人管理的饭店";对无锡本地顾客的广告是"无锡人自己的大饭店",从而提高了饭店的知名度,成为全国最佳星级饭店之一。

(6) 利益定位。也称为功能定位,即根据产品具有的满足顾客某种需求的功能或所提供的利益来对产品进行定位。

2. 品牌差异定位

品牌的功能在于把不同企业之间的同类产品区别开来,给消费者留下一个深刻的印象。例如,全球头号零售品牌"沃尔玛"最初的定位就是"平价",明显区别于其最大的竞争对手"西尔斯",从而赢得了消费者。

3. 服务差异定位

在获得竞争优势中,服务差异是不可忽略的重要一环,因为在产品差异与品牌差异难以让消费者取舍时,消费者往往会根据预期得到的服务作为选购的标准。这种服务差异可以体现在以下几个方面:产品提供给消费者的利益;安装、维修服务;咨询服务、特色服务。

4. 人员差异定位

企业可以通过聘用和培养比竞争者更好的人员来获得更强的竞争优势,尤其是随着市场竞争的加剧,人员素质的培养和提高,对扩大企业差异化的质量起着越来越重要的作用。

5. 创造形象差别

企业形象不同,会给购买者带来不同的认识。企业可以通过建立自己独特的形象区别于竞争对手。应该指出的是,上述差异化选择并不是绝对分开的,在市场定位时,也不是将它们都与竞争者的产品区分开,应当是在某些方面相同,而在其他方面不同。

任务五　市场营销组合策略

一、产品策略

(一) 产品的整体概念

人们通常理解的产品,仅仅是指产品的有形实体,一种具有某种特定物质形状和用途的实体。而现代市场营销学是从满足消费者需要出发来研究产品的。从满足消费者的需要出发,只看到物质的或实体的产品,是一种不完整的产品概念。

产品的整体概念包括三层含义(图6-2):

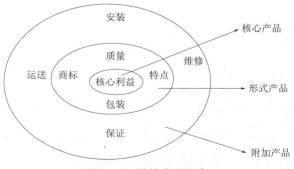

图6-2　整体产品概念

（1）核心产品是指消费者购买某种产品时所追求的利益，是顾客要真正购买的东西。

（2）形式产品是指向市场提供的产品实体或劳务的外观，是扩大化了的核心产品，也是一种实质性的东西。产品形式一般通过不同的侧面反映出来。

（3）附加产品是指人们购买有形产品时所获得的全附加服务和利益。

（二）产品组合策略

1. 产品组合的广度、深度和关联性

所谓产品组合，是指一个企业生产经营的全部产品结构，它通常由若干产品线组成。产品组合包括三个因素：广度、深度和关联性。一个企业所有产品线的数量称为产品组合的广度。产品组合的深度，是指企业经营的各种产品线内的平均项目的多少。产品组合的关联性是指各种产品线之间，在最终用途、生产条件、销售渠道及其他方面相互联系的程度。分析产品组合的广度、深度和关联性，有利于企业更好地发展产品组合策略。

2. 产品组合策略类型

企业在决定调整产品组合时，根据不同的情况，可选择以下调整：

（1）扩大产品组合策略：是指企业增加产品线或产品项目的策略，即开拓产品组合的广度和加强产品组合的深度两种情况。

（2）缩减产品组合策略：是指企业减少经营的产品线或产品项目的策略，也包括产品组合的广度缩减和深度缩减两种情况。

（3）产品线延伸策略：是指企业将现有产品线加以伸长，部分地或全部地改变企业原有产品的市场地位，包括向上延伸、向下延伸和双向延伸。

（三）产品生命周期策略

1. 产品生命周期的概念

产品生命周期是指产品从进入市场到被淘汰退出市场为止的周期性变化过程。完整的产品生命周期可分为投入期、成长期、成熟期和衰退期四个阶段。通常表现为一条几字形曲线，如图6-3所示。投入期是产品引入市场，销售缓慢成长的时期。在这一阶段因为产品引入市场所支付的生产成本和销售费用巨大，几乎不会获利。成长期是产品被市场迅速接受和利润大量增加的时期，因而竞争日趋激烈。成熟期是销售成长减慢的时期。为了对抗竞争，维持产品的地位，营销费用日益增加，利润稳定或下降。衰退期是销售下降的趋势增强和利润不断下降的时期。

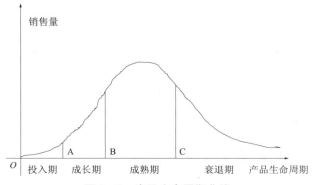

图6-3 产品生命周期曲线

2. 产品生命周期各阶段的营销策略

企业应根据产品各阶段的特点采取不同的营销策略。投入期应想办法尽快通过；成长期应尽可能地维持市场的成长势头；成熟期应系统地考虑市场、产品和营销组合的改进策略；衰退期应识别产品落伍的原因，确定是否放弃的决策。

（四）品牌与包装策略

1. 品牌的概念

品牌是整体产品概念的一个重要组成部分，具有较为广泛的含义。所谓品牌是指用来识别一个（或一群）卖主的产品的名称、术语、符号、设计，或以上四种的组合。它最基本的功能是把不同企业之间的同类产品区别开来。它包括品牌名称和商标。品牌名称是品牌中可以用语言称呼表达的部分，即可以口语化的部分。商标是经过政府有关部门注册登记的品牌，受到法律保护，其他任何企业都不能仿效使用，具有排他性。因此，商标实际上是一个法律名词，是指受法律保护的一个品牌或品牌的一部分，但并非所有的品牌都是商标。二者的区别在于是否经过一定的法律程序。企业为其产品选择、规划、决定品牌名称，并向政府有关部门进行注册登记的全部活动，称为"品牌化"。

2. 品牌决策

品牌决策是产品策略的一个组成部分。企业在品牌决策上，一般可做出以下几种选择：

（1）使用品牌与不使用品牌。产品是否使用品牌，必须根据产品的特点而定。

（2）生产者品牌和经销商品牌。生产者决定对自己的产品使用品牌后，还要决定使用谁的品牌，通常情况下，品牌是生产厂家的制造标记，这是由于产品的设计、质量、特色等都是由生产者决定的。

（3）家族品牌策略。家族品牌策略包括以下四种：个别品牌、群体品牌、产品线品牌和企业名称加个别品牌名称。

3. 包装策略

包装也是整体产品概念的一个重要的组成部分。根据不同的情况，企业可采用以下包装策略：

（1）同类型包装策略：是指企业生产的各种产品的包装上采用相同的图案、相近的颜色，体现出产品的共同特色。

（2）异类型包装策略：是指企业生产的各种产品都具有自己独特的包装，在设计上采用不同的风格、不同的色调和材料。

（3）配套包装策略：是指根据消费者的购买习惯，将多种相关的商品配套包装在同一包装物内。

（4）复用包装策略：又称双重用途包装策略。即设计的包装物在产品用完后，还可继续留作他用。

（5）等级包装策略：是指对同一商品采用不同等级的包装，以适应不同的购买力水平或不同的购买心理。

（6）不同容器包装策略：这是根据消费者的使用习惯，按照产品的重量、数量设计不同的包装。

（7）附赠品包装策略：这是企业在某种商品的包装容器中附加一些赠品，以吸引消费者购买的兴趣，采用这种策略还容易引起消费者的重复购买行为。

二、价格形成的市场原理

(一) 价格的概念

价格是商品价值的货币表现。价格构成是价值构成的货币表现。一般来说,商品价格是由生产成本、流通费用、税金和利润四要素构成的。由于商品所处的生产、流通环节不同,又由于纳税处于不同的环节,在各环节中构成价格的具体要素也有所不同。

(二) 影响价格形成的因素

(1) 成本费用:可分为固定成本费用、变动成本费用、总成本费用、平均固定成本费用、平均变动成本费用、平均成本费用。

(2) 销售数量:就单位商品而言,如果成本费用不变,销售量越大,则产品价格的竞争力越大。

(3) 资金周转速度:在其他条件相同的情况下,一个企业的资金周转速度越快,则其产品中的成本费用越低。

(4) 其他营销决策:除了价格以外,产品、市场和推销决策也影响需求量,从而反过来影响价格。

(5) 其他因素:如需求、同类产品竞争、国家政策、国内外市场状况等也会影响产品的价格。

(三) 定价目标

(1) 盈利最大化:指企业在一定时期内可能获得的最高盈利总额。盈利最大化是企业在营销过程中追求的目的。

(2) 市场占有率:是企业经营状况和产品竞争力的综合消费指标。较高的市场占有率可保障企业产品的销路,便于企业掌握需求的变化,易于让企业形成长期控制市场及价格的垄断能力。

(3) 预期的投资收益率:它反映着企业的投资效益。企业对于所投入的资金都期望在一定时期内收回。

(4) 适应价格竞争:在激烈的市场竞争环境中,企业往往把适应价格竞争作为定价的目标。

(5) 维持营业:在企业处于不利环境中时,不得不以维持营业为定价目标。

(6) 维护企业声誉:企业声誉是企业的无形资产与财富。把维护企业声誉作为定价目标,定价时首先就要考虑价格水平是否与顾客的需求相符,是否有利于企业整体策略的设施。

(四) 定价方法

定价方法是企业为实现其定价目标所采用的具体方法。价格高低主要受成本费用、市场需求和市场竞争三方面的影响,以下介绍几种具体的定价方法:

1. 成本导向定价

(1) 完全成本定价法:把产品中包括的直接材料和直接人工费,加上应分摊的间接费用,构成产品的完全成本,在此基础上加上一定比例的应纳税金和利润,形成产品的销售价格。

(2) 变动成本定价法：也叫边际贡献定价法。是在产品变动成本的基础上，加上一定的边际贡献和应纳税金，来制定产品的价格。

(3) 边际成本定价法：选定适当销售量，使利润最大，在此时的定价，即为所求的定价。此时边际成本与边际收入相等。

2. 竞争导向定价

这种方法以市场上相互竞争的同类产品价格为定价的基本依据，随着竞争状况的变化确定和调整价格水平。主要有通行定价、竞争定价、密封投标定价等方法。

3. 心理定价法

根据消费者的售货现场心理制定价格。

(1) 整数定价：即尾数取整定价。如将价格订为 10 元，而不是 9.9 元，这样使价格上升到较高一级档次，借以满足消费者的消费心理，一般图书、报纸、杂志采用这种定价法。

(2) 尾数定价：即保留价格尾数。如 9.98 元，而不是 10 元，使价格保留在较低一级档次，留尾定价一方面给人以便宜感，另一方面又以标价精确给人以信赖感，留尾定价用以满足消费者求实消费心理，使之感到商品物美价廉，生活日用品、食品较多采用该种方法。

(3) 声望定价：针对消费者"价高质必优"的心理，对在消费者心目中享有声望、具有信誉的产品制定较高的价格。价格档次常常被看作商品质量的直观反映。

(4) 习惯定价：按消费习惯价格心理制定价格。日常消费品的价格，通常易于使消费者心目中形成一种习惯性标准，符合其标准的价格则被接受，不符合其标准的则受到怀疑。高于习惯价格常被认为是不合理的涨价；若低于习惯价格，又使消费者怀疑是伪劣产品。

(5) 系列定价：针对消费者比较价格心理，把同类产品的价格有意识地分挡拉开，形成价格系列。消费者一般难以察觉价格的这种微小变化，且在比较价格中能迅速找到各自习惯的档次，得到"选购"的满足。

三、分销渠道

案例导入 物流配送——沃尔玛成功的利器

沃尔玛公司作为世界上最大的商业零售企业，1999 年全球销售总额达到 1 650 亿美元，在世界 500 强中排名第二，仅次于美国通用汽车公司；2000 年销售总额达 1 913 亿美元，超过了美国通用汽车公司；2002 年销售总额超过 2 445 亿美元，位立 500 强之首。一家属于传统的零售企业，如何能在销售收入上超过"制造之王"的汽车工业，超过世界所有的银行、保险公司等金融机构，超过引领"新经济"的信息企业，已成为各方关注的焦点。配送设施是其成功的关键。沃尔玛前任总裁大卫·格拉斯这样总结："配送设施是沃尔玛成功的关键之一，如果说我们有什么比别人干得好的话，那就是配送中心。"沃尔玛公司 1962 年建立了第一个连锁商店。随着连锁店铺数量的增加和销售额的增长，物流配送逐渐成为企业发展的瓶颈。于是，1970 年沃尔玛在公司总部所在地建立起第一个配送中心，集中处理公司所销商品的 40% 的配送任务。随着公司的不断发展壮大，配送中心的数量也不断增加。到现在该公司已建立了 62 个配送中心，为全球 4 000 多个分店提供配送服务。整个公司销售商品的 85% 由这些配送中心供应，而其竞争对手只有 50%~65% 的商品集中配送。其配送中心的基本流程是：供应商将商品送到配送中心后，经过核对采购计划、进行商品检验等程序,分别送到货架的不同位置存放。提出要货计划后,电脑系统将所需商品的存放位置查出,并打印有商店代号的标签。整包装的商品直接从货架上送往传送带,零散的商品由工作台人员取出后也送到传送带上。一般情况下,商店要货的当天就可以将商品送出。如今,沃尔玛在美国拥有 100% 的物流系统,配送中心已是其中一小部分。沃尔玛完整的物流系统不仅包括配送中心,还有更为复杂的资料输入采购系统、自动补货系统等。为了满足美国国内 3 000 多个连锁店的配送需要,沃尔玛公司在国内共有近 3 万辆大型集装箱挂车,5 500 辆大型货运卡车,24 小时昼夜不停地工作。每年的运输总量达到 77.5 亿箱,总行程 6.5 亿 km。合理调度如此规模的商品采购、库存、物流和销售管理,离不开高科技的手段。为此,沃尔玛公司建立了专门的电脑管理系统、卫星定位系统和电视调度系统,拥有世界第一流的先进技术。

（一）分销渠道与分销渠道的选择

1. 分销渠道的概念

分销渠道是指产品从生产者向消费者转移时所经过的路线,它是在流通领域中联系制造商、中间商、消费者的纽带,反映着他们的经济关系和利益。一般来说,经过一个环节的叫短渠道,经过两个或两个以上环节的叫长渠道。

2. 选择分销渠道的影响因素

企业如何选择分销渠道有很多因素需要分析,主要是产品因素、市场因素、企业因素及各种其他因素的综合作用。现主要介绍产品因素、市场因素、企业因素。

（1）产品因素:如价格、款式、体积、重量等,均直接影响销售渠道的选择。此外,还要考虑产品使用价值的耐久性、易毁性;产品与消费者生活的相关程度以及新产品等因素,根据上述因素的特性选择营销渠道。

（2）市场因素:市场状况是企业选择渠道的关键因素。企业的产品是卖给消费者的,因此,市场需求量、消费者购买习惯、产业或消费者的分布、竞争对手的状况等是构成市场的重要因素。

（3）企业因素:企业自身的因素包括企业规模和资金、企业营销能力和经验、企业的产品组合状况、企业要求控制营销渠道的程度及其他因素（如政治因素）。

3. 商品的分销渠道

分销渠道是实现商品销售的重要条件,是企业掌握市场信息的途径,合理选择分销渠道,对于加速商品流通和资金周转,解决生产与消费的矛盾,都有很重要的意义。选择分销渠道的基本策略有以下几种:

（1）分销渠道长度策略:指商品在流通过程中经过的不同类型的中间商数目的多少。生产者选择长渠道或短渠道时,需要一些可供决策的条件。

①选择长渠道的条件。生产与消费的时空距离较长;生产者自身资金雄厚,并大量生产;消费者不大集中,分散性较大;生产或需要之一方有季节性的商品;消费者每次购买的数量不多,而单价也较低的"便利品";具有耐久性的商品;标准化程度低的商品,售中与售后不需要技术指导与服务的商品。

②选择短渠道的条件。生产者与消费者的距离很近;消费者比较集中或购买者大量采购;生产与需要有连续性、持久性、变化不大的商品;消费者购买量小,单价高的商品;不易保存、易腐易败的商品;标准化程度高的商品;产品品种繁多、需求变化大的商品;新上

市的商品；售中与售后需要技术指导与服务的商品。

（2）营销渠道宽度策略。营销渠道宽度指在渠道的每个环节上使用同种类型中间商数目的多少（图6-4）。在决定采用长渠道策略后，还必须在选择中间商的多少上做出决策。在同一地区设几条销售路线，就是增大营销渠道的宽度。一般来说，有三种可供选择的策略：①广泛分销的策略：这就是在同一地区经销的数目不加限制，故又称密集分销或强力分销路线。通常日用消费品、工业品中经常耗用的产品，适用广泛分销的策略。②选择性分销策略：这是指生产者在某一地区仅通过少数几个精心挑选的中间商来推销产品。③独家经营的分销策略：指生产者在一定地区仅通过一家中间商推销产品。通常双方协商签订独家经销合同，规定不得通过第三方，特别是竞争者推销产品。

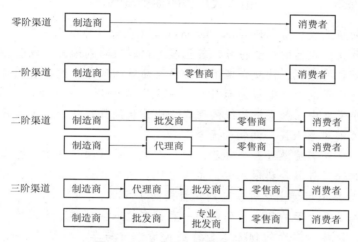

图6-4 消费品市场的分销渠道

4. 中间商的选择

中间商在营销渠道中具有特别重要的作用，从某种意义上讲，营销渠道所研究的内容，就是如何选择中间商，进而把产品从制造商有效地转移到消费者手中去。考察一个中间商，需要从三方面进行分析：经营能力、经营水平、周转能力。

（二）连锁经营和配送中心

1. 连锁经营

连锁经营一般是指经营同类商品或服务的若干个店铺，以一定的形式组合成一个联合体，在整体规划下进行专业化分工，并在分工的基础上实施集中化管理，使复杂的商业活动简单化，以获取规模效益。连锁经营分为三种形式：直营连锁、特许经营连锁（也称作特许加盟）和自由连锁。

2. 配送中心

配送中心是从事货物配备（集货、加工、分货、拣选、配货）和组织对用户的送货，以高水平实现销售或供应的现代物流设施。

（1）"货物配备"工作是配送中心的主要的、独特的工作，是全部由自己完成的。

（2）配送中心有的是完全承担送货，有的是利用社会运输企业完成送货，从我国国情来看，在开展配送的初期，一般都是用户自提，所以，对于送货而言，配送中心主要是组织者而不是承担者。

（3）强调了配送活动、销售或供应等经营活动的结合，是经营的一种手段，以此排除了这是单纯的物流活动的看法。

（4）强调了配送中心的"现代流通设施"与以前的诸如商场、贸易中心、仓库等流通设施的区别。在这个流通设施中以现代装备和工艺为基础，是兼有商流、物流全功能的流通设施。配送中心的类别有专业配送中心、柔性配送中心、供应配送中心、销售配送中心、城市配送中心、区域配送中心、储存型配送中心等。

四、促销策略

案例导入　　　　　　　　　　**植入式广告的促销策略**

起源于西方的植入式广告（Product Placement）（也被称作嵌入式广告或隐性广告），是指将产品或品牌及其代表性的视觉符号，甚至服务内容策略性地融入电影、电视剧或电视节目内容中，通过场景的再现，让观众留下对产品及品牌的印象，继而达到营销的目的。植入式广告不仅广泛运用于电影、电视，而且被"植入"各种媒介——报纸、杂志、网络游戏、手机短信，甚至小说之中。如果把传统的硬广告比作疾风骤雨的话，植入式广告就有点像杜甫诗中所描述的"随风潜入夜，润物细无声"。

在美国，有一个电影院做过一个实验，他们在电影的放映过程中，把5秒左右的时间给一种清凉饮料做的软广告融合到影片中，多次出现。结果在这个影院里，那种饮料的销量上升了18%，而之后整个市场上这种饮料的销量提高了58%。

在银幕上火爆了几十年的007系列电影一直都在植入宝马和欧米茄的广告。虽然剧情和邦女郎集集不同，但神通广大的007总是特别钟情于宝马车、特别喜欢欧米茄手表，可谓"铁打的宝马、欧米茄，流水的邦女郎"。在国内，20世纪90年代由葛优和吕丽萍主演的电视剧《编辑部的故事》首次采用了类似植入式广告的表现形式，在剧中播出了百龙矿泉壶的随片广告。而植入式广告在我国的全面推广，则要归功于冯小刚导演的《天下无贼》。影片中共出现了中国移动、佳能等12家全程赞助商，广告投入2 400多万元，加上荣誉赞助等其他项目，广告收入已达4 000万元。

（一）促销的途径和策略

1. 促销

促销是指在市场营销活动中，企业利用各种方式和渠道，将产品和劳务信息传递给消费者，以引起其注意和兴趣，激发其购买欲望，从而达到加速和扩大产品销售的目的。促销是企业营销活动中不可缺少的组成部分，其主要作用可概括如下：传递信息，沟通产销渠道；刺激需求，扩大销售；突出产品特点，建立产品形象；提高声誉，巩固市场。

2. 促销组合的内容及策略

促销组合也就是企业将人员推销、营业推广、广告和公共关系四种基本促销方式，有目的、有计划地配合起来，综合运用的活动过程。

（1）推的策略：是指人员推销策略，是企业通过推销人员将产品推向市场。常见的推的策略有：示范推销法、走访销售法、网点销售法、服务推销法。

（2）拉的策略：是指企业用营业推广、广告和公共关系，激发消费者对商品的兴趣，从而加速购买。常见策略有：会议促销法、广告促销法、代销法、试销法、信誉销售法。

（二）人员推销

1. 人员推销的含义

所谓人员推销，是指推销人员在一定的推销环境里，运用各种推销技巧和手段，说服用户接受企业的商品或劳务，从而既能满足用户需要又能扩大企业销售的活动。人员推销的三要素是：推销人员、推销对象和推销品。

2. 人员推销的特点

人员推销有其独有的特征：第一，人员推销具有很大的灵活性；第二，人员推销具有选择性；第三，人员推销易于市场信息反馈；第四，人员推销具有公共关系作用。

3. 人员推销的目标和任务

人员推销的最终目标就是为企业带来最大的、长期的、稳定的利润及有利的市场地位。它要求现代推销人员要懂得怎样去发现顾客要求、搜集市场情报、学会制定推销决策，从而赢得最大利润。因此，人员推销具有双重目的，即满足用户需求与实现扩大销售的目的。推销的目标决定了人员推销的任务。

4. 人员推销的步骤

（1）寻找顾客是推销人员首先要做的工作。

（2）计划表达。

（3）推销面谈：即推销人员用各种方法说服顾客购买的过程，重要的是自己的表述必须吸引顾客注意力，要能够利用图片、音响、证明等资料来说服对方。

（4）处理异议：针对顾客提出的不同意见或顾虑等，耐心说服以达成共识，完成销售任务。

（5）达成交易：通过说服和消除异议，签订合约或合同，完成交易。

（6）跟踪服务：对达成协议的用户，仍要跟踪调查，收集使用情况的反馈信息，搞好售后服务，以便于今后调整生产，树立企业形象。

（7）找新顾客：根据营销需要，扩大市场和业务，寻找新顾客。

总之，以上七个环节紧密相连、相互依赖。在整个过程中，每个环节都离不开反馈和调整，否则整个过程将无法进行下去。为此，沃尔玛公司建立了专门的电脑管理系统、卫星定位系统和电视调度系统，拥有世界第一流的先进技术。

（三）广告促销

1. 广告的概念

广告从广义上讲，就是广而告之，是企业同外界大众接触的一种手段。从狭义上说，广告是一种借助大众传播媒介，采用付费方法，向目标市场的顾客和社会公众传递信息的宣传行为。

2. 广告的类型

广告具有多种类型。按广告对象来划分，可分为消费者广告、中间商广告、工商企业广告及专业广告；按广告目的划分，可分为倡导性广告、竞争性广告、揭示性广告、企业形象及声誉广告；按广告内容划分，通常分为产品广告、企业广告、感情广告、理由广告等。

3. 广告的作用

（1）传播信息，促进生产。

（2）激发需求，促进流通。

(3) 树立信誉，促进竞争。
(4) 美化环境，促进文明。

4. 广告媒体的特征

广告媒体，即指装载广告内容，在广告和广告对象之间起中介作用的具体物质技术手段，如报纸、杂志、广播、电视、电影、招贴、广告牌、网络等。一般来讲，广告媒介不同，其具有的特征也不同。

(1) 报纸：报纸是世界各国目前选用的第一大媒体。其优点是：覆盖率高，影响广泛；传播迅速，时效性强；且融权威性、新闻性、知识性于一体；制作简便，费用低廉；能自由选择刊登日期。其缺点是内容繁杂，易分散注意力；印刷不精细，形象效果较差。

(2) 杂志：这是一种专业内容较强的读物。其优点是：对象明确，针对性强；保存期长，信息利用充分；印刷精致，图文并茂。其缺点是定期发行，时效性差；受专业限制，传播范围较窄。

(3) 广播：是通过电波传递信息的听觉媒体。其优点是：传播迅速，范围广泛；传播及时，方式灵活；制作简便，收费较低。其缺点是有声无形，印象不深，转瞬即逝，不能反复，难以保存和查阅；盲目性大，选择性差。

(4) 电视：是通过电波传递信息的视觉和听觉媒体，在现代广告传播中占重要地位。其优点是：传播迅速，覆盖面广，收视率高；形象生动直观，感染力强；娱乐性强，宣传效果好。其缺点是：转瞬即逝，不易保存；编制复杂，费用较高。

(5) 其他：除以上常见媒体外，经常被用作广告的媒体还有：电影、幻灯、霓虹灯、电子显示屏幕、户外建筑及交通工具上的招贴、橱窗陈列、网络等。

以上媒体中，报纸、杂志、广播、电视被誉为"四大媒体"，其影响力较大，是企业主要的广告媒体，但网络广告以其全天候、多媒体等特性，正在越来越引起商家的重视。

（四）营业推广

营业推广是指在一个目标市场中，为了刺激市场需求，而采取的能迅速产生购买行为的促销方式。

1. 营业推广的形式

(1) 以消费者或用户为对象的推广方式：如免费样品、折扣券。目的是促使消费者大量购买。

(2) 以中间商为对象的营业推广方式：如举办各种销售展销会，实行购买数量折扣、提供广告和陈列津贴、合作广告、推销佣金、经销商销售竞赛、免费货品等。目的是鼓励中间商大量购买和销售，实现企业销售目标。

(3) 以推销人员为对象的营业推广方式：如颁发红利、设立推销竞赛、给推销人员按销售额提成等。目的是激发推销人员的积极性，提高企业销售利润。

2. 营业推广的特点

(1) 针对性强，方式灵活多样。营业推广的对象是直接对消费者、中间商和推销人员的，通过提供特殊的激励条件，刺激其心理产生反应，促成交易。

(2) 变化性强，时效短暂。营业推广虽然效果迅速，但滞留时效比较短暂。

(3) 攻势较强。营业推广总是伴随着各种优惠条件和强大的宣传攻势，其短期经济效益比较显著。

3. 营业推广决策

营业推广决策包括以下内容：确定目标、选择方式、制定方案、实施方案和评价方案。

（1）确定目标：营业推广的目标是根据目标市场顾客和企业销售目标而确定的。营业推广的目标就其对象而言分为三类：其一，针对消费者的目标，目的是要刺激其购买；其二，针对中间商的目标，要吸引其经销并对本企业品牌商品忠诚；其三，针对推销人员的目标，要鼓励其积极推销产品，力求刺激更多的潜在顾客购买。

（2）选择方式：营业推广方式很多，企业在选择方式时，必须综合考虑。

（3）制定方案：方案的制定是营业推广中的重要环节。

（4）实施方案：要保证方案的实施，必须注意以下问题：第一，人员的组织和执行。营业推广是由人来执行的，选择合适的执行者和管理者至关重要；第二，方案实施的时间和时机。何时实施，这有很强的技巧性。机会选择的合适，效果就很好，反之则差。另外，何时开始到何时结束，这些都必须明确下来。

（5）评价方案：为了控制和调整营业推广实施效果，必须对营业推广的效果进行评价。常用的营业推广评价方法有两种：比较法和跟踪调查法。

任务实施

中国移动营销管理策略

2013 年，中国移动的业务收入为 6 302 亿元，是中国联通的 2.13 倍，净利润为 1 217 亿元，是中国联通的 11.8 倍。中国移动的市场占有率为 70%，中国联通的市场占有率为 30%。这种局面导致双方在营销战略的很多方面更加趋于理性，从某种程度上来说，国内的这两家移动运营商在市场营销战略上已经类似于西方发达国家通信运营商之间的竞争战略——不再一味地进行价格战，而是更加强调品牌推广和消费者研究。

拥有长期的、忠诚的客户及由此整合的客户资本是一个企业特别是服务性企业生存发展的重要基础。企业的任何经营决策都必须将满足客户需求、培养客户的忠诚度放在重要位置。中国移动目前已不再处于简单地扩大再生产阶段，而是进入了集约发展时期，只有实施合适的新营销策略才能真正提升核心能力。因此，新营销策略的制定成为一个刻不容缓的重要任务。

1. 产品策略

在服务方面，要考虑到我国消费者在消费时容易受群体或个人的影响，如比较关注每次的营销活动；强调节省，即物超所值；强调共性，即人群偏好；强调地位，如高收入者偏好的影响；强调面子，如注重外观或外包装；社会和家庭的影响，如一个不良产品所引起的不良反应不止影响一个消费者，很可能造成连锁反应；个人的年龄、职业、性格等。

在品牌方面，中国移动做了较好的规划，目前已形成了"全球通""神州行""动感地带"三大全国统一的主导产品品牌，分别涵盖高端用户、流动性较强的用户和收益潜力大的潜在中高端用户；此外还有大量针对区域市场而推出的临时性品牌。品牌经营是进行低层次价格竞争的有力武器，是电信运营商面向未来的战略性投资，是企业持久竞争优势之所在。品牌经营必将为中国移动通信运营商赢得通信市场竞争夺得先机。这是因为产品是在工厂里生产的东西，消费者所购买的产品可以被对手仿效，而品牌是独一的；产品会很快过时，而成功的品牌，若是管理得当则会永存。选择品牌经营，其内涵在于实现品牌本体（企业预期的消费者感受）和品牌形象（消费者的实际感受）之间的和谐统一。

中国移动应该持续走品牌经营之路，努力降低企业营销成本，赢得用户忠诚，使企业轻松应对市场竞争。对于中国移动推出的"动感地带"要继续树立清晰的品牌定位，进行强大的营销传播，扩大在年轻人中的声誉。

2. 价格策略

作为电信行业的老大哥——中国移动公司应该勇敢地跳出感性竞争的怪圈，充分认识到竞争的目的是促进共同发展，而不是你死我活，不要主张恶性竞争，不要主张竞相压价去获得市场占有率，要制定合适的价格策略，要讲究有效益的发展。对于公司的三大品牌，可以采取鲜明的"价格歧视"战略，即针对不同话费支出的客户制定差异性的资费调整政策，所有价格策略的制定要注重效益的发展。具体如下：

（1）针对"全球通"用户，主要运用"套餐"的方式进行优惠，并且在"全球通"用户中也要根据贡献度大小而制定不同的费率。

（2）针对"神州行"用户，主要运用"亲情号码"的方式局部适度降价。

（3）针对"动感地带"用户，实行新业务捆绑策略来提高用户的使用价值。

（4）针对区域用户，实行限制业务功能来限制中高端用户的转网。

3. 分销渠道策略

分销渠道主要有两个方面，一是经销商的选择，二是销售渠道的控制和管理。在经销商的选择这方面，中国移动应广泛依靠营业厅自办、社会渠道代办合办、客户经理一对一办三种模式发展新用户和维系老用户。一方面，依托原有邮电遗留下来的自有渠道，努力发挥其销售功能和示范功能，同时加大对自有渠道的投资，体现自身服务领先的战略追求；另一方面，积极发展社会代经销渠道，延伸产品的覆盖范围。增强市场控制力。在社会渠道的管理上，实施"百店"统一 CI 活动。中国移动通信公司执行以移动营业厅为主的多元化分销渠道策略，而代销点主要是各通信经营店，今后可实施"百店"统一 CI 活动，即凡是中国移动通信公司的代销点必须统一形象，并真正做到"布局合理、不留死角"。中国移动应抓住零售商注重流通的特点，以差异化的地区性产品来刺激最终市场，进而启动渠道的积极性。逐步提高自有渠道的数量和质量，与总体处于"守势"的现状相适应。同时，中国移动应继续建设排他性营业厅，可以采取自办、合办等形式。中国联通的 CDMA 网络在广东推广时，由于采取了提高代办商提成的办法，使得移动的代办点大面积叛逃，给广东移动造成巨大的损失。为避免这种情况再次出现，中国移动通信公司加大排他性自办、代办点建设力度，实现对销售渠道的有效控制。

4. 促销策略

目前中国移动通信公司合法的促销手段主要是广告，并且投入了大量的资金在各种报纸、电视及网络等媒体上进行大规模的广告攻势，取得了良好的效果。公司的广告主要是商业形象广告，集中突出在服务质量、社会公益等诸多方面的良好形象，以赢得广大用户和社会公众的认知与支持。另外，中国移动也采用灯箱广告、路牌广告等诸多形式来加强公众的印象与认同。同时，在各类财经类 IT 类专业杂志中移动公司也进一步加大版面的广告投入。

讨论题：

1. 结合案例，分析中国移动采取的是什么样的服务和品牌策略。

2. 结合案例，分析中国移动实施的是什么样的价格策略，这种价格策略和品牌策略有什么关系。

3. 结合案例，分析中国移动分销渠道的结构。

4. 结合案例，分析中国移动的主要促销方式是什么。

案例分析二 **戴尔怎样采购**

戴尔采购工作最主要的任务是寻找合适的供应商，并保证产品的产量、品质及价格方面在满足订单时，有利于戴尔公司的经营。采购经理的位置很重要。戴尔的采购部门有很多职位的人做的事情是：制订采购计划、预测采购需求、联络潜在的符合戴尔需要的供应商。因此，采购部门安排了较多的人。采购计划职位的作用是什么呢？就是尽量把问题放在前端解决掉。戴尔采购部门的主要工作是管理和整合零配件供应商，而不是把自己变成零件的专家。戴尔有一些采购人员在做预测，确保需求与供应的平衡。当所有问题在前端解决之后，戴尔就会很少出现供应问题，只是按照订单计划生产高质量的产品就可以了。所以，戴尔通过完整的结构设置，来实现高效率的采购，达到用低库存来满足供应的连续性的目的。戴尔认为，低库存并不等于供应会有问题，但它确实意味着运作的效率必须提高。

精确预测是保持较低库存水平的关键，既要保证充分的供应，又不能使库存太多，这在戴尔内部被称为没有剩余的货底。在 IT 行业，技术日新月异，产品更新换代非常快，厂商最基本的要求是要保证精确的产品过渡，不能有剩余的货底留下来。戴尔要求采购部门做好精确预测，并将采购预测上升为购买层次，进行考核，这是一个比较困难的事情，但必须精细化，必须落实。

"戴尔公司可以给你提供精确的订货信息、正确的订货信息及稳定的订单。"一位戴尔客户经理说，"条件是，你必须改变观念，要按戴尔的需求送货；要按订货量决定你的库存量；要用批量小但频率高的方式送货；要能够做到随要随送，这样你和戴尔才有合作的基础。"事实上，在部件供应方面，戴尔利用自己的强势地位，通过互联网与全球各地优秀供应商保持着紧密的联系。这种"虚拟整合"的关系使供应商们可以从网上获取戴尔对零部件的需求信息，戴尔也能实时地了解合作伙伴的供货和报价信息，并对生产进行调整，从而最大限度地实现供需平衡。

给戴尔做配套，或者作为戴尔零部件的供应商，都要接受戴尔的严格考核。戴尔的考核要点如下：

（1）供应商计分卡。在卡片明确订出标准，如市场表现、生产线表现、运送表现以及做生意的容易度，戴尔要的是结果和表现，据此进行打分。瑕疵品容忍度：戴尔考核供应商的瑕疵率不是以每 100 件为样本，而是以每 100 万件为样本，早期是每 100 万件的瑕疵率低于 1 000 件，后来质量标准升级为 6-Sigma 标准。

（2）综合评估。戴尔经常会评估供应商的成本、运输、科技含量、库存周转速度、对戴尔的全球支持度以及网络的利用状况等。

（3）适应性指标。戴尔要求供应商应支持自己所有的重要目标，主要是策略和战略方面的。戴尔通过确定量化指标，让供应商了解自己的期望；戴尔给供应商提供定期的进度报告，让供应商了解自己的表现。

（4）品质管理指标。戴尔对供应商有品质方面的综合考核，要求供应商应"屡创品质、效率、物流、优质的新高"。

（5）每3天出一个计划。戴尔的库存之所以比较少，主要在于其执行了强有力的规划措施，每3天出一个计划，这就保证了戴尔对市场反应的速度和准确度。供应链管理第一个动作是做什么呢？就是做计划。预测是龙头，企业的销售计划决定利润计划和库存计划，俗话说，龙头交龙尾跟着变。这就是所谓的"长鞭效应"。

迈克尔说过，供应商迟一点，意味着太迟了。这说明了戴尔对供应商供货准确、准时的考核非常严格。为了达到戴尔的送货标准，大多数供应商每天要向戴尔工厂送几次货。

漏送一次就会让这个工厂停工。因此，如果供应商感到疲倦和迷茫，甚至半途而废，那么其后果是戴尔无法承受的——任何供应商的些许变动都可能使戴尔的供应链体系遭受重创。然而，戴尔的强势订单凝聚能力又使任何与之合作的供应商尽一切可能规定的要求来送货，按需求变化的策略来调整自己的生产。

在物料库存方面，戴尔比较理想的情况是维持4天的库存水平，这是业界最低的库存记录。戴尔是如何实现库存管理运作效率的呢？

第一，拥有直接模式的信用优势，合作的供应商相信戴尔的实力。

第二，具有强大的订单凝聚能力，大订单可以驱使供应商按照戴尔的要求去主动保障供应。

第三，供应商在戴尔工厂附近租赁或者自建仓库，能够确保及时送货。

戴尔可以形成相当于对手9个星期的库存领先优势，并使之转化为成本领先优势。在IT行业，技术日新月异，原材料的成本和价值在每个星期都是下降的。根据过去5年的历史平均值计算，每个星期原材料成本下降的幅度在0.3%~0.9%。如果取得一个中间值的0.6%，然后乘以9个星期的库存优势，戴尔就可以得到一个特殊的结构，可以得到5.5%的优势，这就是戴尔运作效率的来源。

戴尔很重视与供应商建立密切的关系。"必须与供应商无私地分享公司的策略和目标。"迈克尔说。通过结盟打造与供应商的合作关系，也是戴尔公司非常重视的基本方面。

在每个季度，戴尔总要对供应商进行一次标准的评估。事实上，戴尔让供应商降低库存，他们彼此之间的忠诚度很高。从2001年到2004年，戴尔遍及全球的400多家供应商名单里，最大的供应商只变动了两三家。

戴尔也存在供应商管理问题，并已练就出良好的供应链管理沟通技巧，在有问题出现时，可以迅速地化解。当客户需求增长时，戴尔会向长期合作的供应商确认对方是否可能增加下一次发货数量。如果问题涉及硬盘之类的通用部件，而签约供应商难以解决，就转而与后备供应商商量，所有的一切，都会在几个小时内完成。一旦穷尽了所有供应渠道也依然无法解决问题，那么就要与销售和营销人员进行磋商，立即回复客户："这样的需求无法满足。"

"我们不愿意用其他人的方式来作业，因为他们的方法在我们的公司行不通。"戴尔通过自行创造需求的方法，并取得供应商的认同，已经取得了很好的成绩。戴尔要求供应商不光要提供配件，还要负责后面的及时配送。对一般的供应商来看，这要求太高了，一些供应商尽管起初不是很愿意，但最后还是满足了戴尔的及时配送要求。戴尔的业务做得越大，对供应商的影响就越大。戴尔公司需要的大量硬件、软件与周边设备，都是采取随时需要供应商随时提供提送货服务的策略。

供应商要按戴尔的订单要求,把自己的原材料转移到第二方仓库,在这个原材料所有权还属于供应商。戴尔根据自己的订单确定生产计划,并将数据传递给本地供应商。

根据戴尔的生产要求把零配件提出来放在戴尔工厂附近的仓库,做好送货的前期准备,戴尔根据具体的订单需要,通知第二方物流仓库,通知本地的供应商,让他把原材料送到戴尔的工厂,戴尔工厂在 8 小时之内把产品生产出来,然后送到客户手中。整个物料流速度是非常快的。

(资料来源:百度文库)

讨论题:
1. 戴尔的采购从哪些方面反映了产业购买者的共同行为特征?
2. 作为集团购买者,戴尔的购买行为有哪些时代特点?

项目小结

本项目由《秀才赶考》的寓言故事引入,讨论了什么是市场、什么是营销、营销管理的任务、营销管理哲学,消费者购买行为分析、集团购买行为分析以及促销信息对购买行为的影响,确定目标消费者、设计营销组合、实施营销管理活动等市场营销流程。

本项目包括五个任务,分别通过中国移动营销管理策略、戴尔公司案例分析,认识上述市场分析和市场营销过程的实施情况,以及引导企业做出适当的营销策略和方案。

课后练习

一、选择题

1. 市场是指对某项商品或劳务具有需求的所有(　　)。
   A. 个人消费者　　　　　　　　　B. 生产者
   C. 社会集团　　　　　　　　　　D. 现实与潜在买者
2. 市场营销观念的突出特征是(　　)。
   A. 以产品质量为中心　　　　　　B. 以产品价格为中心
   C. 以产品产量为中心　　　　　　D. 以消费者需求为中心
3. 下列属于宏观环境的要素是(　　)。
   A. 消费者　　　　　　　　　　　B. 中间商
   C. 社会文化　　　　　　　　　　D. 竞争者
4. 生产家用电器的企业与房地产公司是(　　)。
   A. 一般竞争者　　　　　　　　　B. 愿望竞争者
   C. 品牌竞争者　　　　　　　　　D. 形式竞争者
5. 生产资料分销渠道中最重要的类型是(　　)。
   A. 生产者—批发商—用户　　　　B. 生产者—用户
   C. 生产者—代理商—用户　　　　D. 生产者—代理商—批发商—用户

6. 企业开展公共关系活动的基础是（　　）。
A. 消费者公众　　　　　　　　　　B. 政府公众
C. 金融公众　　　　　　　　　　　D. 内部公众
7. 无差异性目标市场营销策略的最大优点是（　　）。
A. 策略的有效性　　　　　　　　　B. 成本的经济性
C. 实施的便利性　　　　　　　　　D. 结果的可控性
8. 市场定位是指（　　）。
A. 产品在市场上所处的位置　　　　B. 产品在消费者心目中所处的地位
C. 产品的销售对象选择　　　　　　D. 产品的销售渠道选择

二、判断题

1. 市场营销观念是最现代的、无懈可击的观念。　　　　　　　　　　（　　）
2. 生产者购买为理性动机，消费者购买为感性动机。　　　　　　　　（　　）
3. 供应商与竞争者状况属于营销的宏观环境因素。　　　　　　　　　（　　）
4. 食盐、面粉等商品宜采用集中型目标市场策略。　　　　　　　　　（　　）
5. 商标是经注册，取得专用权的品牌。　　　　　　　　　　　　　　（　　）
6. 产品的生命周期是指产品的市场寿命。　　　　　　　　　　　　　（　　）
7. 分销渠道是产品从生产领域向消费领域实体流转所经通道。　　　　（　　）
8. 中间商的介入增加了渠道环节，因而增加了社会商品流通中的交易次数。（　　）

三、简答题

1. 谈谈你对市场的认识。
2. 营销观念有哪些？针对我国实际情况，企业应树立什么样的市场营销观念？
3. 分析市场营销环境的意义何在。
4. 市场细分有何作用？企业选择目标市场时应考虑哪些因素？
5. 影响商品价格的因素有哪些？作为营销者应该如何去把握？
6. 影响分销渠道选择的因素有哪些？
7. 影响促销组合的因素有哪些？
8. 什么是产品组合策略？举例说明其作用。

技能训练

影响消费者行为的营销组合策略

实训目标。
通过调查了解商品的品牌、包装、价格对消费者行为的影响。

实训内容。
对某一手机大卖场进行一次社会调查，选择苹果、三星、小米、vivo、OPPO、华为等国际、国内品牌8~10种，收集有关的广告宣传品以了解信息。

实训地点。
教室或实训室。

实训步骤。

（1）就各种品牌手机的名称、外形、基本功能、定价进行比较。

（2）分析这些手机的广告宣传运用了哪些心理方法，起到了什么作用。

（3）对所在班级的同学进行手机持有率、持有者所持手机品牌的调查，了解同学们当初为什么购买该款手机、现在感觉如何。了解尚未购买手机的同学的购买品牌意向和心理价位。

（4）写出调研与分析报告。

（5）将调研报告的内容制作 PPT，面向全班分享。

线上资源

1. 请登录：http://v.youku.com/v_show/id_127904717.html（《市场营销环境分析》）。
2. 请登录：http://v.pps.tv/play-379E4Y.html（《市场营销原理之消费者行为》）。
3. 请登录：http://v.pps.tv/play-38ULWF.htmL（《新营销的本质——创造顾客价值》）。
4. 请登录：http://www.ipiyi.com/business/20130407/0a061598e4220954.html（《财经狼眼之如何约束政府采购》）。

线下资源

1. 《营销管理》．[美]科特勒．格致出版社，2016年。
2. 《图解营销策划》．[英]马尔科姆·麦克唐纳．电子工业出版社，2014年。
3. 《科特勒营销思维》．[美]菲利普·科特勒，[英]凯文·莱恩·凯勒．中国人民大学出版社，2015年。

项目七

现代企业人力资源管理

任务引入

盲人选羊

市场上来了一个盲人,据说他是来买羊的。所有人都等着看好戏,谁也不相信盲人能从一大群羊中选出好的羊来,甚至有人恶作剧地把一只小狼放进去了。

盲人被领到羊圈出口,卖羊人将羊赶到他的面前。盲人一只一只地挑选小羊羔,令人惊奇的是,他虽然眼睛看不见,但挑出来的羊羔确实都是非常优良的。

这时,恶作剧的人故意把小狼递到他的手上,盲人接过来,歪着头摸了一会儿,说:"这不是一只羊,我也说不清楚这是什么,但我能肯定地说,这个动物不是什么好东西!"

周围的人大惊,便向他请教。盲人说:"你喜欢羊吗?你了解羊吗?你能像我这样不用眼睛而用心去'看'羊吗?这就是我的秘诀!"

任务分析

合格的人力资源管理者应具备哪些基本能力呢?首先是公正、忠信和坚定勇敢的意志力,然后是对人性正确、全面的了解以及广博的知识,最后是亲和力与优秀的人际关系处理技巧。一个优秀的人力资源管理者,就像是寻找千里马的伯乐一样,要具有天赋的才能、丰富的经验和全面的综合能力。因此,企业和组织必须重视对人力资源管理者的选拔并善待人力资源管理者,因为"千里马常有,而伯乐不常有"。

任务说明

工作任务	知识目标	能力目标	操作流程
任务一 人力资源管理认知	1. 人力资源的概念与特点 2. 人力资源管理的内容及目标	1. 能够依据企业的情况,分析出人力资源管理的具体职能 2. 熟悉人力资源管理的主要内容	1. 阅读案例 2. 分组讨论 3. 代表发言 4. 总结案例

续表

工作任务	知识目标	能力目标	操作流程
任务二 人力资源的获取	1. 人力资源规划 2. 人员招聘与选拔	1. 能够依据企业的情况，制订人力资源规划 2. 能够针对企业的要求进行人员的招聘与选拔	1. 阅读案例 2. 分组讨论 3. 代表发言 4. 总结案例
任务三 人力资源的开发	1. 员工的培训与发展的原则 2. 员工职业发展规划	1. 能够指导企业选择适当的员工培训形式 2. 帮助企业职工制定职业发展规划	1. 阅读案例 2. 分组讨论 3. 代表发言 4. 总结案例
任务四 人力资源的使用	1. 激励 2. 绩效考核的程序 3. 薪酬制度的设计	1. 熟悉激励的作用和理论 2. 熟悉常用的绩效考核方法 3. 能够制定适合企业的薪酬管理制度	1. 阅读案例 2. 分组讨论 3. 代表发言 4. 总结案例

相关知识

任务一　人力资源管理认知

A公司刘总刚从日本考察回国，对日本企业管理界研读中国《三国演义》感慨良多。立即在公司中高层管理者中推行这一做法，并且规定每季度要召开读书心得交流会，要求每次围绕一个主题，一人做主题发言，大家参与讨论。一年过去了，刘总感到收效不明显。今晚由人力资源管理部吴经理做主题发言。吴经理清清嗓子开口道："为了准备这次研讨，我去了广州，与我的导师讨论了有关《三国演义》与人力资源管理的有关问题……从人力资源管理部的角度看，我认为《三国演义》是本企业管理和人力资源管理方面发人深省的反面教材，是先人留给我们的一部警世之作。"此言一出，满座哗然。

吴经理继续说道："从人力资源管理的视角看，《三国演义》是一座取之不尽的富矿，只不过是人们长期以来忽视它而已。我的导师与我讨论了三国各自的战略意图与人力资源管理战略，各自的选人、育人、用人、留人策略及其成功与失当之处，并着重对曹操、孙权、刘备尤其是诸葛亮在人力资源管理方面的功过是非进行了深入的探讨，得出了许多与人们通常认识不一致的结论，使我既感到震撼又收益良多。"

"曹操之所以能够统一北方但又始终无法统一全国，最终导致三分天下的格局，与其在不同阶段的战略思维与用人战略是分不开的。孙权虽说是继承父兄基业，但在诸侯林立之中仍然稳据东南，与他在不同阶段根据形势需要使用关键人才是分不开的，起初是重用周瑜开疆辟土，再次是任用鲁肃整顿内务，继而使用吕蒙稳定局面，最后是大胆起用年轻的陆逊去抗拒老谋深算的刘备，创造了火烧连营七百里的战争佳话。"

"刘备的起家则完全靠的是外貌忠厚、内藏乾坤的雄才大略和一套叹为观止的人力资源策略。从刘关张桃园三结义奠定刘备集团的核心,到网罗卧龙凤雏形成其参谋咨询班底,再到吸引赵云、黄忠、马超、魏延等战将,从一个落魄之人到成就伟业之雄才,处处显示出其卓著的人力资源管理才能。而反观诸葛亮,则是谋事能臣,用人庸才。刘备去世后,实际掌握蜀汉大权的诸葛亮的每一决策几乎都与人力资源管理理念背道而驰。其用人策略与其战略理念相违背,本应是东和孙吴,北拒曹魏,却安排与曹魏不清不楚而与孙吴不共戴天的关羽镇守荆州,由于不重视人才的培养和使用,于是蜀中无大将,廖化作先锋;由于不懂得授权,事必躬亲,于是年仅 50 余岁便逝世了,空使英雄泪满襟。我们试想,如果诸葛亮投奔曹操且得到重用会怎么样?或者以诸葛亮之才,又懂得运用人力资源管理策略,也许历史将会重写。"

吴经理的话讲完了,会议室里陷入了长久的沉默。

由此案例,我们可以看出:大凡要成就一番事业者,仅凭个人的力量是有限的。一个组织实际上就是一群人的集合体,如何将这些人力资源整合成能够攻无不克、战无不胜的团队,正是人力资源管理所要研究的问题。

要做好人力资源管理工作,首先要了解人力资源的特性及其必须遵循的基本规律。从战略理念、战略目标、工作任务、管理计划和具体执行等环节,将整个组织目标作为一个系统,将人力资源管理作为一个系统,才能谈得上提高管理效率和效益。不懂得人力资源管理或者说不愿意以人力资源管理统领工作,个人才华再出众也可能空叹时不我与。

一、人力资源管理的概念与特点

所谓人力资源管理,是指根据企业发展战略的要求,有计划地对人力资源进行合理配置,通过对企业员工的招聘、培训、使用、考核、激励、调整等一系列过程,调动员工的积极性,发挥员工的潜能,为企业创造价值,确保企业战略目标的实现。现代企业人力资源管理具有以下 5 个显著特点:

(一)综合性

人力资源管理需要综合考虑多方面的因素,涉及经济学、心理学、管理学等多门学科,是一门相对复杂的综合性科学。

(二)实践性

人力资源管理的理论主要来源于管理实践,是对经验的总结与归纳,因此必须在实践中实现自身的发展和完善。

(三)发展性

人力资源管理理论的发展受到社会发展的约束,随着社会的发展不断深化,因此具有发展性的特点。

(四)民族性

人力资源管理本身就带有鲜明的民族特色。不顾民族特点对他国的经验盲目照搬,很难达到人力资源管理的预期目的。企业人力资源管理者必须对人力资源管理的民族性有一个深刻的理解。

（五）社会性

现代经济是社会化程度非常高的经济，在影响劳动者的工作积极性和工作效率的众多因素中，生产关系和意识形态是两个重要因素，而它们都与社会制度有着密切的关系。因此，人力资源管理也就具有很强的社会性。

二、人力资源管理的主要内容及目标

（一）人力资源管理的内容

1. 工作分析

工作分析是对企业各个工作职位的性质、结构、责任、流程，以及胜任该职位工作人员的素质、知识、技能等，在调查分析获取相关信息的基础上，编写职务说明书和岗位规范等人事管理文件。

2. 人力资源规划

人力资源规划是指在不断变化着的环境系统中，合理地分析和预测企业对人力资源的需求和供给的情况，并据此制定或调整相应的政策和实施方案，以确保企业在恰当的时间、恰当的岗位上获得人选的动态过程。

3. 员工招聘与选拔

根据人力资源规划和工作分析的要求，为企业招聘、选拔所需要的人力资源并录用安排到一定岗位上。

4. 人力资源培训与开发

人力资源培训与开发是有组织、有计划提供的，为的是使企业成员的知识、能力、态度和行为获得提升或促进，从而达到提高企业工作效率的目的。

5. 绩效考评

绩效考评也叫绩效评估，是组织依照预先确定的标准和一定的考核标准，运用科学的考核方法，按照考核的内容和标准，对考核对象（员工）的工作能力、工作成绩进行定期或不定期的考察或评价。绩效考评对企业、管理者和员工个人具有不同的作用。在提高工作效率、发现优秀人才、促进人才的合理开发等方面表现突出。

6. 员工激励

员工激励是人力资源管理的重要功能，是人力资源管理与开发过程中不可或缺的组成元素。简单地讲，激励就是帮助人们寻找或为他们创造努力工作的理由的过程。在现实的管理过程中激励的方式有很多种，如信仰激励、目标激励、参与激励、竞争激励、考评激励、业绩激励、奖惩激励、信任激励、关怀激励、反馈激励、情感激励等。

7. 薪酬管理

在现代市场经济中，薪酬是人力资源管理的一个重要方面，也是人力资源管理的有效手段之一。在企业中，最直观体现人力资源价值量大小的指标就是薪酬。随着新经济时代的来临，人力资源成本在企业活动成本中所占份额的增加，使企业更加重视对人力资源的管理。所以，薪酬就成为企业管理者和企业员工共同关心的中心内容。

8. 职业生涯管理

鼓励和关心员工的个人发展，帮助员工制定个人发展规划，以进一步激发员工的积极性、创造性。

（二）人力资源管理的目标

1. 充分调动员工的积极性

据调查研究发现，在自然状态下，员工只会发挥20%～30%的能力，如果充分调动员工的积极性，其潜力可发挥到80%～90%，所以，为了充分、全面、有效地开发人力资源，调动员工的积极性就成了实现企业目标的有效手段。

2. 扩展企业的人力资本

企业拥有三大资源，这就是人力资源、物质资源和财力资源，其中，物质资源和财力资源的利用归根结底是通过与人力资源的结合实现的，实现的程度受到企业人力资源中人力资本的数量、利用程度，以及人力资源管理的优劣影响。扩展企业人力资本，增加人力资本的存量，成为人力资源管理的一大目标。

3. 实现企业利润的最大化

人力资源管理就是通过提高企业成员的使用率、发挥率和有效率来达到人尽其才，才尽其能的目的，从而实现企业利润最大化的目标。这也足以说明人力资源管理在现代企业管理中的地位和作用。

任务二　人力资源的获取

案例导入

宝洁公司校园招聘会

2016年9月18日19点整，广州宝洁公司在西安交通大学就业中心一楼信息发布厅举行校园招聘会。会场内座无虚席，气氛活跃。

宝洁公司，全球和中国最大的快速消费品公司，立足从基础培养人才，希望用招聘会的形式吸引到未来的商业精英。招聘会以原西北地区负责人刘先生与来宾互动的方式开始，将宝洁公司178年的发展历史与现在的国际地位以及未来发展前景做了介绍。提出了宝洁拥有世界领先培养体系，能给职员富有挑战性的工作，使其发展为全面的职业人，以至于成为领导全球的商业领袖的人才计划。

招聘包括实习生招聘和全职招聘两部分。实习生招聘部门包括销售部、品牌管理部、市场研究部、产品供应部、人力资源部和研究开发部6大部门。全职招聘部门包括销售部与品牌管理部等8个部门。其中销售部和IT部门的负责人就本部门做了具体介绍。

销售部负责人刘先生指出销售部的工作主要包括两方面："立"和"卖"。"立"指立足市场策略，"卖"指通过应用心理学知识和大数据研究对消费者的购物行为做出分析，达到与客户的共鸣。销售部会对新员工展开为期52周的全方位培训，在此过程中他们将学习销售与管理方面的知识技能以及了解到企业在人才与物力方面的构想。随后由IT部门负责人李先生介绍了IT部门的一些情况。IT部门是全球化的组织，其利用新技术推动了公司的发展。工作方向包括IT的安全性的保障、供应链的平台提供、数据的收集与分析等。

此次招聘以应届毕业生为主。其中IT部门希望招收拥有信息管理、计算机、数据统计、数学与数学应用方面专业技术，能解决大问题且有对IT有极高热情的人才。而销售部门未对专业提出要求，但希望招收有领导能力、会思考而且有销售主动力的人才，并且指出今年招收的人数将比去年翻一番。

会议最后介绍了今年的招聘流程：网上申请、一次面试、二次面试、笔试、工作。

在所有的管理职能中，人力资源规划最具有战略性和主动性。科学技术瞬息万变，而竞争环境也变幻莫测，这不仅使得人力资源预测变得越来越困难，也变得更加紧迫。人力资源管理部门必须对组织未来的人力资源供给和需求做出科学预测，以保证在需要时就能及时获得所需要的各种人才，进而保证实现组织的战略目标。

一、人力资源规划

（一）人力资源规划的含义

人力资源规划是指在不断变化着的环境系统中，合理地分析和预测企业对人力资源的需求和供给的情况，并据此制定或调整相应的政策和实施方案，以确保企业在恰当的时间、恰当的岗位上获得人选的动态过程。

（二）人力资源规划的内容

1. 总体规划

总体规划是指根据企业总体战略，确定在规划的时间内人力资源管理的总目标、配套政策、实施步骤及总预算支出的安排。

2. 业务规划

各项业务规划主要包括：

（1）人员配备计划。企业依据内外部环境的变化，采取不同的人员管理措施以实现企业内部人员的最佳配置。例如，当企业要求某岗位的员工同时具备其他岗位的经验或知识时，就可以让此岗位上的员工定期、有计划地流动，以提高其知识技能，使之成为复合型人才。

名人名言

办公司就是办人。人才是利润最高的商品，能够经营好人才的企业才是最终的赢家。

——联想集团创始人柳传志

（2）人员补充规划。人员补充规划是企业根据组织运行的实际情况，对企业在中、长期内可能产生的空缺职位加以弥补的计划，旨在促进人力资源数量、质量和结构的完整与改善。

（3）人员晋升规划。人员晋升规划就是根据企业管理结构的需求和人力资源的供给状况，相应地确定在特定发展阶段的晋升政策。及时地将有特殊才能的人才晋升到与其能力匹配的岗位上，对于企业的整体实力和全体员工都会产生积极的影响和推动力。

（4）人员培训开发规划。人员培训开发规划是为了企业的中长期发展所需补充的空缺职位，而事先制订的储备人才计划，也是为了更好地使员工与工作岗位相适应而进行的一系列策划工作。当职位确实出现了空缺时，相应的人才早已经储备待用了，培训开发规划不但对企业有重大作用，对于提高员工个人素质和创造力也都具有十分重要的意义。

（5）薪酬福利规划。薪酬福利规划可以将企业的人力资源成本与经营状况维持在一个合理的水平上。企业未来薪酬总额取决于员工的分布状况，不同的分布状况往往对应着不同的人力资源成本。企业通过规划，适当地控制扩大的幅度，优化中高层次职位的数量，在一定条件下就可以显著降低总的工资水平。如果事先没有详细的工资规划，用以有效地控制成本，企业的整体目标就会受到重大影响。

（6）员工职业生涯规划。员工职业生涯规划既是员工个人的发展规划，又是企业人员规划的有机组成部分。企业通过员工职业生涯规划，把员工个人的职业发展与组织需要结合起来，从而有效地留住人才，稳定企业的员工队伍。特别是那些具有相当发展潜力的员工，企业可以通过个人职业生涯规划的制订，激发他们的主观能动性，使其在企业中发挥出最大的作用。

二、人员招聘与选拔

招聘就是企业通过招募，选用具有企业所需能力的人员的过程，是人力资源开发与管理中非常重要的一个环节。招聘是企业各职位吸纳人力资源的手段，它是企业为了发展的需要，根据人力资源的规划和工作说明的需求，从企业内部或外部找到职位所需的人力资源的过程。

（一）人员招聘的原则

1. 因事择人原则

因事择人就是要以事业的需要、岗位的空缺为出发点，根据岗位对人员的资格要求来选用人员，这可以从所需人员的教育经历和任职类型两个方面进行考虑。

2. 先内后外的原则

企业在招聘时首先要从内部挖掘人才，内部人员不能满足要求时才从外部招募人员。现代人力资源管理要求企业能够使员工在企业中得到长期的发展，所以，不断给企业内部员工以发展的机会是人力资源管理部门的一项职责。

3. 公开透明原则

公开就是指企业要把招聘的部门、职位类型、职位数量、要求的资格、要求的条件等公开，考试的内容、方法、时间要公开，考试的结果、录用结果也要公开。透明就是考试、甄选、录用的过程要透明，防止暗箱操作。

4. 公平竞选原则

公平竞争就是要求对待应聘者一视同仁，不能有任何歧视性的条件和不平等的限制，为应聘人员提供一个平等竞争的舞台。测试和选择人才的条件要科学、合理、公平、严格，根据测试结果择优录用。

5. 量才择优原则

择优就是要根据企业的人力资源需求类型，通过选拔，录用最合适的人才，做到因事择人。量才则要求全面考查应聘者的品德、智力、能力、经验、经历、体力、心理等方面的因素。遵循量才择优原则最重要的是要处理好量才和择优的关系。

（二）人力资源招聘的途径

一般来讲，人力资源招聘分为企业外部招聘和内部提升。

1. 外部招聘

外部招聘就是企业根据制定的标准和程序，从企业外部选拔符合空缺职位要求的员工。

（1）外部招聘具有以下优势：①具备难得的"外部竞争优势"；②有利于平息并缓和内部竞争者之间的紧张关系；③能够为企业输送新鲜血液。

（2）外部招聘也会有很多的局限性，主要表现在：①外聘者对企业缺乏深入了解；②企业对外聘者缺乏了解；③对内部员工的积极性造成打击等。

2. 内部提升

所谓内部提升，是指企业内部成员的能力和素质得到充分确认之后，被委以比原来责任更大、职位更高的职务，以填补该企业中由于发展或其他原因而空缺的管理职务。

（1）内部提升制度具有以下优点：①有利于调动员工的工作积极性；②有利于吸引外部人才；③有利于保证选聘工作的正确性；④有利于被聘者迅速开展工作。

（2）内部提升制度也可能会带来如下一些弊端：①可能会导致企业内部"近亲繁殖"现象的发生；②可能会引起同事之间的矛盾等。

（三）人员招聘的程序

1. 制订招聘计划

发布招聘信息、应聘者提出申请接待和甄别应聘人员。

2. 发布招聘信息

发布招聘信息是指利用各种传播工具发布岗位信息，鼓励和吸引人员应聘。在发布招聘信息时应注意信息发布的范围、时间以及招聘对象的层次性。

3. 应聘者提出申请

应聘者在获取招聘信息后，向招聘单位提出应聘申请。应聘申请通常有两种方式：一是通过信函向招聘单位提出申请；二是直接填写招聘单位应聘申请表（网上填写提交或到单位填写提交）。

4. 接待和甄别应聘人员

在招聘当中对职务申请人的选拔过程，具体包括如下环节：审查申请表—初筛—与初筛者面谈、对其进行测验—第二次筛选——选中者与主管经理或高级行政管理人员面谈—确定最后合格人选—通知合格入选者做健康检查。此阶段一定要客观、公正，尽量减少面谈中各种主观因素的干扰。

5. 发出录用通知书

这是招聘单位与入选者正式签订劳动合同，并向其发出上班试工通知的过程。通知中通常应写明入选者开始上班的时间、地点和向哪个部门报道。

6. 对招聘活动的评估

这是招聘的最后阶段。对本次招聘活动做总结和评价，并将有关资料整理归档。评价指标包括招聘成本的核算和对录用人员的评估。这两类指标分别从招聘的成本和质量来衡量，若在招聘费用支出低的情况下能招聘到高质量的人才，则表明本次招聘效果好。

（四）测试、选拔和录用

1. 招聘测试

招聘测试是评定应聘者素质与行为能力的重要手段，运用科学、有效的测试方法能保证企业招聘录用到所需要的人选，并将其安排到企业最合适的岗位上。常用的员工招聘测试的方法有笔试、面试、心理测试、情景模拟测试等。

（1）笔试。

笔试也称知识测试，是指通过纸笔测试的形式，对应聘人的基本知识、专业知识、管理知识、综合分析能力和文字表达能力进行衡量的一种方法。笔试的类型有广度测试、结构测试和深度考试，依次分别是百科知识、相关知识和业务知识测试。通常笔试合格者才能取得面试和下一轮测试的资格。

（2）面试。

面试是指通过主试与被试双方面对面的考察、交谈等双向沟通方式，了解应聘者的素质状况、能力特征及求职应聘动机的一种人员甄选技术。通过供需双方的正式交谈，组织能够客观地了解应聘者的业务知识水平、外貌风度、工作经验、求职动机、人际交往与沟通技巧、应变能力、分析判断能力、个人兴趣爱好、与职位匹配性等信息，应聘者也能更全面地了解组织的信息。

（3）心理测试。

随着社会化大生产的发展，社会分工上越来越精细，工作本身对人的素质和心理适应性的要求越来越高，这就要求在人员和工作之间选择最佳匹配。单凭个人经验的选拔方法无法对人的心理素质进行科学、准确的评估，心理测试的运用使人事决策更为科学、准确。心理测试主要包括职业能力倾向测试、个性测试、价值观测试、职业兴趣测试和情商测试等。

（4）情景模拟测试。

情景模拟测试是根据被试者可能担任的岗位，编制一套与该岗位实际情况相似的测试题目，将被试者安排在模拟的、逼真的工作环境中，要求被试者处理可能出现的各种问题，用多种方法来测试其心理素质、实际工作能力、潜在能力等综合素质。情景模拟测试的主要形式有公文处理与人谈话、角色扮演和即席发言等。

2. 人员选拔和录用

人员选拔就是从应聘者中遴选出企业需要的员工的过程。由于这一步将直接决定最后录用的人员，因而是招聘过程中最关键的一步，也是技术性最强的一步。在这一过程中需要运用到上述提到的测试方法。

员工录用过程主要包括：录用决策、背景调查和健康体检、通知录用者、办理录用手续、签订试用合同、新员工培训、正式录用。

管理故事　　　　　　　　　**厨师绑湖蟹**

某个酒店直供阳澄湖大闸蟹，远近闻名，生意兴隆。又到金秋品蟹时，酒店急需招聘一名厨师长，有两位厨师同时前来应聘，按常规，两人将各自上岗试工3天，等6天之后才决定聘用谁。

第一位试工的厨师很勤快也很有管理头脑，他除了自己带头外，还经常与其他厨师来一场"绑湖蟹比赛"。比赛时，包括酒店老板在内的所有人都为他的技术所折服，他5分钟绑20只湖蟹，其他厨师最多绑12只！让老板更加满意的是，他懂得用比赛来提高大家做事的效率！之前他们5分钟最多只能绑10只。

接下来3天是另一位应聘者，同样地，他也懂得"竞争"的道理，所以每天一开始绑湖蟹他就号召大家来比赛，但是让所有人都没有想到的是，这位厨师的动作并不快，然而他的喊声却很大，于是，这几乎成为大家的笑料。

尽管如此，这位厨师并没有觉得羞愧，他反而用更大的声音喊着一定要追上其他厨师，他拼命加快速度追，其他的员工自然也就拼命地不让他追上，直到第6天试工结束，他绑湖蟹的效率依旧落在那些厨师的后面。

很快到了决定聘用谁的时候，第一位厨师认为老板聘用的一定是他，酒店其他员工也都这样认为。但是当老板做出决定的时候，所有人都怀疑自己听错了——老板录用了第二位厨师！作为一名厨师长，干活的效率竟然比手下的员工还慢，那怎么服众啊？

酒店老板说出了其中的奥秘：第一位应聘厨师虽然手脚很快，但由于他总是赢而让大家缺乏自信和动力。

而第二位厨师做事的手脚虽然慢，但他的"步步紧逼"逼迫着大家既兴奋又紧张地拼命加快速度，不让他追上，就在追与赶之间，每个人都在无意识中提高了劳动效率。接着老板让所有员工再绑一次湖蟹做试验，结果让所有员工都很意外——他们竟然每5分钟可以绑18只湖蟹。

令员工没有想到的是，刚才在老板办公室里，第二位厨师已经当着老板的面绑过一次湖蟹了，他的效率是每5分钟可以绑25只。

任务三　人力资源的开发

案例导入　　　　　"五斗米"的员工培训模式

企业员工培训是企业发展过程中的一个基本工作，在这方面，重庆五斗米饮食文化有限公司五斗米乡味庄摸索出了一整套餐饮企业员工培训的模式值得借鉴。

技能培训：标准化＋个性化。对于标准化，"五斗米"包括两个层次，一个是服务人员的服务程序的标准，另一个是技术人员工作的标准化。在"五斗米"，每一位服务员在迎接客人时的程序都是一样的，说的每一句话也都是培训老师教的，先介绍什么菜品，后介绍什么菜品，甚至什么酒倒在杯里是多少也是相同的。对于个性化，"五斗米"强调整个企业文化的个性化和服务的个性化。在培训的时候，"五斗米"会灌输给员工其独特的经营理念。同时设置多个场合，比如，顾客喝醉了酒、顾客很挑剔、顾客心情不好等，通过对场景的剖析，制定"五斗米"处理的方案，即采取个性化的服务措施。

个性化还强调的一点是，员工的个人魅力的培养。培训的时候，"五斗米"会通过测试了解每一个员工的个性特点，突出一个人的服务个性。比如一个人的服务态度很好、另一个人的交际能力很强，或者是一个人的协调能力很强。通过个性的突出来服务于不同的顾客。

督导培训：提高管理水平。"五斗米"的督导培训，实际上就相当于管理层的培训，分为三个层次：基层、中层和高层。基层主要包括领班、组长，中层主要是部门经理，高层主要是企业的负责同志。

最基础的培训内容包括：如何做好工作计划？如何解决问题的程序？如何开好班前会？在如何做好工作计划的培训中，就要帮助员工认识到工作计划做什么、为什么做、何时做、何地做、何人做和怎么做等基础的理论。

在培训员工了解解决问题的程序时，"五斗米"会把整个餐饮业的流程做详细的分解，然后把受训者融入具体的角色。在完成基本的知识培训后，企业的中下层管理层都会在管理的基本原理和技巧上有所体会。因为管理是接触人的工作，"五斗米"为中层管理者制订了亲和力培养计划。管理者必须在一周之内认识自己所管的人员、两周之内认识整个企业的人；管理者须主动和顾客接触，每个管理职位的人员都以一周为单位认识一定人数的客人。例如部门经理每周必须认识20个不同职业的客人。

由于竞争激烈，餐饮的发展对创新要求更高。对中层干部的创新能力培训也成了"五斗米"的培训特色。他们经常做的一个游戏就叫"创意总摆在我们面前"，游戏要求每一个参加的中层干部，在题板上写出最时尚的词语，并可以创造新的词语，但要给出合理的解释，完了就叫大家评选出最佳创意。

培训形式：理论＋场景。对于餐饮业的员工培训，"五斗米"选取了一些情景案例来进行，培训一般是1/3的理论加2/3的操作。在理论方面，主要是一些服务领域的常规要求和工作流程。

为了弥补理论的不足，"五斗米"把餐饮行业中可能出现的情况都制作成了情景案例。这些情景案例也是来自第一线的，每次发现新的情况后，部门都会进行收集，制定出典型案例。在培训中，培训师就把案例搬出来，针对一个具体的案例做分析，把员工当成事件的当事者，叫他们谈处理的方案。如果谈不能解决问题，"五斗米"还会让员工实际去操作。

培训评估：对于培训的评估，"五斗米"主要有三种形式。第一是理论的考评，给员工一个实际的案例，叫他做一个分析，并且拿出最好的解决方案。第二是实际的操作，比如基层员工可以进行现场表演，把参加培训前的情况和培训后的情况用录像的方式做对比。第三是对培训员工做两到三个月的追踪调查。

培训与开发是人力资源管理的一个重要职能。主要目的是为长期战略绩效和近期绩效提升做贡献，确保组织成员在组织战略需要和工作要求的环境下，有机会、有条件进行个人绩效提升和经验阐释。

一、员工培训与开发

员工培训与开发是指为了满足企业不断发展的需要，提高员工的知识和技能，改善员工的工作态度，使员工能胜任本职工作并不断有所创新，在综合考虑组织的发展目标和员工的个人发展目标的基础上，对员工进行的一系列有计划、有组织的学习与训练活动。

（一）员工培训的内容

1. 知识培训

这是员工持续提高和发展的基础。员工只有具备相应的知识，才能为其在各个领域的进一步发展提供坚实的支撑。

2. 技能培训

知识只有转化为技能，才能真正产生价值。员工的工作技能是企业生产高质量的产品和提高优质服务的重要条件。因此，技能培训也是企业培训中的重点环节。

3. 态度培训

员工具备了扎实的理论知识和过硬的业务技能，但如果没有正确的价值观、积极的工作态度和良好的思维习惯，那么，他们给企业带来的很可能不是财富而是损失，企业必须持之以恒、不间断地对其进行态度培训。

小案例　　　　　　　　你是不能干，还是不愿干？

一天，孟子来到齐国，见到了齐宣王。

孟子对齐宣王说："有人说，我的力气能够举起3 000斤①的东西，却拿不动一根羽毛；我的眼睛能看清楚鸟羽末端新长出的绒毛，却看不到一大车木柴。大王相信吗？"

齐宣王说："我不信。"

孟子说："拿不动羽毛，是因为完全没有用力；看不到一大车木柴，是因为闭上眼睛不去看。不是不能做，而是不去做。"

齐宣王说："不去做和不能做有什么区别吗？"

孟子说："抱起泰山，跳跃北海，那是不能做；在坡上遇到老人走路不便，不愿折枝给他当拄杖，那就是不去做。"

面对一项工作或者任务，能不能干或许你决定不了，但愿不愿意干却是你首先要做出的选择。海尔集团总裁张瑞敏说："想干与不想干，是有没有责任感的问题，是德的问题。会干与不会干，是才的问题。"不会干没关系，只要想干，就可以通过学习、研究，达到会干，但不想干，工作肯定是做不好的。

（二）员工培训的方式

1. 岗前培训

这主要是针对新员工而言，一是向他们介绍企业文化、行为要求、生产与产品等；二是组织他们参观企业，使其进一步熟悉和了解企业情况；三是进行业务知识、操作规程的学习。

2. 在职培训

这主要是指不离开岗位进行的培训。可以利用工余时间、晚上和双休日或利用少部分工作日进行培训。培训内容可以是文化知识普及和提高等，也可以是具有针对性地对某一专门技术的培训。

3. 脱产培训

这主要是指离开工作岗位专门进行的学习培训，分短期和长期两种。短期培训是指3个月以内的学习培训；长期培训是指3个月以上的学习培训，如进大学深造、出国进修等，这种形式对培养年轻有为的技术人员和高层管理人员较为有效。

管理链接　　　　　　　　沃尔玛的职工培训

沃尔玛公司非常重视对职工的培养和教育，在总部和各分店开设各类培训班，利用晚间上课。同时，设有沃尔顿零售学校、萨姆营运学院等培训组织，专门培养高级管理人员。沃尔玛还非常注重提高分店经理的业务能力，并且在做法上别具一格。沃尔玛的最高管理层不是直接指导每家分店负责人该怎样做生意，而是要创造一种环境，让分店经理从市场、从其他分店学习这门功课。例如，沃尔玛的先进情报资讯系统，为分店经理提供了有关顾客行为

---

① 1斤＝500克。

的详细资料。此外，沃尔玛还投资购置了专机，定期载送各分店经理飞往公司总部，参观有关市场趋势及商品采购的研讨会。后来，随着公司规模持续扩大，又装置了卫星通信系统。公司总部经常召开电话会议，分店经理无须跨出店门便能和其他分店彼此交换市场信息。沃尔玛正是通过其独特的培训方法，迅速提高了员工的工作能力和业务水平。

（三）员工培训的工作流程

1. 培训需求分析阶段

在培训活动中，培训的组织者应该考虑到受训者的培训需求，这一需求分析关系到培训的质量。

2. 培训计划阶段

培训计划一般集中在以下几个方面：培训目标、受训者的意愿和准备、学习原则。这里的关键是培训目标。培训需求确定了，就应据此确定培训目标，培训目标可以指导培训内容、培训方法和评价方法的开发。

3. 培训实施阶段

在确定培训内容后，应选择适当的培训方法。采用"请进来，走出去"的方法，不断加大培训力度，培养企业人才。企业一般采用的培训方法有授课、学徒制、讨论会、工作轮换、录像、模拟、案例分析、内部网培训、远程教育和自学等。

4. 培训评估阶段

从员工学习反映、学习效果、行为和结果等方面对培训进行评估。学习反映的具体做法是在培训结束时请受训者填写一份简短的问卷。在问卷中，可以要求受训者对培训科目、教员、自己收获的大小等方面做出评价。

5. 培训反馈阶段

培训结束后，应对培训工作进行总结，吸取经验和教训并反馈给有关部门，以利于指导下次培训工作的开展。

二、职业生涯管理

职业生涯管理是现代企业人力资源管理的重要内容之一，是企业帮助员工制定职业生涯规划和帮助其职业生涯发展的一系列活动。

（一）职业生涯的发展阶段

1. 成长阶段（14岁以前）

这一阶段大体上可以界定在从一个人出生到14岁这一年龄段上。在这一阶段，个人通过对家庭成员、朋友以及老师的认同以及与他们之间的相互作用，逐渐建立起自我的概念。

2. 探索阶段（15～24岁）

在这一阶段，每一个人将认真地探索各种可能的职业选择。他们试图将自己的职业选择与其对职业的了解以及通过学校教育、休闲活动和个人工作等途径中所获得的个人兴趣和能力匹配起来。处于这一阶段的人，还必须根据来自各种职业选择的可靠信息来做出相应的教育决策。

3. 确立阶段（24—44岁）

这一阶段是大多数人工作生命周期中的核心部分。人们（尤其是在专业领域的人）通常愿意早早地就将自己锁定在某一选定的职业上,然而,在大多数情况下,这一阶段的人们仍然在不断地尝试与自己最初的职业选择所不同的各种能力和理想。

通常情况下,在这一阶段的人们第一次不得不面对一个艰难的抉择,即判定自己到底需要什么,什么目标是可以达到的,以及为了达到这一目标自己需要做出多大的牺牲和努力。

4. 维持阶段(45~60岁)

在这一职业生涯的后期阶段,人们一般都已经在工作领域中为自己创立了一席之地,因此,他们的大多数精力主要就放在维持现状和拥有这一位置上了。

5. 下降阶段(60岁以上)

在这一阶段,人的健康状况和工作能力都在逐步衰退,职业生涯接近尾声。许多人都不得不面临这样一种前景:接受权利和责任减少的事实,学会接受一种新角色——成为年轻人的良师益友。再接下去,就是几乎每个人都不可能避免地要面对的退休,这时,人们所面临的选择就是如何去打发原来用在工作上的时间。

(二)实施职业生涯管理的意义

1. 企业实施职业生涯管理的意义

(1)职业生涯管理是企业资源合理配置的首要问题。人力资源是一种可以不断开发并不断增值的增量物资,因为通过人力资源的开发能不断更新人的知识、技能,提高人的创造力,从而使无生命的"物"的资源充分尽其所用。特别是随着知识经济时代的到来,知识已成为影响社会的主要因素,而掌握和创造知识的就是"人",所以企业更应注重人的智慧、技艺、能力的提高与全面发展。因此,加强职业生涯管理,使人尽其才,才尽其用,是企业资源合理配置的首要问题。

(2)职业生涯管理能充分调动员工的内在积极性,更好地实现企业组织目标。职业生涯管理的一大目的就是帮助员工提高在各个需要层次的满足度,既使员工的低层次物质需要的满足度逐步提高,又使他们的自我实现等精神方面的高级需要的满足度逐步提高。因此,职业生涯管理不仅符合人生发展的需要,而且也立足于人的高级需要,即立足于友爱、尊重、自我实现的需要,真正了解员工在个人发展上想要什么,协调其制定规划,帮助其实现职业生涯目标。这样就必然会激起员工强烈的为企业服务的精神力量,进而形成企业发展的巨大推动力,更好地实现企业组织目标。

(3)职业生涯管理是企业长盛不衰的组织保证。任何成功的企业,其成功的根本原因是拥有高质量的企业家和高质量的员工。人的才能和潜在能力得到充分发挥,人力资源不会虚耗、浪费,企业的生存成长就有了取之不尽、用之不竭的源泉。通过职业生涯等管理努力为员工提供施展才能的舞台,充分体现员工的自我价值,是留住人才、凝聚人才的根本保证,也是企业长盛不衰的组织保证。

2. 个人参与职业生涯管理的意义

(1)有利于增强对工作环境的把握能力和对工作困难的控制能力。职业生涯管理既可以使员工了解自身的长处和短处,养成对环境和工作目标进行分析的习惯,又可以使员工合理计划、分配时间和精力完成任务、提高技能。这都有利于强化对环境的把握能力和对困难的控制能力。

(2)有利于个人过好职业生涯,处理好职业生涯和生活其他部分的关系。良好的职业生涯管理可以帮助个人从更高的角度看待工作中的各种问题和选择,将各分离的事件结合联系起来,服务于职业目标,使职业生活更加充实和富有成效。员工能更好地考虑职业生活同个人追求、家庭目标等其他生活目标的平衡,避免顾此失彼、两面为难的困境。

(3) 有利于实现自我价值的不断提升和超越。

一个人工作的最初目的可能仅仅是找一份养家糊口的差事,进而追求的可能是财富、地位和名望。职业生涯管理对职业目标的多次提炼可以使人的工作目的超越财富、地位和名望,进而追求更高层次自我价值实现的成功。

任务四 人力资源的使用

案例导入

某IT企业的薪酬制度改革

某软件开发公司,从一个仅有十几人小作坊式的不知名企业,经过十年的打拼,发展到今天业内屈指可数的全国知名软件公司,人员规模也迅速扩大到了近1 000人。

在创业初期,公司就十几个人,谁技术过硬、贡献大,工资、奖金就高,全凭老板一支笔。即便是这样,大家也觉得老板的判断是公平的,个个干得都很开心,也没有人有怨言。然而随着公司的规模逐渐扩大,人员增多,老板的判断也不是那么准确了,底下员工便开始了议论,人心也开始浮动。倒不是因为个人工资拿得少,而是觉得内部不公平。于是老板要求人力资源部去了解市场薪酬情况,但苦于没有可靠信息来源,只好通过同行之间非正式沟通获得零碎信息,不过总算有了进步,公司内部建立起一个初步的薪酬体系,员工的议论似乎也少了。

新制度经过一段时间的运作后,人力资源部招聘主管开始报告工作,由于公司提供的工资待遇在市场上没有竞争力,所以人力资源部开展招聘工作时遇到了困难。经过了解,很多人不愿意来工作倒不是因为公司提供的待遇低,而是因为公司的工资结构是基本工资+奖金。初次应聘者只认基本工资,对于奖金,他们认为,这可能是公司画的空饼,所以不愿意到这儿来工作。这样的话,公司在招聘时就很难吸引到技术水平高的人才。高层就这个问题进行了讨论,最后将工资结构改为基本工资+浮动工资:员工的工资总额调上去,但是取消原有的奖金。在月度考核时,绩效优秀的员工除可以拿到全额工资外,还可以拿到超过他个人工资标准的超额浮动工资;绩效差的员工浮动工资就要被部分扣除或全部扣除。但是为了有效控制公司的工资成本,全公司的工资总额是不能突破公司的月工资标准的,即有人被奖励多少钱,就有人要被扣除多少钱。

对于浮动工资制,一开始部门经理还挺配合人力资源部的工作,认为这个制度对促进部门管理也有帮助。但是不久,新的问题出现了。当有员工被扣浮动工资后,就觉得公司的这个制度是变着法子克扣员工的工资,本来一个人的工资标准是固定的,可是现在变得没有保障了,部门经理掌握着"生杀大权"。尽管进行了一再的沟通与解释,但员工仍然无法接受现实。而那些绩效优秀的员工,即便是拿着超额工资,也觉得不自在,因为他们多拿的钱,就是和他们同一个部门的员工被扣工资的部分,同事之间总是抬头不见低头见,钱拿得多也不好意思。部门经理在实施过程中,也感受到了来自员工的压力,如果浮动工资扣得过严,员工流动性就会增大,如果放松标准,优秀员工又得不到激励。部门经理最终还是放弃了这种与考核挂钩的浮动工资,部门所有员工都属于合格,既没有特别差,也没有特别突出的员工。整个公司的浮动工资体系就这样失去了效应。虽然发牢骚的员工少了,但是优秀员工的不满却在心里开始滋生。根据 2/8 原则,最大的产能是来自 TOP 20% 的员工。我们的工资制度到底该何去何从呢?

经历了这个过程,总结了经验和教训,公司领导认为,当时制定出基本工资+浮动工资的工资制度,正是在公司大量引进人才阶段,那个工资制度在特定时期也充分发挥了它的作用。但是随着公司逐渐步入正轨,大多数员工是需要正向激励的,于是仍然希望改为原有的奖金激励方式。但是任何好的激励制度都要建立在公司盈利的基础上,不然不利于公司的长期发展。如果从公司的利润中额外出一部分资金作为奖金来源的话,无疑会减少公司的利润;如果公司不拿出额外资金作为奖金的来源,可能奖金方案根本无法实行;如果将原有工资中的浮动工资全部拿出来作为奖金的来源,肯定会影响员工的士气,他们会理解为公司普降工资,这是个敏感的焦点,不能轻易动。一个尖锐的问题摆在了人力资源部经理的面前。

一、激励概述

(一) 激励的概念

所谓激励,从词义上看,就是激发鼓励的意思。主要是激发人的内驱力,使人有一股内在动力,让个体朝着所期望的目标努力的心理活动过程,也可说是调动积极性的过程。

(二) 激励在企业中的作用

1. 激励是调动员工潜能的必要条件

研究表明,得到适当激励的员工比没有被激励的员工表现出更好的工作状态。同样,激励机制建立比较完善的企业,其业绩也好于忽视员工激励机制的企业。激励水平是影响员工工作绩效的重要内因。

2. 激励是吸引和留住人才的重要因素

人们在选择未来的职业时,往往会对企业的各个方面进行比较。激励状况正是一个企业的综合指标,它反映出企业的用人策略、对人的重视程度等,而这往往成为人们就职与否的重要影响因素。总之,激励与企业的发展息息相关,没有激励就没有稳定、努力而忠诚的员工队伍。

(三) 激励理论

1. 马斯洛需要层次理论

这一理论是由美国社会心理学家亚伯拉罕·马斯洛提出来的,因而称为马斯洛需要层次论。马斯洛需要层次论有两个基本出发点。一个基本论点是:人是有需要的动物,其需要取决于他已经得到了什么,还缺少什么,只有尚未满足的需要能够影响行为。另一个基本论点是:人的需要都有层次,某一层需要得到满足后,另一层需要才出现。在这两个论点的基础上,马斯洛认为,在特定的时刻,人的一切需要如果都未能得到满足,那么满足最主要的需要就比满足其他需要更迫切,只有前面的需要得到充分的满足后,后面的需要才显示出其激励作用。

为此,马斯洛认为每个人都有五个层次的需要,即生理的需要、安全的需要、社交或情感的需要、尊重的需要、自我实现的需要,如图 7-1 所示。

(1) 生理需要。这是人类为了维持个体和种群的生存发展所必需的基本需要,包括衣食住行、疾病治疗等需要。

（2）安全需要。安全需要是保护自己免受身体和情感伤害的需要。安全需要又分为两类：一是现在的安全需要；二是对未来的安全需要。一方面，要求自己现在的社会生活的各个方面均能有所保证；另一方面，希望未来生活能有所保障。主要涉及人身健康与安全、职业安全、生活稳定、退休及养老保障等方面。

（3）社会需要。社会需要包括友谊、爱情、归属及接纳方面的需要。社会需要主要产生于人的社会性。马斯洛认为，人是一种社会动物，人们的生活和工作都不是孤立地进行的，人们希望在一种被接受的情况下工作，属于某一群体，而不希望在社会中成为离群的孤岛。

（4）尊重需要。尊重需要包括自尊和受人尊重两个方面。自尊意味着在现实环境中希望有实力、有成就、能胜任或有信心，以及"要求独立和自由"；受人尊重是指"要求有名誉或威望"，获得别人对自己的尊重、赏识、关心、重视或高度评价。

（5）自我实现需要。自我实现需要指的是促进个人的潜能得以发挥，希望自己越来越成为所期望的人物，完成与自己能力相称的一切事情。自我实现需要包括成长与发展、发挥自身潜能、实现理想的需要。这是一种追求个人能力极限的内趋力。

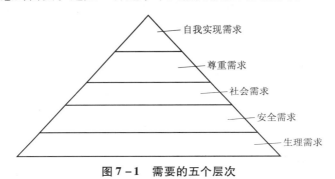

图 7-1 需要的五个层次

2. 双因素理论（保健—激励理论）

双因素理论也叫"保健—激励理论"，是美国心理学家弗雷德里克·赫兹伯格于 20 世纪 50 年代后期提出的。他在匹兹堡地区的 11 个工商业机构中，向近 2 000 名白领工作者进行了调查。通过对调查结果的综合分析，赫兹伯格发现，引起人们不满意的因素往往是一些工作的外在因素，大多同他们的工作条件和环境有关。能给人们带来满意的因素，通常都是工作内在的，是由工作本身所决定的。

因此，赫兹伯格提出，影响人们行为的因素主要有两类，即保健因素和激励因素。保健因素是那些与人们的不满情绪有关的因素，如公司的政策、管理和监督、人际关系、工作条件等。这类因素并不能对员工起激励的作用，只能起到保持人的积极性、维持工作现状的作用。所以，保健因素又称为"维持因素"。

激励因素是指那些与人们的满意情绪有关的因素。与激励因素有关的工作处理得好，能够使人们产生满意情绪，如果处理不当，其不利效果顶多只是没有满意情绪，而不会导致不满。他认为，激励因素主要包括：工作表现机会和工作带来的愉快；工作上的成就感；由于良好的工作成绩而得到的奖励；对未来发展的期望；职务上的责任感。双因素的比较如表 7-1 所示。

因而，要调动和维持员工的积极性，首先要注意保健因素，以防止不满情绪的产生。但更重要的是要利用激励因素去激励员工的工作热情，努力工作，创造奋发向上的局面，因为只有激励因素才会增强员工的工作满意感。

表 7-1 双因素的比较

比较项目	保健因素	激励因素
含义	指对职工产生的效果类似于卫生保健对身体健康所起的作用的因素	指那些能带来积极态度、满意和激励作用的因素
内容	属于工作环境和工作关系	属于工作本身或工作内容
范围	公司政策、管理措施、监督、人际关系、物质工作条件、工资、福利等	成就、赏识、挑战性的工作、增加的工作责任以及成长和发展的机会
激励效果	满足：既不是满意，又不是不满意 不满足：不满意	满足：满意、产生激励 不满足：不会产生太大的不满

3. 公平理论

公平性是最重要的激励因素之一，企业对员工给予的责任、职权、薪水、待遇、晋升、提拔的速度等因素所造成的公平性，对激励员工的工作动机有严重影响。人们不仅关心自己获得的绝对报酬，也关心自己和别人在工作和报酬的相对关系，如果不相等，就会出现"公平紧张"的现象。但是这种消极的紧张状态能提供一种动力，促使企业采取行动，恢复平衡。

4. 期望理论

期望理论由维克多·费鲁姆在《工作与激励》一书中提出，是当代激励理论的典型代表，因其与现实的良好融合而受到广泛的接受。期望理论的核心是工作环境中的三种关系，即努力—绩效关系、绩效—奖励关系、奖励—目标满足关系，这三种关系对员工激励至关重要。

（1）努力—绩效关系（成功的可能性）。

员工会受到激励努力工作，首先要看个人努力与工作绩效之间的关系是否密切，也就是员工对自己成功可能性的认知。这中间会有很多因素阻断或干扰这一关系，如技术能力水平不足、评估标准不合理、上司不赏识等，员工一旦形成这样的观念，"无论怎样努力工作，也不太可能获得良好的绩效评估结果"，那么，激励将对他失去作用。

（2）绩效—奖励关系（获奖的可能性）。

许多员工都认为他们工作中绩效与奖励的关系并不明确，除了绩效，还有其他的形式可以获得奖励，如资历、合作性、迎合上司等，这些都会降低员工对自身获奖可能性的判断，进而影响其工作动机水平。

（3）奖励—目标满足关系（吸引力）。

获得工作报偿往往出现与员工有关期望获得的奖励不符的情况，如一个人努力工作，希望能够得到晋升，可是最终却得到了加薪，虽然加薪也有很强的激励作用但仍然令其遗憾。这说明不事先了解员工的需要就无法实现目标对员工的吸引力，也就很难发挥激励的效果。

期望理论的关键是研究这三种关系之间紧密和顺畅的关系，如果员工明确知道自己努力工作会获得较高的绩效评估，得到企业的奖励和回报，而这种奖励对自己又是很重要和有意义的，那么员工就会更加努力地工作。

二、绩效考核

绩效考核就是管理者用系统的方法、原理对员工的工作业绩、工作能力、工作态度以及个人品德等进行评价，并以此为标准，判断员工与工作岗位是否相称。

绩效考核是人力资源管理的重要组成部分，它不仅是要对员工的绩效做出科学的考核与评价，更重要的是，要对员工起到指导教育、监督、激励、约束等作用，使员工个人和企业都能得到不断的发展。

（一）绩效考核的功能

1. 导向功能

绩效考核的标准实际上就是企业为员工制定的一个工作标准，要求员工按照什么程序行事并达到什么样的结果，并且以这个标准来决定奖惩、升降等。这种标准会引导员工行为的方向，也会成为企业制定制度的依据，使企业内部形成按照绩效标准行事的风气。

2. 激励功能

绩效考核是对员工的工作进行评价，对员工所付出的劳动和努力予以肯定。企业要对绩效达标的员工给予奖励，对绩效较差的员工则予以批评或处罚，这样，才能使员工朝着企业期望的工作绩效方向去努力，激励绩效较好的员工保持绩效水平或取得更高的绩效，鞭策绩效一般或不佳的员工努力提高绩效水平。

3. 沟通功能

绩效考核的结果通常都应反馈给员工，并且要倾听员工对绩效考核结果的意见和对某些原因的解释，这就为管理人员和员工之间的沟通提供了机会。这些沟通既有利于员工和管理者工作的改进，又有利于企业绩效标准的改进。

（二）绩效考核的步骤

1. 制订计划

绩效考核应该按照计划进行，首先应该确定绩效考核的目的、作用和考核对象，再根据考核目的、对象选择考核的内容、标准、时间和方法以及由谁来进行考核。

2. 技术准备

在实施考核之前，应先做好技术准备，包括拟定、审核考核标准，设计考核所用表格，设计、选择考核方法及工具，对考核者进行培训等。

3. 收集信息资料

负责考核的人员需要通过多种途径、多种方法去收集真实有效的信息，为绩效分析提供有价值的依据。

4. 分析评价

对收集来的信息资料进行分析评价，对被考核者做出一个公正的、综合性的评化，给出一个与考核标准相对应的考核结果。

5. 反馈运用

考核结果出来以后，及时将结果反馈给员工，使其能更清楚地了解自己的工作情况。同时，将结果运用到人力资源管理活动中去，以使人力资源管理活动有据可考。

（三）绩效考核的方法

1. 排序法

排序法是根据某一考核指标（如销售回款率），将全体考核对象的绩效从最好到最差依次进行排列的一种方法。这种考核方法花费时间短，成本低，简单易行，一般适合于员工数量较少的评价。

2. 小组评价法

小组评价法是指由两名以上熟悉被评价员工工作的经理，组成小组进行绩效考核的方法。小组评价法的优点是操作简单，省时省力；缺点是评价标准模糊，主观性强。

3. 等级评价法

等级评价法是根据工作分析，将被考核岗位的工作内容划分为相互独立的几个模块，在每个模块中用明确的语言描述完成该模块工作需要达到的工作标准。同时，将标准分成几个等级选项，如优、良、合格、不合格等，考核者根据被考核者的实际工作表现对每个模块的完成情况进行评估，总成绩便为该员工的考核成绩。等级评价法的优点是考核内容全面、实用，并且开发成本低，缺点在于考核者的主观因素影响较大。

管理链接　　　　　　　　　　**汇仁集团季度考核**

汇仁集团考核的内容涉及工作质量、工作数量、工作效率、独立性、成本意识、原则性、精神面貌、归属感、学习能力、创新精神、沟通能力等方面。参加考核的人员包括总部直属的正式管理人员。各分公司、外设厂和事业部的管理人员和技术人员由相关单位自行考核。季度考核的答卷分为三部分：第一部分由员工自行填写；第二部分由员工的直属上司填写；第三部分由员工的直属上司与员工面谈后共同填写。季度考核结果分为出色、优良、普通、差四等。对出色和优良等级，公司将在季评结果公布的当月分别奖励其当月工作总额的10%和5%；对普通等级，不作奖惩；对差等级，将扣发其当月工资总额的5%，连续两次获差等者将予以解聘。

4. 目标考核法

目标考核法是根据被考核者完成工作目标的情况来进行考核的一种方式。在开始工作之前，考核者和被考核者应对需要完成的工作内容、期限，考核的标准达成一致。在时间期限结束时，考核者根据被考核者的工作状况及先前制定的考核标准来进行考核。目标考核法适合企业中试行目标管理的项目。

5. 360度考核法

360度考核法又称为全方位考核法，最早被英特尔公司提出并加以实施运用。员工通过自己、上司、同事、下属、顾客等不同主体来了解其工作绩效，知晓各方面的意见，清楚自己的长处和短处，达到提高自己的目的。这种方法的优点是评估比较全面，易于做出比较公平的评价，同时通过反馈可以促进工作能力的能力，也有利于团队建设和沟通，其缺点是评估来自各方面，工作量较大，评估的公正性很难把握。

三、薪酬管理

广义的薪酬是员工为企业付出劳动的回报，是对员工为企业所做的贡献给予的答谢，这实质上是一种公平的交易或交换，也是对员工某种程度的补偿。

（一）薪酬内容

薪酬是把双刃剑，一方面，薪酬是激励员工卓有成效地工作、达到企业目标的主要手段。另一方面，薪酬又是企业运作的主要成本之一，一旦运用不当，后果极严重。因此，薪酬管理是企业人力资源管理中重要的一环。企业的薪酬主要表现在以下六个方面：

1. 工资

工资是指根据劳动者所提供的劳动数量和质量，按照事先规定的标准付给劳动者的劳动报酬，也就是劳动的价格。

（1）基本工资。这是指员工只要在企业中工作，就能定期拿到的一个固定数额的劳动报酬。基本工资又分为基础工资、工龄工资、职位工资等。

（2）激励工资。这是指工资中随着员工的工作努力程度和劳动成果的变化而变化的部分。激励工资有类似奖金的性质。

（3）成就工资。这是指当员工工作卓有成效，为企业做出突出贡献后，企业以提高基本工资的形式付给员工的薪酬。成就工资是对员工过去较长一段时间内取得成绩的追认，是永久性增加的工资。

2. 奖金

奖金是指对员工超额劳动的报酬，企业中常见的奖金有全勤奖金、生产奖金、不休假奖金、年终奖金、效益奖金等。

3. 津贴与补贴

津贴与补贴是对员工在特殊条件和工作环境中的额外劳动消耗和生活费用的额外支出的补偿。通常把对工作的补偿称为津贴，把与生活联系的补偿称为补贴，如岗位津贴、加班津贴、降温补贴等。依据《中华人民共和国劳动法》的规定，一般每日加班不得超过 1 小时，特殊原因也不得超过 3 小时，并支付不低于150% 工资标准的加班津贴；双休日加班支付200% 工资标准的加班津贴；法定节假日支付不低于300% 工资标准的加班津贴。

4. 股权

股权即股票持有者所具有的与其拥有的股票比例相应的权益及承担一定责任的权力。

5. 福利

福利即指间接薪酬，是企业为员工提供的除工资、奖金、津贴之外的一切物质待遇。例如，建立食堂、浴室、托儿所、图书馆、俱乐部、运动场、疗养院等集体福利设施，也包括员工个人生活困难补助、养老金、住房津贴、交通费、免费工作餐等个人福利。

6. 社会保险

社会保险是员工暂时或永久丧失劳动能力后给予生活上的物质保障，如医疗保险、失业保险、养老保险、伤残保险等。目前，我国大部分保险基金是由国家、企业和员工共同筹集的。

（二）影响企业薪酬的因素

1. 内部因素

（1）企业规模、实力与经营状况。这是薪酬体系设计和变动时的硬性约束，它决定了企业用于薪酬分配，特别是货币性薪酬的总体水平，决定了员工薪酬的构成及其水平的变动区间。

（2）工作状况。这主要是通过工作要求、工作责任、工作条件和工作类别的差异体现薪酬差别。工作责任重大、工作活动对企业的生存和发展有重大影响的，一般薪酬水平较高。工作对技能和任职资格有特殊要求的，薪酬水平也较高。工作条件差、比较危险的工作薪酬水平也较高。

（3）员工特征。它决定了各个不同员工的薪酬水平和薪酬体系的构成。这些个人因素主要有：教育程度、年龄构成、资历因素、发展潜力、特定人力资源的稀缺性等。例如，处于不同年龄层次的员工对薪酬的需求也是不同的，青年员工比较关注货币收入，以满足生活消费的需要。中年员工比较重视晋升发展的机会和内在的非货币薪酬，以满足地位和成就的需要。老年员工相对而言更多地考虑间接薪酬。

2. 外部因素

（1）国家法规。国家法规影响企业薪酬的合法性。企业薪酬的制定必须符合政策、法规的规定，如对员工最低工资的规定、对最长工作时间的规定、对特殊工种的从业人员的规定等。

（2）区域经济发展水平。区域经济发展水平及其发展趋势会影响企业的薪酬水平。一般来说，经济发展水平较高的区域，员工薪酬水平也会相应较高。

（3）行业薪酬水平。行业薪酬水平受历史原因和现实需要的影响，不同行业之间存在着薪酬差异。

（4）市场人力资源供求状况。市场人力资源供求状况成为影响薪酬标准的重要影响因素。当人力资源丰富时，薪酬相应会减少；反之，则会提高。企业付给员工的薪酬数额应根据人才市场价格来决定，同一行业、同一地区或同等规模的不同企业中类似岗位的薪酬水平定在竞争对手之上，就能增强企业在吸引员工方面的竞争能力。一个企业，不论其财务状况如何，如果低于市场平均支付薪酬，必然会导致重要人才的流失，继而丧失继续发展的能力。

任务实施

"终身交往"让人才流而不失
——亚实公司聪明对待离职员工

对于离职的员工，亚实科技有限责任公司采取的态度是人走茶不凉，与员工保持"终身交往"，使离职员工"流而不失"。离职员工仍被看作公司的人力资源，公司会对这部分特殊的人力资源实施高效管理。这种管理制度不仅使离职员工向公司传递了市场信息，提供了合作机会，介绍了现供职机构的经验和教训，帮助公司改进工作，而且他们在新岗位上的出色表现，折射出公司企业文化的光彩。

为了和离职员工保持密切的联系，确保其"流而不失"，有效的人力资源管理从员工决定离职的那一刻起就开始了。在该公司，不管是在公司工作多年的老员工，还是那些发现不适应提出要走的新员工，在他们提出离开时，一般都会得到公司挽留，但同时他们的选择也会得到尊重。公司规定在每个员工离职前必须做一次面谈，提出自己对公司的看法和离职的原因，如果是公司管理方面的问题，公司会充分重视，并努力去改善。值得一提的是，公司还十分关心他们今后的发展和去向，甚至会帮助他们寻找一些更适合的单位。从另一个角度讲，离开公司的员工里，有很多是非常优秀、有能力的人，和这些员工保持交往，会为公司带来新的资源。

公司的人力资源部就有这样的一个新职位叫"旧雇员关系主管"。这个主管的工作，就是管理特殊的人事档案，跟踪离职员工的职业生涯变化情况，甚至包括结婚生子之类的细节。一旦发生变化，公司会在24小时内对档案做出更改。只要是曾在公司效力的前雇员，都会定期收到内部通知，并被邀请参加公司的聚会活动。

公司还摒弃了"好马不吃回头草"的陈腐观念，欢迎跳槽的优秀人才重返公司效力。"有的人认为如果让那些所谓的'叛徒'回来，或者还与他们保持长期的交往，无法面对留下来的那些人。而经验告诉我，事实恰恰相反，这么做是对现有人员最大的尊重，让他们感觉到温暖和信任。而且对企业文化的建立和企业品牌的树立有着深刻的影响。"公司人力资源部部长强调这一观点，同时指出，聘用"回头好马"既可以降低公司成本，又有利于提高员工的忠诚度。

对于备受人才流失困扰的企业来说，管理者往往殚精竭虑，甚至不择手段，以求留住优秀的员工。而亚实公司面对日益激烈的商业竞争，摒弃了"终身员工"的概念，更愿意和员工保持"终身交往"，以崭新的态度来看待人才流失和留住的问题，他们不但不竭力阻止优秀人才走出公司的大门，甚至还"鼓励"人才的离开。

鼓励人才流动的机制非但没有造成大量人才流失，相反，公司人才反而越留越多。对于其中的奥秘，公司刘总一语道破天机："公司培养出来而又离开的科技人员对企业有一种感情情结，这种感情情结会使他们留下终身不退的心理烙印，他们会以各种方式报效公司。"

讨论题： 结合所学知识分析该案例中亚实公司人力资源管理的成功之处。

项目小结

本项目由《盲人选羊》寓言故事引入，讨论人力资源及人力资源管理的概念及内容，人力资源规划内容，工作分析的内容，员工招聘培训的基本方法，以及激励、绩效考核、薪酬管理等内容。

本项目包括四个任务，通过学习，认识企业人力资源的基本内容和方法，以及引导企业做出适合自身的人力资源管理模式。

课后练习

一、简答题

1. 什么是人力资源规划，其含义是什么？
2. 人力资源规划的作用表现在哪几个方面？
3. 影响人力资源规划的因素有哪些？
4. 什么是招聘？招聘的原则有哪些？
5. 人力资源培训的含义是什么？可以从哪些方面理解？

6. 简述绩效考核的内容。

二、选择题

1. 人力资源的特征有（　　）。
   A. 资本性　　　　　　　　　　B. 社会性
   C. 有限性　　　　　　　　　　D. 再生性

2. 招聘过程包括（　　）三个阶段。
   A. 招募　　　　　　　　　　　B. 甄选
   C. 录用　　　　　　　　　　　D. 评选

3. 马斯洛将人的需要划分为（　　）个层次。
   A. 3个　　　　　　　　　　　B. 4个
   C. 5个　　　　　　　　　　　D. 7个

4. 马斯洛的理论主要在（　　）和（　　）两部著作中体现出来。
   A. 《调动人的积极性的理论》　B. 《激励与个性》
   C. 《工作与激励》　　　　　　D. 《工作的推动》

5. 期望理论的核心是工作环境中的三种关系，其中能够使员工获得"成功"的期望的是（　　）。
   A. 努力—绩效关系　　　　　　B. 绩效—奖励关系
   C. 奖励—目标满足关系　　　　D. 努力—奖励关系

6. 绩效考核的功能有（　　）。
   A. 导向功能　　　　　　　　　B. 激励功能
   C. 沟通功能　　　　　　　　　D. 评价功能

三、案例分析题

国内R公司与英国某大学签订了一项培训协议，每年选派2~3名管理人员到该学校攻读管理学硕士学位。学业完成后，员工必须回公司服务5年，服务期满方可调离。2002年5月，销售部助理小张经过公司几轮挑选，终于与其他两位同事一起获得了推荐。但小张早有预谋，在此之前已获取了英国另一所学院管理学硕士的录取通知书。虽然该校的学费较高，但其声誉好，教学质量高，还能帮助学生申请到数额可观的助学贷款。经过公司人事部的同意，小张用公司提供的奖学金交了学费，又申请了3万美金的助学贷款，以解决和妻子在英国的生活费。按照目前小张的收入水平，需要8年时间才能还清贷款，如果他在一家外资公司工作，不到4年便可还清贷款。行期将近，公司人事部多次催促与其签订培训合同书，一直到离开公司的前一天小张才在协议书上签了字。

2003年9月末，小张学成回国，并马上回公司报到。不过，10月初，他便向公司人事部递交了辞呈，并按合同还清了公司为其支付的英语培训考试费、赴英签证费、学费等一切费用。不久，他便在一家美国大公司得到一个年收入20万元以上的职位。

根据本案例，请回答下列问题：

（1）该公司在选派员工出国培训的工作中主要存在哪些问题？

（2）该公司采取哪些措施才能确立更有效的培训体系，以便防止此类事件的发生？

技能训练

人力资源管理技能项目：模拟招聘

实训目标。
1. 提高设计面试问题的能力、组织与实施面试的能力、控制面试过程的能力。
2. 提高应对面试的心理素质和能力。

实训内容。
通过在模拟应聘中实践，培养学生从容、自信、大方地面对用人单位的能力；使同学从举止、神态、礼节，至答题技巧都得到全方位的改善和提升。

实训地点。
教室或实训室。

实训步骤。
（1）学生成立模拟公司，自行搜集企业的招聘信息，其他同学作为应聘者，提供3~5份应聘者材料。
（2）由3~5位学生扮演企业面试考官，3~5位学生扮演应聘者，两位学生担任"考察者"。
（3）考官小组负责设计面试问题、选择面试类型、组织面试过程，并实施面试。
（4）应聘者根据给出的材料内容扮演自己的角色。
（5）"考察者"观察面试的全过程，并对考官和应聘者进行点评。
（6）推荐一组考官和应聘者上台，面向全班同学进行表演。
（7）同学们进行评价。
（8）教师综合点评。

线上资源

1. 请登录：http://open.163.com/special/opencourse/interviews.html（《面试技巧》）。
2. 请登录：http://open.163.com/movie/2015/1/O/N/MAH85UM7T_MAH86N5ON.html（四川大学公开课）。
3. 请登录：http://v.youku.com/v_show/id_XMzA2ODIwNjM1Ng==.html?spm=a2h0k.8191407.0.0&from=s1.8-1-1.2（《腾讯公司正在使用的绩效考核制度，难怪撑起这么大的产业》）。

线下资源

1. 《人力资源管理（第14版）》．[美]加里·德斯勒．中国人民大学出版社，2017年。
2. 《人力资源管理价值新主张》．[美]戴夫·乌尔里克，韦恩·布罗克班克．商务印书馆，2012年。
3. 《组织人员配置——招募、选拔和雇佣》．[美]赫伯特·赫尼曼，[美]蒂莫西·贾奇，[美]约翰·卡迈尔．中国人民大学出版社，2017年。

企业文化与 CIS 战略

任务引入

海尔文化激活"休克鱼"

红星电器曾经和海尔一样,被青岛市列为重点和名牌企业。原红星厂拥有 3 500 多名员工,曾是我国三大洗衣机生产企业之一,年产洗衣机达 70 多万台。但在同样的起跑线上,海尔越跑越快,摘取了中国家电第一名牌的桂冠,而红星的经营每况愈下,到 1995 年上半年,企业亏损 1 亿多元,资不抵债。

1995 年 7 月,在青岛市政府的支持下,红星电器整体划归海尔,连同所有的债务。在海尔看来,红星厂属于"休克鱼":企业的硬件很好——鱼的肌体没有腐烂,而鱼正处于休克状态,说明企业的思想观念有问题,导致企业停滞不前。海尔要以自己的文化激活"休克鱼"。海尔只派了 3 个人去,在去之前,张瑞敏对他们说:"红星厂搞成这个样子,是人的问题,是管理问题。一千万,一个亿,海尔都拿得出来,但现在绝对不能给。要通过海尔文化,通过海尔的管理模式,来激活这个企业。"

这 3 个人到红星厂做的第一件事是按海尔文化来建立干部队伍。因为干部是企业的头儿,首先要把"鱼"脑子激活,才有可能把这整条"鱼"从睡梦中唤醒。他们通过职代会来评议现有的 105 名干部,决定定编 49 名。海尔人在红星厂烧的第一把火,就是营造一个公开竞争的氛围,让原来所有的干部和全厂职工一起参加干部岗位竞争。结果,原来的 100 多名干部,通过竞争上岗的只有 30 多人,从来没有当过干部的人,有 10 多个通过竞争成了干部。这件事一下子就把大家的积极性激发出来了。公开、公平、公正的竞争氛围是一股强大的推动力,人们不知不觉地就从迈方步走变成跑步前进了。干部问题解决以后,还面临一个难关——资金问题。在当时的红星厂里,退回来的大量洗衣机堆积在仓库里,所有的销售人员都在家里待着,工人没有活干,发工资的钱也没有。红星厂的一些人找到海尔总部要钱。张瑞敏对他们说:"钱肯定不给,你们的货都套到商场里去了,要想办法把货款要回来发工资。现在虽然是淡季,但从海尔的理念来看,只有淡季的思想,没有淡季的产品。如果你的思想处在淡季,就会把消极等待的行为看成是正常的;如果你认为没有淡季,就会创造出一年四季都一样卖得很好的产品来。树立了这样的观念,什么事情干不成呢?"于是,他们以山东潍坊市作为试点,派人去催要货款。潍坊的商家说:"不行,你们厂有很多产品质量太差,都积压在仓库里,要钱的话,这些问题得先解决。"派去的人在总部的支持下,就以海尔的名义做出担保:"第一,以后给你们的产品肯定不会再有质量问题。第二,原来有问题的产品全部收回,如果你们不放心的话,现在就可以把这些产品拿回去处理。"终于把货款要回来了。潍坊要款的试点成功以后,立即推广,红星厂的销售人员陆续收回了一些货款。这样,就缓解了资金的困难。

海尔兼并红星,没有增加一分钱的投资,没有增加一台设备,主要是去营造公开、公平、公正竞争的文化氛围,灌输并实践海尔的生产经营理念,输出海尔的企业文化。结果是:兼并的当月即亏损了700万元;1995年8月、9月虽仍然亏损,但亏损额大大减少;10月达到盈亏平衡;11月盈利15万元,年底完全摆脱困境。接受了"只有淡季思想,没有淡季产品"的经营理念,他们开始把目光投向市场,决心开发出多种多样的产品,使本厂没有淡季。"小小神童"洗衣机就是填补淡季的产品。它是针对夏季的上海市场设计的,因为上海人很喜欢清洁,每天都要洗衣服,而一般的洗衣机都太大,夏天的衣服比较少,很需要"小小神童"这种体积比较小、耗水和耗电都比较少的洗衣机。"小小神童"一生产出来就送往上海,果然不出所料,"小小神童"一上市就大受欢迎。在北京等一些大城市也出现供不应求的局面。结果,在过去认为是淡季的日子里,红星厂的生产已经忙不过来了。

原本属于"休克鱼"的红星厂,被海尔激活以后,也开始为"吃"其他"休克鱼"做贡献了。海尔按照专吃"休克鱼"的思路,连续兼并了15家企业。这些企业被兼并时的亏损总额是5.5亿元,兼并以后都已扭亏为盈,而且盘活了近15亿元的资产。

任务分析

海尔文化激活"休克鱼"的案例,说明了企业文化对企业的生存和发展的强大作用。真正影响企业兴衰的关键因素不是技术,也不是资金,而是文化,企业之间的竞争越来越表现为文化的竞争。成功的企业文化,是全体员工事业上的共同追求和每个职工自身价值的体现。企业员工所具有的文化底蕴、思维方式和传统价值观念,成为企业文化的基础,是人们接受新的文化观念的融合剂、催化剂。相对于企业的其他资源因素——产品、技术、资金、企业管理者以及管理方式而言,企业文化可能是最稳定发挥作用的因素。

任务说明

工作任务	知识目标	能力目标	操作流程
任务一 企业文化认知	1. 了解企业文化的含义 2. 熟悉企业文化的结构 3. 掌握企业文化的功能 4. 掌握企业文化的构建	1. 能用所学知识分析不同企业文化的建设现状 2. 能够为模拟公司拟定企业文化构建的简单方案	1. 阅读案例 2. 分组讨论 3. 代表发言 4. 总结案例
任务二 企业文化的CIS系统	熟悉企业文化的CIS系统,即理念识别系统、视觉识别系统、行为识别系统、听觉识别系统	1. 能够理解CIS的意义 2. 能够模仿优秀企业的视觉识别系统,教学简单设计	1. 阅读案例 2. 分组讨论 3. 代表发言 4. 总结案例
任务三 企业营销文化	1. 了解营销文化的含义 2. 熟悉营销文化的特征 3. 掌握营销文化的内容 4. 熟悉企业营销文化的塑造	1. 能够理解企业文化塑造与企业管理之间的关系	1. 阅读案例 2. 分组讨论 3. 代表发言 4. 总结案例

相关知识

任务一　企业文化认知

案例导入

别具一格的微软文化

微软（Microsoft）公司是世界 PC 机软件开发的先导，由比尔·盖茨与保罗·艾伦创始于 1975 年，总部设在华盛顿州的雷德蒙市。微软目前是全球最大的电脑软件提供商，其主要产品为 Windows 操作系统、Internet Explorer 网页浏览器及 Microsoft Office 办公软件套件。微软，这个众所周知的品牌，其令人吃惊的成长速度引起世人的广泛关注。透过辉煌业绩，我们不难发现其成功不仅在于科技创新和优异的经营管理，更重要的是创设了知识型企业独特的文化个性。

首先，比尔·盖茨独特的个性和高超技能造就了微软公司的文化品位。这位精明的、精力充沛且富有幻想的公司创始人，向来强调以产品为中心来组织管理公司，超越经营职能，大胆实行组织创新，极力在公司内部和应聘者中挖掘同自己一样富有创新和合作精神的人才并委以重任。其次，营造管理创造性人才和技术的团队文化。微软文化能把那些不喜欢大量规则、组织、计划，强烈反对官僚主义的程序员团结在一起，为员工提供了有趣的不断变化的工作及大量学习和决策的机会。再次，发扬始终如一的创新精神。创新精神应是知识型企业文化的精髓，微软人始终作为开拓者——创造或进入一个潜在的大规模市场，然后不断改进一种成为市场标准的好产品。最后，创建学习型组织。微软致力于建立学习型组织，使公司整体结合得更加紧密，效率更高地向未来进军。

显而易见，优秀的企业文化会带来长久的持久发展与巨大的成功。

一、企业文化

文化是一个群体在一定时期内形成的思想、理念、行为、风俗、习惯、代表人物，及由这个群体整体意识所辐射出来的一切活动。

自 20 世纪 80 年代以来，在企业管理领域中，在人们注重科学管理、人际管理、战略管理等管理理论的同时，出现了一个更引人注目的新概念，这就是企业文化。

所谓企业文化是指企业在长期的经营实践中形成的共同思想、作风、价值观念和行为准则，是一种具有企业个性的信念和行为方式，是一种企业管理哲学观念。它包含以下三层含义：

（1）企业文化是在企业长期生产经营和管理中产生的，它为企业的经营管理服务。

（2）企业文化的核心是企业群体的共同价值观，它属于精神文明范畴。

（3）企业文化虽然属于精神文明范畴，但它又不等同于精神文明，而是企业一系列精神文明成果的抽象、规范和升华。它是企业共同价值观的反映，要求企业每个职工接受、遵从和传播。

二、企业文化的结构

（一）企业表层文化

企业表层文化即物质文化，是指表露在企业外部的有关文化特征。如反映企业面貌的文明情况，产品造型、外观、包装等设计情况，企业管理者和员工待人谦虚诚恳、文明礼貌等方面。这部分企业文化直观可见，是给人的第一印象。

（二）企业中层文化

企业中层文化即制度文化，是指介于表层和深层之间的文化，主要表现在企业行为和企业制度上，如企业的组织形式、规章制度、生产方式、道德规范等。中层文化影响和制约着表层文化。

（三）企业深层文化

企业深层文化即精神文化，是指渗透在心灵中，形成群体的力量，决定着企业成功运行的核心文化。它表现为员工共同的价值观、理想、信念、经营哲学、企业精神、目标追求等。企业深层文化是支撑企业健康成长的关键，是企业生命赖以存在的灵魂，它决定和制约着企业中层文化和表层文化。培育和建设企业文化，更要把重点放在建设企业的深层文化上。

企业文化的三个层面中，物质文化是基础，制度文化是关键，精神文化是核心和灵魂。

三、企业文化的功能

每个杰出而成功的企业通常都有强有力的企业文化，即有明确的经营哲学和全体员工共同的价值观。企业文化影响着企业的每一件事，大至企业决策的产生、企业人事的任免，小至职工们的行为举止、衣着爱好、生活习惯。因此，可以说企业文化是企业生命的基础、发展的动力、行为的准则和成功的核心。企业文化对企业管理的功能表现在以下几个方面：

（一）导向功能

企业文化是企业的核心和灵魂，它使企业明确前进的方向和根本宗旨。所以，可以肯定地说，没有明确企业文化的企业，就是没有明确方向和宗旨的企业。

（二）凝聚功能

企业文化是一种凝聚力、黏合剂，能使企业职工形成共同的信念、共同的意志和强有力的团队精神。所以，没有良好企业文化的企业，一般是没有凝聚力、吸引力的企业，很可能是一盘散沙。

（三）激励功能

良好的企业文化，能够提出崇高目标，确定共同价值观，真诚地尊重人、关心人，表达职工的共同心愿，实现职工的共同理想，取得较好的企业效益，能够鼓舞士气、催人奋进，起到长久稳定的激励作用。

（四）教育功能

良好的企业文化氛围，能够熏陶人、教育人，使"先进更先进，后进变先进"，并能形成一种良好的传统和作风，不断教育和熏陶一代代职工，从而保证企业兴旺发达。

（五）宣传功能

企业文化不仅对企业内部有重要的影响和作用，对外部也有很强的宣传和感染作用。通过企业文化，人们可以了解企业宗旨，企业可以树立企业形象、增强企业信誉、降低交易费用，从而可以不断赢得顾客、开拓市场，也可以对整个社会精神文明水平的提高起到推动和促进作用。

四、企业文化的构建

在知识经济时代，企业管理已经由经验管理、科学管理进入更高的文化管理的境界，现代企业的竞争在很大程度上是企业文化的竞争，谁拥有文化优势，谁就拥有竞争优势、效益优势和发展优势。但是，企业文化并非一朝一夕就能塑造出来的，而必须从小处着手，点滴积累而成。

（一）企业文化构建的原则

1. 以人为中心的原则

人是企业文化构建的主体，同时也是企业文化构建的客体。企业文化体现着文本主义的精神，应该来自于每个员工的积极的思想情感的提炼和升华，企业文化的构建应该顺应人本性的发展，充满人情味。

2. 全员参与原则

企业文化的核心既然是企业职工的共同价值观，企业文化构建就要由企业全体职工共同参与，在实践中共同创造，要坚持从群众中来，到群众中去。不能仅靠少数领导或组织少数人闭门造车，这样既难以反映职工的共同心愿，也难以被广大职工接受。日本松下电器公司之所以能常年坚持每天早晨8点钟公司全体职工颂训词，就是因为他们所制定的"纲领""信条"和"七大精神"已化为灵魂，深入人心。

3. 系统原则

企业文化构建是一项复杂的系统工程，它不是简单的喊口号，也不是一时的经验总结，而是较长时间的挖掘、积累、研讨、构思所形成的结晶。它需要从物质、制度、精神等多个方面进行，并且要保证各方面内容的相互协调与统一。此外，在构建过程中，要综合考虑企业整体的情况及各部门的具体特点，将企业的目标与员工个人目标相结合，进行系统的思考。

4. 个性化原则

企业文化在很大程度上是由企业的性质、任务、技术水平、人员构成等决定的，因此具有不同性质、担负不同任务的企业，其文化也必然会有差异。为此，企业必须对自身内部的各种要素和所处的外部环境进行详细研究，从中找出主要矛盾、主要特征及应解决的主要问题，构建出个性化的而又独具特色的企业文化。这样的企业文化才符合企业的实际，才能抓住要害，有较强的针对性，才能在员工中产生巨大的凝聚力，也才能真正在企业发展中起到核心和灵魂的作用。

（二）企业文化构建的内容

1. 物质文化构建

物质文化构建的目的在于树立良好的企业形象。其主要内容包括：

（1）创造产品文化价值。创造产品文化价值就是运用各种文化艺术和技术美学手段，进行产品的设计和促销活动，使产品的物质功能与精神功能达到统一，使顾客满意，从而加强企业的竞争能力。

（2）美化、优化厂容、厂貌。厂容、厂貌能体现企业的个性化，设计上要体现合理的企业空间结构布局，工作环境要与人的劳动心理相适应，从而促进职工的归属感和自豪感，有效地提高工作效率。

（3）优化企业物质技术基础。要加大智力投资和对企业物质技术基础的改造力度，以使企业技术水平不断提高。

2. 制度文化构建

制度文化构建的目的是使物质文化更好地体现精神文化的要求。其主要内容包括：

（1）建立和健全合理的企业结构。要明确企业内部各组成部门及其相互关系，以及企业内部人与人之间的相互协调和配合的关系，建立高效精干的结构，以利于企业目标实现。

（2）建立和健全企业活动所必需的规章制度。要以明确合理的规章制度规范员工的行为，使员工的个人行动服从企业目标的要求，以提高企业系统运行的协调性和管理的有效性。

3. 精神文化构建

精神文化构建是企业文化构建的核心。其主要内容包括：

（1）明确企业奉行和追求的价值观念。这种价值观应成为企业生存的思想基础和企业发展的精神指南。

（2）塑造优良的企业精神。企业要在吸收借鉴中外优秀文化成果的基础上，概括出自己的企业精神，并使之渗透在企业经营的各个方面，成为企业生存和发展的主体意识。

（3）通过宣传、培训促进企业精神文化的形成和优化。企业文化都要经历一个培育、完善、深化和定性的过程。在这个过程中，企业精神必须经过广泛宣传、反复培训才能逐步被员工接受。

（三）企业文化构建的程序

1. 设计阶段

为了使企业文化构建符合企业实际，在企业文化设计阶段，首先必须对企业的现状进行深入系统的调查分析，如企业现在的工作作风、行为模式、道德标准及所处的内外环境等。然后，在此调查分析的基础上，根据企业本身的特点，发动广大职工参与讨论和设计，提出具有本企业特色的企业文化构建的目标，成为大家共同遵守的行为准则。

2. 培育和执行阶段

企业文化构建的目标一旦提出，就应加以具体化。一是要将目标层层分解，使其落实到各个管理层次和员工个人。二是应大力加以宣传和提倡，以便形成舆论，使新的观念不断深入人心，久而成俗，为广大职工认同和接受。

3. 总结和提高阶段

企业应该对企业文化建设的实践进行评价，对行之有效的内容加以推广，对暴露出的问题要不断地加以分析研究和改进，在此基础上不断地完善企业文化。

任务二　企业文化的 CIS 系统

案例导入　　　　　"可口可乐"企业文化 CIS 系统

可口可乐原有的标志识别中不可缺少的四个要素：①CocaCola 的书写字体；②Coke 的

品牌名称；③红色的标准色；④独特的瓶形。

可口可乐新形象的目标如下：

（1）对消费大众，不但要使其继续饮用，更要使其认识饮用可口可乐的文化价值；

（2）要使人们认识到饮料市场上可口可乐产品优良，是家喻户晓的饮料；

（3）对于新形象的主要受众年轻人要有强烈的诉求力；

（4）迅速将可口可乐的新形象在消费市场中建立起来。

CIS 是 Corporate Identity System 的缩写，意思是企业形象识别系统。由 MI（理念识别，Mind Identity）、VI（视觉识别，Visual Identity）、BI（行为识别，Behavior Identity）和 AI（听觉识别，Audio Identity）四方面组成。CIS 的主要含义是：将企业文化与经营理念统一设计，利用整体表达体系（尤其是企业的形象）最终促进企业产品和服务的销售。

CIS 的意义：对内，企业可通过 CI 设计对其办公系统、生产系统、管理系统以及营销、包装、广告等宣传形象形成规范设计和统一管理，由此调动企业每个员工的积极性和归属感、认同感，使各职能部门能各行其职、有效合作。对外，通过一体化的符号形式来形成企业的独特形象，便于公众辨别、认同企业形象，促进企业产品或服务的推广。

一、理念识别系统

理念识别系统是由企业家积极倡导、全体员工自觉实践，从而形成的代表企业信念、激发企业活力、推动企业生产经营的团体精神和行为规范。

理念识别是指在资讯时代，企业为增强竞争力、提升企业形象而构建，经广泛传播得到社会普遍认同，体现企业自身个性特征，反映企业经营观念的价值观体系。显然，这个定义包含以下三个基本点：

（1）构建企业理念识别的目的是增强企业发展的实力，提升企业形象，参与市场竞争并赢得胜利。

（2）企业理念识别的基本特点：一是体现自身特征，以区别于其他企业；二是广为传播，以使社会公众普遍认同。

（3）企业理念的基本内容是企业经营管理思想、宗旨、精神等一整套观念性因素的综合，构成企业价值观体系。

企业经营理念方针的完善与坚定，是企业识别系统基本精神之所在，也是整修企业识别系统的原动力。通过这股内在的动力，影响企业内部的动态、活动与制度，以及组织的管理与教育，并扩及对社会公益活动、消费者的参与行为规划，最后，经由组织化、系统化、统一化的视觉识别计划传达企业经营的信息，塑造企业的独特的形象，达到企业识别的目的。

二、视觉识别系统

视觉识别是一种相对静态的识别方式，是在企业经营理念的基础上，根据经营活动的要求，设计出识别符号，传递企业信息，使员工、消费者和社会各界直接感知企业，形成对企业特性的深刻印象。

（一）企业名称

企业名称与企业形象有着紧密的联系，是企业形象识别系统设计的前提条件，它采用文字来表现识别要素。企业名称的确定，必须反映出企业的经营思想，体现企业理念；要有独特性，发音响亮并易识易读；注意谐音的含义，以避免引起不佳的联想；名称要简洁明了，同时还要注意国际性，适应外国人的发音，以避免外语中的错误联想；表现或暗示企业形象及商品的企业名称，应与商标，尤其是与其代表的品牌相一致，也可将市场上较有知名度的商品作为企业名称；企业名称的确定不仅要考虑传统性，还要具有时代的特色。

企业名称越简洁、越通俗，就越给人一种鲜明的视觉效果。例如，20世纪50年代，日本樱花公司在胶卷市场的占有率超过了50%，而后富士后来居上，击败了节节败退的樱花公司，成为市场霸主。经分析得知，樱花的败退并非质量问题，而是品牌名称问题，樱花公司受"樱花"名称的拖累，因为在日本文化里，"樱花"一词是软性、模糊、桃色的象征；相反，富士则与日本"圣山"联系在一起，清晰而有轮廓。

（二）企业标志

企业标志是特定企业的象征与识别符号，是企业形象识别系统的核心基础。企业标志是通过简练的造型、生动的形象来传达企业的理念，包含有内容、产品特性等信息。标志的设计不仅要具有强烈的视觉冲击力，而且要表达出独特的个性和时代感，必须广泛地适应各种媒体、各种材料及各种用品的制作。其表现形式可分为图形表现（包括再现图形、象征图形、几何图形）、文字表现（包括中外文字和阿拉伯数字的组合）和综合表现（包括图形与文字的结合应用）三个方面。企业标志要以固定不变的标准原型在CIS设计形态中应用，开始时必须绘制出标准的比例图，并表达出标志的轮廓、线条、距离等精密的数值。其制图可采用方格标示法、比例标示、多圆弧角度标示，以便标志在放大或缩小时能精确地描绘和准确复制。

企业标志是一种特殊的符号，是企业或产品的名称、图案记号或两者结合的一种设计，用以象征企业或产品特性。企业标志传递着企业形象、特征、信誉、文化等众多信息，因此，企业标志的设计与识别十分重要。例如，中国联通企业标志中，红色双"i"是点睛之笔，发音同"爱"，延伸"心心相连，息息相通"的品牌理念，英文释义"i—我"、"information—信息"迎合"以客户为中心"的营销模式。

（三）标准字体和标准色彩

企业的标准字体包括中文、英文或其他文字字体。标准字体是根据企业名称、企业牌名和企业地址等来进行设计的。标准字体的选用要有明确的说明性，直接传达企业、品牌的名称并强化企业形象和品牌影响力。可根据使用方面的不同，采用企业的全称或简称来确定。字体的设计，要求字形正确、富于美感并易于识读，在字体的线条粗细处理和笔画结构上要尽量清晰简化和富有装饰感。在设计时要考虑字体与标志组合时的协调统一，对字距和造型要做周密的规划，注意字体的系统性和延展性，以适应于各种媒体和不同材料的制作，适应于各种物品大小尺寸的应用。其标准制图方法是将标准字配置于适宜的方格或斜格之中，并表明字体的高、宽尺寸和角度等位置关系。对企业的标准字体的笔画、结构和字形的设计，也可体现企业精神、经营理念和产品特性。

企业的标准色彩是用来象征企业并应用在视觉识别设计中所有媒体上的指定色彩。透过色彩具有的知觉刺激于心理反应，可表现出企业的经营理念、产品内容的特质，体现出企业属性和情感。标准色在视觉识别符号中具有强烈的识别效应。企业标准色的确定要根据企业的行业的属性，突出本企业与同行的差别，创造出与众不同的色彩效果。标准色的选用是以国际标准色为标准的,企业的标准色使用不宜过多,通常不超过三种颜色。

企业为了强化其名称和品牌的传达力与识别力,通常需要对其名称的字体和颜色进行统一,即标准化。它是企业规模、力量和尊严等内涵的外在表现形式,是视觉识别的核心。美国 IBM 公司企业标志的设计最初是粗体黑字,明晰易读,具有强烈的视觉震撼力,达到了易读易认的效果。随着自身的发展,企业要求以表现经营哲学为第一要义,于是设计出蓝色条纹构成的 IBM 字形标志,成功树立起 IBM 高科技"蓝色巨人"的形象。

(四)企业象征图案

企业象征图案是为了配合基本要素在各种媒体上广泛应用而设计的,在内涵上要体现企业精神,起到衬托和强化企业形象的作用。通过象征图案的丰富造型,来补充标志符号建立的企业形象,使其意义更完整,更易识别,更具表现的幅度与深度。象征图案在表现形式上采用简单抽象的形式,并与标志图形既有对比,又保持协调的关系,也可根据标志或组成标志的造型内涵来进行设计。在与基本要素(标志、标准字、企业名、插图、标题字、文案内容等)组合使用时,要有强弱变化的律动感和明确的主次关系,并根据不同媒体的需求做各种展开应用的规划组合设计,以保证企业识别的统一性和规范性,强化整个系统的视觉冲击力,以产生视觉的诱导效果。

例如,奔驰,德国汽车品牌,被认为是世界上最成功的高档汽车品牌之一,其完美的技术水平、过硬的质量标准、推陈出新的创新能力以及一系列经典轿车款式令人称道。

奔驰三叉星已成为世界上最著名的汽车品牌标志之一。1909 年 6 月,戴姆勒公司申请登记了"三叉星"作为轿车的标志,象征着陆上、水上和空中的机械化。1916 年在它的四周加上了一个圆圈,在圆的上方镶嵌了 4 个小星,下面有"Mercedes"(梅赛德斯)字样。"梅赛德斯"是幸福的意思,意为戴姆勒生产的汽车将为车主们带来幸福。

(五)企业吉祥物

企业吉祥物是以平易可爱的人物或拟人化形象来唤起社会大众的注意和好感。例如,旺旺集团的吉祥物是小狗,因为"旺旺"与"汪汪"同音,所以狗被视为旺旺集团的吉祥物。

(六)专用字体

专用字体即是对企业新使用的主要文字、数字、产品名称结合、对外宣传文字等,进行统一的设计。主要包括为企业产品而设计的标识字,为企业对内、对外活动而设计的标识字,以及为报刊广告、招贴广告、影视广告等设计的刊头、标题字体。

三、行为识别系统

企业行为是指企业在管理、经营、生产和学习、生活、娱乐等一切运转过程中行为活动的表现,它是企业经营作风、精神风貌等在员工行为中的动态表现。其中包含两大部分:一是内部系统,指企业内部环境营造、员工教育和员工行为规范等,其宗旨在于使企业及员工在观念与行为上取得认同,为树立良好企业形象奠定基础;二是外部系统,如产品销售、广告宣传、公共关系、促销等活动,其宗旨在于通过整体、系列的营销行为进行信息传递,在优质高效地满足顾客需要的过程中,塑造良好的企业形象。企业行为识别系统以企业精神和经营思想为内蕴动力,通过它可以显现出企业内部的管理方法、组织建设、教育培训、公共关系、经营制度等方面的创新活动,最后达到塑造企业良好形象的目的。

1. 企业内部活动识别

强化企业内部的凝聚力和向心力有各种活动方式，大体有如下四类：

（1）关心员工的生活、利益、前途。

（2）企业内部宣传教育。

（3）培训：主要有企业报刊、员工手册、企业内部宣传海报、企业内部活动等几种方式，要在理念识别的指导下进行。

（4）公司歌曲。

2. 企业外部活动策划

企业通过外部活动向社会公众传达企业理念，提升企业认识度，主要包括以下三种方式：

（1）市场调查。通过市场调查了解消费者的购买心理、对企业的建议和意见，通过改进提高企业的水平。

（2）公共关系公关。公共关系公关和公益活动在提升企业形象上起着重要的作用，是现代企业竞争的一个有效手段。

（3）新产品的开发。新产品的推出也是企业展示自己形象和理念的大好机会。

四、听觉识别系统

企业听觉识别系统是指将企业精神、企业宗旨、企业目标、企业经营方针等抽象的企业理念转换为公众可以识别的听觉符号，以塑造企业形象、推动企业发展为目的的一整套符号体系。

一般来讲，企业听觉识别系统是由企业歌曲、企业的主体音乐、企业的广播广告词、企业的广告宣传口号或标语、（品牌）名称等构成。企业歌曲类型：一类是企业内部歌曲；另一类是企业形象歌曲（如娃哈哈纯净水的《我的眼里只有你》、中国移动通信的《飞得更高》）。企业的宣传口号类型包括以下几类：

（1）赞扬型。例如：海鸥表，中国计时之宝。

（2）号召型。例如：只要你拥有春兰空调，春天将永远陪伴着您。

（3）情感型。例如：除了钞票，承印一切。

任务三　企业营销文化

案例导入　　　　　法拉利首发中国

众所周知，法拉利是世界顶级跑车品牌之一，但由于其从未到过中国，人们对这个世界知名品牌一无所知，就连有购买顶级跑车能力的消费者对法拉利这个品牌也知之甚少，甚至不知道它的存在。然而这段历史在1993年被炎黄艺术国际推广有限公司改写。

1993年北京首次申办2000年夏季奥运会，得到举国上下全力支持的北京迅速地开展起对基础设施、环境及北京整体形象的改善工作。经济快速增长、市场日益繁荣的中国，特别是中国的首都北京引起了世界的极大兴趣。法拉利公司和它的香港市场代理Italian Motor公司，此时就进入中国市场的问题，向炎黄公司执行董事宋正中先生进行了咨询。凭借对中国市场、汽车消费趋势的深刻认识，宋先生敏锐地感到这个想法所具备的文化价值，于是向客户做出了肯定的答复。

宋先生向法拉利公司承诺，如该公司有能力快速安排空运一台新型跑车到北京，炎黄公司就完全有能力抓住申奥进入高潮的良机，使法拉利品牌在中国市场一举成名。

1993年5月，承诺后短短的20天，在北京申办2000年奥运会时的象征形象，同时又是灿烂悠久的中华文明结晶的天坛祈年殿，享有"意大利国宝"美名的法拉利跑车与它的中国主人有了"第一次亲密接触"。传统与现代、东方与西方文化的结晶在此相遇，振奋人心的盛大交车仪式把法拉利跑车首发中国活动推向了高潮。法拉利跑车进驻中国的消息印证了中国的开放和中国市场蕴藏的商机，海内外50余家媒体报道了这一事件。从那时起，中国市场的汽车消费需求进入了多元化时代，目前法拉利汽车在中国已经拥有了五十几名用户，成为消费者心目中的No.1。

"法拉利跑车首发中国"活动的成功，充分验证了炎黄公司采用"制造悬念—提供解决方案—激发热情—促成响应"的市场营销策略，为陌生品牌迅速建立市场地位的能力。

企业营销文化贯穿于企业文化活动的始终，是一项复杂的系统工程。企业的任何营销活动都包含一定的文化因素，也是在一定的文化背景中进行的。因此，企业在进行市场营销活动时，必须站在文化高度才能立于不败之地。

一、营销文化的含义

营销文化包含两个层次：一是企业的营销观，侧重于营销文化精神层面的作用。二是企业的文化行为观，侧重于营销活动中文化因素的作用，强调如何提升营销理念，塑造营销精神，建设营销团队，以提高营销行为中的文化含量，使企业营销行为也成为一种文化行为。

综上所述，营销文化可解释为：贯穿于企业整个营销活动过程中的一系列指导思想、文化理念以及与营销理念相适应的规范、制度等的总称。营销文化的精髓是营销理念及其价值观。

二、营销文化的特征

（一）企业营销文化的形成是企业营销走向成熟的一个重要标志

企业营销文化的形成需要一种正确的理念与精神支撑，这种理念与精神要在长期的工作中被大家接受，成为行动指南。营销文化，不仅对人有鼓舞作用，而且能提升企业形象，增强企业凝聚力，打造企业核心竞争力，使企业的营销工作跃上更高的境界。

（二）企业营销文化是每个企业所独有的文化，具有难以模仿的特点

企业营销文化中的营销理念是贯穿于企业经营活动的指导思想，也是企业家经营思想的反映。它演绎为一种文化现象，这种文化现象的核心就是以什么为经营理念来开展生产经营活动。技术、高科技可以学，制度可以制定，但企业营销文化却是很难模仿的。

（三）企业营销文化的价值在于构筑企业核心能力

企业核心能力，是指本企业所拥有的而其他企业不具备的技术、服务、管理等方面的能力。企业营销文化正是发挥了其难以模仿的特点，帮助企业构筑核心能力。

三、营销文化的内容

(一) 产品文化

一位营销大师说过这样一句话：不要卖牛排，而要卖滋滋声。看过德芙巧克力广告的人们一定忘不了广告中那位在渴望和感觉德芙巧克力的女士的"魂牵梦萦"的神态，而没有品尝过的人便会盼望自己也有这样的感觉。有时产品实体中体现的差别很难辨别，其主要是体现在附加层次、增值层次上的"文化差别"，据此来影响消费者的心理和精神倾向，从而决定人们的购买行为，这就是产品文化的魅力。

产品文化主要是指反映在产品的设计构思的造型样式和商标、包装等方面的文化，作为商品必须适应消费者的消费心理与消费需求，影响消费者的消费观念。从广义上讲，产品不仅包括实体的物质属性，还包括产品的包装、品牌、特征、式样、安装、售后服务等无形特征。从文化学角度讲，产品的有形实体和无形特质都是人类文化的体现，有形实体体现的是一种物质文化，主要满足人的基本需求，如蕴含中国 5 000 年历史的酒类产品是为了满足人们"醉"的需要；无形物质则更多地表达一种价值和意义，如产品的式样、包装的设计、售后服务的保证和完善，已经超越了基本满足的需要，是社会文化积累在产品概念上的拓展。

(二) 品牌文化

品牌是市场竞争的强有力手段，但同时也是一种文化现象。优秀的品牌是具有良好文化底蕴的。消费者购买产品时，不仅只是选择了产品的功效和质量，也同时选择了产品的文化品位。

在建设品牌时，文化必然渗透和充盈其中并发挥着不可替代的作用；创建品牌就是将一个文化精致而充分地展示的过程；在品牌的塑造过程中，文化起着凝聚和催化的作用，使品牌更有内涵。品牌的文化内涵是提升品牌附加值、产品竞争力的原动力。

1. 品牌与企业的关系

（1）提高市场占有率。联合国工业计划署的调查表明：著名品牌在整个产品品牌中所占比例不足 3%，但著名品牌产品所拥有的市场份额则高达 40% 以上，销售额更是超过 50%。

（2）形成竞争防线。品牌的差别是竞争对象难以仿效的，它融多种差别化于一体，是企业综合实力和素质的反映。经注册之后的品牌，成为企业的特有资源，受到法律保护，其他企业不得仿冒和使用，若被他人侵权，可以依法追究法律责任。品牌是企业产品的质量、特征、性能用途的概括性象征，凝聚着企业的风格、精神和信誉，使消费者一接触它就会想到生产企业。从一定意义上讲，代表企业产品的市场品牌所包含的价值有时候要远远高于企业的其他资产价值。

（3）提供销售渠道上的杠杆力。一个优秀品牌在争夺货架空间位置以及取得渠道上的更好合作方面都占有优势，因为顾客希望分销。

2. 品牌定位

品牌定位战略就是对企业品牌定位的总规划和长期计划，并且根据经营变量的变化进行不断的调整和更新。其中品牌定位指为企业建立一个与目标市场相关的独特品牌形象，从而在消费者心目中留下深刻的印象，使消费者以此来区别其他品牌。例如，奔驰显示"声望",宝马适合"驾驶",富豪是"安全"的汽车,法拉利代表"速度",王老吉是"预防上火的饮料",它们都成功地为品牌做了精准的定位。

3. 品牌设计

品牌是通过以上这些要素(名称、术语、象征、记号或者设计及其组合)及一系列市场活动而表现出来的结果所形成的一种形象认知度、感觉、产品认知以及通过这些而表现出来的客户忠诚度,总体来讲它属于一种无形资产。品牌设计来源于最初的企业品牌战略顾问和策划顾问对企业进行战略整合以后,通过形象的东西所表现出来的东西,后来慢慢地形成了专业的品牌设计团体对企业品牌形象设计进行有效的规划,在企业文化中形成了企业视觉形象识别系统。

4. 品牌策略

品牌策略是指在品牌的外在表现、品牌形象的树立方面重视文化因素的作用,体现品牌的文化内涵。海尔两个小孩拥抱的品牌标志和"真诚到永远"的品牌形象,IBM"服务第一"的品牌形象和蓝色底的标志等都表现出品牌文化的内涵。

(三) 促销文化

促销是通过一定的方式将产品或服务的信息传递给消费者,影响其购买决策和消费行为,从而促使购买行为发生的活动。随着企业绩效水平的不断增强,在营销产品和服务中,促销的地位越来越重要。据美国营销学家飞利浦·科特勒估计,10年前广告和促销的比率为60:40。促销文化是企业在促进商品销售过程中所反映出来的行为特征,包括广告文化、公关文化等。

例如,企业公关文化是为了展示企业形象,是企业文化高素质的显现。公关文化指公共关系所体现的思想意识、价值取向、道德规范、行为方式和经营作风等因素以及民族优秀的传统文化所体现的价值观念、道德观念、风俗习惯、思维方式等因素的总和。公关文化是"内求团结,外求发展"的文化,它具有促进和加强企业凝聚力与向心力的功能。它把树立企业的良好社会形象、争取社会对企业的信任和支持放在首位,因为这样能够正确处理个人和企业之间的关系,对企业的向心力产生影响,从而使向心力成为凝聚力的推进剂,使企业内部形成"全员公关"的公关文化,对公共关系行为起到指导作用。企业通过各种传播媒介,将有关信息及时、准确、有效地传播出去,争取公众对企业的认知、了解、信任与好感,提高企业的知名度和美誉度,为企业及其产品推广形象,扩大影响,这是公关文化的重要功能之一。公关文化贵在坚持不懈、潜移默化地持续传播,而不能急功近利,追求一时的舆论轰动。当企业树立了比较好的企业形象后,公关文化也应不断创新,同时,做好传播、推广、普及等工作,不断加深公众对企业及产品、人员的良好印象,使之不断积累、巩固和强化。

在营销文化中,促销文化形式最为丰富,是最直观、最具活力的文化形式,可直接影响消费者的消费行为和消费心理。

(四) 包装文化

包装对于商品来说,是一种附属品,但包装的规格、形状等因素却常常影响商品的销售,因为包装对商品具有美化作用,可以体现商品的附加价值即魅力价值。一种商品进行包装后,首先进入消费者视觉的,往往不是商品本身,而是商品的包装。例如,在自选商场中,包装起着"无声推销员"的作用。此外,包装本身也是一种商品,也是通过劳动创造的，它也具有使用价值和价值。一种商品有无包装，包装得是否得当，会直接影响到商品的价值。

四、企业营销文化的塑造

营销文化的培育是一个系统工程，不仅需要市场营销理念的提升，而且需要企业价值链各个环节的密切配合，其目的在于减少企业价值链运行中的无序状态。首先，企业必须树立"取之于社会，服务于社会"的新型营销理念；其次，企业必须从产品研发出发，塑造富有特色的企业营销文化，占领市场制高点；最后，企业必须真诚面对顾客，以优质的产品为顾客提供无微不至的服务。

（一）开展整合营销，优化企业价值链

整合营销观念认为企业的所有活动从头到尾都是一个营销过程，其形式延伸到企业战略、文化、生产、销售、渠道等各个环节。市场营销主体也不局限于商业企业，甚至是个人都要自我营销。整合营销的实质是谋求供应商—生产商—分销商—消费者价值链系统的最优化，其目的是增加企业价值链的内能，形成企业独有的营销文化。反过来，营销文化作为连接企业和市场的"纽带"，还具有协调和优化价值链的作用，使无谓内耗降低到最低限度，以产生内聚效应。企业通过营销文化管理，寻找各价值环节的共性，一方面带动消费文化的导入；另一方面带动企业文化的传播，以向社会表达自己的追求目标，力求在消费者心目中树立起特有的良好形象，通过企业的"心理边界"，创造一种境界，使消费者产生激情和共鸣，从而获得高层次的享受。因此，营销文化不仅是一种质量追求，而且在产品中体现该产品的实质内涵，即渗透着一种经营哲学，向消费者表达一种信仰，使其获得某种感受，反过来也能赢得消费者的信任。

（二）创建跨组织团队

模糊企业价值链跨组织团队的创建流程可以是非正式、半开放的，组织机构、管理流程、策略、模式和时间应该是可以改变的、动态的，无论成员身处何地，都可以在一个统一的平台上沟通与协作。跨组织团队的组建基础是企业的心理边界。在心理边界内，跨组织团队通过运用先进的技术，能够提高并增加团队成员与具有不同文化背景的同事相互交流的能力和机会，并克服由时间和文化差异带来的成员间缺乏的协调和信任。所以，营销文化是一个渐进改变企业价值链的过程，它通过学习、识别、理解和认同文化来增加企业价值链系统各环节之间的模糊性，达到"求同"和"多赢"的目的。

（三）维持涨落平衡，提高企业价值链的"免疫力"

仅就企业价值链本身来说，它是一个封闭的自组织系统；但就整个企业发展来说，企业价值链还必须与它的供应链相衔接，使其成为一个远离平衡态的开放系统。企业通过供应链，不断地从环境中吸收能量，然后依靠其价值链的往复循环，传递能量，实现产品的价值增值。在这一过程中，作为一个整体而起作用的营销文化能够通过涨落而自行增强，并自发形成营销网络结构。这种新的空间组织形式一次又一次在涨落中涌现，目的是减少企业价值链运行中增加的无效活动。所以，营销文化能够起到提高企业价值链"免疫力"的作用，成为维持企业营销系统动态平衡的建设性因素和推动其持续、深化发展的根本动力。

（四）践行诚实守信，实现企业价值链的平衡

由于事物间的普遍联系和相互制约，完全封闭的系统和绝对的平衡都是不存在的，所以

即使企业与环境之间没有物质交换，也会有能量或信息交换，带来各个价值环节内能的增加，使它们处于非均衡状态，从而导致企业价值链内部矛盾的激化，降低生产效率。按照梅奥教授的观点，生产效率的提高不能只靠生产作业的安排和科学技术的应用，更重要的是激励士气，依靠内部机构间的真诚合作，改善人与人之间的关系。因此，企业必须借助于营销文化，在企业内部、外部努力营造一种积极向上的文化氛围。文化不同于制度的一个重要特点是它的非强制性，其潜移默化地影响和控制着人们的行为方式。诚实守信的营销文化有利于平衡企业内部、企业之间、企业与消费者的关系，消除它们之间的观念差异，培育合作精神。

（五）倡导绿色营销，深化企业价值链

绿色营销是对传统营销模式的创新和发展，它深化了企业的价值链及其系统。绿色营销主要包括绿色营销文化和绿色营销渠道两个方面的内容。随着人们生活水平的提高，生态观念和绿色意识已经开始渗透到人类生活的每一个方面。现在，已有越来越多的消费者从社会道德和社会责任角度出发，自觉或不自觉地承担起保护自身生存环境的责任。绿色营销以绿色文化观念作为其价值导向，顺应了消费者"崇尚自然"的潮流。从消费者价值角度出发，通过开展绿色营销，与消费者形成一致的价值主张和观念，就可以使企业和消费者之间建立起具有实际意义上的长期关系，而这种关系是形成消费者忠诚度的根本。绿色营销渠道具有双向性，既有正渠道，也有反渠道，二者缺一不可。正渠道是指绿色产品由生产者流向消费者；反渠道是指使产品报废后的废弃物由消费者反流向生产者，使产品及其废弃其物能够循环复用、再生利用或降解腐化。绿色营销提升了企业的经营理念和战略，是对企业价值链及其系统的进一步深化，它有利于实现经济发展的可持续性。

任务实施

案例一　以人为本的惠普文化

1. 可以越级反映情况

惠普采取门户开放政策，惠普总裁办公室从来没有门，任何员工都可以越级向上反映各种问题。在惠普中国总部，如果中国员工受到顶头上司的不公正待遇或看到公司发生问题时，不会以忍为怀，他们往往可以直面陈诉，有时还要越级反映情况。在越级报告后，换来的并不是指责甚至开除，而是顶头上司最真诚的歉意。

与惠普打过交道的人，都会感到惠普的做派与别家公司不一样，它更加和蔼可亲、更加有大家风范。很多公司一旦发展壮大后，总裁就开始有很多的特殊待遇，比如说有自己的私人飞机，但惠普历任总裁却没有。惠普总裁普莱特总是搭乘同一架普通飞机，这种现象在其他的大公司是很少见到的。

惠普公司认为，人才最需要的是信任和尊重。惠普在这方面是一个包容性很强的公司，它只问你能为公司做什么，而不是强调你从哪里来。在处理问题时只有基本的指导原则，却把具体细节留给基层经理，以便做合适的判断。这样，公司可以给员工保留发挥的空间。惠普是最早实行弹性工作制的企业，允许科技人员在家里办公。惠普不歧视离开惠普又想返回的人才，曾经有一位副总裁，在惠普的经历是三进三出，公司和员工都很坦然。

惠普实行分权管理，在公司管理层的支持下，各类人员各负其责，自我管理。公司鼓励员工畅所欲言，要求员工了解个人工作情况对企业大局的影响，并不断提高自身的技能以适应顾客不断变化的要求。惠普公司对职工的信任表现得最为清楚，实验室备品库就是存放电气和机械零件的地方。开放政策就是说工程师们不但在工作中可以随意取用，而且实际上还鼓励他们拿回自己家里去供个人使用。这是因为惠普公司认为，不管工程师用这些设备所做的事是不是跟他们手头从事的工作项目有关，反正他们无论是在工作岗位上还是在家摆弄这些玩意儿都能学到一些东西。它是一种精神、一种理念，员工感到自己是整个集体中的一部分，而这个集体就是惠普。

2. 让员工选择自己的未来

惠普相信员工，同时也尊重员工的选择。公司的管理者常常对员工强调培养自己的专业要比对公司的忠心更重要。惠普原中国公司总裁陈翼良曾强调说："我认为公司和员工双方都应这样来思考：公司不欠我的，我也不欠公司的，谁也不应该欠谁的。员工一定要为自己设计未来。未来的组织可能不是金字塔形的，而是网状的，并不是因为你在公司资深而受人尊重，而是因为你对公司更有价值、对公司未来方向更有掌握，而赢得别人的尊重。我一直建议我的员工说：'你们不要以为只有忠诚度才能换来你们的长久安稳，我觉得忠于自己的专业要比对公司的忠心更重要。'公司选择员工，同时我们也要让我们的员工自己选择未来。"相信员工、尊重员工是惠普文化的基石。也正是惠普文化的魅力所在，它才凭着以人为本的管理措施留住了优秀的人才，不断创造着经营佳绩。

3. 惠普之道

惠普文化常常被人称为"HP way"（惠普之道）。HP way 有五个核心价值观，它们像是五个连体的孪生兄弟，谁也离不开谁，它们是：（1）相信、尊重个人，尊重员工；（2）追求最高的成就，追求最好；（3）做事情一定要非常正直，不可以欺骗用户，也不可以欺骗员工，不能做不道德的事；（4）公司的成功是靠大家的力量来完成，并不是靠某个个人的力量来完成；（5）相信不断地创新，做事情要有一定的灵活性。惠普文化的核心是相信每个员工都有他的重要性，因此一定要尊重每个员工的重要性。只有这样，公司员工才能齐心协力为公司的发展而努力。

【思考与讨论】

1. 惠普公司的核心文化是什么？
2. 从惠普之道中，有哪些值得中国企业学习借鉴？

案例二　　　　　仅靠"CIS"不够

生于20世纪70年代的人们应该都还记得太阳神口服液气势如虹的广告，随着《当太阳升起的时候》的广告在中央电视台及其他媒体上的广为播放，一个中国企业的新星——太阳神冉冉升起。1988年，制药工程师怀汉新辞去公职，筹集5万元办了一个小工厂，名字非常响亮：太阳神。谁也不曾料到，在随后的5年里，这3个字成了妇孺皆知的品牌，而怀汉新也创造了中国保健行业一段前无古人的传奇。

怀汉新的太阳神有很多"第一"和"之最"，它的出现标志着保健品在中国市场成为一个独立的产业，实施了中国"CI第一案"。

广东"太阳神"保健饮料，原名生物健，经广东"新境界广告公司"CI设计后，一个全新的太阳神CI识别系统出来了：用象征太阳的红色圆形与太阳神（Apollo）首写字母A

的黑色三角构成,命名太阳神。并将厂名、商品名、商标全部统一。用圆与三角既对比又和谐的形态,来表达企业向上升腾的意境,同时体现"以人为中心"的企业经营理念。之后,太阳神集团从集团名称开始,一步一步地导入并完善着它的形象战略,提出了"关怀人的一生,爱护人的一生"的企业理念,定出了企业内部的1 000多条规定礼仪和各种专业操作程序,有了较为完善的视觉识别、行为识别和理念识别系统,并增加了听觉识别系统,具有了企业自己的形象歌、升旗曲等各种音乐。

尽管太阳神成功的CIS战略曾创造出奇迹,但其后来的经营业绩也告诉我们,一个企业如果光有形象力,而没有相应水平的产品力、渠道力、创新力等,是难以长久发展的。

【思考与讨论】
结合本案谈谈如何正确审视企业的形象策划以及CIS战略。

项目小结

本项目由《海尔文化激活"休克鱼"》引入,讲述了企业文化的含义、结构和功能,详细介绍了企业文化构建的原则、内容和程序。企业形象识别系统(CIS)由MI(理念识别)、VI(视觉识别)、BI(行为识别)和AI(听觉识别)四方面组成,它是将企业文化与经营理念统一设计,利用整体表达体系(尤其是企业的形象)最终促进企业产品和服务的销售。企业的营销文化是贯穿于企业整个营销活动过程中的一系列指导思想、文化理念以及与营销理念相适应的规范、制度等的总称。企业在进行市场营销活动时,必须站在文化高度才能立于不败之地。

课后练习

一、选择题

1. 属于企业文化核心层的是企业的(　　)文化。
   A. 行为文化　　　　　　　　B. 物质文化
   C. 制度文化　　　　　　　　D. 精神文化
2. 企业物质文化是属于表层文化,是与(　　)相对应的。
   A. CIS　　　　B. VI　　　　C. BI　　　　D. MI
3. 企业管理发展的最高阶段是(　　)。
   A. 古典管理　　　　　　　　B. 科学管理
   C. 文化管理　　　　　　　　D. 行为管理
4. 企业文化结构的表层是(　　)。
   A. 企业风貌与形象　　　　　B. 企业伦理道德规范
   C. 企业整体价值观念　　　　D. 企业精神
5. 消费者和社会大众对企业整体的认识和评价是(　　)。
   A. 企业理念　　　　　　　　B. 企业形象

C. 企业伦理　　　　　　　　　　D. 企业价值观

6. 从根本上说，评价企业文化效果的标准只有一个，是（　　）。
A. 是否有助于推动企业的长远发展
B. 是否发挥企业文化的维系功能
C. 是否发挥企业文化的教化功能
D. 是否发挥企业文化的激励功能

7. （　　）是特定企业的象征与识别符号，是 CIS 设计系统的核心基础。
A. 企业名称　　　　　　　　　　B. 企业标志
C. 标准字体和标准色　　　　　　D. 企业象征图案

二、判断题
1. 企业文化的本质是企业的"人化"，企业文化是可以移植的。（　　）
2. 企业文化建设的主体是企业的广大员工。（　　）
3. 企业文化具有明显的个性特征。（　　）
4. 在听觉识别系统中，"只要你拥有春兰空调，春天将永远陪伴着"。属于情感型的宣传口号类型。（　　）
5. 企业营销文化是每个企业所独有的文化，具有难以模仿的特点。（　　）

三、简答题
1. 如何理解企业文化的含义和结构？
2. 简述企业文化的功能。
3. 企业文化构建的原则是什么？
4. CIS 的意义是什么？它由哪几部分构成？
5. 视觉识别系统主要包括哪些内容？
6. 如何理解营销文化的含义及特征。
7. 简述品牌与企业的关系。
8. 如何进行企业营销文化的塑造？

技能训练

实训目标。
（1）通过调研总结公司的企业文化。
（2）总结该公司在企业文化建设中存在的问题。
（3）提出该公司企业文化建设和形象优化的建议。

实训内容。
对学院某一校企合作的公司进行企业文化调研。

实训地点。
校企合作企业。

实训步骤。
（1）调查前，充分了解该校企合作公司的综合运行情况。
（2）5~7 人一组，组织学生分别对该企业文化的不同层次分组调查。
（3）以小组为单位通过讨论撰写实训报告。

线上资源

1. 请登录：https：//cache. tv. qq. com/x/pcsearch?q =％E5％93％81％E7％89％8C％E6％96％87％E5％8C％96&（雕牌品牌广告）。
2. 请登录：https：//cache. tv. qq. com/x/pcsearch?q =％E5％93％81％E7％89％8C％E6％96％87％E5％8C％96&（中国品牌故事）。
3. 请登录：https：//cache. tv. qq. com/x/pcsearch?q =％E5％93％81％E7％89％8C％E6％96％87％E5％8C％96&（乐高品牌历史）。

线下资源

1. 《品牌文化形象设计》. 杨志. 中国建筑工业出版社，2013 年。
2. 《品牌文化与品牌战略》. 李滨. 西安交通大学出版社，2016 年。
3. 《汽车品牌文化》. 叶蓉燕，张梅兰. 机械工业出版社，2015 年。

项目九

企业财务管理

任务引入

一主三仆

古时有一个大户人家,主人姓马,人人都叫他马老爷。马老爷以前在镇上只是做点小买卖,后来生意越做越大,红红火火,赚了不少银子。马家前有大院,后有花园,还雇用了不少仆人。马老爷对这些仆人奖惩分明,做得好会有所奖励;做得不好,就没有奖励,甚至还会将其赶出家门。

有一天,马老爷决定出门远游,他想趁这个机会,来看看家里的仆人除了会干活之外,还会不会利用银子来赚取银子,于是他给三个仆人每人一笔银子谋生。

三年后马老爷归来,甲仆说用主人给的银子经商赚了2倍,乙仆说用这些银子放利赚了1倍,丙仆说为防丢失将银子埋进了地里。

马老爷对甲、乙的做法都很满意,分别交给他们银子。而对丙则收回了原来给的银子。

任务分析

甲和乙不但保住了原有的银子,还赚取了更多的银子,而丙并没有使原有的银子增多。对于他们三人的谋生之道,主人对甲、乙两人称赞有加,对丙则是不满意。这是理所当然的。作为一个企业,生存、发展和获利是永恒的主题。

使财富增值是企业的最终目标。如果把故事中的主人当作是企业的股东,而仆人是经营者的话,显然,甲和乙都明白主人给他们银子的目的不仅仅在于保值,还要增值。即不仅要生存,还要发展,要获得。

任务说明

工作任务	知识目标	能力目标	操作流程
任务一 企业财务管理基础认知	1. 财务管理的定义 2. 财务管理的内容	1. 能够熟悉财务管理的概念及相关的内容 2. 能够分析企业财务管理的相互关系	1. 阅读案例 2. 分组讨论 3. 代表发言 4. 总结案例

续表

工作任务	知识目标	能力目标	操作流程
任务二 企业筹资管理	1. 资金筹集的概念 2. 资金筹集的渠道和方式	1. 能够了解企业资金筹集的基本要求 2. 能够依据企业的情况，制订筹资渠道和方式	1. 阅读案例 2. 分组讨论 3. 代表发言 4. 总结案例
任务三 企业投资管理	1. 投资行为的认知 2. 投资行为的基本原则 3. 投资行为的基本程序	1. 能够熟悉企业的投资行为及其遵循的基本原则 2. 能够依据企业的情况，进行投资行为	1. 阅读案例 2. 分组讨论 3. 代表发言 4. 总结案例
任务四 企业资产管理	1. 资产的分类 2. 流动资产的管理 3. 固定资产的管理 4. 无形资产的管理	1. 熟悉资产的分类 2. 能够依据企业的实际情况，分析企业资产的管理内容	1. 阅读案例 2. 分组讨论 3. 代表发言 4. 总结案例
任务五 企业利润管理	1. 企业利润构成 2. 企业目标利润 3. 企业经营利润分配	1. 能够熟悉企业的利润构成 2. 能够依据企业的情况，分析企业经营利润分配	1. 阅读案例 2. 分组讨论 3. 代表发言 4. 总结案例

相关知识

财务管理是企业管理的重要组成部分。通过学习，了解和掌握以下几方面内容：财务管理的含义、内容及目标；财务管理的主要环节；资金筹集、资产管理、损益管理及财务分析的基本内容。明确财务管理工作在企业经营管理中的核心地位，了解做好财务管理基础工作的重要性。

任务一 企业财务管理基础认知

案例导入　　　　　**联想竞争诀窍在于降低成本**

众所周知，联想集团一直以来都在利用贴近市场的优势，采取低价格战略来赢取市场。柳传志总裁曾说过："降低成本这四个字是我们竞争的诀窍。"

（1）战略伙伴关系使供应链缩到最短——在采购上，联想并不追求每时每刻的压价，而是保证长期的成本较低。联想与英特尔、惠普、希捷和东芝等企业建立的不仅是买卖关系，还是技术与产品的合作关系，推动管理层的相互学习和交流。现在联想并不是简单地从事OEM（组装生产），而是更进一步地从事ODM（设计生产）。正是这种战略伙伴关系，使联想得以走在技术与管理的前列，最终将最新的技术和优异的质量用最快的速度送给它们的顾客。

（2）培养成本管理意识——联想在企业内部培养成本管理的意识和能力并建立一种成本管理模型，使企业每个人都知道每花一分钱就减少一分竞争力和一分利润。因此，企业每个人每花一分钱，都要问问这样究竟能够给产品带来什么价值。联想人认为，不是控制成本，而是充分利用成本的运作，才是其取得竞争优势的利器。联想感到，每个公司要做的事情就两件：提高产品对用户的价值、降低产品成本。公司所有规范、流程、人员、人员的岗位责任、制定各种制度和做各种事情的根本出发点就是这两点，应该说，做每一件事都要折射到、映射到增加价值和降低成本上。如果某一件事情折射不过去，这件事就不要去做。

（3）及时调整组织结构——1994年，联想微机事业部的成立，就改变了多头管理的状况，将电脑的研发、生产、销售集中到一个部门去操作。原来涉及微机业务的20多个部门300多人被简化设置为6个大部门120多人。1995年，联想设立了商务部以及物控部，加强从采购生产、接受订单到发货的整个物流的全面控制过程，从而使之运作得更加高效。1996年，联想根据市场部和销售部这两个关系非常密切，非常需要配合的部门缺乏统一指挥、协调致使前端的市场和后端的销售脱节的问题，把销售部和市场部合并为统一的市场部。到1998年，联想又根据市场细分趋势，把业务分得更加精细。电脑公司被调整为四个利润中心、两个成本中心和一个费用中心。它们分别独立核算、互为客户，形成成本运作。这所有的结构调整都是为了更加清楚地突出顾客的价值，优化公司的成本结构，使联想更好、更优地回应市场。

一、企业财务管理的定义

（一）财务管理定义

财务管理，是在一定的整体目标下，企业组织财务活动、处理财务关系的一项经济管理工作。财务管理的对象是资金及其流转，包括资金筹集、资金投放、资金运营、资金分配等方面。

（二）财务管理目标

1. 利润最大化

企业的利润从一定程度上反映了企业经济效益的高低和对社会贡献的大小，同时它也是企业补充资本、扩大经营规模的源泉。利润最大化是在商品经济社会中人们分析和评价企业行为和绩效的主要标准。利润最大化没有考虑利润取得的时间价值因素，也没有所得利润和投入资本的关系，另外，利润最大化也忽视了所获取的利润和所承担的风险的关系。

2. 资本利润最大化或每股利润最大化

资本利润率或每股收益反映了利润与投入资本之间的关系。针对利润最大化对企业行为和绩效评价所产生的局限性，人们提出以资本利润率或每股利润作为考查财务效果的重要指标，并由此得出企业的目标就是使这一指标最大化。这个指标的特点是将企业实现的利润额同投入的自有资本或股本股数进行对比，可以更好地说明企业的盈利水平。这一目标仍没有考虑每股盈余取得的时间价值因素，另外它也没有考虑风险。

3. 企业价值最大化

企业价值最大化也就是所有者权益最大化，是企业未来现金流量的现值。这一目标考虑了上述最大化实现中无法避免的资金、时间、价值和风险问题。在一般情况下，企业所获得的收益越多，实现收益的时间越近，应得的报酬越是确定，则企业的价值或股东的财富就会越大。这一目标的确定就在于难以计量。

二、企业财务管理的内容

财务管理的内容主要包括财务活动的管理控制和财务关系的处理两个方面。

(一) 企业的财务活动

企业的财务活动具体包括资金的筹集、运用、回收及分配等一系列行为，也就是企业的资金运动过程。从整体上讲，企业的财务活动包括以下四个过程：

1. 筹资活动

筹资是企业为满足投资和资金营运的需要，筹集所需资金的行为。企业筹集资金时可用自有资金，通过发行企业股票来吸引资金；也可以通过向银行借款、发行债券、应付账款等获取资金。

2. 投资活动

投资是企业根据项目资金需要投出资金的行为。一方面对外投资，即投资购买其他公司的股票、债券，或与其他企业联营，或投资于外部项目；另一方面内部使用资金，即购置固定资产、无形资产、流动资产等。

3. 资金营运活动

资金营运活动是指在日常生产经营活动中所发生的一系列资金的收付活动。相对于其他财务活动而言，资金营运活动是最频繁的财务活动。资金营运活动既包括支付工资、营业费用及其他各项费用的现金支出，也包括企业销售产品或提供劳务所取得收入的现金回收。

4. 分配活动

企业通过投资活动取得收入，并相应实现资金的增值。企业必须对取得的各种收入依据现行法规及规章做出分配，以全面实现财务目标。所以，广义地说，分配是指对企业各种收入进行分割和分派的过程；而狭义的分配仅指对利润尤其是净利润的分配。

上述财务活动的四个方面，不是相互割裂、互不相关的，而是相互联系、相互依存的。它们构成了完整的企业财务活动，这四个方面也就是企业财务管理的基本内容。

(二) 财务关系

财务关系是指企业在组织财务活动过程中与有关方面所发生的经济利益关系。企业资金的筹集、投放、使用、回收和分配，与企业上下左右各方面有着广泛的联系。企业的财务关系可概括为以下几个方面：

1. 企业和所有者之间的财务关系

企业和所有者之间的财务关系主要是指企业的投资者向企业投入资金，企业向其投资者支付投资报酬所形成的投资关系。

2. 企业和债权人之间的财务关系

企业和债权人之间的财务关系主要是指企业向债权人借入资金，并按借款合同的规定，按时支付利息和归还本金所形成的经济关系。

3. 企业和债务人之间的财务关系

企业和债务人之间的财务关系主要是指企业将其资金以购买债券、提供借款或商业信用等形式出借给其他单位所形成的经济关系。

4. 企业与受资者之间的财务关系

企业与受资者之间的财务关系主要是指企业以购买股票或直接投资的形式向其他企业投

资所形成的经济关系。

5. 企业各部门和各级单位之间的财务关系

企业各部门和各级单位之间的财务关系主要是指企业内部各单位之间在生产经营各环节中相互提供产品或劳务所形成的经济关系。

6. 企业与职工之间的财务关系

企业与职工之间的财务关系主要是指企业向职工支付劳动报酬过程中所形成的经济关系。这种关系体现了职工和企业在劳动成果上的分配关系。

任务二 企业筹资管理

案例导入 东方汽车制造公司筹资方式决策案例

东方汽车制造公司是一个多种成分并存，具有法人资格的大型企业集团。公司现有58个生产厂家，还有物资、销售、进出口、汽车配件4个专业公司，一个轻型汽车研究所和一所汽车工业学院。公司现在急需3亿元的资金用于"十二五"技术改造项目。为此，总经理赵广文于2010年2月10日召开由生产副总经理张伟、财务副总经理王超、销售副总经理李立、某信托投资公司金融专家周明、某研究中心经济学家吴教授、某大学财务学者郑教授组成的专家研讨会，讨论该公司的筹资问题。下面是他们的发言和有关资料：

总经理赵广文首先发言，他说："公司'十二五'技术改造项目经专家、学者的反复论证已被国务院于2009年正式批准。这个项目的投资额预计为6亿元，生产能力为4万辆。项目改造完成后，公司的两个系列产品的各项性能可达到国际先进水平。现在项目正在积极实施中，但目前资金不足，准备在2011年7月筹措3亿元资金，请大家讨论如何筹措这笔资金。"

生产副总经理张伟说："目前筹集的3亿元资金，主要是用于投资少、效益高的技术改造项目。这些项目在两年内均能完成建设并正式投产，到时将大大提高公司的生产能力和产品质量，估计这笔投资在投产后三年内可完全收回。所以应发行五年期的债券筹集资金。"

财务副总经理王超提出了不同意见，他说："目前公司全部资金总额为10亿元，其中自有资金为4亿元，借入资金为6亿元，自有资金比率为40%，负债比率为60%。这种负债比率在我国处于中等水平，与世界发达国家如美国、英国等相比，负债比率已经比较高了。如果再利用债券筹集3亿元资金，负债比率将达到64%，显然负债比率过高，财务风险太大。所以，不能利用债券筹资，只能靠发行普通股股票或优先股股票筹集资金。"

但金融专家周明却认为："目前我国金融市场还不完善，波动较大，况且受股市规模限制，因此，在目前条件下要发行1亿元普通股股票十分困难。发行优先股还可以考虑，但根据目前的利率水平和市场状况，发行时年股息率不能低于16.5%，否则无法发行。如果发行债券，因要定期付息还本，投资者的风险较小，估计以12%的利息率便可顺利发行。"

公司的销售副总经理李立认为："产品的销售量没有问题，因为公司生产的轻型货车和旅行车，几年来销售情况一直很好，畅销全国各大省、市、自治区，市场上较长时间供不应求。2009年公司的销售状况仍创历史最高水平，居全国领先地位。在近几年全国汽车行业质量评比中，轻型客车连续夺魁，轻型货车两年获第一名，一年获第二名。"

财务副总经理王超补充说:"公司属于国务院批准的高新技术企业,执行特殊政策,所得税税率为15%,税后资金利润率为15%,准备上马的这项技术改造项目,由于采用了先进设备,投产后预计税后资金利润率将达到18%左右。"所以,他认为这一技术改造项目仍应付诸实施。

来自某大学的财务学者郑教授听了大家的发言后指出:"以16.5%的股息率发行优先股不可行,因为发行优先股所花费的筹资费用较多,把筹资费用加上以后,预计利用优先股筹集资金的资金成本将达到19%,这已高出公司税后资金利润率,所以不可行。但若发行债券,由于利息可在税前支付,实际成本大约为9%。"

财务副总经理王超听了郑教授的分析后,也认为按16.5%发行优先股,的确会给公司造成沉重的财务负担。

企业筹资是指企业根据生产经营活动对资金需求数量的要求,通过金融机构和金融市场采取适当的方式,获取所需资金的一种行为。

一、企业资金筹集的概念

所谓企业资金筹集,是指企业根据其生产经营、对外投资及调整资本结构的需要,通过筹资渠道和资本市场,并运用筹资方式,经济有效地筹集企业所需资金的财务活动。它是企业财务管理工作的起点,是企业财务管理的最主要的内容之一。在市场经济下,企业拥有自主筹资的权利。对于企业,筹集资金具有重大意义,且要遵循一定的原则。

企业筹资的基本原则主要包括:①合理确定筹资数量;②确保筹资及时供应;③力求降低筹资成本;④努力控制筹资风险;⑤保证筹资来源合理合法。

二、企业筹资渠道和筹资方式

企业筹资活动需要通过一定的渠道并采用一定的方式来完成。

(一)筹资渠道

筹资渠道是指客观存在的筹措资金的来源方向与通道。我国企业目前的筹资渠道主要包括:

1. 国家投资

国家对企业的直接投资是国有企业最主要的资金来源渠道,特别是国有独资企业,其资金全部由国家投资形成。

2. 银行信贷资金

银行对企业的各种贷款,是我国目前各类企业最为重要的资金来源。

3. 非银行金融机构资金

信托投资公司、保险公司、租赁公司、证券公司等机构为企业提供各种金融服务,既包括信贷资金投放,也包括物资的融通,还包括为企业承销证券等金融服务。

4. 民间资本

我国企业和事业单位的职工以及广大城乡居民持有大笔的货币资金,这些人可以对一些企业直接进行投资,为企业筹资提供资本来源。

5. 企业内部职工集资

企业内部职工集资主要是指企业通过提留盈余公积金和保留未分配任务而形成资本聚

集。这是企业内部形成的融资渠道，比较便捷，成本低，有盈利的企业都可以利用。

6. 外国和我国港澳台资本

外国和我国香港、澳门、台湾地区的投资者持有的资本也可加以利用，从而形成所谓的外商投资企业的筹资渠道。

（二）筹资方式

筹资方式是指可供企业在筹措资金时选用的具体筹资形式。我国目前企业的筹资方式主要有以下几种：①吸收直接投资；②发行股票；③银行借款；④发行债券；⑤融资租赁；⑥商业信用。其中：①、②筹措的资金为权益资金，③、⑥筹措的资金为负债资金。

1. 吸收直接投资

吸收直接投资是指企业按照共同经营、共担风险、共享利润的原则直接吸收国家、法人、个人投入资金的一种筹资方式。出资方可以是现金、实物，也可以是工业产权、土地使用权等。

2. 发行股票

发行股票是组建股份公司、筹集权益资金的基本方式，即经国家有关部门批准，向社会发行股票，通过集中社会自有资金的方式筹集企业的资本金。股票是指股份公司为筹集资金而发行的一种代表等额股份的有价证券，是投资人入股并取得股息、红利的凭证。股票一经认购，持股者即成为企业的股东，享有相应的股东权益和义务。持股人不能要求退股，但股票可以在证券市场上进行有偿转让。为了组建股份公司并发行股票，国家必须设定一定的发行条件与法定程序。

3. 银行借款

银行借款是指企业根据借款合同从有关银行或非银行金融机构借入所需资金的一种筹资方式。按借款的期限不同，可分为短期借款和长期借款；按借款是否需要担保，可分为信用借款、担保借款和贴现借款。

4. 发行债券

债券是公司依照法定程序发行的、约定在一定期限还本付息的有价证券，是债券持有人拥有企业债券的凭证。债券持有人可按期取得固定利息，到期收回本金，但无权参与企业经营管理，也不参与分红，持券人对企业的经营亏损不承担责任。由于购买债券的投资者来自社会的各个层面，所以从某种程度上来说，发行债券是向社会借钱。企业发行债券通常是为其大型项目一次筹集大笔长期资本。

5. 融资租赁

租赁是指出租人在承租人给予一定报酬的条件下，授予承租人在约定的期限内占有和使用财产权利的一种契约性行为。融资租赁又称财务租赁，是区别于经营租赁的一种长期租赁形式，由于它可满足企业对资产的长期需要，故有时也称为资本租赁。融资租赁是现代租赁的主要形式。

6. 商业信用

商业信用是指商品交易中的延期付款或延期交货所形成的借贷关系，是企业之间的一种直接信用关系，又称为商业信用融资，是一种形式多样、适用范围很广的短期资金筹措方式。主要形式有：赊购商品、预收货款、商业汇票等形式。

> **相关链接**　　**融资方式的变迁：从银行贷款到股票、债券**

经济体制改革、资本市场的发展也促进了我国企业融资理念的不断更新。企业融资方式由向银行间接融资逐渐转变为向股票、债券等直接融资。融资方式不断创新，公司债券、可转接公司债券、发行新股（IPO）、配股增发、定向发行等已成为一些企业常用的融资手段；融资范围扩大，海外上市融资成为一些企业资金的重要来源；青岛啤酒在香港直接上市、中新药业在新加坡上市。上海石化、马鞍山钢铁、仪征化纤等八家企业通过全球存股证方式（CDR）和美国存股证方式（ADR）分别在国内和美国纽约证券交易所上市，拓宽了企业的融资渠道。

尽管如此，从总体上来看，目前我国企业的直接融资比例还相当低，直接融资和间接融资的比例还不足10%，而这一比例在发达国家往往超过50%，随着我国资本市场的开放，大量外资银行的进入也为中小企业融资带来了一点希望。与国内大银行不一样，国外银行更看重具有发展潜力的中小企业，更愿意与其结成战略性的合作伙伴。这种做法也将会促进国内银行积极关注中小企业，民生银行已经设立了专门针对中小企业的办事机构。但中小企业的诚信问题仍然是其融资的一大障碍。

任务三　企业投资管理

> **案例导入**　　**长久公司的投资**

A集团公司于2000年6月完成对山核桃加工企业长久公司的收购，收购时，长久公司考虑进行两项投资，主项投资是建设山核桃基地林，此外还有200余万元投资规模的雪米饼项目，合作双方同意合资后延续此两项投资。

2000年7月14日，公司总经理王二明将投资计划上报股东会，并提出项目前期工作已经完成，希望能在近期完成投资。

股东会审核后，认为预期投资效益可行，于8月26日批准。

2000年8月20日，公司支付了145万元的设备款。

2000年8月，集团公司派出本部人员担任该公司新任财务经理，不久，发现该公司存在相当多的经营不规范的问题。

2000年9月以后，雪米饼市场价格开始下降，公司的雪米饼开始滞销。

2001年春节时，市场价格继续下降，已跌至生产成本线，雪米饼已无法盈利。

2001年中，公司原总经理王二明被撤销职务，A集团重新聘任了新的总经理。

2001年12月，长久公司正式报告雪米饼投资失败，并要求报损购置不到一年半的雪米饼设备145万元，股东会经过审核，确认公司雪米饼生产无法继续盈利，批准报损，后雪米饼以40万元的价钱转让，该项目投资损失超过100万元。

企业投资，是指企业投入财力，期望在未来获取收益的一种行为。

一、企业投资行为认知

投资贯穿于企业整个存续期内，是企业生存和发展的基础，具有特殊的意义。投资决策始终是企业管理的重要内容。对于创造价值而言,投资决策是所有决策中最重要的决策。投资决定了企业购置的资产类别,不同的生产经营活动需要不同的资产,因此,投资决定了企业日常经营活动的特点和方式,投资的方法和策略决定着企业的前景。

(一) 企业投资的动机

获取投资收益是企业投资的主要动机,其根本目的是增强企业竞争力,降低风险,获取更大利润。具体来说,企业投资的动机主要有以下三种:

1. 发展性动机

企业发展有两种方式:一是以提高企业效率为特征的内涵性发展方式;二是以扩大企业规模为特征的外延性发展方式。企业规模的扩大必然需要增加厂房、设备等固定资产或技术等无形资产,管理效率的提高往往也需要增加管理技术的投入,如管理软件、管理方案、计算机硬件的购置及管理人员的培训等,这些方面的投入都是投资,来自于企业的发展性动机。

2. 恢复性动机

在企业的存续期间,正常的经营耗费、技术的进步或管理上的损失,会使原有生产经营能力逐步减弱。为了维持自身的生存能力,企业必须不断补充已消耗的能力,及时维护或更新设备,改进技术和管理,由此产生企业正常经营活动中的投资需要。

3. 挑战性动机

企业的经营战略要随着经济形势、发展趋势和市场需求变化进行调整,以适应快速变化的竞争需要。企业的战略调整涉及产品方向、经营方式等诸多内容的改变,有时甚至涉及资产重组。无论是资产调整还是经营调整,往往都需要改变企业的生产场所、生产技术与工艺,为此,也需要资金的投入。

(二) 企业投资的分类

1. 直接投资和间接投资

按投资与企业生产经营的关系,投资可分为直接投资和间接投资两类。直接投资是指把资金投放于生产经营性资产,以便获取利润的投资。在非金融性企业中,直接投资所占比重很大。间接投资又称证券投资,是指把资金投放于证券等金融资产,以便获取股利或利息收入的投资。随着我国金融市场的完善和多渠道筹资的形成,企业间接投资越来越广泛。

2. 短期投资和长期投资

按投资回收时间的长短,投资可分为短期投资和长期投资两类。短期投资又称为流动性投资,是指投资期不超过一年或一个营业周期的投资,如短期票据、存货等投资,能随时变现的长期有价证券也算是短期投资。长期投资则是指超过一年或一个营业周期的投资,主要是对厂房、机器设备等固定资产的投资,也包括对无形资产和长期有价证券的投资。其中,固定资产是长期投资的最基本类别,因此,长期投资有时专指固定资产投资。

3. 对内投资和对外投资

根据投资的方向,投资可分为对内投资和对外投资两类。对内投资即项目投资,是指把资金投放在企业内部,购置各种生产经营用资产的投资。对外投资是指以现金、实物、无形资产等方式或者以购买股票、债券等有价证券方式对其他企业的投资。对内投资都是直接投资;对外投资主要是间接投资,也可以是直接投资。随着企业横向经济联合的开展,对外投资越来越重要。

4. 初始投资和后续投资

根据投资在生产过程中的作用，可将投资分为初始投资和后续投资。对企业的整个生命周期而言，初始投资是在建立新企业时所进行的各种投资。其特点是投入的资金通过建设形成企业的原始投资，为企业的生产、经营创造必要的条件。后续投资则是指为巩固和发展企业再生产所进行的各种投资，主要包括为维持企业简单再生产所进行的更新性投资，为实现扩大再生产所进行的追加性投资，为调整生产经营方向所进行的转移性投资等。对企业的一个具体投资项目而言，初始投资是在新项目开始时所投入的第一笔资金；后续投资则是在新项目取得阶段性成果所进行的追加性投资。

二、企业投资管理的基本原则

（一）认真进行市场调查，及时捕捉投资机会

捕捉投资机会是企业投资活动的起点，也是企业投资决策的关键。在市场经济条件下，投资机会不断变化，它受到诸多因素的影响，最主要的是受市场需求变化的影响。企业投资前，必须认真进行市场调查和市场分析，寻找最有利的投资机会。市场是不断变化和发展的，对于市场和投资机会的关系，也应从动态的角度加以把握。正是由于市场的不断变化和发展，才有可能产生一个又一个新的投资机会。随着经济不断发展，人们收入水平不断增加，人们的消费需求也发生了很大变化，无数的投资机会正是在这种变化中产生的。

（二）建立科学的投资决策程序，认真进行投资项目的可行性分析

在市场经济条件下，企业的投资决策都会面临一定的风险。为了保证投资决策的正确有效，必须按科学的投资决策程序，认真进行投资项目的可行性分析。投资项目可行性分析的主要任务，是对投资项目技术上的可行性和经济上的有效性进行论证，运用各种方法计算出有关指标，以便合理地确定不同项目的优劣。财务部门是企业资金的规划和控制部门，财务人员必须参与投资项目的可行性分析。

（三）及时足额地筹集资金，保证投资项目的资金供应

企业的投资项目，特别是大型投资项目，建设工期长，所需资金多，一旦开工，就必须有足够的资金供应，否则就可能使工程项目中途下马，出现"半截子工程"，造成很大的损失。因此，在投资项目上马之前，必须科学预测投资所需资金的数量和时间，采用适当的方法，筹集资金，保证投资项目顺利完成，尽快产生投资效益。

（四）认真分析风险和收益的关系，适当控制企业的投资风险

收益与风险是共存的。一般而言，收益越大，风险也越大，收益的增加是以风险的增加为代价的，而风险的增加将会引起企业价值的下降，不利于财务目标的实现。企业在进行投资时，必须在考虑收益的同时认真考虑实际情况，只有在收益和风险达到比较好的均衡时，才有可能不断地增加企业价值，实现财务管理的目标。

三、企业投资的基本程序

（一）投资项目的提出

投资项目的提出是项目投资程序的起点。根据企业投资战略，对各投资机会加以初步分析，从所投资行业的成长性、竞争情况等方面进行分析。投资方向初步确定以后，在投资方案设计前应进行广泛的信息分析与收集工作,从财务决策支持网络中调出并补充收集有关总市场规模、年度增长率、主要或潜在对手的产品质量、价格、市场规模等信息,分析自己的优势、劣势,选择合适的投资时间、投资规模、资金投放方式,制定出可行的投资方案。

企业的股东、董事、经营者都可提出新的投资项目。一般而言,企业的最高层提出的投资,多数是大规模的战略性投资,其方案一般由生产、市场、财务等各方面专家组成的专门小组提出;基层或中层提出的主要是战术性投资项目,其方案由主管部门组织人员拟定。

(二) 投资项目的评价与决策

1. 投资项目的评价

投资项目的评价主要涉及如下工作:一是把提出的投资项目进行分类,为分析评价做好准备;二是计算有关项目的预计收入和成本,预测投资项目的现金流量;三是运用各种投资评价指标,由各项投资及可行性顺序进行排队;四是编制项目可行性报告。

(1) 项目正式立项后,由项目小组负责对项目进行下一步可行性分析,一般从以下四个方面评估。

①相关法规、政策是否对该业务已有或有潜在的限制。

②行业投资回报率。

③企业能否获取与行业成功要素相对应的关键能力。

④企业是否能筹集项目投资所需资源。

如果项目不可行,应通报相关人员并解释原因;如可行,则向董事会或项目管理委员会递交可行性分析报告。如果董事会通过了投资项目的可行性分析报告,则投资管理部门应聘请人员对投资项目的实施进行下一步的论证,包括建设规模、建设依据、建设布局和建设进度等内容,作为项目决策的最后依据,并开始投资项目的讨论,以确定其实际可行性。项目小组确认项目的可行性后,编制项目计划书提交总经理参考并指导项目实施。

(2) 项目计划书的主要内容如下:

①项目的行业背景(市场规模、增长速度等)介绍。

②项目可行性分析。

③项目业务目标。

④业务战略实施计划。

⑤财务分析。

⑥资源配置计划。

⑦项目执行主体。

2. 投资项目的决策

对投资项目做出评价后,要由企业的决策层做出最后决策,投资金额小的战术性项目投资或维持性项目投资,一般由部门经理做出;特别重大的项目投资还需要报董事会或股东大会批准。

(三) 投资项目的实施与评价

对项目做出进行投资的决定后,要积极筹措资金,按照拟定的投资方案有计划、分步骤地实施项目。在投资项目的执行过程中,要对项目进度、项目质量和项目概算等进行监督、控制和审核,防止项目建设中的舞弊行为,确保项目质量,保证按时完成。

在投资项目的实施过程中和实施后都要对项目的效果进行评价,以检查项目是否按照原先的计划进行，是否取得了预期的经济效益，是否符合企业总体战略和投资战略规划。

1. 项目实施控制的关键点

（1）项目质量的控制。企业应规定工作质量标准，并以此为尺度来衡量项目的目标，同时监督这些目标的进度。这是项目成功的关键。

（2）项目成本的控制。企业应把预算和实际的项目进度、成本和工作状况结合起来，以成本控制系统，采用关键路线法控制项目时间进度，并设立一个项目成本办公机构监督、检查项目进度和成本支出。

（3）对项目施工时间的控制。编制施工项目进度表，根据各项工作的先后顺序安排完成时间。

2. 投资项目预期目标评价

在投资项目建成投产后，要评价项目是否实现预期目标，主要内容包括以下两点：

（1）项目的总结评价。一般是在项目建成投产后一定时期，检查投资项目决策是否合理、正确，一旦出现新的情况，要随时根据变化的情况做出新的评价。如果情况出现重大的变故，原投资决策已经变得不合理，就要对投资是否终止做出选择，以避免产生更大的损失。项目的总结评价包括：项目在生产、财务、管理方面存在的问题及其原因；项目建成后，在决算、进度等方面同项目准备与审定时预算的数据是否有偏差及其原因；项目实施过程中对项目原设计或原评估的重大修改及其原因；项目建成提出后对社会、政治、经济和环境的影响程度；为使项目建成投产后获得最大的经济效益而采取的一系列措施；对项目前景的展望。

（2）投资回收及其分析。为了保证投资的回收，要建立一整套规章制度，在项目投资前，应签订有关投资贷款偿还合同，规定投资的回收期、回收额以及防范风险的措施。

任务四　企业资产管理

案例导入　　　　中国联通资产管理案例分析

中国联通实行总部、省份、地市三级管理模式，作为中国全业务电信营运商之一，联通公司经过高速发展，整个企业拥有上千亿的资产，其资产的主要部分是覆盖全国范围的电信基础设施和各种功能、各种型号的电信网络设备。中国联通资产现状和特点主要表现在以下8个方面：

（1）数量庞大。中国联通经过很多年的发展，随着网络建设的完善、机构的壮大，固定资产规模庞大。截至2006年12月，固定资产原值已达2 151亿元，净值也已达到了1 147亿元，占企业总资产的80%。如何管理好数量如此庞大的资产，对联通资产管理部门来说是一个挑战。

（2）价格昂贵。联通公司是电信运营商，其资产特别是生产类资产价格昂贵，以交换机为例，其一张板卡的价值就超过一辆小汽车的价值，管好用好这些高价值的资产，对企业资金合理利用，减少重复投资具有重要意义。

（3）地点分散。中国联通公司下辖31个省分公司及几百家地市分公司，经营的业务主要包括移动电话（GSM和CDMA两种制式网络）、长途电话、本地电话、数据通信（互联网和IP电话)、电信增值业务以及其他业务。全国各地遍及乡镇的营业网点和大量的基站都管理着大量的资产,地点分散的特点突出。

(4) 涉及岗位、人员众多。中国联通部门人员众多,每个部门、每个人员都是资产的占用者或使用者,要管理好资产离不开资产占用人或使用人的参与。

(5) 增长速度快。中国联通同时也是一个高速发展的公司,随着用户的增长、系统的升级换代,资产不断在进行着建设、扩容、升级、更新,不断扩大的资产规模也是中国联通资产管理的一大特点。

(6) 资产形态多样。中国联通的资产主要分为生产类资产和管理类资产,其中生产类资产具有联通的专有特点。生产类资产主要是通过工程转过来的,分为三个阶段,在建工程、暂估资产和固定资产。在建工程物资完工交付转为暂估资产,暂估资产结算完成,转为固定资产。

(7) 管理难度大。一方面,数量庞大、地点分散、人员众多、资产增长快等特点导致对资产进行动态管理与监控,甚至是例行的清查盘点都非常困难。另一方面,由于通信网络运营的特点和市场竞争的压力,快速、频繁地资产调动、转移以及管理变革带来的机构、人员调整等,都给资产管理带来了非常大的难度。管理者很难做到真正的账实相符,责任分明往往心有余而力不足。

(8) 内控制度对资产管理提出新的要求。中国联通作为一家同时在纽约、香港、上海三地上市的公司,随着美国《萨班斯法案》的执行和我国《上市公司内控指引》的推出,在资产管理的内部控制方面的要求也越来越高,加强资产的内控制度建设,找出并控制风险点,利用信息化手段建立规范的流程,确保资产安全完整,防止企业潜亏是中国联通在资产管理方面的首要任务,也对中国联通的持续发展具有战略意义。

总体而言,联通资产管理主要难点在于没有良好的信息化手段,使管理难以落到实处,资产管理变得低效;同时因为涉及部门多,处理流程烦琐,信息反映不及时;加之资产数量庞大,建设周期长,从而无法对变动情况全程监控;同时,利用手工方式进行资产清查比较困难,数据不一致、数据不完整、历史数据跟踪难度大。

资产管理是指企业运用各种手段对资产进行组织、协调、控制,以达到保值、增值的效果。资产是企业过去的交易或者事先形成的、由企业拥有或控制的、预期会给企业带来经济利益的资源。资产是企业、自然人、国家拥有或控制的,能以货币来计量收支的经济资源,包括各种收入、债权等。资产是会计最基本的要素之一,与负债、所有者权益共同构成的会计等式,成为财务会计的基础。

一、资产的分类

1. 按照流动性对资产进行分类,可分为流动资产和非流动资产

流动资产是指可以在一年或超过一年的一个营业周期内变现或者耗用的资产,主要包括货币资金、短期投资、应收和预付款项、存货、待摊费用等。除流动资产以外的其他资产,都属于非流动资产,包括长期投资、固定资产、无形资产和其他资产。

2. 按照有无实物形态对资产进行分类,可分为有形资产和无形资产

有形资产有狭义和广义之分。狭义的有形资产通常是指企业的固定资产和流动资金。广义的有形资产则包括企业的资金、资源、产品、设备、装置、厂房、人才信息等一切生产要素在内，即有形资产就是有一定实物形态的资产。

无形资产是指企业长期使用而没有实物形态的资产，包括专利权、非专利技术、商标权、著作权、土地使用权、特许权等。

二、流动资产管理

企业的流动资产是指可以在一年或超过一年的一个营业周期内变现或耗费的资产，包括现金、短期投资、应收账款、预付款项和存货等。流动资产具有占用时间短、周转快、易变现等特点。

流动资产是企业资产的重要组成部分，企业持有一定数量的流动资产是企业进行生产经营活动的必备条件，其数额大小及其构成情况，在一定程度上制约着企业的财务状况，但流动资产的盈利能力比较差，投放在流动资产上的资金过高则可能会降低企业的投资回报率，因此，流动资产投资必须保持一个恰当的水平。

（一）现金管理

现金是指可以立即投入流通的交换媒介，包括库存现金、各种形式的银行存款，以及银行本票、银行汇票等。它具有普遍可接受性和最强的流动性等特点。

在通常情况下，企业必须持有一定量的现金，根据著名的英国经济学家凯恩斯的观点，企业持有现金的动机主要有：一是交易动机；二是预防动机；三是投机动机。

现金管理的目标，就是要在现金资产的流动性和营利性之间做出正确的抉择，以获取最大的长期利润。具体而言，现金管理有两个主要目标：第一，现金的持有量能满足企业各种业务往来的需要；第二，将闲置现金减少到最低限度。

现金收支管理要实现在保证有充足的现金支付能力的同时，降低占用额。降低占用额的途径有以下四种：

（1）加速收款。发生应收账款可以扩大销售规模，但会占用企业的资金，因此需实施妥善的收款策略，缩短收账时间。

（2）推迟应付款的支付期。企业在不影响自己信用的条件下，尽可能地推迟应付款的支付期。

（3）合理使用现金浮游量。从企业开出支票，收款人收到支票并存入银行，到银行将款项划出企业账户，中间需要一段时间，这段时间占用的现金量称为现金的浮游量。尽管企业已开出支票，但仍可以使用，不过须注意控制使用时间。

（4）闲置现金投资管理。可将闲置现金用于短期证券投资以获取股息收入，如果管理得当，可为企业增加相当可观的净收益。

（二）应收账款管理

应收账款是指企业由于售产品、材料、提供劳务及其他原因，应向购货单位、接受劳务的单位及其他单位收取的款项，包括应收销售款、其他应收款、应收票据等。

1. 应收账款的成本

应收账款的成本主要有以下三方面：

（1）机会成本，是指资金投放在应收账款所丧失的再投资收益。

（2）坏账成本，是因应收账款无法收回而产生的坏账损失。

（3）管理成本，是企业对应收账款进行管理而发生的支出，主要包括对客户信用调查的费用、催收账款的费用、应收账款账簿记录费用等。

2. 应收账款管理的目标

应收账款管理的目标是充分发挥应收账款功能，权衡应收账款投资所产生的收益、成本和风险，做出有利于企业的应收账款决策。其具体内容有以下几个方面：

（1）制定科学合理的应收账款信用政策。

（2）加强应收账款的安全性管理，及时有效地收回应收账款，并采用适当的催收方式，尽可能地减少企业的坏账损失。

（3）加强对企业未来销售前景的预测及信用政策是否改变的管理。

3. 信用政策的确立

信用政策又称应收账款政策，是指企业对应收账款进行规划与控制而确立的基本原则与行为规范，是企业财务政策的一个重要组成部分。企业要管好用好应收账款，必须事先制定科学合理的信用政策。信用政策包括：信用标准、收账政策和坏账准备制度。

（1）信用标准是指客户获得企业的交易信用所应具备的条件。信用条件包括信用期限、现金折扣等。信用期限是指企业允许客户购货到支付款项的时间间隔。例如，某企业允许客户在购货后 60 天内付款，则企业的信用期限为 60 天。信用期限过短，不足以吸引顾客，在竞争中会使销售额下降；信用期限过长，虽然对增加销售有利，但会引起机会成本、管理成本、坏账成本的增加。现金折扣是指企业给予客户在规定时期内提前付款能按销售额的一定比率享受折扣，如"$2/10, n/30$"，表示信用期限为 30 天，如果客户能在 10 天内付款，可享受 2% 的折扣，超过 10 天，则应在 30 天内足额付款。

（2）收账政策是指当客户违反信用条件，拖欠甚至拒付账款时企业采取的收账策略与措施。这些措施包括：书信催讨、电话催讨、上门催缴以及诉诸法律。企业收账政策对融通资金及保持良好信誉都有很大影响，定得过紧，可能伤害无意拖欠的客户，影响企业未来的销售和利润；但定得过松，又会引起兑期过分延长而导致较大损失。因此，企业在制定收账政策时，要权衡利弊，掌握好宽严程度。

（3）坏账准备制度。在市场经济条件下坏账损失难以避免。按照权责发生制和谨慎原则，企业应当建立坏账准备制度。坏账准备制度是指企业估计坏账损失，计入当期损益，计提坏账准备金，待发生坏账时再冲减坏账准备金，这既是应收账款管理的重要内容之一，也是保障企业能稳定发展的重要手段。企业建立坏账准备制度的关键是确定估计坏账损失的方法，其主要有应收账款余额百分比法和账龄分析法。

（三）存货管理

存货是指企业在生产经营过程中为销售或耗用而储备的物资，包括各种原材料、燃料、包装物、低值易耗品、委托加工物资、在产品、产成品和库存商品等。企业持有存货必然会发生一定的成本支出，存货成本主要有取得成本、储存成本、缺货成本。

存货管理的目标是既要保证产销的正常和稳定，又要尽可能地降低存货成本，对存货持有的效益和相关成本之间做出权衡，使两者达到最佳组合。

三、固定资产的管理

固定资产指使用年限在一年以上，单位价值在规定的标准以上，并且在使用过程中保持原来物质形态的资产，如厂房、机器设备、运输设备、办公设施等。

固定资产投资具有回收时间长、变现能力差、投资次数较少、投资规模较大等特点。固定资产投资决策就是对是否进行固定资产投资，以及选择什么样的固定资产投资方案所做的决策。

（一）固定资产的特点

（1）周转时间比较长。

（2）固定资产变现能力差。

（3）固定资产数量相对稳定。

（4）固定资产的价值和实物形态可以分离。

（二）固定资产的分类

（1）按经济用途分类，分为生产固定资产和非生产固定资产。生产固定资产，是指直接服务于企业生产经营过程的固定资产。非生产固定资产，是指不直接服务于生产经营过程的固定资产。

（2）按使用情况分类，分为使用中的固定资产、未使用的固定资产和不需用的固定资产。

使用中的固定资产，是指正在使用的经营性和非经营性固定资产。由于季节性经营或修理等原因，暂时停止使用的固定资产仍属于企业使用中的固定资产；企业出租给其他单位使用的固定资产以及内部替换使用的固定资产，也属于使用中的固定资产。未使用的固定资产，是指已完工或已购建的尚未交付使用的固定资产以及因进行改建、扩建等原因停止使用的固定资产。不需用的固定资产，是指本企业多余或不适用，需要调配处理的固定资产。

固定资产按使用情况进行分类，有利于企业掌握固定资产的使用情况，便于比较、分析固定资产的利用效率，挖掘固定资产的使用潜力，促进固定资产的合理使用，同时也便于企业准确、合理地计提固定资产折旧。

（三）固定资产的日常管理

凡列入固定资产的项目必须加强管理，建立严格的责任制，对仪器设备的购置、使用、保管、维修和检修都要有专人负责。兼职资产管理员应保持相对稳定，需调动时，必须认真办理账物交接手续，经资产管理部门审批后方可调离。

固定资产要建立总账和各明细账。固定资产做到账、物、卡以及数据库完全相符。新进设备要及时建卡入账。固定资产如有损坏、丢失要写出报告，说明原因、过程，分清责任，并由各级领导签署意见，及时上报。因违章造成的损失，要按有关规定进行赔偿。报废、报损、退役和调拨固定资产，必须及时办理有关手续，然后方可进行账务处理。

四、无形资产的管理

（一）无形资产的概念

无形资产作为以知识形态存在的重要经济来源，在经济增长中的作用越来越大。简而言之，就是一切与企业生产经营有关，能够为企业带来经济效益，不具备物质实体的资产。主要包括以下六种：

1. 专利权

专利权是国家专利机关依照有关法规规定批准的发明人或其权利受让人对其发明创造成

果,在一定期限内享有的专有权或独占权。

2. 商标权

商标权是指专门在某类指定的商品或产品上使用特定的名称或图案的权利。

3. 著作权

著作权是指制作者对其创作的文学、科学和艺术作品依法享有的某些特殊权利。

4. 土地使用权

土地使用权是指国家准许某企业在一定期间内对国有土地享有开发、利用、经营的权利。

5. 非专利技术

非专利技术也称专有技术,是指不为外界所知的、在生产经营活动中应用的、可以为企业带来经济效益的各种技术和诀窍。

6. 特许权

特许权又称经营特许权,是指企业在某一地区经营或销售某种特定商品的权利,或是一家企业接受另一家企业使用其商标、商号、技术秘密等的权利。

(二)无形资产的确认

无形资产的确认条件是:

(1)该资产产生的经济利益很可能流入企业。

(2)该资产的成本能够可靠地计量。

(三)无形资产的特点

(1)没有实物形态,体现的是一种权力或获得超额利润的能力,它没有实物形态,但却有价值,或者能使企业获得高于同行业一般水平的盈利能力。

(2)能够给企业提供未来经济效益的大小具有较大的不确定性。这些无形资产的经济价值在很大程度上受企业外部因素的影响,其预期的获利能力不能准确地加以确定。

(3)是企业有偿取得的。

(四)无形资产的管理

无形资产的管理是指企业对无形资产资源进行筹划、控制、配置、运用,使之得到有效保护,充分实现保值、增值效果的管理活动,其核心在于构建和完善知识产权战略。对无形资产的管理包括以下四点:

(1)正确评估无形资产的价值。

(2)提高无形资产的利用效果。

(3)按规定在其有效使用期内平均摊销已使用的无形资产。

(4)加强无形资产的法律保护。

任务五 企业利润管理

案例导入 **中国上市公司业绩股票激励模式案例分析**

业绩股票是股权激励的一种典型模式,指在年初确定一个较为合理的业绩目标,如果激励对象到年末时达到预定的目标,则公司授予其一定数量的股票或提取一定的奖励基金购买公司股票。业绩股票的流通变现通常有时间和数量限制。激励对象在以后的若干年内经业绩考核通过后可以获准兑现规定比例的业绩股票;如果未能通过业绩考核或出现有损公司的行为、非正常离任等情况,则其未兑现部分的业绩股票将被取消。

我国上市公司从20世纪90年代初开始对股权激励制度进行积极的探索和实践,其中业绩股票是应用最为广泛的一种模式。

业绩股票在我国上市公司中得到推广,其主要原因有如下三个方面:

(1) 对于激励对象而言,在业绩股票激励模式下,其工作绩效与所获激励之间的联系是直接而紧密的,且业绩股票的获得仅取决于其工作绩效,几乎不涉及股市风险等激励对象不可控制的因素。另外,在这种模式下,激励对象最终所获得的收益与股价有一定的关系,可以充分利用资本市场的放大作用,激励力度较大,但与此相对应的是风险也较大。

(2) 对于股东而言,业绩股票激励模式对激励对象有严格的业绩目标约束,权、责、利的对称性较好,能形成股东与激励对象双赢的格局,故激励方案较易为股东大会所接受和通过。

(3) 对于公司而言,业绩股票激励模式所受的政策限制较少,一般只要公司股东大会通过即可实施,方案的可操作性强,实施成本较低。另外,在已实施业绩股票的上市公司中有将近一半为高科技企业,它们采用业绩股票模式的一个重要原因是目前股票期权在我国上市公司中的应用受到较多的政策和法律限制,存在较多的障碍。

业绩股票虽然是不同类型企业都可使用的一种股权激励模式,但它受企业外部环境和内部条件的双重影响,每个企业的行业背景、发展阶段、股权结构、人员结构、发展战略与公司文化等都会对股权激励方案的要素设计产生影响,因此,需要企业仔细分析自身情况,合理制定股权激励方案,否则,再完美的方案也会因为不符合企业自身情况而失效,甚至出现负面影响。从我国已经实施业绩股票激励制度的上市公司来看,各公司的激励方案各有特点,但要真正做到符合企业自身情况似乎又不那么容易。以下我们对泰达股份的业绩股票激励方案做一下简单的分析和探讨。

泰达股份(股票代码000652)1998年度股东大会批准公司建立股权激励机制,并正式推出了《激励机制实施细则》。根据该实施细则,泰达股份将在每年年度财务报告公布后,根据年度业绩考核结果对有关人员实施奖罚。当考核合格时,公司将提取年度净利润的2%作为对公司董事会成员、高层管理人员及有重大贡献的业务骨干的激励基金,基金只能用于为激励对象购买泰达股份的流通股票并作相应冻结;达不到考核标准的要给予相应的处罚,并要求受罚人员以现金在6个月之内清偿处罚资金。奖惩由公司监事、财务顾问、法律顾问组成的激励管理委员会负责。

泰达股份的业绩股票激励方案体现了以下5个特点:

(1) 激励模式选择恰当。泰达股份是一家综合类的上市公司,其业绩较为平稳,现金流量也较为充裕,因此,比较适合实行业绩股票计划。

(2) 激励范围较为合理。泰达股份业绩股票计划的激励对象包括公司高级管理人员和核心骨干员工,既对管理层对公司的贡献做出了补偿,激励管理层为公司的长期发展及股东利益最大化而努力,同时也有利于公司吸引和留住业务骨干,保持公司在核心人力资源方面的优势。另外,这样的激励范围使公司的激励成本能得到有效控制,使成本效益比达到较佳状态。

（3）激励力度偏小。公司激励方案确定的激励力度为不大于当年净利润的2%，这一激励力度从买业绩股票激励制度的上市公司中总体看来是较低的。虽然公司的净利润基数较大，可以从一定程度上减弱激励力度偏小的影响，但由于参与激励基金分配的人数相对较多，故激励力度仍然没有得到有效提高。如公司1998年度的净利润为1.334亿元，按规定可提取284.8万元的激励基金，激励对象如果按15人计算的话，平均每人所获长期激励仅为17.8万元。在泰达股份的主营业务以传统化纤产品为主的时候，由于传统行业的企业对人才的竞争不像高科技企业那么激烈，因此，激励力度偏小对股权激励效果的影响不会太明显。但近年来，泰达股份已逐步向基础设施公用事业转移，并在原有产业中重点投资发展一些技术含量高、附加值高、市场潜力较大的高科技化纤产品，实现产品的结构调整和高科技创新，而高科技企业对人才的争夺将会比传统企业激烈得多，此时较小的激励力度对股权激励效果的影响可能也要明显得多。

（4）股权激励的实施时机较为适宜。泰达股份的股权激励方案设计之时，正值公司对内部管理机制和行业及产品业务结构进行大刀阔斧的改革和重组创新之时，企业结构发生较大的调整。

在此时进行股权激励制度安排有利于公司管理制度的整体设计，有利于股权激励制度与其他管理制度之间的协调和融合，降低制度安排和运行的成本，激励效果也较易发挥，同时也更易于为公司股东、员工和社会公众所接受。'

（5）业绩目标的设定缺乏弹性。在泰达股份的《激励机制实施细则》中，企业业绩年增长15%是其中最重要的考核指标之一，这一业绩目标对于企业目前的情况而言是较为适当的，一方面这一指标是可以达到的；另一方面是要"跳起来"才能达到，对激励对象而言，动力和压力并存。但企业和市场的情况千变万化，对于一个成熟的市场，企业要长时间地保持15%的业绩增长速度并非易事，如果最后这个业绩目标对于激励对象而言是要"跳起来"也摘不到的苹果，那么业绩股票计划也就丧失了其应有的激励作用。这时候如果希望股权激励计划继续发挥作用的话，就很可能需要对业绩股票方案重新进行设计，并由股东大会讨论决定。而如果泰达股份在一开始设计股权激励方案时就采用一些相对业绩指标，如高于同行业的业绩增长率多少个百分点等，日后就不需要再对此进行修改了。

利润管理是企业目标管理的组成部分，是指以目标利润为中心，统一管理企业的各种经营活动。二是指在不违背会计准则的前提下，通过会计政策选择或其他方法，使上市公司利润既不过高，又不太低，恰到好处的利润处理行为。

利润是企业生存发展的核心指标，不论是投资人、债权人还是企业经理人员都非常关心企业的盈利能力。

一、企业利润及其构成

利润是企业在一定时期内生产经营成果的最终体现，在数额上表现为各项收入与支出相抵后的余额，是衡量企业管理水平的重要指标，包括营业利润、利润总额和净利润。

（一）营业利润

营业利润这一指标能够比较恰当地反映企业管理者的经营业绩，计算公式如下：

$$营业利润=营业收入-营业成本-营业税金及附加-销售费用-$$
$$管理费用-财务费用-资产减值损失+公允价值变动收益$$
$$(-公允价值变动损失)+投资收益(-投资损失)$$

式中,营业收入=主营业务收入+其他业务收入

$$营业成本=主营业务成本+其他业务成本$$

（二）利润总额

利润总额,又称税前利润,利润总额指企业在生产经营过程中各种收入扣除各种耗费后的盈余,反映企业在报告期内实现的盈亏总额,也就是人们通常所说的盈利,利润总额是衡量企业经营业绩十分重要的经济指标。计算公式如下：

$$利润总额=营业利润+营业外收入-营业外支出$$

营业外收入和营业外支出,是指企业发生的与其生产经营活动无直接关系的各项利得和损失。营业外收入主要包括：处置固定资产净收益、非货币性交易收益、出售无形资产净收益、罚款净收入等。营业外支出包括固定资产盘亏、处理固定资产净损失、出售无形资产净损失、罚款支出、捐赠支出、非常损失等。

（三）净利润

净利润（收益）是指在利润总额中按规定交纳了所得税后公司的利润留成,一般也称为税后利润或净收入。净利润是一个企业经营的最终成果。净利润多,企业的经营效益就好；净利润少,企业的经营效益就差,它是衡量一个企业经营效益的主要指标。计算公式如下：

$$所得税费用=利润总额\times所得税税率$$
$$净利润=利润总额-所得税费用$$

二、企业目标利润

目标利润是指企业在未来一段时间内,经过努力应该达到的最优化控制目标。

目标利润是企业未来经营必须考虑的重要战略目标之一,是根据拟投资项目的具体条件,在全面分析、研究项目开发收入与成本因素之后,经过充分地市场调查和反复计算平衡确定的。目标利润一经确定,便成为企业生产经营活动的行动依据,企业要根据目标利润来组织销售收入,控制销售成本的资金占用。企业确定目标利润最常用的方法有以下四种：

（一）量本利分析法

量本利分析法是一种利用产品销售、销售额、固定成本、变动成本与利润之间的变动规律,对目标利润进行预测的方法。运用量本利分析法应建立在对市场充分调查研究的基础上,通过对市场的调查分析,首先对产品的销售量或销售额做出科学的预测,然后再分析、预测企业的固定成本、变动成本、贡献毛利率等,最后确定目标利润。

（二）相关比率法

与目标利润相关的比率主要有销售利润率、成本利润率、经营杠杆率及资本净利率等,管理者可根据分析,先对这些比率进行预测,根据预测来确定目标利润。

（三）简单利润增长比率测算法

利润增长比率测算法也是企业确定目标利润的一种常用方法。它主要适用于稳定发展的

企业。用该方法确定目标利润,即根据企业历史最好利润水平、上年度达到的利润水平及过去连续若干年,特别是近两年利润增长率的变动趋势与幅度,综合预测期可能发生的变动情况,确定预计利润增长率,然后预测出目标利润。

(四) 标杆瞄准法

标杆瞄准法是以最强的竞争企业或同行业中领先的、最有名望的企业为基准,将本企业产品、服务和管理措施等方面的实际状况与基准进行定量化评价和比较,分析基准企业的绩效达到优秀水平的原因,在此基础上选择改进的最优策略,并在企业连续不断地反复进行,以改进和提高企业业绩的一种管理方法。其应用的范围十分广泛,企业可以全方位、全过程、多层面地进行标杆管理,也可以就企业的某一项经济活动(如确定目标利润)进行标杆管理。

目标利润一经确定,就要保持相对稳定。修正目标利润的情况并不经常发生,只有执行过程中出现了新问题,遇到了出乎意料的新情况,如国家经济政策的调整、市场环境的变化、重大灾害的影响等,并且这些新问题、新情况对目标利润的影响程度较大,使目标利润变得不甚合理,才对目标利润进行修正,以保持目标利润的先进性和合理性。目标利润的修正事关企业全局,必须严格按照程序进行。

三、经营利润分配

根据我国公司法等有关法规的规定,企业当年实现的净利润,一般应按照下列顺序进行分配:

1. 计算可供分配的利润

企业在进行利润分配前,首先应计算出可供分配的利润。如果可供分配的利润为负数(即亏损),则不能进行后续分配;如果可供分配的利润为正数(即本年累计盈利),则可以进行后续分配。

$$可供分配的利润 = 当年净利润(或亏损) + 年初未分配利润 - 弥补以前年度亏损 + 其他转入的金额$$

2. 提取法定盈余公积金

按照公司法的有关规定,公司应当按照当年净利润(抵减年初累计亏损后)的10%提取法定盈余公积金,法定盈余公积金已达注册资本的50%时可不再提取。

3. 提取任意盈余公积金

公司提取法定盈余公积金后,经股东会或股东大会决议,还可以从净利润中提取任意盈余公积金。

4. 向投资者分配利润(或股利)

企业可供分配的利润扣除提取的盈余公积金后,形成可供投资者分配的利润,即:可供投资者分配的利润 = 可供分配的利润 - 提取的盈余公积

企业可采用现金股利、股票股利和财产股利等形式向投资者分配利润(或股利)。

任务实施

某新成立的甲股份公司,是专营家用电器的商业企业,拟采用负债和股权两种方式筹资,筹资总额为4 000万元。

材料1：拟从银行取得长期借款1 000万元，年利率为6%，期限为2年，每年付息一次，到期还本付息。假定筹资费用率为1‰，企业所得税率为25%。

拟发行普通股，每股面值1元，总额为2 000万元，固定股息率为2%，筹资费率预计为0.5%，该股票溢价发行，实际发行价格为每股1.5元。

材料2：甲公司经营初期采取"占款压货"的方式经营，即在代销销售完厂家的家用电器后，拖延货款的支付，用大量货款来开分店，由于家用电器市场竞争激烈，同时为了节省销售成本，因此电器经营商默许了甲公司的做法，这使甲公司在短时间内成为业内的领先者，分店数量居同行业之首。

如果你是甲公司的财务副总，请思考以下问题：
1. 什么是资本成本，它的组成、性质和作用如何？
2. 材料2涉及的是一种什么样的筹资方式，其优缺点是什么？请结合材料2说明。

项目小结

财务管理是现代企业管理的重要组成部分。通过本项目的学习，要求学生了解财务管理的基础知识，掌握筹资管理和成本费用与利润管理的相关内容，理解熟悉资产管理的有关内容。

课后练习

一、单项选择题

1. 财务管理的基本环节是指（　　）。
   A. 筹资、投资与用资
   B. 预测、决策、预算、控制与分析
   C. 筹资活动、投资活动、资金营运活动和分配活动
   D. 资产、负债与所有者权益
2. 若企业无负债，则财务杠杆利益将（　　）。
   A. 存在　　　　B. 不存在　　　　C. 增加　　　　D. 减少
3. 只有当投资项目的投资报酬率（　　）资本成本时，企业才愿意进行投资。
   A. 等于　　　　B. 高于　　　　C. 低　　　　D. 无关
4. 下列筹资方式中，资本成本最高的一种是（　　）。
   A. 普通股　　　　B. 优先股　　　　C. 长期债券

二、多项选择题

1. 可以筹措长期资金的筹资方式有（　　）。
   A. 商业信用　　　　　　　　B. 发行债券
   C. 融资租赁　　　　　　　　D. 发行股票
   E. 吸收直接投资

2. 对企业而言，发行股票筹集资金的优点有（　　　）。
A. 增强公司筹资能力　　　　　　　B. 降低公司财务风险
C. 降低公司资金成本　　　　　　　D. 没有使用约束

三、简答题

1. 什么是财务管理？企业财务管理的目标是什么？
2. 企业筹资渠道和筹资方式有哪些？
3. 企业投资管理的原则有哪些？
3. 利润分配的程序？

技能训练

实训项目：情景模拟——怎样拉赞助？

实训目标。
（1）在实践中理解收入、成本、利润等基本财务指标的含义。
（2）学会利润计算方法，有理有力地说服企业提供赞助。

实训内容。
以老生即将毕业为背景组织一次全校毕业生篮球比赛，假如你是这个活动的外联人员，主要任务就是寻求企业赞助，试结合财务管理的知识撰写一份合情合理的融资策划书。

实训地点。
教室或实训室。

实训步骤。
1. 学生以模拟公司为单位分成小组。
2. 各小组以不同企业作为对象各撰写一份赞助方案。
3. 各小组评价方案的规范性和可行性。

线上资源

1. 请登录：http：//open.163.com/special/ntu/caiwuguanli.html（《财务管理》）。
2. 请登录：http：//v.youku.com/v_show/id_XMzA2NDc2MjAwOA==.html？spm=a2h0k.8191407.0.0&from=s1.8-1-1.2（《财务管理基础》）。
3. 请登录：http：//v.youku.com/v_show/id_XMjI5NjQ5NjQ0.html？tpa=dW5pb25faWQ9MT-AyMjEzXzEwMDAwMl8wMV8wMQ（《企业的经营核算与盈亏分析》）。
4. 请登录：http：//www.iqiyi.com/v_19rremln7c.html？vfm=f_191_360y（《财经郎眼之现金贷的罪与罚》）。

线下资源

1.《企业财务管理》．刘娥平．北京大学出版社，2014年。
2.《企业财务分析》．汤炳亮．首都经济贸易大学出版社，2017年。
3.《财务管理基础》．王满，任翠玉．东北财经大学出版社，2017年。

项目十

企业物流管理

任务引入

旅客与驴

一个旅客雇了一头驴,骑着它到远处去。天气很热,他停下来休息,躲在驴子的影子下,求个阴凉。驴子的影子仅够遮蔽一个人,于是旅客和驴子的主人为了这阴凉激烈地争论起来,谁都认为自己才有这个权利。驴子的主人坚持说他仅出租驴子本身,不出租驴子的影子;旅客说他雇的驴子包括驴子本身和影子。他们争论不休,以至于打了起来,当他们打架时驴子逃跑了。

任务分析

驴子就是现代企业的物流资源,它是生产力的重要因素之一,是流动资产和固定资产的重要组成部分,是保证企业生产经营进行的重要条件。加强物流资源管理对提高产品和服务质量、促进工艺和设备及手段的变革、降低成本、加速资金周转、增加企业盈利、节约社会资源等都有重要意义。

任务说明

工作任务	知识目标	能力目标	操作流程
任务一 采购计划管理	1. 了解采购计划的相关知识 2. 采购预算编制的步骤	熟悉采购计划的编制	1. 阅读案例 2. 分组讨论 3. 代表发言 4. 总结案例
任务二 仓储作业管理	1. 掌握仓储管理 2. 掌握商品出入库管理流程 3. 了解仓储成本概念	1. 掌握仓储作业管理的流程 2. 能够分析企业库存管理体制中所存在的问题	1. 阅读案例 2. 分组讨论 3. 代表发言 4. 总结案例
任务三 配送作业管理	1. 理解配送的概念 2. 掌握配送中心的功能与作用	能够优化和改进配送作业	1. 阅读案例 2. 分组讨论 3. 代表发言 4. 总结案例

相关知识

任务一　采购计划管理

导入案例

据了解，在某市司法部门信息软件采购中，采购人在采购前曾私下对供应商进行现场考察。现场考察后，采购人代表对供应商做出了倾向性暗示，供应商以为最后一定是自己成交，于是在采购招投标前就做好了供货准备。然而采购招投标开始后，采购代理机构发现参与项目竞争性谈判的三家供应商的报价均超采购预算，于是将情况书面报送了监管部门，监管部门审核后，做出了"由于供应商报价均超出预算，项目废标并重新采购"的处理决定。供应商得知后大怒，说："我们都做好了供货的准备，而且报价并没有超出预算，凭什么废标？"监管部门以"供应商报价超出预算"为由做出废标决定后，供应商声称："项目预算为32万元，而报价只有18万元，怎么会超出预算？"于是供应商投诉监管部门废标处理决定不合理。

监管部门因超出预算废标，那么采购预算是否科学合理呢，这是值得思考的。

点评：在物品供给日益丰富、技术日益进步和采购方式多样化的条件下，采购物资具有更多的选择性，做出科学的采购决策可以为企业创造更多的利润，为提高竞争力提供更加有利的条件。在采购决策的基础上，为保证采购物流目标的实现，必须对整个采购过程进行周密的计划，并编制详细的预算方案。

一、制订采购计划的目的

采购计划是企业管理人员根据企业内部资源和外部环境状况，以研究企业生产经营活动过程和掌握物料消耗规律为基础，采用科学的预算和预测方法，对计划期内（如月、季度、年）物料采购活动所做的预见性的安排和部署，以确定从企业外部采购哪些产品和服务，能够最好地满足企业内部需求的过程。

编制采购计划的主要目的是：预计所需物资、材料的时间和数量，防止供应中断影响产供销活动；避免材料储存过多，积压资金，以及占用堆积的空间；配合企业生产、销售等运营计划和资金调度；使采购部门事先做好准备，选择合适或有利时机购入所需材料或物资；确定材料耗用标准，以便控制材料采购数量及成本。

二、编制采购计划时需要考虑的因素

采购计划的制订从宏观方面讲，要保证和企业整体经营目标相一致，微观方面还要和采购部门的预期目标相一致，但除此之外还要考虑到其他部门的影响因素以及相互关系。

1. 销售和生产计划

企业的年度经营计划多以销售计划为起点，而销售计划又要受到销售预测的影响，销售预测的影响因素可以从企业外部和内部来考虑。外部因素主要是宏观的市场经济环境，包括存款准备金率、失业率、物价、利率、市场分布情况、人口增长以及政治、法律制度；内部因素有企业的财务状况、技术水准、材料储备情况等。

而生产计划又源于销售计划，销售计划完成得恰到好处，生产计划就会顺利进行，还能尽量避免出现库存积压过多和供不应求的状况。而生产计划也会直接影响到采购计划和预算的制订，好的生产计划会促使物料供需处于平衡状态。

2. 物资用料清单

一般生产计划只列出产品的数量，而不能表示某一产品需要哪些物料，以及数量是多少，因此，必须借助用料清单。用料清单是由研发部门制定的。根据用料清单可以精确地计算出制造每一种产品的物料需求数量。所以说，一个好的采购计划的准确性必须依赖最新、最准确的用料清单。企业在运营过程中，一定要及时对用料清单进行修订和更新，以适应不断变化的内外部环境。并有必要及时将最新资料送达采购部门，以便不延误所需物料的进货时间，确保采购的及时性。

3. 存量状态

如果产成品有存货，那么生产数量就不一定等于销售数量了，所以企业所需的采购数量一定是在所需的总量上扣除库存量之后的数据，在确定采购数量时，前提一定是有一个准确而又明细的库存状态的数据。通常企业设有专门的存量管制卡，以此来表明某一物料目前的库存状况，然后按照用料需求总量，考虑进料时间和安全存量等标准，算出正确的采购数量，最后开具采购单，进行采购活动。所以这个因素也是采购计划制订过程中必须考虑的因素之一。

三、采购预算编制的步骤

对一般企业来说，通常业务部门的行销计划是年度经营计划的起点，然后生产计划才随之制订。采购预算是采购部门为配合年度的销售预测或生产数量，对需求的原料、物料、零件等数量及成本作翔实的估计，以利于整个企业目标的实现。也就是说，采购预算如果单独编制，不但缺乏实际应用价值，也失去了其他部门的配合，所以必须以企业整体预算制度为依据。

1. 审查企业及部门的战略目标

预算的最终目的是保证企业目标的实现，企业在编制部门预算前首先要审视本部门和企业的目标，以确保它们之间的相互协调。

2. 制订明确的工作计划

在明确了企业整体的战略目标和规划、本部门的分目标以后，各部门首先要制订出明确的工作计划。在明确了本部门关键的业务活动和工作职责范围等具体情况之后，着手规划部门的工作计划，以与企业的规划相协调。

3. 明确所需资源

在前两个步骤认真做好以后，接下来的主要工作就是管理者明确预算过程中所需的资源情况。包括本企业内部和外部的潜在的资源获得情况，以便为其他计划和预算打好基础，从而也可以确定企业预算所需的人力、物力、财力。

4. 推出准确的预测数据

数量预测是为预算做准备的，无论采用什么方法，针对什么目标得出的预测结果，企业最终要用于生产计划、推行费用预算、管理费用预算以及其他预算中。

5. 汇总

汇总各部门、各分单元的预算，最初的预算总是来自每个分单元，而后层层提交、汇总，最后形成预算。

6. 提交预算

预算是关于预计收入和可能支出的动态模型，反映的是未来的事情。由于外在的环境总是变化的，因此，必须根据实际情况的变化不断进行修订，以确保预算最大限度地贴近现实，反映实际支出。由于预算总是或多或少地与实际有所差异，因此，有必要选定一个偏差范围。偏差范围的确定可以根据行业平均水平，也可以根据企业的经验数据，它的主观性很强，同管理者的偏好有很大关系。

设定了偏差范围以后，管理者应当比较实际支出和预算的差距，以便控制业务的进展。如果支出与估计值的差异达到或超过了允许的范围，就有必要对具体的预算做出建议或必要的修订。采购部门有责任密切地监控其他部门的预算，以确保它们不超过整个企业购买产品和服务的预算限制。

任务二　仓储作业管理

导入案例　　**光电科技有限公司的仓储管理**

某光电科技有限公司位于广东惠州金源工业区，是一家专业照明器与电气装置产品制造商，它是行业的龙头企业。该公司总部共有成品仓库3个，分别是成品一组仓库、成品二组仓库和成品三组仓库。公司按产品的型号不同将产品分放在不同的仓库：其中成品一组仓库位于一楼，目的是方便进出货，所以储存的货物相对种类较多，如筒灯、灯盘等；成品二组仓库储存的主要是路轨灯、金卤灯、T4灯、T5灯及光源，公司的几大光源都储存在成品二组仓库；成品三组仓库主要储存特定的格栅灯、吸顶灯、导轨灯等。公司的仓库空间布局是货架储存货物，立体空间利用率不高，所以仓库机械化程度不是很高。

仓库内只有叉车，包括手动叉车和电动叉车。仓库的作业一般都用叉车，很少用人力。对于货物的收发，公司用的是物资收发卡，每次的收发货都会在物资收发卡上做登记，方便公司平时盘点等后续工作。从目前的工作结果来看，效率比较高。从整体上看公司仓储作业方法比较合理。

讨论题：仓储管理的核心内容是什么？

一、仓储管理概述

1. 仓储的概念

仓储是仓库储存和保管的简称，一般是指从接受储存物品开始，经过储存保管作业，直至把物品完好地发放出去的全部活动过程。概括地讲就是指通过仓库对暂时不用的物品进行收存、保管、交付使用的活动过程。在这个活动过程中包括存货管理和各项作业活动，即静态的物品储存和动态的物品存取。

2. 仓储的作用

（1）仓储是确保社会再生产顺利进行的必要条件。及时、齐备、按质、按量供应生产建设所需物资是确保社会再生产顺利进行的必要条件。

（2）仓储是保持商品使用价值和合理使用的重要手段。任何一种商品，从生产出来至消费之前，由于其本身的性质、所处的条件以及自然的、社会的、经济的、技术的因素，都可能使商品在数量上减少、质量上降低，如果不创造必要的条件，就会不可避免地使商品受到损害。因此，必须进行科学的管理，加强对商品的养护，搞好仓储活动，以起到对商品的保值作用。

（3）仓储可以加快资金周转，节约流通费用，降低物流成本。搞好物资的仓储活动，可以减少物资在仓储过程中的物质耗用和劳动消耗，可以加速物资的流通和资金的周转，从而节省费用支出，降低物流成本，开拓"第三利润源泉"，提高社会、企业的经济效益。

3. 仓储管理的概念

仓储管理是指对仓库和仓库中储存的货物进行管理，是仓储机构为了充分利用所具有的仓储资源（包括仓库、机械、资金、技术），提供高效的仓储服务所进行的计划、组织、控制和协调过程。仓储管理已不是单纯的货物存储，而是兼有包装、分拣、整理、简单装配等多种辅助性功能。

二、商品入库管理

商品入库是商品进入仓库的首要环节，是仓储作业的开始，是商品保管工作的基础，入库工作的好坏直接影响到后续工作的开展。因此，必须对入库作业进行系统的管理，科学地组织入库作业流程。商品入库管理，是根据商品入库凭证，在接受入库商品时所进行的卸货、查点、验收、办理入库手续等各项业务活动的计划和组织。入库作业主要包括入库交接、入库验收和入库手续办理。

（一）商品入库交接

由于货物到达仓库的形式不同，除了一小部分由供货单位直接运到仓库交货外，大部分要经过铁路、公路、航运、空运和短途运输等运输工具转运。凡经过交通运输部门转运的商品，都必须经过仓库接运后才能进行入库验收，因此，货物的接运是入库业务流程的第一道作业环节，也是仓库直接与外部发生的经济联系。商品接运是商品入库和保管的前提，接运工作完成的质量直接影响商品的验收和入库后的保管保养。商品接运的主要方式有以下三种：

1. 到承运单位提货

到承运单位提货是物流中心组织货源的一种重要形式，对于这种提货方式应进行合理组织、精心安排。

2. 到供货单位提取货物

这是仓库受托运方的委托，直接到供货单位提货的一种形式。其作业内容和程序主要是当货栈接到托运通知单后，做好一切提货准备，并将提货与物资的初步验收工作结合在一起进行。最好在供货人员在场的情况下，当场进行验收。因此，接运人员要按照验收注意事项提货，必要时可由验收人员参与提货。

3. 承运单位送货到库

交通运输等承运部门受供货或货主委托送货到库。接货要求与供货单位送货到库的要求基本相同。所不同的是发现错、缺、损等问题后，除了要送货人员当场出具书面证明、签章确认外,还要及时向供货单位和承运单位发出查询函电并做有关记录。

除了以上三种方式外,接运的方式还有铁路专用线到货接运、供货单位送货到库等。

(二) 商品入库验收

商品入库验收是根据合同或标准的规定要求,对入库的商品的品质、数量、包装等进行检验查收的总称,凡商品进入仓库储存,必须经过检查验收,只有验收后的商品方可入库保管。

1. 质量检验

质量检验是鉴定商品的质量指标是否符合规定。质量检验分外观质量检验和内在质量检验。前者是从外观、外包、规格、品种等方面进行检验,后者是由专业技术检验单位进行。检验方法有感官检验和理化检验两种。感官检验一般是由仓库保管员在验收商品时凭感官检查商品的包装、外观等;理化检验一般由技术检验部门进行取样测定。

2. 数量检验

商品运到后,收货人员要按商品入库单清点商品数量。商品数量检验包括点件查数、抽验查数和检斤换算等方法。点件查数法是指按件、只、台等计量的商品检验方法,即逐件、逐只、逐台进行点数加总求值。抽验查数法是按一定比率开箱验件的方法,一般适合批量大、定量包装的商品。检斤换算法是指通过重量过磅换算该商品数量的方法,这种方法适合商品标准和包装标准的情况。

3. 包装检验

物资包装的好坏、干潮直接关系着物资的安全储存和运输。所以,对物资的包装要进行严格验收,凡是产品合同对包装有具体规定的要严格按规定验收,如箱板的厚度、纸箱和麻包的质量等。对于包装的干潮程度,一般是用眼看、手摸的方法进行检查验收。

4. 验收中发现问题的处理

商品在验收中,可能会发现一些问题,验收人员应根据不同情况,采取不同的方法,在有效期内进行处理。

(1) 商品入库凭证不齐或不符时,仓库有权拒收或要求重办入库凭证,将所到商品另行堆放,暂作待验处理,待证件到齐后再进行验收。

(2) 凡质量不符合规定时,验收人员应如实慎重填写商品验收记录,并及时通知存货单位,由存货单位向供货单位交涉处理。

(3) 数量、型号、规格不符合规定时,应根据造成的原因不同分别进行处理,如问题是由于供货单位少发、错发原因引起时,应及时向存货单位和供货单位反映,由存货单位与供货单位协商解决。在问题解决前,该批商品应单独存放、妥善保管,不得发放出库,以备供货方复查。待问题解决后,再办理入库手续。

(三) 商品入库手续办理

入库物品经过点数、查验之后,可以安排卸货、入库堆码,表示仓库接收物品。在卸货、搬运、堆垛作业完毕后,与送货人办理交接手续,并建立仓库台账。

1. 交接手续

交接手续是指仓库对收到的物品向送货人进行确认,表示已接收到物品。办理完交接手续,意味着分清运输、送货部门和仓库的责任。完整的交接手续包括以下几点:

(1) 接受物品。仓库通过理货、查验物品,将不良物品剔出、退回或者编制残损单等表示明确责任，确定收到物品的确切数量，确认物品表面状态良好。

（2）接收文件。接收送货人送交的物品资料、运输的货运记录、普通记录等，以及随货在运输单证上注明的相应文件，如图纸、准运证等。

（3）签署单证。仓库与送货人或承运人共同在送货人交来的送货单、交接清单上签署。各方签署后留存相应单证。入库单、查验单、理货单、残损单证、事故报告由送货人或承运人签署。

2. 登账

物品入库，除仓库的财务部门有商品账单凭证结算外，报关业务部门也要建立详细反映库存商品进、出和结存的商品明细账单，用以记录库存商品的动态，并为对账提供依据。登账的主要内容有物品名称、规格、数量、件数、累计数或结存数、存货人或提货人、批次、金额，注明送货单位或运输工具、接（发）货经办人。

3. 立卡

物品入库或上架后，将物品名称、规格、数量或出入状态等内容填在料卡上，称为立卡。料卡又称为货卡、货牌，插放在货架上物品下方的货架支架上或摆放在货垛正面明显位置，货卡按其作用的不同分为货物状态卡、商品保管卡。其中商品保管卡包括标识卡和储存卡等。

4. 建立档案

建立商品档案，是将商品入库作业全过程的有关资料进行整理、核对，建立资料档案，为商品的保管、出库业务活动创立良好条件。

三、商品出库管理

商品出库，是仓库根据业务部门或存货单位开具出库凭证，经过审核出库凭证、备料、拣货、分货等业务直到把商品点交给要货单位或发运部门的一系列作业过程。它是仓储作业的结束，是商品保管工作的实现和完成。商品出库工作的好坏直接影响到企业的经济效益和社会效益，因此，及时、准确地做好出库业务工作，是仓储管理的一项重要工作。

（一）商品出库方式

送货与自提是两种基本的发货方式，另外，还有过户、取样、移仓。

（1）送货。仓库根据货主单位的出库通知或出库请求，通过发货作业把应发物品交由运输部门送达收货单位或使用自有车辆把物品运送到收货地点的发货形式，送货可向外地送货，也可向本地送货。以送货方式出库的手续，须由送料人员办理发料凭证，一式四份，一份由送料人签收后交给仓库保管留存并依次核销库存，一份由保管员签章后留存，一份由送料人、保管人共同签章后交给送料单位，一份由送料人、保管人共同签章后交物料统计员。

仓库实行送货具有多方面的好处：仓库可预先安排作业，缩短发货时间；收货单位可避免因人力、车辆等不便而发生的取货困难；在运输上，可合理使用运输工具，减少运费。

（2）自提。这种发货形式是由收货人或其代理人持取货凭证直接到库取货，仓库凭单发货。仓库发货人与提货人可以在仓库现场划清交接责任，当面交接并办理签收手续。

（3）过户。过户是一种就地划拨的形式，物品实物并未出库，但是所有权已从原货主转移到新货主的账户中。仓库必须根据原货主开出的正式过户凭证，而予以办理过户手续。

（4）取样。货主由于商检或样品陈列等需要，到仓库提取货样（通常要开箱拆包、分割抽取样本），仓库必须根据正式取样凭证发出样品，并做好账务记载。

（5）移仓。移仓是指货主为了业务方便或改变储存条件，将某批库存自甲库转移到乙库。仓库也必须根据货主单位开出的正式转仓单办理转仓手续。

（二）商品出库作业

商品出库作业包括两个内容，即发货前的经常性准备和发放商品出库。通常情况下，仓库在接到客户通过网络传来或送来的提货单后，为了能准确、及时、安全、节约地做好商品出库，提高工作效率，应根据出库凭证的要求做好以下几点：选择发货的货区、货位，原件商品的包装整理，安排好出库商品的堆放场地，送货上门的商品要备好车辆，等等。商品出库作业流程的一般程序是：核单—记账—配货—复核—发货。

（1）仓库部门在接到出库凭证后，必须对出库凭证进行审核，包括审核出库凭证的合法性和真实性；核对出库商品的品名、型号、规格、单价、数量；审核出库凭证手续是否齐全、内容是否完整。

（2）出库凭证经审核确实无误后，将出库凭证信息进行处理。记账员将出库凭证上的信息按照规定的手续登记入账，同时在出库凭证上批注出库商品的货位编号，并及时核对发货后的结存数量。

（3）配货过程包括拣货和分货两个环节。拣货就是依据客户出库单或仓储部门的拣货单，尽可能迅速地将商品从其储存位置或其他区域拣取出来的作业过程。在拣货作业完成后，根据客户订单进行货物分类工作，即分货。

（4）为了保证出库商品不出差错，配好货后企业应立即进行出货检查，即复核。复核由复核员按出库凭证对出库商品的品名、规格、单位、数量等进行复核，既要复核货是否相符，又要复核货位结存量来验证出库量是否正确。检查无误后，复核人在出库凭证上签字，方可包装或交付装运。

（5）复核完成后，有的商品不需要进行包装就可直接装运出库，有的需要进行包装才可装运出库，这时需要加上包装这个作业环节。出库商品无论是要货单位自提，还是交付运输部门发送，发货人员必须向收货人或运输入员按车逐件交代清楚，划清责任，即进行点交。在点交办完后，应装车发运。

四、仓储成本管理

仓储成本指仓储企业在储存物品过程中，包括装卸搬运、存储保管、流通加工、收发物品等各项环节和建造、购置仓库等设施设备所消耗的人力、物力、财力及机会成本、风险成本的总和。仓储成本包括折旧费、职工薪酬、修理费、管理费用、财务费用、销售费用、能源费、耗损材料费、货物仓储保险费、外协费、营业税金。仓储成本是衡量仓储企业经营管理水平和管理质量高低的重要标志。

任务三 配送作业管理

导入案例

7-11连锁便利店发源于美国，现在全球20多个国家拥有2.1万家左右连锁店，其物流管理模式先后经历了三个阶段三种方式的变革。起初，7-11并没有自己的配送中心，它的货物配送依靠的是批发商来完成的。以日本的7-11为例，早期日本7-11的供应商都有自己特定的批发商，而且每个批发商一般都只代理一家生产商。

有了自己的配送中心，7-11就能和供应商谈价格了。7-11和供应商之间定期会有一次定价谈判，以确定未来一定时间内大部分商品的价格，其中包括供应商的运费和其他费用。一旦确定价格，7-11就省下了每次和供应商讨价还价这一环节，少了口舌之争，多了平稳运行，自己节省了时间也节省了费用。

随着店铺的扩大和商品的增多，7-11的物流配送越来越复杂，配送时间和配送种类的细分势在必行。以中国台湾地区的7-11为例，全省的物流配送就细分为出版物、常温食品、低温食品和鲜食食品四个类别的配送，各区域的配送中心需要根据不同商品的特征和需求量每天做出不同频率的配送，来确保食品的新鲜度，以此来吸引更多的顾客，新鲜、即时、便利和不缺货是7-11管理的最大特点，也是各家7-11店铺的最大卖点。

和中国台湾地区的配送方式一样，日本7-11也是根据食品的保存温度来建立配送体系的，日本7-11对食品的分类是：冷冻型（-20OC），如冰激凌等；微冷型（SOC），如牛奶、生菜等恒温型，如罐头、饮料等；暖温型（20OC），如面包、饭食等。对于不同类型的食品会用不同的方法和设备配送，如各种保温车和冷藏车。而冷藏车在上下货时经常开门关门，容易引起车厢温度的变化和冷藏食品的变质，7-11还专门用一种两仓式货运车来解决这个问题，一个仓中温度的变化不会影响到另一个仓，需冷藏的食品就始终能在需要的低温下运送。除了配送设备，不同食品对配送时间和频率也会有不同要求。对于有特殊要求的食品，如冰激凌，7-11会绕过配送中心，由配送车早中晚三次直接从生产商门口拉到各个店铺。对于一般的商品，7-11实行的是一日三次的配送制度，凌晨3点到上午7点配送前一天晚上生产的一般食品；上午8—11点配送前一天晚上生产的特殊食品，如牛奶，新鲜蔬菜也属于其中；下午3—6点配送当天上午生产的食品，这样一日三次的配送频率在保证了商店不缺货的同时，也保证了食品的新鲜度。为了确保各店铺供货的万无一失，配送中心还有一个特别的配送制度来和一日三次的配送相搭配。每个店铺都会随时碰到一些特殊情况，以致缺货，这时只能向配送中心打电话告急，配送中心则会用安全库存对店铺紧急配送，如果安全库存也已告罄，中心就转而向供应商紧急要货，并且在第一时间送到缺货的店铺手中。

一、配送及其功能

1. 配送的概念

配送是指按用户订货的要求，以现代送货形式，在配送中心或其他物流据点进行货物配备，以合理的方式送交用户，实现资源最终配置的经济活动。这个概念说明了以下几个方面的内容：明确指出按用户订货的要求，配送的实质是现代送货，配送是从物流节点至用户的一种特殊送货形式，配与送有机地结合，强调以合理的方式送交用户，配送是对资源的配置，是最终配置。

2. 配送的作用

配送与运输、仓储、装卸搬运、流通加工、包装和物流信息融为一体，构成了物流系统的功能体系，其作用表现在以下五个方面：

（1）配送可以降低整个社会物资的库存水平。发展配送实行集中库存，整个社会物资的库存总量必然低于各企业分散库存总量。同时，配送有利于灵活调度，有利于发挥物资的作用。此外，集中库存可以发挥规模经济优势，降低库存成本。

（2）.配送有利于提高物流效率，降低物流费用。采用配送方式，批量进货、集中发货，以及将多个小批量集中于一起大批量发货，都可以有效地节省运力，实现经济运输，降低成本，提高物流经济效益。

（3）对于生产企业来说，配送可以实现零库存。一方面，对于产成品而言，需要多少就生产多少，实现产成品零库存；另一方面，对于原材料而言，需要多少，供应商就供应多少，也可以做到零库存，从而大大降低经营成本。

（4）配送对于广大用户而言，提高了物流服务水平。配送能够按时按量、品种配套齐全地送货上门，一方面，简化了手续，节省了成本，提高了效率；另一方面，保障了物资供应，满足了人们生产生活的物资需要和服务享受。

（5）配送对于整个社会和生态环境来说，也起着重要的作用。它可以节省运输车辆、缓解交通紧张状况、减少噪声和尾气排放等运输污染。

3. 配送的构成要素

集货、分拣、配货、配装、配送运输、送达服务以及配送加工等是配送最基本的构成单元。

（1）集货。将各个用户所需要的各种物品，按需要的品种、规格、数量，从仓库的各个货位拣选集中起来，以便进行装车配送的作业。

（2）分拣。分拣分为三种：将集货形成的集中物品按运输车辆分开来，分别堆放到指定地点的作业；按品名、规格、出入库先后顺序进行分门别类的作业；分为订单拣取和批量拣取。

（3）配货。配货是使用各种拣选设备和传输装置，按客户的要求将商品分拣出来，配备齐全，送入指定发货区。

（4）配装。配装是将客户所需的各种货品，按其配送车辆的装载容量进行装载组配。在单个用户配送数量不能达到车辆的有效载运负荷时，就存在如何集中不同用户的配送货物，进行搭配装载以充分利用运能、运力的问题，这就需要配装。

（5）配送运输。配送运输属于运输中的末端运输、支线运输，和一般运输形态的主要区别在于：配送运输是较短距离、较小规模、额度较高的运输形式，一般使用汽车做运输工具。

（6）送达服务。配好的货物运输到用户还不算配送工作的完结，这是因为送达货物和用户接货往往还会产生不协调，使配送前功尽弃。因此，要圆满地实现运货的移交，并有效地、方便地处理相关手续并完成结算，还应讲究卸货地点、卸货方式等。

（7）配送加工。配送加工是指按照配送客户的品种要求所进行的流通加工活动。它可以扩大配送品种的实用度，提高客户的满意程度，提高服务水平，提高配送的吸引力。在配送中，配送加工这一功能要素不具有普遍性，但往往是具有重要作用的功能要素。

4. 配送的功能

配送中心是物流领域社会分工、专业分工细化的产物，它适应了物流合理化、生产社会化、商场扩大化的客观需求，集储存、加工、集货、分货、装运、信息等多项功能于一体，通过集约化经营取得规模效益。配送中心的功能包括以下六个方面：

（1）集货功能。为了能够按照用户要求配送货物，首先必须集中用户需求规模备货，从生产企业取得种类、数量繁多的货物，这是配送中心的基础功能，是配送中心取得规模优势的基础所在，一般来说，集货批量应大于配送批量。

（2）储存功能。配送中心的服务对象是众多的企业和商业网点（如超级市场和连锁店），为了顺利而有序地完成向用户配送商品（货物）的任务及更好地发挥保障生产和消费需要的作用，通常情况下，配送中心都要兴建现代化的仓库并配备一定数量的仓储设备、储存一定数量的商品，形成对配送的资源保证。

（3）分拣功能。为了将多种货物向多个用户按不同要求、种类、规格、数量进行配送，配送中心必须有效地将储存货物按用户要求分拣出来，并能在分拣基础上，按配送计划进行理货，这是配送中心的核心职能。为了提高分拣效率，应配备相应的分拣装置，如货物识别装置、传送装置等。

（4）集散功能。在物流实践中，配送中心凭借其特殊的地位和其拥有的各种先进的设施和设备，能够将分散在各个生产企业的产品（即货物）集中到一起，而后，经过分拣、配装，向多家用户发运。与此同时，配送中心也可以做到把各个用户所需要的多种货物有效地组合（或配装）在一起，形成经济、合理的货载批量。配送中心在流通实践中所表现出的这种功能，就是（货物）集散功能，也有人把它称为"配货、分放"功能。

（5）信息功能。经济高效的运输、装卸、保管一般需要大的包装形式。但在配送中心下位的零售商、最终客户，一般需要小的包装。为解决这一矛盾，有的配送中心设有流通加工功能。流通加工与制造加工不同，它对商品不做性能和功能的改变，仅仅是商品尺寸、数量和包装形式的改变。

（6）信息功能。配送中心在干线物流与末端物流之间起衔接作用，这种衔接不但靠实物的配送，也靠情报信息的衔接。配送中心的信息活动是全物流系统中重要的一环。

二、配送作业管理

（一）配送作业的基本环节

从总体上看，配送是由备货、理货和送货等三个基本环节组成的，其中每个环节又包含着若干项具体的、技术性的活动。

1. 备货

备货指准备货物的系列活动，它是配送的基础环节。备货应当包括两项具体活动：筹集货物和储存货物。

（1）筹集货物。若生产企业直接进行配送，那么筹集货物的工作自然是由企业自己去组织的。筹集货物由订货、进货、集货及相关的验货、结算等一系列活动组成。

（2）储存货物。储存货物是购货、进货活动的延续。在配送活动中，货物储存有两种表现形态：一种是暂存形态，另一种是储备形态。暂存形态的储存，是按照分拣、配货工序要求，在理货场地储存少量货物。储备形态的储存是按照一定时期配送活动要求和根据货源的到货情况，有计划地确定的，它是使配送持续运作的资源保证。

备货是决定配送成败与否、规模大小的最基础的环节，也是决定配送效益高低的关键环节。

2. 理货

理货是配送的一项重要内容，也是配送区别于一般送货的重要标志。理货包括货物分拣、配货和包装等经济活动。货物分拣是采用适当的方法和手段，从储存的货物中分出用户所需要的货物。分拣货物一般采取两种方式来操作：一种是摘取式，一种是播种式。

3. 送货

送货是配送活动的核心，也是备货和理货工序的延伸。在物流活动中，送货的现象形态实际上就是货物的运输，因此，常常以运输代表送货。但是，组成配送活动的运输与通常所讲的"干线运输"是有很大区别的。由于配送中的送货需面对众多的客户，并且要多方向运动，因此，在送货过程中，常常要进行运输方式、运输路线和运输工具三种选择，按照配送合理化的要求，必须在全面计划的基础上，制定科学的、距离较短的货运路线，选择经济、迅速、安全的运输方式和适宜的运输工具。

（二）配送作业的一般流程

配送作业的一般流程即配送活动必须经过的基本工艺流程，也是各种货物的配送活动共同具有的工艺流程。配送的一般流程基本上是这样的一种运动过程：进货—储存—分拣—配货—配装—送货。每个流程的作业内容如下所述：

1. 进货

进货亦即组织货源，其方式有两种：一种是订货或购货，一种是集货或接货。前者的货物所有权属于配送主体，后者的货物所有权属于用户。

2. 储存

储存即按照用户提供的要求并依据配送计划将购到或收集到的各种货物进行检验，然后分门别类地储存在相应的设施或场地中，以备拣选和配货。储存作业一般都包括这样几道程序：运输—卸货—验收—入库—保管—出库。储存作业依产品性质、形状不同而形式各异。有的是利用仓库进行储存，有的是利用露天场地储存，特殊商品则需储存在特制的设备中。为了提高储存的作业效率及使储存环节合理化，目前，许多商家普遍采用了先进的储存技术和储存设备。

3. 分拣、配货

分拣和配货是同一个工艺流程中有着紧密关系的两项经济活动。有时，这两项活动是同时进行和同时完成的。在进行分拣、配货作业时，少数场合是以手工方式进行操作的，更多的场合是采用机械化或半机械化方式去操作的。随着一些高新技术的广泛应用，自动化的分拣、配货系统已在很多国家的配送中心建立起来，并发挥了重要作用。

4. 送货

在送货流程中，包括这样几项活动：搬运、配装、运输和交货。其作业程序为：搬运—配装—运输—交货。送货是配送的终结。在送货这道工序中，运输是一项主要的经济活动，据此，在进行送货作业时，应选择合理的运输方式。

任务实施

案例分析一　　耐奇苹果公司采购预算编制

1. 公司背景

耐奇苹果公司是纽约北部的一家苹果加工厂，主要生产苹果酱和苹果饼的馅心。该公司向当地的果农采购麦克考斯和格兰尼斯两种品种的苹果。公司的主要客户是机构性的购买者，如医院、学校等。公司设有两个部门：生产部门和市场营销部门，每个部门都由一名副总裁进行管理，并直接向公司总裁汇报。公司的财务副总裁主要负责公司所有财务领域的工作，包括归集数据和编制预算。公司的总裁和三名副总裁构成了公司的行政主管委员会，对预算的编制过程实施监督。

公司与当地的许多果农都签订了长期的采购合约，如果当地苹果的生产量低于预期值，公司则将在现货市场上进一步采购；如果收获的苹果多于公司所能处理的数量，多余的苹果也可以在现货市场上售出。公司总裁和财务副总裁负责与当地果农签订长期采购合约以及在现货市场上进行苹果的购销活动。

苹果收获以后，将被储存在耐奇苹果公司的冷库中，或存放在其他公司的库房中，直到耐奇公司将其用于生产。公司的生产工作从每年10月份开始到次年6月份，7、8、9月份工厂关闭，因而公司的财务年度为第一年的10月1号到来年的9月30号。

2. 公司预算过程

在耐奇苹果公司，每年从8月份开始进行下一年的预算，而下一个财务年度是从14个月后开始的。在8月份，公司的总裁和副总裁将对公司签订的长期契约的下一年的苹果收获情况进行预算，在随后的14个月中，每两个月公司就要根据最新的消息，对市场营销、生产以及苹果采购的情况预算进行调整。并且总裁、三位副总裁还将举行一次晨会，对这些调整进行讨论。在每年的6月份，下一个财务年度的财务预算的终稿在通过行政主管委员会的讨论之后，将提交董事会进行审批。行政主管委员会还需要集中一次，对当年的经营状况进行回顾并将实际的经营情况与预算情况进行比较。耐奇苹果公司的预算过程中包括三个关键的构成部分，即苹果的采购、销售和生产。这三项要素必须在内部与采购的各品种苹果的数量及生产销售的各种产品的数量相一致。一旦关于这三项要素的预算得以确定，即可确定最终存货的预算数，在已知生产预算的前提下，可以编制直接人工及制造费用的预算。而直接人工预算、制造费用的预算和直接材料预算可决定销售产品成本的预算。

3. 采购预算的确定

表1反映了公司的生产预算，表中后两栏是生产预算中相应数量的产品所耗用的麦克考斯苹果和格兰尼斯苹果的数量。

表1 耐奇苹果公司财务年度的生产预算

名称	预算数/箱	麦克考斯苹果/磅	格兰尼斯苹果/磅
苹果酱	130 000	7 800 000	5 200 000
苹果饼馅心	63 000	3 150 000	1 890 000
总计		10 950 000	7 090 000

在已知苹果收获的推算数及生产计划的前提下，公司的行政主管委员会计划再购入50 000磅（1磅=0.453 6千克）麦克考斯苹果，同时出售910 000磅格兰尼斯苹果。预计苹果的总成本为6 344 200美元，麦克考斯苹果的平均成本为每千磅380.32美元，格兰尼斯苹果的平均成本为每千磅311.28美元，如表2所示。

项目	数量/千磅		售价/美元		成本/万美元		总计/万美元
	麦克考斯苹果	格兰尼斯苹果	麦克考斯苹果	格兰尼斯苹果	麦克考斯苹果	格兰尼斯苹果	
长期采购合约	10 900	8 000	380	310	414.2	248	662.2
市场合约	502	(910)	450	300	2.25	(27.3)	(25.05)
总计	10 950	7090			416.45	220.7	637.15
耗费（磅）					10 950	7090	
成本（万美元/千磅）					380.32	311.28	

注：带括号的部分为售出的苹果数量。(910) 表示对公司而言多余的苹果，需要投入市场卖出。

对照表1与表2可以看出，公司苹果采购预算中的数据与计划耗用每种苹果的总数量（1 095 万磅麦克考斯苹果和 709 万磅格兰尼斯苹果）一致，这充分反映了预算工作的相互协调性。

讨论题：参考这则案例，谈谈你对采购计划与预算编制的见解及体会。

案例分析二　　乐高公司的"绿色"仓库

正当环境管理标准 ISO 14000 的认证工作被大多数仓库所认同时，乐高公司的配送中心早已致力于建设自己的"绿色"仓库了。乐高公司的仓库占地 22 500m^2，坐落于美国康涅狄格州的思菲尔德镇。乐高公司仓库成为"绿色"仓库的做法有以下两点：

乐高与哈佛大学声音工程系的学生一起研究并设计了一个减少噪声的方案，以便更科学地制订配送中心的噪声控制计划。该配送中心利用改变搬运的速度，并在搬运操作现场的周围设置了有效的隔离物，最终使噪声降低了 6~7dB。噪声的降低使员工不再戴保护耳朵的设置，这既保护了员工的身体健康，又节约了相应的劳动保护成本。

有效控制污水对环境的污染也是乐高公司仓库成为"绿色"仓库的有效方法。乐高公司仓库使用大量的瓦楞纸板，员工将这些纸板和其他制品一起循环生产利用；通过在板内修建排水管道，设分离器和抽水泵来防止排泄物溢出而污染环境，并且控制蓄水池的污水以适当速度流出。

讨论题：
1. 结合资料，谈谈你对乐高公司仓储管理的看法。
2. 建设"绿色"仓库有哪些好处？

案例分析三　　上海联华生鲜食品加工配送中心物流配送运作

联华生鲜食品加工配送中心是目前我国国内设备最先进、规模最大的生鲜食品加工配送中心，总投资 6 000 万元，建筑面积 36 000 平方米，年生产能力 20 000 吨，其中肉制品 15 000 吨，生鲜盆菜、调理半成品 3 000 吨，西式熟食制品 2 000 吨，产品结构分为 15 大类约 1 200 种生鲜食品；在生产加工的同时配送中心还从事水果、冷冻品以及南北货的配送任务。

门店的要货订单通过联华数据通信平台，实时地传输到生鲜配送中心，在订单上制定各商品的数量和相应的到货日期。生鲜配送中心接到门店的要货数据后，立即生成要货订单，按不同的商品物流类型进行不同的处理：

对于储存型的商品：系统计算当前的有效库存，比对门店的要货需求、日均配货量和相应的供应商送货周期，自动生成各储存型商品的建议补货订单，采购人员参考此订单，再根据实际的情况做一些修改即可形成正式的供应商订单。

对于中转型商品：此种商品没有库存，直进直出，系统根据门店的需求汇总，按到货日期直接生成供应商的订单。

对于直送型商品：根据到货日期，分配各门店直送经营的供应商，直接生成供应商直送订单，并通过EDI系统直接发送到供应商。

对于加工型商品：系统按日期汇总门店要货，根据各产成品/半成品的BOM表计算物料耗用，比对当前有效的库存，系统生成加工原料的建议订单，生产计划员根据实际需求做调整，发送到采购部生成供应商原料订单。

商品进货时先要接受订单的品种和数量的预检，预检通过方可验货，验货时需进行不同要求的品质检验，终端系统检验商品条码和记录数量。在商品进货数量上，定量的商品进货数量不允许大于订单的数量，不定量的商品提供一个超值范围。

对于需要重量计量的进货，系统和电子秤系统连接，自动去皮取值。捡货采用播种方式，根据汇总取货，汇总单标识从各个仓位取货的数量，取货数量为本批配货的总量，取货完成后系统预扣库存，被取商品从仓库仓间拉到待发区。在待发区，配货分配人员根据各路线、各门店配货数量对各门店进行播种配货，并检查总量是否正确，如不正确向上校核，如果商品的数量不足或其他原因造成门店的实配量小于应配量，配货人员通过手持终端调整实发数量，配货检验无误后使用手持终端确认配货数据。

在配货时，冷藏和常温商品被分置在不同的待发区。商品分拣完成后，都堆放在待发库区，按正常的配送计划，这些商品在晚上送到各门店，门店第二天早上将新鲜的商品上架。

在装车时按计划依路线门店顺序进行，同时抽样检查准确性。在货物装车的同时，系统能够自动算出包装物（笼车、周转箱）的各门店使用清单，装货人员也据此来核对差异。在发车之前，系统根据各车的配载情况出各运输的车辆随车商品清单、各门店的交接签收单和发货单。

讨论题：
1. 结合案例，说明联华配送中心有哪些基本作业，这些作业有什么特点。
2. 试画出联华配送中心作业的基本流程图。

项目小结

项目由《旅客与驴》引入，讨论了什么是物流、物流管理的内容、什么是采购管理、编制采购计划的步骤、库存控制和库存管理，以及配送管理的功能与作用等内容。本项目包括三个任务，分别从耐奇苹果公司、乐高公司着手分析，了解采购计划管理，认识仓储管理流程与配送管理的功能，并对企业制定的物流管理策略进行深入分析，从而达到理论学习指导管理实践。

课后练习

一、单选题

1. 物流的研究对象是（   ）。
   A. 流通、生产领域的物料流及相关信息流
   B. 如何控制成本
   C. 创造时空价值
   D. 供需转移
2. 根据 ABC 重点管理法，对于库存品种数少但价值非常大的 A 类要（   ）。
   A. 简单控制　　　　　　　　　　B. 适当控制
   C. 严格控制　　　　　　　　　　D. 不控制
3. 企业物流中第一利润源是（   ）。
   A. 物流活动　　　　　　　　　　B. 提高生产效率
   C. 降低物资资源消耗　　　　　　D. 协同竞争
4. 把商品存储在消费地，可以达到更好的（   ）。
   A. 客户满意度　　　　　　　　　B. 降低物流运输成本的目的
   C. 消除商品价格波动的目的　　　D. 满足个性化消费需求的目的
5. 我国国家标准《物流术语》中的描述："由供方与需方以外的物流企业提供物流服务的业务模式"指的是（   ）。
   A. 第一方物流　　　　　　　　　B. 第二方物流
   C. 第三方物流　　　　　　　　　D. 第四方物流
6. 运量不大、对时间要求特别敏感的高价物品一般采用（   ）。
   A. 铁路运输　　　　　　　　　　B. 公路运输
   C. 航空运输　　　　　　　　　　D. 管道运输

二、判断题

1. 通常是先发生物流后发生商流，在物流完成以后再进行商流。（   ）
2. 通常是先发生商流后发生物流，在商流完成以后再进行物流。（   ）
3. 供应链仅是一条连接供应商到用户的物料链、信息链、资金链，没有增值作用。（   ）
4. 流通加工和配送结合，使流通加工更有计划性，增加了盲目性。（   ）
5. 从工厂仓库到配送中心之间的批量货物的空间位移称为配送，从配送中心向最终用户之间的多品种小批量货物的空间位移称为运输。（   ）
6. 流通加工可以取消和替代生产加工。（   ）

三、简答题

1. 货物入库的交接程序有哪些？

2. 仓库盘点的内容及程序是什么样的?
3. 出库的方式问题如何处理?
4. 怎样进行采购预算编制?
5. 怎样进行商品入库管理?
6. 配送作业的环节有哪些?

技能训练

实训目标。

参观相关物流企业或企业的配送中心,进一步了解与掌握配送中心的岗位设置及组织结构。

实训内容。

熟悉相关理论知识。去不同种类的配送中心参观,收集各配送中心的岗位设置及组织结构图等资料。记录并熟悉各个配送中心的岗位设置。重点掌握配送中心组织结构。

实训地点。

企业的配送中心。

实训步骤。

1. 将全班学生分成多组,在每组内分别安排每个成员进行配送中心各个岗位的调查、采访、询问,并记录实际配送中心的岗位设置及工作内容。
2. 记录完成后,将组员的记录资料汇总分析,列出各配送中心的所有岗位设置并画出结构图。
3. 根据岗位设置及组织结构图,说出该组织结构形式的优缺点及改进意见。

线上资源

1. 请登录:https://cache.tv.qq.com/x/pcsearch? q=% E7% 89% A9% E6% B5% 81&(《你知道亚马逊物流是如何运作的吗?》)。
2. 请登录:https://cache.tv.qq.com/x/pcsearch? q=% E7% 89% A9% E6% B5% 81&(《物流管理信息系统》)。
3. 请登录:https://cache.tv.qq.com/x/pcsearch? q=% E7% 89% A9% E6% B5% 81&(《物流出问题》)。

线下资源

1. 《精益供应链与物流管理》.[美]保罗·麦尔森.人民邮电出版社,2014年。
2. 《物流管理实战全案》.徐震宇,等.鹭江出版社,2016年。
3. 《物流管理案例及解析》.李联卫.化学工业出版社,2015年。

项目十一

信息管理

任务引入

蜻蜓和蚂蚁

蜻蜓在和煦的晚风中修建自己的爱巢,它的巢建在最柔美、最细嫩的芦苇上。蜻蜓非常得意,向蚂蚁夸耀自己美丽的家。它得意扬扬地说要把所有的昆虫都邀请来参观它美丽的家。

蚂蚁摇摇头说:"老兄,请听我一句话,我是一个粗人,不像你那么浪漫。不过,我知道你的身体很柔弱,经不起狂风暴雨;我也知道你的孩子很多,需要一个更宽敞的地方。所以你需要在粗壮的树枝下面搭建一个牢固的大巢,那样的巢可能比较难看,但是我想更适合你。"

蜻蜓看着自己美丽的巢,满心陶醉,没有把蚂蚁的话放在心上。不过,它很快就知道了:巢是用来住的,而不是用来炫耀的。

任务分析

企业管理信息系统就好比蜻蜓的房子,必须是使用有效的系统,而不是用来向朋友炫耀的装饰品。由于企业在经营管理的不同阶段,需要内容丰富、数量庞大的不同信息,最终的使用方向、社会经济效益会有所不同,所以,企业必须根据自身的需要,去寻求对自己最有用的信息。

任务说明

工作任务	知识目标	能力目标	操作流程
任务一 企业信息认知	1. 信息的概念 2. 企业信息化	1. 能够明确信息的特征和定义 2. 能够完成对企业信息化管理的认知	1. 阅读案例 2. 分组讨论 3. 代表发言 4. 总结案例

续表

工作任务	知识目标	能力目标	操作流程
任务二　管理信息系统利用	1. 管理信息系统的概念 2. 管理信息系统的结构 3. 管理信息系统发展应用	1. 能够进行管理信息系统的总体规划 2. 能够完成系统总体架设、处理流程及模块功能的设计等	1. 阅读案例 2. 分组讨论 3. 代表发言 4. 总结案例

相关知识

任务一　企业信息认知

案例导入

上海百安居装饰工程有限公司（以下简称百安居），是世界500强企业之一翠丰集团下属百安居（中国）装饰工程企业，在创业之初即借鉴英国总部在全球零售系统所建立的先进的信息化管理系统，重视搭建数据基础平台，积极开展信息化建设；在公司的高速发展过程中，经过不断更新和完善，逐步形成了一套符合国情和公司特点的企业管理信息系统，在信息化建设方面居于行业领先地位。

立足长远的信息化战略

百安居装潢拥有英国总部和百安居（中国）强大的系统支持做后盾，选择了世界顶尖的SAP企业管理软件，并与IT业享有盛名的德国诺网集团建立了企业信息化建设合作伙伴关系，于2001年12月3日开始采用ERP-SAP R/3管理系统和CALYPSO（POS）系统来管理公司的整个业务，支持整个公司的采购、销售和财务，该项目的总投资额将近200万美金。百安居（中国）成为国内第一家采用SAP系统的零售企业。

通过实施SAP解决方案，公司的销售、服务和物流仓储（包括促销管理、自动补货、采购计划和配送管理、商品定价等）全面理顺，物流模块与财务管理控制模块完全集成，实现了灵活的报表自动生成功能；企业的管理团队可以随时获得关于业务最新的、实时的和全面的信息，进而对业务过程实行更有效的内部控制，从而使企业整体管理水平和市场竞争力进一步得到提升。公司目前正处于高速发展时期，每家子公司的投资达到340万元人民币，主要用于设备、软件、网络布线和电话系统的建设。

符合企业实际的信息化管理体系

百安居向顾客提供家居设计、施工管理、售后跟踪一条龙服务，根据业务特点和管理需要，公司大力投入资金和人力积极建设信息化企业管理体系。

应用电子化设备、搭建信息化基础平台。百安居建立了覆盖全国的、多层次的计算机网络系统：总部人员和分部管理层、设计师、预算员、工程人员、出纳员每人一台电脑，应用办公自动化软件，从业务接单、数码测量、设计预算、合同信息、材料购买、工程进度、竣工时间、决算信息到售后跟踪，实现全过程信息资源在机运行。

局域网络建设。公司于1999年成立之初，即应用Win NT网络支持和Norton防病毒系统，建立了稳定和安全的企业内部网络系统。员工可以随时通过网站获取系统方面的各种即时支持，查询到人力资源、行政、营运、市场、培训、战略发展等各个方面的最新信息，提交各种申请表格（如订票、维修、申购设备等），从而大大提高了工作效率和管理水平。公司建立了官方网站，用户可以浏览公司各方面的资讯、行业新闻、装修知识讲座、设计师介绍和优秀设计案例等内容，进一步拓宽了公司与顾客双向互动的沟通渠道。

设计集成化系统。百安居根据历年积累的项目资料，自主研发了具有公司特色的"百安居装潢装饰设计图集"系统。该系统精选了100多套百安居优秀设计师的设计图纸、效果图、实景照片等资料；该系统为顾客、客服人员、设计师、预算员提供了直观的图片内容及参数设计，大大提高了服务质量和工作效率。目前，该系统在分部的试行过程中已经取得了良好的效果。

工程信息管理系统。全国各个分部与总部信息联网，所有的工程信息、材料购买、工程进度追踪、退货原因、供应商信息、产品价格、投诉处理等，均能够通过SAP系统及时反馈、汇总到总部，构成统一的数据平台，为企业的生产、经营、管理、决策提供充分、可靠的依据。

发展电子商务。百安居独立网站于2003年11月8日正式开通网上订单业务。顾客足不出户就可以清楚地了解到百安居装潢的业务操作流程，进而提交网上订单，完成样板房参观预约。通过在线服务，公司减少了中间环节，为顾客提供了更加先进、便捷的服务平台，也进一步扩展了销售渠道，为以后的电子商务积累了宝贵的运作经验。充分利用信息技术来提高公司的运营和管理水平、增强公司的综合实力，成为百安居装潢强大的竞争优势。2015年年底百安居确定了以B2C、B2B和e维修平台业三大模式为公司发展的重心，同时与天猫实行战略合作，线上线下同步发展，打造"线上+线下，产品+服务"同步发展的全渠道模式。

一、信息

（一）信息的概念

人类的活动离不开信息，随着社会进入信息时代，大家越来越清晰地认识到了信息的重要性。信息已经逐渐成为人类赖以生存与发展的战略资源之一，在社会生产和人类生活中发挥着日益显著的作用。人类生活、生产中的资源除了物质之外还有信息，因而人们称之为信息资源或第三资源。

一般认为，信息是反映客观事物运动变化的、能够被人们所接收和理解的，是对人类的行为决策有用的各种消息、情报、数据、指令、图像、信号等资料的总称。

（二）信息的特征

信息是企业管理中一项十分重要的资源，主要有以下几个方面：

1. 信息的客观性

信息是反映客观事物的运动方式，不以人的意志为转移。反映客观存在的信息，才是真实有价值的信息，才能被人们所接受，并对以后的行动有指导意义。

2. 信息的共享性

信息通过信息源的传播，可以有多个接收者，这可以让信息得到更为广泛的利用，对它本身却没有影响。因此可以说，信息只能共享，而不能交换。

3. 信息的时效性

信息的价值和作用与时间有着直接的联系，信息有一定的时限，超过了这个限度，它就失去或削弱了被利用的价值。一般来说，信息内容越新，传递越快，价值就越大。

4. 信息的转化性

从某种意义上讲，信息是可以转化的。在一定的条件下，信息被人们有效地利用，就可以转化为价值。因此，管理者要善于转换信息，去实现信息的价值。

案例　　　　　　　　　　一条短信价值超千万

江西省丰城矿务局坪湖矿劳资科科长傅昌安的一条"手机短信"建议被采纳，实施10个月来，创造了1 200万元的利润。

2012年年初，坪湖矿设立了一部固定电话、两部手机热线，采纳职工合理化建议，傅昌安在回收余煤上动起了脑筋。他将反采余煤的方案，通过手机热线发送给矿领导。这条合理化建议的内容是：在回收余煤后的基础上，组织人力按标准反采一遍。这一方案经矿领导研究后组织实施，并由劳资科验收。结果，这条反采余煤的合理化建议使余煤抛失率大大降低，坪湖矿现在每采100米，平均可多回收余煤35吨。

10个月来，该矿共多回收余煤22 025吨，价值1 200余万元。

二、企业信息化

（一）企业信息化的概念

企业信息化是指企业广泛利用现代信息技术，充分开发和利用内、外部的各种资源，集成化管理企业生产经营活动有关的各种信息，及时把握机会，做出决策，提高运行效率，从而提高企业竞争力水平和经济效益的过程。

企业信息化包括相互紧密联系的两个部分，即企业业务信息化与企业管理信息化。企业管理服务于企业业务，企业业务的进展与否则取决于企业的管理好坏。

（二）企业信息化建设的意义

1. 企业信息化可以改变企业的价值观念

在信息经济时代，信息是企业不断增值的无形资产。企业的全面信息化，将促进其有形资产和无形资产的有效配置，"财富＝信息＋经营"的价值观正在改变着世界的经济格局。

2. 企业信息化可以改变企业的管理模式和组织结构

企业信息化要求企业利用计算机网络进行信息传递和管理，在这种方式下，企业员工可以随时处理工作任务，快速获取各种资源，从而使企业的组织外延和经营外延得以扩展。企业内的信息和任务可通过网络处理与完成，从而有可能减少一些不必要的垂直管理层次，使组织结构更加扁平化。

3. 可以提高企业的竞争力和经济效益

企业制定生产经营目标，进行市场分析、方案比较、决策优化时都可以从信息系统获得准确的、有价值的信息，提高决策的时效性和可靠性；信息化会提高企业的技术创新能力，促使企业改进生产工艺和开发出更多新产品，这些都会提高企业的市场竞争力和经济效益。

（1）提高内部运营效率和质量。这主要表现为：内部业务流程明显改善，节约成本；提高了产品和服务质量，缩短了研发、生产、销售的循环周期，提高了资产的增值能力。

（2）提高员工的业绩，增强企业的学习能力。企业信息化可降低技术人才的劳动强度，改善员工的工作环境，提升技术人才的脑力劳动价值；提高企业作为一个整体面对机遇和危机的反应能力、协调能力及快速学习能力。

（3）提高员工的满意度和忠诚度。这表现为：员工业绩考核评价和选择优秀员工更公开、公平、公正，所需要的时间大为缩短，员工积极向上、互相信赖，有共同的价值观和目标。

（4）全面提高企业的管理水平和经济效益，增强企业的核心竞争力和参与国际竞争的能力。管理信息化能够大大提高企业收集、传递、处理、利用信息的能力，为决策提供充分、可靠的依据，增强制度的约束性，提高管理的透明度。它是解决企业管理突出问题的有效措施之一。推进管理信息化是促进企业管理创新和各项管理工作升级的重要突破口。

任务二　管理信息系统

案例导入　　　　　　　　　　　**万达集团的信息化建设**

随着房地产行业竞争日趋激烈，房地产企业在实现规模化扩张、跨区域发展时，需要借助信息化手段提升和优化现有经营管理模式，提高企业快速响应市场的能力，以适应房地产企业组织架构庞大、分散的现状。万达集团很重视信息化建设工作，其管理信息系统有招投标系统、项目过程管理系统、营销管理系统、运管管理系统、财务系统、人力资源系统、办公自动化系统、信息门户、万达院线营销系统和万千百货营销系统等。

万达集团的信息化建设内容主要有三个方面：基础设施、信息门户和管理平台。可以用交通运行体系来比喻万达集团的信息化建设体系。建立"交通运行体系"，首先是要有"公路"。万达集团建立了自己的专网，使信息传速更加稳定、可靠。不同城市中的万达商场、楼盘、影院可以通过各城市节点共同接入万达集团的核心网络，由核心网络共同接入全国网络。在"路"上跑的"车"有三辆：第一辆"车"是ERP（企业资源计划）系统，万达集团建设的ERP系统有十个子系统，是房地产的经营系统与技术系统的结合。第二辆"车"是VOIP（互联网协议语音技术）系统。万达集团通过该系统实现了全国各地项目的实时沟通。第三辆"车"是视频监控系统，通过专网和遍布全国的视频监控系统，可以查看所有万达集团建设的小区动态及情况。万达集团员工就好比驾驶员，通过系统操作来完成自己的工作、培训等。停车场就是万达集团的机房，所有的小型机、安全设备都统一停放在机房。

万达集团的信息化建设有三个鲜明的特点：首先是统一规划，统一实施；其次是高度集成，单点登录，数据共享，严格按照三个"一"的原则，即一个概念、一个数据、一个入口。最后是房地产信息全业务流、一体化，在中国房地产企业信息化建设中居领先地位。

一、管理信息系统的概念

(一) 管理信息系统的概念

管理信息系统的概念起源很早,但是管理信息系统到了20世纪80年代才逐渐形成一门学科。

1985年管理信息系统的创始人,明尼苏达大学卡尔森管理学院的著名教授高登·戴维斯给管理信息系统下了一个比较完整的定义:"它是一个利用计算机硬件和软件,手工作业、分析、计划、控制和决策模型,以及数据库的用户—机器系统。它能提供信息,支持企业或组织的运行、管理和决策功能。"

"管理信息系统"一词在中国出现于20世纪70年代末80年代初,我国权威的管理信息系统专家薛华成教授给管理信息系统下的定义是:"管理信息系统是一个以人为主导,利用计算机硬件、软件、网络通信设备以及其他办公设备,进行信息的收集、传输、加工、储存、更新和维护,以企业战略竞优、提高效益和效率为目的,支持企业高层决策、中层控制、基层运作的集成化的人机系统。"从这个定义中可以看出:管理信息系统不只是一个技术系统,而且是一个把人包括在内的人机系统,因此它是一个管理系统,是一个社会技术系统。

(二) 管理信息系统的特征

1. 整体特性

管理信息系统在功能内容上,以及开发和应用技术步骤上具有整体性。因此,即使实际开发的功能仅仅是组织的一个局部管理工作,也必须从全局的角度规划系统的功能。

2. 辅助管理,支持决策

这是指在管理工作中应用管理信息系统只能辅助业务人员进行管理,提交有用的报告和方案来支持领导人员决策。因此,要发挥管理信息系统的这个特性,人员管理工作必须有相应的管理思想、方式和流程。

3. 以计算机为核心

管理信息系统是一人一机系统,这是它与人工利用其他手段进行信息处理的明显区别。

4. 动态特性

系统具有时效性,管理信息系统也具有关联性。当系统某一要素(如系统的目标)发生变化时,系统也必须随之发生变化。因此管理信息系统的建立并不是一劳永逸的事,还需要在实际应用中不断地完善和更新,以相对延长系统正常运行时间,提高系统效益。

二、管理信息系统的结构

管理信息系统是企业信息系统的核心,贯穿于企业管理的全过程,同时又覆盖了管理业务的各个层面,因而其结构也必然是一个包含各种子系统的广泛结构。图11-1所示为功能子系统和管理活动矩阵,纵向概括了基于管理任务的系统层次结构,横向概括了基于管理职能的系统结构。

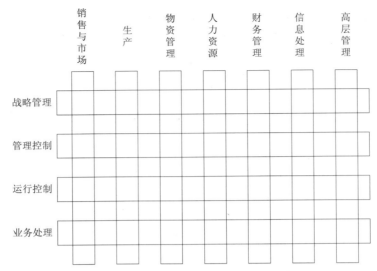

图 11-1 功能子系统和管理活动矩阵

（一）基于管理任务的系统层次结构

管理任务具有层次结构，管理信息系统可以按照管理任务的层次进行分层，如表 11-1 所示。

表 11-1 管理任务的层次

层次	内容
战略管理	确定企业的目标、政策和方针 确定企业的组织层次 决定企业的任务
管理控制	包括资源的获取与组织、人员招聘与训练、资金的监控等
运行控制	有效利用现有设备和资源，在预算限制内活动
业务处理	涉及企业的每一项生产经营和管理活动

战略管理涉及企业的长远计划、处理中长期事件，如制定市场战略、确定产品品种等；管理控制属于中期计划范围，包括资源的获得与组织、人员招聘与训练、资金的监控等；运行控制涉及作业的控制，如作业计划和调度等；业务处理是企业最基本的活动，它涉及企业的每一项生产经营和管理活动。

在实际的工作中，有时同一问题可以属于不同的管理层次，只是每个层次考虑问题的角度不同而已，且不同的管理层次对信息的需求是不同的。表 11-2 描述了不同管理层次的信息特征。由它们的差别可以看出，管理信息系统的不同层次具有不同的信息处理方法。

表 11-2 不同管理层次的信息特征

信息特性	运行控制	管理控制	战略管理
来源	系统内部	内部	外部

续表

信息特性	运行控制	管理控制	战略管理
范围	确定	有一定确定性	很宽
概括性	详细	较概括	概括
时间性	历史	综合	未来
流通性	经常变化	定期变化	相对稳定
精确性要求	高	较高	低
使用频率	高	较高	低

从信息处理的工作量来看，信息处理所需资源的数量随管理任务的层次而变化。一般业务的信息处理量大，而在系统结构中所处层次越高，其所需信息量越小，呈金字塔形，如图11-2所示。

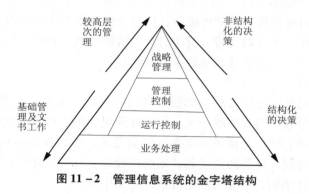

图 11-2 管理信息系统的金字塔结构

（二）基于管理职能的管理信息系统

管理信息系统结构也可以按照使用信息的组织职能加以描述。系统所涉及的各职能部门都有自己特殊的信息需求，需要专门设计相应的功能子系统，以支持其管理决策活动，同时各职能部门之间存在着各种信息联系，从而使各功能子系统构成一个整体，管理信息系统正是完成信息处理的各功能子系统的综合。

1. 销售市场子系统

销售市场子系统包含销售和推销以及售后服务的全部活动。在管理控制方面，涉及总的成果与市场计划的比较，它所用的信息有顾客、竞争者、竞争产品和销售力量要求等。在战略计划方面，包括新市场的开拓和新市场的战略，它使用的信息要涉及客户分析、竞争者分析、客户调查等信息，以及收入预测、产品预测、技术预测等信息。

2. 生产管理子系统

在生产管理子系统中，典型的事务处理是指生产指令、装配单、成品单、废品单和工时单等的处理。作业控制要求将实际进度和计划比较，找出薄弱环节。管理控制主要包括进行总调度、单位成本和单位工时消耗的计划比较。战略计划要考虑加工方法和自动化的方法。

3. 物资供应子系统

物资供应子系统包括采购、收货、库存管理和发放等管理活动。事务处理主要包括库存水平报告、库存缺货报告、库存积压报告等。管理控制包括计划库存与实际库存水平的比较、采购成本、库存缺货分析、库存周转率分析等。战略计划包括新的物资供应战略、对供应商的新政策以及新技术信息、分配方案等。

4. 人力资源管理子系统

人力资源管理子系统包括人员的雇用、培训、考核、工资和解聘等。事务处理主要包括有关雇用需求，工作岗位责任，培训计划，职员基本情况，工资变化，工作小时和终止聘用的文件及说明。作业控制完成聘用、培训、终止聘用、工资调整和发放津贴等的相关工作。管理控制主要包括进行实际情况与计划的比较，产生出各种报告和分析结果，进而说明职员数量、招聘费用、技术构成、培训费用、支付工资和分配是否符合要求的情况。战略计划包括雇用战略和方案评价、职工培训方式、就业制度及聘用留用人员的分析等。

5. 财务会计子系统

财务的职责是在尽可能低的成本下，保证企业的资金运转。会计的主要工作则是进行财务数据分类、汇总，编制财务报表，制定预算和进行成本数据的分类和分析。与财务会计有关的事务处理包括处理赊账申请、销售单据、支票、收款凭证、日记账、分类账等。财会的作业控制需要进行每日差错报告和例外报告，处理延迟记录及未处理的业务报告等。财会的管理控制包括预算和成本数据的比较分析。财会的战略计划关心的是财务的长远计划，减少税收影响的长期政策以及成本会计和预算系统的计划等。

6. 信息管理子系统

信息管理子系统的作用是保证其他功能必要的信息资源和服务。事务处理有工作请求、收集数据、校正或变更数据和程序的请求、软硬件情况的报告以及规划和设计建议等。作业控制包括日常任务调度、统计差错率和设备故障信息等。管理控制包括计划和实际的比较，如设备费用、程序员情况、项目的进度和计划的比较等。战略计划包括整个信息系统总体计划、硬件和软件的总体结构、功能组织是分散还是集中等。

7. 高层管理子系统

高层管理子系统是为组织高层领导服务的。该系统的事务处理活动主要是信息查询、决策咨询、处理文件、向组织其他部门发送指令等。作业控制内容包括会议安排计划、控制文件、联系记录等。管理控制要求各功能子系统执行计划的当前综合报告情况。战略计划要求具有广泛综合的内外部信息，包括特别数据检索和分析，以及决策支持系统。它所需要的外部信息可能包括竞争者信息、区域经济指数、顾客喜好、提供的服务质量等。

三、管理信息系统的发展应用

（一）决策支持系统（DSS）

MIS 使信息获得了系统的开发和利用，将企业的管理水平提高到一个崭新的层次。DSS 可以说是管理信息系统的高层决策部分。作为管理信息系统的高层决策系统，它解决了组织中的一些结构化问题，但对半结构化、非结构化问题则无法解决。于是，20 世纪 70 年代 DSS 应运而生，它由模型库、数据库、人机交换系统三个部件组成。它利用计算机强大的信息处理能力和人的灵活判断能力，来解决半结构化和非结构化的决策问题。

1. DSS 的概念

DSS 是以管理科学、运筹学、控制论、行为科学为基础，以现代信息技术和人工智能技术为手段，针对半结构化和非结构化问题，通过人机交互的方式，辅助决策者制定决策的信息系统。DSS 发展的主要理论基础包括管理科学和运筹学、信息经济学、行为科学、信息论、计算机技术、人工智能。

DSS 作为管理信息系统的一个发展方向，正在向决策支持中心（Decision Support Center，DSC）、战略决策支持系统（Strategic Decision System，SDSS）、管理支持系统（Management Support Systems，MSS）、I3DSS（Intelligent, Interactive and Integrated DSS）、协作支持系统（Collaborative Support System）等多方面发展。DSS 是管理信息系统高级阶段的一种形式。可以单独作为有别于 MIS 的系统而存在，因而被认为是管理信息系统的一种发展。

2. DSS 的结构模式及基本功能

DSS 有两种主要的结构模式：一种是基于数据和模型的 DDM 的模式；另一种是基于知识和问题求解的 LKP 的模式。

（1）DDM 的模式：DDM 的模式认为，DSS 由三部分构成，即数据库和数据库管理系统、模型库和模型库管理系统、对话生成管理系统。

①数据库和数据库管理系统（DB 和 DBMS）。存储和管理决策者所需的数据。数据库和数据库管理系统是开发 DSS 的重要课题和重要构成部分，是建立 DSS 的先决条件。

②模型库和模型库管理系统（MB 和 DGMS）。它为决策者提供充分的分析问题的能力。正是由于模型的引入才推动 MIS 演变为 DDS。模型库系统是 DDS 软件系统的核心。

③对话生成管理系统。DDS 的许多功能是通过对话生成的，管理系统是由用户与系统之间相互作用衍生出来的。

（2）LKP 模式：LKP 模式把 DSS 划分为三部分，即语言系统、知识系统、问题处理系统。

（二）制造资源计划（MRP-Ⅱ）

1. MRP-Ⅱ的产生和发展

20 世纪 60 年代，制造业为了打破"发出订单，然后催办"的计划管理方式，设置了安全库存量，为需求与提前期提供缓冲。20 世纪 70 年代，企业的管理者们已经清楚地认识到，真正的需要是有效的订单交货日期，产生了对物料清单的管理与利用，形成了物料需求计划（Material Requirements Planning，MRP）。

MRP 系统是建立在两个假设基础上的：一是生产计划是可行的，即有足够的设备、人力和资金来保证生产计划的实现；二是物料采购计划是可行的，即有足够的供货能力和运输能力来保证物料供应。

为了既能适应生产计划的改变，又能适应现场情况的变化。出现了闭环式 MRP，它的出现加强了各子系统之间的联系。企业在制订主生产计划时，能够同时进行产能分析，如果可行就去进行物料需求计划，如果不可行就要反馈回去，重新修订主生产计划。同样在执行物料计划和执行车间计划时出现问题，也要反馈回去，并修改生产计划或物料计划。

20 世纪 80 年代，企业的管理者们又认识到制造业要有一个集成的计划，以解决阻碍生产的各种问题，而不是以库存来弥补，或缓冲时间去补偿的方法来解决问题，要以生产与库存控制的集成方法来解决问题，于是 MRP-Ⅱ 即制造资源计划产生了。

2. MRP-Ⅱ系统原理与结构

物料需求计划的基本原理是：根据产品生产的特性和物料转化为产品的过程，组织生产制造所需的资源，实现按照需要准时进行生产。即将产品的全部零件及部件按时间编制出生产交货计划，使各零件及部件的交货日期恰好同产品部件装配及总装配所需求的日期相匹配，零件、部件的供货数量也恰好与装配数量协调。

MRP-II 的基本原理就是确定制造的目标、确定制造的资源，并找出能力需求与可用能力的差距。把企业作为一个有机整体，从整体最优的角度出发，通过运用科学方法对企业各种制造资源和产、供、销、财各个环节进行有效的计划、组织和控制，使它们得以协调发展，并充分地发挥作用。

（三）企业资源计划（ERP）

1. ERP 的产生

全球化使得企业竞争范围扩大，要求企业在各个方面加强管理，并具有更高的信息化集成。美国加特纳咨询公司（Gartner Group Inc.）根据市场的要求，在 1993 年首次提出了企业资源计划（Enterprise Resource Planning，ERP）的概念，随着科学技术的进步及其不断向生产与库存控制方面的渗透，解决合理库存与生产控制问题所需要处理的大量信息和企业资源管理的复杂化，要求信息处理的效率更高，同时也要求对企业的整体资源进行集成管理。

信息全球化趋势的发展要求企业之间加强信息交流和信息共享，因此，信息管理扩大到整个供应链的管理。随着人们认识的不断深入，ERP 覆盖了整个供需链的信息集成，并且不断被赋予了更多的内涵，已经能够体现精益生产、敏捷制造、同步工程、全面质量管理、准时生产、约束理论等诸多内容。

2. ERP 的概念

随着经济全球化的加速，企业与外部环境的关系越来越密切。于是，新的管理思想和新的应用软件就产生了。

SAP 对 ERP 的定义提出了革命性的"管理+IT"的概念，那就是：ERP 不只是一个软件系统，还是一个集组织模型、企业规范、信息技术、实施方法于一体的综合管理应用体系。

ERP 使得企业的管理核心从"在正确的时间制造和销售正确的产品"转移到了"在最佳的时间和地点，获得企业的最大利润"，这种管理方法和手段的应用范围也从制造企业扩展到了其他不同的行业。

简单地说，企业所有的资源包括物流、资金流和信息流。企业资源计划实际上就是对这三种资源的全面集成管理，因此，ERP 就是利用现代企业的先进管理思想，把客户需求、企业的内部资源及其经营活动融合到一起，按照市场需求为企业提供决策、计划、控制与经营评估的系统化的管理平台。因此，ERP 不仅是信息系统，它还是一种管理理论和管理思想。

3. ERP 系统

一般的 ERP 系统包含有以下一些功能子系统：

（1）生产控制管理子系统。生产控制管理子系统是 ERP 系统的核心所在，它将企业的整个生产过程有机地结合在一起，使得企业能够有效地降低库存，提高效率。同时，各个原本分散的生产流程的自动连接，也使得生产流程能够前后连贯地进行，而不会出现生产脱节，耽误生产交货时间。它主要包括主生产计划（产品出产计划）、物料需求计划、能力需求计划、车间管理、制造标准等模块。

（2）财务管理子系统。它主要包括以下几个方面：

①会计核算。会计核算主要是记录、核算、反映和分析资金在企业经济活动中的变动过程及其结果。它由总账、应收账、应付账、现金、固定资产等部分构成。

②财务管理。财务管理的功能主要是基于会计核算的数据，再加以分析，从而进行相应的预测、管理和控制活动。它侧重于财务计划、控制、分析和预测。

（3）物流管理子系统。它主要包括以下几个方面：

①分销管理。分销管理模块中大致有三个方面的功能：对客户信息的管理和服务；对销售订单的管理；对销售的统计与分析。

②库存控制。用来控制存储物料的数量，以保证稳定的物流支持正常的生产，但又最低限度地占用资本。

③采购管理。确定合理的订货量、优秀的供应商和保持最佳的安全储备。

（4）人力资源管理子系统。它主要包括人力资源规划的辅助决策、招聘管理、工资核算，工时管理、差旅核算等功能模块。

ERP 是一个高度集成的信息系统，它体现了物流信息同资金流信息的集成。目前，ERP 已经成为一种适应性强、具有广泛应用意义的企业信息管理系统，它实现了不同平台的相互操作，加强了用户的可配置功能，适应了不同行业、不同用户的需要。

（四）客户关系管理（CRM）

1. 客户关系管理的产生和发展

20 世纪 80 年代开始的 ERP 建设实现了生产、库存、财务等业务流程的自动化，但销售服务领域还没有被重视。随着企业产品剩余的加剧，企业的发展逐步从产品价值转向客户需求，客户成为企业的核心资源。留住老客户和赢得新客户成为企业发展的重要问题，于是，客户关系的维护就成为企业发展与经营的重要工作。

2. 客户关系管理的概念和内容

客户关系管理是一个较新的概念，许多公司、研究机构和个人对客户关系管理的理解也是不同的，典型的观点有以下几种：

（1）CRM 是企业的一种商业策略，它按照客户的情况有效地组织企业资源，培养以客户为中心的经营行为，以及实施以客户为中心的业务流程，并以此为手段提高企业的获利能力、收入以及客户满意度。

（2）CRM 是为了消除企业在与客户交互活动时的"单干"现象，整合销售、营销和服务业务功能的一个企业经营策略，它需要企业全方位协调一致的行动。

（3）CRM 是通过赢得、发展、保持有价值的客户，增加企业收入，优化营利性，提高客户满意度的商务战略。

（4）CRM 是一种旨在健全、改善企业与客户之间关系的新型管理系统，指的是企业利用信息技术，通过有意义的交流来了解并影响客户的行为，以提高客户招揽率、客户保持率、客户忠诚度、客户收益率。

综合上面的 CRM 的定义，我们可以看出，CRM 是一种以客户为中心的经营策略和营销模型，通过对技术的运用，实现销售活动的自动化。企业实施 CRM 主要有 6 个重要领域，即理念、战略、战术、技术、技能、业务过程。其中，理念是 CRM 成功的关键。

（五）供应链管理（SCM）

随着商品市场国际化竞争的加剧，人们注意到了外部环境的变化对管理模式的影响，并提出了许多适应竞争环境变化的有效方法。进入20世纪90年代，形成了产品用户化和交付期多变的环境，越来越多的生产过程由独立的生产和供货商组成，形成了一条从供应商到制造商再到分销商的贯穿所有企业的"链"。

现在的供应链可以理解为：供应链是围绕核心企业的，通过对物流、信息流、资金流的控制，从采购原材料到最终产品，由销售网络把产品送到将供应商、制造商、分销商、零售商直到最终用户所连成的一个整体的功能网络。

供应链管理是随着供应链的出现而产生的一种管理模式，它指对由供应商、制造分销商、零售商和顾客所构成的供应链系统中的物流进行计划、协调、操作、控制和优化的各种活动和过程，其目标是要将顾客所需的正确的产品，能够在正确的时间，按照正确的数量、质量和状态，送到正确的地点，并使总成本最小。

随着经济全球化的发展，企业之间的竞争正日趋演变为供应链与供应链之间的角逐。因此，供应链管理的发展成为一种必然趋势。

（六）电子商务（Electronic Commerce）

1. 电子商务的概念

电子商务作为一种新的经营模式，影响着人们的生活方式及企业的日常管理。它是信息系统发展的结果，电子商务是一种多技术的集合体，包括交换数据（如电子数据交换、电子邮件）、获得数据（共享数据库、电子公告牌）及自动捕获数据（条形码）等。

美国学者瑞维·卡拉科塔和安德鲁·惠斯顿在他们的专著《电子商务的前沿》中提出："广义地讲，电子商务是一种现代商业方法。这种方法通过改善产品和服务质量、提高服务传递速度，来满足政府组织、厂商和消费者降低成本的需求。"

电子商务是指采用数字化方式进行商务数据交换和开展商务业务活动。它是企业与消费者之间进行的一种网上交易，以及与此相关的企业内部事务联网处理的商业模式。电子商务（EC）主要包括利用电子数据交换（EDI）、电子邮件（E-mail）、电子资金转账（EFT）及Internet的主要技术在个人间、企业间和国家间进行无纸化的业务信息的交换。

2. 电子商务分类

在整个电子商务处理过程中，可将商务分为：

（1）企业内部电子商务。通过防火墙，公司将自己的内部网与Internet隔离，企业内部网（Intranet）是一种有效的商务工具，它可以用来自动处理商务操作及工作流的问题，增加对重要系统和关键数据的存取数量，共享经验，共同解决客户问题，并保持组织间的联系。一个行之有效的企业内部网可以带来如下好处：增加商务活动处理的敏捷性，对市场状况能更快地做出反应，能更好地为客户提供服务。

（2）企业间电子商务（B2B）。在电子商务中，公司可以用电子形式将关键的商务处理过程连接起来，以形成虚拟企业。在这种环境中，很难区分哪家公司正在进行商务活动。一家公司在一台PC机、网络PC机或移动式电脑上按下一个键就有可能影响一家处于地球另一端的供货公司的业务活动。

按照IDC公司1997年9月的统计，1997年全球在Internet进行的网上电子商务金额为100亿美元，而时至2001年，则将高达2 200亿美元，其中企业间的商务活动将占其中的79%。无疑，电子商务尤其是企业间的电子商务将成为Internet上的重头戏。

尽管眼下网上企业直接面向客户的销售方式发展势头强劲，但众多的分析家认为企业间的商务活动更具潜力。Forrester 研究公司预计企业间的商务活动将以三倍于企业—个人的商务速度发展。这在某种意义上反映了现实世界中存在的情形：企业间的商务贸易金额高达消费者直接购买的 10 倍。

（3）企业与消费者间电子商务（B2C）。无疑，这是人们最熟悉的一种商务类型，以至于许多人错误地认为电子商务就只有这样一种模式。事实上，这缩小了电子商务的范围，错误地将电子商务与网上购物等同起来。近年来，随着万维网技术的兴起，出现了大量的网上商店，由于 Internet 提供了双向的交互通信，网上购物成为热门。这种模式打破了企业与客户时间与空间的限制，节省了双方不必要的开支，提高了交易效率。因而，得到了人们的认同，获得了迅速的发展。

例如 Mush kin 公司，这是一家电脑公司，其主要业务是出售存储器件。Mush kin 公司仅仅是一家虚拟企业，它没有实际的零售店。Mush kin 最初仅在 Internet 建了主页和产品目录，而订货则通过电话和传真，此后，经过精挑细选，该公司决定选择 Intershop 来创建虚拟店面。现在通过电子商务，该公司全天 24 小时在网上接收订单，它们的主页包括了产品的细节信息及重要信息。这使得它每天都要接受 1 000 余次光顾。实现了电子商务后，1996 年度该公司利润增长高达 500% 之多。

（4）消费者之间电子商务（C2C）。C2C 的电子商务模式为买卖双方提供了一个在线的交易平台，让卖方在这个平台上发布商品信息或者提供网上商品拍卖，让买方自行选择和购买商品，或参加竞价拍卖。C2C 电子商务的优异者和典型有 eBay、淘宝网等。

案例　2017 天猫"双 11"成交金额 1 682 亿元再创新高

2017 年 11 月 11 日 24 时，2017 天猫"双 11"全球狂欢节落幕，全天成交额再次刷新纪录，达到 1 682 亿元。

"'双 11'创造的既是中国高度，更是全球高度。其背后是'双 11'全球共振，创造了全球高度。"11 月 12 日凌晨，阿里巴巴集团 CEO 张勇对媒体表示。

来自阿里巴巴官方的统计数据显示，2017 年无线成交占比 90%，全天支付总笔数达到 14.8 亿，全天物流订单达 8.12 亿，交易覆盖全球 225 个国家和地区。

2017 年全球超 14 万品牌 1 500 万种商品参与天猫"双 11"，海内外超 100 万商家线上线下打通，近 10 万智慧门店、超 50 万家零售小店将新零售力量带到四面八方。

同时，天猫"双 11"亿元俱乐部最终亮相，167 家品牌商家成为 2017 年的会员。苹果占据成交额榜首，美的、小米单日成交额突破 20 亿元，也均创下历史纪录。

任务实施

案例一　梅赛德斯—奔驰：信息环境下的高效服务提升企业价值

近年来，中国汽车保有量逐年增加，保守估计，在我国汽车保有量达到 4.9 亿辆时，需求才会趋于稳定。届时，汽车的普及率也将大大提高，将达到每千人 300 辆。巨大的市场潜力吸引着越来越多的国际知名汽车制造企业纷纷在中国设厂，以降低成本，提高市场占有率。与此同时，直接购买进口整车的数量增长迅速。随着整车的跨国销售，带来了配套的零配件供应以及售后维修中的各种问题，这些问题如何得到有效解决成为国外汽车出口企业拓展中国市场的壁垒。

作为欧美最大的汽车制造企业之一,梅赛德斯—奔驰公司近年来加大了在中国市场的投入和控制力度。2003年,该企业与北京一家有着近50年发展历史的知名汽车制造企业合资建厂,在中国生产该国外品牌两个系列的轿车,而其他系列的轿车及商用车目前都通过进口进入中国市场。为使客户体验到真正的"星徽理念",该公司对原有的零配件供应和售后维修服务体系进行重大调整,借助信息化手段将服务不仅落实到单车、单店,更对数据进行横向分析并做出预测。

该公司信息化建设的重点为IT架构与核心业务应用程序。公司最主要的核心业务系统是基于SAP系统开发的整车销售系统和基于ADP Kerridge Autoline平台的经销商管理系统(Dealer Management System, DMS)、进口商管理系统(Importer Management System, IMS)。

一、IT基础架构

随着公司的业务在中国的迅速发展,信息部门面临着巨大的挑战:如何将IT技术与企业经营发展相结合,塑造一个良好的、可持续发展的IT管理模式,并且与公司的运营绑在一起,让公司比竞争对手更灵活,更能适应市场的快速变化?

4年前某公司在中国约有150名雇员,信息部只有4名员工。当时新上任的CIO高瞻远瞩,预见到公司近几年在中国的迅速发展,于是提前改造,扩容了数据中心,同时壮大了IT队伍。目前,公司在北京的总部约有700名员工,信息部有近40人支持着公司的各类核心业务系统,同时负责对合资厂、分支机构、经销商和旗下汽车金融公司、东北亚采购公司的业务支持。为了满足更大容量的数据要求和建立更安全可靠的IT系统,北京总部于2007年建立了一个新的数据中心,该数据中心使用专线把公司在中国所有的合资工厂、经销商、维修车间连接起来。为公司的各类业务运转提供更加安全的保护,并提高对数据的冗余备份和灾难恢复能力。公司设在新加坡的亚太区IT总部人员协助建立数据中心,实施方案都严格按照公司在全球的IT架构的各项标准和规定。据悉,公司对各种IT系统在全球范围内都有严格统一的管理,比如路由器、交换机、服务器,直至每一台网络打印机和PC机在全球都有统一的命名规则。

二、核心业务系统

作为一个生产制造型企业,从产品研发、生产、物流配送到市场与销售、售后服务以及在此过程中产生的大量财务信息,都需要各种功能强大的IT系统的支持。想将各种应用系统在全球进行统一的标准化管理绝非易事。一套能满足公司各类复杂的业务流程的IT系统往往需要很多年的完善与发展。每年花在IT应用程序方面的投资也是相当可观的。

IT管理层倡导在所有国家,针对相同或相似的业务需求整合IT资源,应用相同的IT系统来满足业务的需要。针对公司的主营业务——汽车销售、零配件销售、汽车保修,公司在整个亚太地区所有国家都采用相同的IT解决方案。

在整车销售方面,公司采用了基于SAP系统开发的车辆管理销售系统;对于经销商的汽车零售业务,公司在整个亚太地区对所有的经销商提供了基于ADP Kerridge Autoline平台的经销商管理系统;在零配件销售、汽车保修方面,公司采用了进口商管理系统,该系统的开发面同样是ADP Kerridge。各系统之间有接口,如IMS产生的财务分类账可以传送至SAP

的财务模块，SAP 的车辆数据可以自动导入 IMS 系统的 CRM 模块，以供今后售后服务记录车辆维修服务历史。

历经多年的研发与改进，IT 部提供了在 SAP 平台上运行的车辆批发系统模板，其核心模块为车辆管理系统（Vehicle Management System，VMS）。

VMS 中记录着车辆的主数据，如底盘号码、车辆配置信息、车主信息等。同时它和 SAP 的标准模块如物料管理（Material Management，MM）、生产计划费用（Production Planning，PP）、销售分发（Sales Distribution，SD）有着紧密的联系：在整个车辆物流过程各阶段产生的费用、销售收入都实时地体现在 SAP 的财务模块中，公司的财务控制部门可快速地为管理层提供各类财务报表，如按不同的利润中心产生资产负债表、损益表；通过成本中心分析在车辆物流销售过程中如何进一步降低运营费用；进行公司不同车型的销售利润分析以及投资控制等。

通过 DFE（Dealer Front End）系统，经销商可通过互联网访问 VMS 的信息，如查询车辆库存及车辆物流情况等。

SAP 车辆批发系统实现了整个车辆生产、运输、进口、销售等多个环节的无缝整合。通过在整个亚太地区的实施，实现了 IT 投资回报最大化。同时，车辆物流速度的提升也带来了更高的客户满意度。

1. 经销商管理系统（DMS）

该公司在全球使用了基于 ADP Kerridge Autoline 平台的经销商管理系统：该系统的核心为市场模块（CRM），CRM 中记录着所有的车主和车辆信息。通过销售管理、零配件管理、财务管理、车间调度、汽车保修等六大业务模块，帮助公司对其经销商按区域进行有效且全面的管理。通过这些业务模块，企业的销售与市场部门能够了解各经销点的销售状况，有效控制资金流及全国库存，使之合理分配，在最短的时间内满足客户购买需求，将渠道政策最快地传达到每个分销点，并保证其有效执行。

对于经销商来讲，DMS 为其所有业务流程，如整车销售、零件销售与采购、汽车维修及保修、财务管理等提供了完整的 IT 解决方案，DMS 与 IMS（进口商管理系统）有着强大的接口，如经销商可直接通过 DMS 向厂商下订单采购零配件，还可以直接向厂商的 IMS 提交车辆保修索赔请求。通过 DMS，经销商与汽车厂商具备了一个完整的信息交互及管理平台。

2. 进口商管理系统（IMS）

ADP Kerridge Autoline 同样优化了进口商的管理解决方案。类似于 DMS，IMS 主要有三个模块：零配件管理、汽车保修和财务管理。IMS 增加了零配件物流过程中的关税处理、货币汇率转换等功能，以满足进口业务的需求。

该企业在德国的全球零配件物流中心（G1Obal Logistic Center）向各国家进口批发商供应配件，经销商则从进口商采购零件；经销商的车辆保修索赔通过 IMS 处理后再传输到总部工厂去审批和赔付。IMS 的财务模块会收集所有零配件交易和车辆保修产生的财务数据，然后通过接口程序导入 SAP 系统中。

IMS 最主要的模块是零件系统，它由四个子模块构成：库存管理、零件销售、采购控制和库存盘点。

库存管理记录着所有库房的零配件主数据，如配件号、数量、价格、全面的库存流动记录等。Autoline 在安全库存方面的管理功能强大。系统基于以下参数生成每个零件最大/最小库存值：平均每月需求、交货期、订货周期、基于安全系数的重订购类别等。系统最多可记录每一个配件过去三年每个月的需求数量、次数；考虑到配件价格和订货周期，系统可为整个零件库房自动计算建议的采购数量，使库房在保证较低库存数量的同时，又满足所有经销商的配件供应，有效地为企业减少库存商品所投入的资金。

销售点模块与财务紧密集成，支持零件价格和折扣的设定：根据不同的产品组、客户类型、零件来源等设定不同折扣；打印账单前检查信用额度；当库存不足时，经销商的订单会自动转入采购模块；支持不同子公司间的内部调拨零件等功能。

采购控制可创建零件采购订单，通过与供应商的接口实现订单的传输，通过外币采购也可以将发生的运费、关税等都输入系统。系统在收货时，可自动计算每个零件的成本，接收货物后校验供应商的发票。

库存盘点可为一年一次或一年两次，可以选择盘点的零件范围、仓位范围，并进行差异分析。

保修模块的主要功能是处理经销商通过 DMS 传输的车辆保修索赔，索赔数据经过 IMS 处理后还要传送到德国总部的保修系统做进一步的检查。保修赔付最终结果再通过 IMS 传回 DMS，同时为经销商打印退款单。相应的财务数据会每天自动导入 SAP 财务模块中。系统的报表查询功能也能帮助管理层做出决策。

公司在中国一直致力于长期发展，这也是其亚洲战略的重要组成部分。北京的新工厂也努力全面提升汽车在品牌、质量、服务、制造能力方面的形象。当服务成为企业在新竞争时代中决胜的重要筹码，满足消费者需求的重要手段时，通过公司对落实服务理念的重视可以看到，中国消费者在获得德国知名品牌汽车带来的高品质驾乘体验的同时，也能感受到国际化的星级服务体验。

讨论题：
1. 在本任务中 CIO 是如何进行企业信息化管理的？
2. 如果你是一名汽车制造企业的 CIO，你将从哪些方面进行企业的信息化管理？

案例二　某化工厂开发管理信息系统的经验教训

某化工厂是一个生产硼化物的企业，该厂占地面积 10 万平方米，在册职工 500 人。改革开放以来，建立了厂长负责制，改变了经营方式，搞活了企业，经济效益明显增长。1990年该厂为了进一步提高企业管理水平，决定与某大学合作，以委托开发方式为主研究管理信息系统。该厂对此进行了可行性分析，认为当时的企业条件还不适合立即开始管理信息系统的全面开发，最好先研制一些子系统。原因是该厂技术力量薄弱，当时只能从车间中抽调出三名中专生和一名大专程度的技术人员组成计算机小组，管理人员对应用微型计算机也缺乏认识，思想上的阻力较大。但是，厂长决定马上开始中等规模的管理信息系统开发。他认为，做个试验，即使失败了也没有关系，于是开发工作在 1991 年 1 月就全面上马了，学校抽调了教师和研究生全力投入。

整个项目的研制工作开展得很有条理。首先是系统调研、人员培训，规划了信息系统的总体方案，并购置了以太局域网软件和五台 IBM-PC 机。在系统分析和系统设计阶段绘制数据流程图和信息系统流程图的过程中，课题组和主要科室人员在厂长的支持下多次进行了关于改革管理制度和方法的讨论。他们重新设计了全厂管理数据采集系统的输入表格，得出了改进成本核算，将产量、质量、中控指标由月末统计改为统计核算。整个系统由生产管理、供销及仓库管理、成本管理、综合统计和网络公用数据库五个子系统组成。各子系统在完成各自业务处理及局部优化任务的基础上，将共享数据和企业高层领导所需数据。

通过局域网传送到服务器，在系统内形成一个全面的统计数据流，提供有关全厂产量、质量、消耗、成本、利润和效率等600多项技术经济指标，为领导做决策提供可靠的依据。在仓库管理方面，通过计算机掌握库存物资动态，控制最低、最高储备，并采用ABC分类法，加强库存管理。

原计划从1991年1月开始用1年时间完成系统开发，但实际上课题组夜以继日地工作，软件设计还是一直到1992年9月才开始进入系统转换阶段（即人工系统和基于计算机的信息系统并行运行阶段）。系统转换阶段是系统开发过程最为艰难的阶段，许多问题在这个阶段开始暴露出来，下面是一些具体的表现：

（1）手工系统和计算机应用系统同时运行。对于管理人员来说，是加重了负担，在这个阶段，管理人员要参与大量原始数据的输入和计算机结果的校核。特别是仓库管理系统，需要把全厂几千种原材料的月初库存一一输入，工作量极大，而当程序出错、修改时间较长时，往往需要重新输入，这引起了管理人员的极大不满。

（2）仓库保管员不愿意在库存账上为每一种材料写上代码，他们认为这太麻烦，而且理解不了为什么非要这样做。

（3）计算机打印出来的材料订购计划比原来由计划员凭想象编写的订购计划能产生明显的经济效益，计划员面子上过不去，到处说计算机系统不好使，而且拒绝使用新的系统。

（4）厂长说："我现在要了解本厂欠人家多少钱，人家欠我厂多少钱，系统怎么显示不出来？"

以上这些问题，经过努力逐一得到解决，系统开始正确运行并获得上级领导和兄弟企业的好评。但同时企业环境却发生了很大的变化。一是厂长奉命调离；二是厂外开发人员移交后撤离，技术上的问题时有发生；三是原来由该厂独家经营的硼化物产品，由于原材料产地崛起不少小厂而引起市场变化，无暇顾及信息系统发展中产生的各种问题。与此同时，新上任的厂长认为计算机没有太大用途，不再予以关心。这时，原来支持计算机应用的计划科长也一反常态，甚至在工作调整中不给计算机人员涨工资，结果是已掌握软件开发和维护技术的主要人员调离工厂，整个系统进入瘫痪状态，最后以失败而告终。

试根据上述内容结合所学知识回答下列问题：

1. 依据系统观点，该公司只开发成本管理系统而不进行整个财务系统的开发，对不对？为什么？
2. 该公司可行性分析进行了哪些内容？意义何在？
3. 管理信息系统设计应遵循的原则是什么？
4. 该公司采取的是哪种开发方法？其优缺点有哪些？

项目小结

本项目由《蜻蜓和蚂蚁》的寓言故事引入，讨论了什么是信息，什么是管理信息系统，管理信息系统的组成、功能和结构及管理信息系统的开发方式和开发步骤等内容。

本项目包括两个任务,通过案例,从认识信息和管理信息系统对企业的影响及其信息化的策略和步骤,到论述管理信息系统开发的步骤,从而促使企业更加高效地应用信息、开发系统。

课后练习

一、单项选择题

1. 以下哪种是有用的信息(　　)。
   A. 干扰信息　　　　　　　　　　B. 概括信息
   C. 冗余信息　　　　　　　　　　D. 未检错信息

2. 管理信息系统的特点是(　　)。
   A. 数据集中统一,应用数学模型,有预测和控制能力,面向操作人员
   B. 数据集中统一,应用人工智能,有预测和决策,面向高层管理人员
   C. 数据集中统一,应用数学模型,有预测和控制能力,面向管理和决策
   D. 应用数学模型,有预测和决策能力,应用人工智能,面向管理人员

3. 比较常见的电子商务模式B2C(或称B to C)是指(　　)。
   A. 消费者之间的直接电子商务　　B. 企业与直接个人消费者间的电子商务
   C. 企业与企业之间的电子商务　　D. 以上都不对

4. 一般情况下,可将管理分为三个层次,即高层、中层和基层,其中高层管理属于(　　)。
   A. 战术级管理　　　　　　　　　B. 战略级管理
   C. 控制层管理　　　　　　　　　D. 作业层管理

5. 系统设计时(　　)。
   A. 按用户要求划分子系统　　　　B. 按领导要求划分子系统
   C. 按逻辑功能划分子系统　　　　D. 按机构划分子系统

二、判断题

1. 人是信息化的社会生产力中最积极、最活跃的因素。　　　　　　　　(　　)
2. 会编写程序就能够开发管理信息系统。　　　　　　　　　　　　　　(　　)
3. 系统建设中面临问题的主要原因是缺乏科学的、有效的系统规划。　　(　　)
4. 管理信息系统是一个能够替代人的工作的系统。　　　　　　　　　　(　　)
5. 结构化系统开发方法的每一个阶段都有明确的工作目标。　　　　　　(　　)
6. 从信息的使用频率来看,越是企业的高层(战略层)信息使用的频率越高。(　　)
7. 任何组织内部均存在有一个管理信息系统。　　　　　　　　　　　　(　　)

三、简答题

1. 什么是管理信息系统?它有哪些基本功能?

2. 管理信息系统有哪些主要类型？各有什么特征？
3. 企业信息化的定义是什么？简述企业管理信息化的意义。
4. 简述 ERP 的概念。

四、案例分析题

关键成功因素法是信息系统战略规划的重要方法，它通过目标分解和识别、关键成功因素识别、性能指标识别产生数据字典。关键成功因素就是要识别联系于系统目标的主要数据类及其关系，识别关键成功因素所用的工具是树枝因果图。如图 11-3 所示，某企业有一个提高产品竞争力的目标，可以用树枝因果图画出影响它的各种因素，以及影响这些因素的子因素。

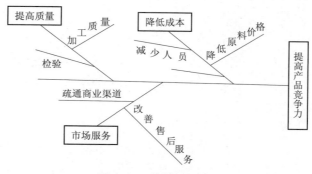

图 11-3　树枝因果图

请依据实际情况，找出影响大学生就业的关键成功因素，并用树枝因果图来表示。

技能训练

实训项目：企业管理信息化系统管理实践

实训目标。
了解企业的信息系统应用。

实训内容。
以企业资源计划 ERP 系统为核心，了解企业管理信息化的内容，并以金蝶、用友为实验平台，进行中小企业管理信息化系统权限及系统管理模块实际操作。

实训地点。
实训室。

实训步骤。
1. 学生 5~6 人为一组，进行分组。
2. 每组在老师的指导下完成企业信息的录入及经营。
3. 完成经营报表及撰写实训总结。

线上资源

1. 请登录：http：//open.163.com/special/cuvocw/chuanganqi.html（《感知天下——信息化社会中的传感器》）。

2. 请登录：http://v.youku.com/v_show/id_XMjgzNzE2MDM2.html？spm=a2h0k.8191407.0.0&from=s1.8-1-1.2（《企业如何建构信息化管理》）。

线下资源

1. 《企业信息化管理》. 曹晓东. 企业管理出版社，2015 年。
2. 《企业信息化——企业架构的理论与实践》. 唐凌遥. 清华大学出版社，2016 年。

参 考 文 献

[1] 谢南斌，卢美圆. 现代管理学原理与实务［M］. 北京：高等教育出版社，2015.
[2] 汪大金，张武. 现代工业企业管理［M］. 北京：北京理工大学出版社，2014.
[3] 彭加平，曾伟，周裕全. 新编现代企业管理［M］. 北京：北京理工大学出版社，2013.
[4] 王燕. 现代企业管理［M］. 北京：北京理工大学出版社，2014.
[5] 孔建华. 现代企业管理［M］. 北京：人民邮电出版社，2015.
[6] 官灵芳. 现代企业管理［M］. 北京：北京理工大学出版社，2009.
[7] 吴崑. 管理学基础［M］. 北京：高等教育出版社，2012.
[8] 陈移山. 管理学基础［M］. 北京：高等教育出版社，2013.
[9] 魏浩，张凤英. 现代企业管理［M］. 西安：西北工业大学出版社，2010.
[10] 王志伟. 现代企业管理［M］. 上海：上海交通大学出版社，2013.
[11] 杨静. 现代企业管理项目教程［M］. 北京：清华大学出版社，2014.
[12] 曲建国. 现代企业管理现代管理学原理与实务［M］. 北京：清华大学出版社，2013.
[13] 查美焜，李伟. 现代企业管理实务［M］. 成都：西南财经大学出版社，2017.
[14] 苏彦. 现代企业管理［M］. 北京：中国商业出版社，2017.
[15] 王建庄，杨中绍. 现代企业管理［M］. 北京：北京师范大学出版社，2017.